深圳法學

第2辑

SHENZHEN LEGAL SCIENCE

深圳市法学会◎编

法律出版社
LAW PRESS·CHINA
北京

图书在版编目(CIP)数据

深圳法学. 第2辑 / 深圳市法学会编. -- 北京 : 法律出版社, 2024
ISBN 978-7-5197-9032-5

Ⅰ. ①深… Ⅱ. ①深… Ⅲ. ①法学-文集 Ⅳ. ①D90-53

中国国家版本馆CIP数据核字(2024)第076045号

深圳法学(第2辑)
SHENZHEN FAXUE(DI-2 JI)

深圳市法学会 编

策划编辑 林 蕊 周 洁
责任编辑 林 蕊 周 洁
装帧设计 汪奇峰

出版发行 法律出版社
编辑统筹 司法实务出版分社
责任校对 张翼羽
责任印制 胡晓雅
经　　销 新华书店

开本 787毫米×1092毫米 1/16
印张 20.5　**字数** 336千
版本 2024年9月第1版
印次 2024年9月第1次印刷
印刷 三河市兴达印务有限公司

地址:北京市丰台区莲花池西里7号(100073)
网址:www.lawpress.com.cn
投稿邮箱:info@lawpress.com.cn
举报盗版邮箱:jbwq@lawpress.com.cn

销售电话:010-83938349
客服电话:010-83938350
咨询电话:010-63939796

书号:ISBN 978-7-5197-9032-5
定价:80.00元

凡购买本社图书,如有印装错误,我社负责退换。电话:010-83938349

编 委 会

编 辑 部

卷首语

深圳市法学会编写的《深圳法学》创办于 1986 年,原为广东省连续性内部资料,始终坚持理论联系实践,关注现实问题,追求学术创新,对繁荣和发展深圳法学理论研究、传承法律文化、促进法学交流发挥了重要作用。

38 年来,《深圳法学》牢记“繁荣和发展特区法学理论研究、服务和保障经济特区发展大局”的使命,始终深耕在深圳法学理论研究与实践探索的第一线。从 1992 年深圳获得经济特区立法权到 1994 年参与依法治市全国试点工作,又到 2020 年投身中国特色社会主义先行示范区和粤港澳大湾区建设,再到 2021 年建设中国特色社会主义法治先行示范城市,我们以《深圳法学》为阵地,组织全市法学专家、法律工作者笔耕不辍,以大量优质研究文章为深圳法治建设建言献策;从思考如何用好用足经济特区立法权,到谋划如何强力推进法治先行示范城市建设,我们以《深圳法学》为平台,联动法治领域专家学者勤思苦研,以众多优秀课题成果为深圳法治建设提供支持。一路走来,我们与深圳经济特区共奋斗、同成长,“以法为笔”在特区发展的历史画卷上留下了浓墨重彩的笔迹。

回首深圳经济特区 44 年发展历程,从“探索依法治市”到“全面依法治市”,从打造“一流法治城市”到“建设法治先行示范城市”,深圳一直坚持在法治下推进改革、在改革中完善法治,成就了特区飞跃式的发展。支持深圳建设中国特色社会主义法治先行示范城市,是习近平总书记亲自谋划、亲自部署、亲自推动的重大战略决策,是习近平法治思想的生动实践。深圳始终铭记习近平总书记的深情厚望和殷殷嘱托,深入学习贯彻习近平法治思想,加快建设中国特色社会主义法治先行示范城市,努力打造中国特色社会主义法治的“窗口”和“名片”，让深圳成为习近平法治思想的生动实践地和精彩演绎地。

党的二十大擘画了以中国式现代化全面推进中华民族伟大复兴的宏伟蓝图，确立了以中国式现代化全面推进强国建设、民族复兴伟业的中心任务。党的二十届三中全会提出，法治是中国式现代化的重要保障，必须坚持全面依法治国，在法治轨道上深化改革、推进中国式现代化，做到改革和法治相统一，重大改革于法有据、及时把改革成果上升为法律制度。以中国式现代化全面推进中华民族伟大复兴，需要坚持在法治轨道上进一步全面深化改革，有效发挥法治固根本、稳预期、利长远的保障作用。党的二十大和二十届三中全会在全面依法治国上作出一系列重大理论创新，部署一系列重大改革举措，进一步丰富和发展了习近平法治思想，充分彰显了全面依法治国在治国理政中的全局性、战略性、基础性地位，充分彰显了法治在现代化进程中的引领保障功能。在开启以中国式现代化全面推进中华民族伟大复兴新征程的关键时刻，深圳正努力建设中国特色社会主义先行示范区，要在深入学习研究、宣传贯彻习近平法治思想上先行示范，把习近平法治思想贯彻落实到全面依法治市的全过程，推出更多高质量研究成果，推动习近平法治思想在深圳落地生根、结出丰硕成果。

深圳市法学会联合法律出版社正式出版《深圳法学》，旨在立足深圳法治实践、研究深圳法治问题、总结深圳法治经验，着力打造先行示范法治研究阵地。我们将秉持“开放、创新、多元、求实”的理念，聚焦“法治先行示范”，以前沿、热点和难点法律问题为导向，侧重以实践问题为切入点进行理论探讨，运用创新和比较思维研讨“双区”建设和深圳综合改革试点工作中的法律问题。

我们希望，《深圳法学》能立足深圳，面向粤港澳，放眼全国，在展示法治实践做法、分享法治经验的同时，多对法治前沿问题进行讨论与争鸣，切实为“法治先行示范城市”服务。大鹏之动，非一羽之轻也；骐骥之速，非一足之力也。站在新的历史起点上，《深圳法学》将与特区一同成长，与时代同频共振，继续见证时代的进步。

《深圳法学》编辑部

CONTENTS 目录

习近平法治思想研究阐释

粤港澳大湾区法治

前沿法治

司法实践

坚持以习近平法治思想为指导 奋力建设中国特色社会主义 法治先行示范城市*

深圳市法学会

支持深圳建设中国特色社会主义法治先行示范区，是习近平总书记亲自谋划、亲自部署、亲自推动的重大战略决策，是习近平法治思想在地方层面的生动实践。“全面推进依法治国，法治理论是重要引领。没有正确的法治理论引领，就不可能有正确的法治实践。”①深圳始终将习近平总书记关于全面依法治国的新理念、新思想、新战略作为全面推进依法治市工作的根本遵循，在法治建设方面持续发力、改革创新，取得了不少新成果、形成了不少新经验。系统研究深圳的法治建设实践，从中梳理出可复制、可推广的“深圳经验”，是推进习近平法治思想地方实践理论研究，做好习近平法治思想学理化阐释、学术化表达、体系化构建，深化习近平法治思想原创性贡献学习研究、宣传阐释的重要举措。

---

* 本文已发表于《习近平法治思想研究与实践》(专刊)2023 年第 5 期，收录于本书时文字略有改动。

① 习近平:《全面做好法治人才培养工作》，载习近平:《论坚持全面依法治国》，中央文献出版社 2020 年版，第 175 页。

一、习近平法治思想是深圳建设中国特色社会主义法治先行示范城市的根本指引和遵循

习近平法治思想内涵丰富、论述深刻、逻辑严密、系统完备，其基本内容集中体现为习近平总书记在中央全面依法治国工作会议上明确提出并深刻阐述的“十一个坚持”①。习近平法治思想是把马克思主义法治理论同中国法治建设具体实际相结合、同中华优秀传统法律文化相结合的重大理论创新成果，是原创性的当代中国马克思主义法治理论、21 世纪马克思主义法治理论。习近平法治思想的原创性贡献，实现了马克思主义法治理论中国化、时代化新的飞跃，指引新时代法治中国建设发生历史性变革、取得历史性成就，为深入推进新时代全面依法治国提供了根本遵循，为发展人类法治文明贡献了中国智慧、中国方案。

习近平总书记在深圳经济特区建立 40 周年庆祝大会上发表重要讲话，强调“必须坚持科学立法、严格执法、公正司法、全民守法，使法治成为经济特区发展的重要保障”②。深圳自 1992 年 7 月被授予特区立法权开始，就充分利用立法权优势，以立法促改革、促创新、促发展，法治建设取得了一系列突破性的成就。特别是党的十八大以来，深圳以体制机制改革突破为重点，将习近平法治思想与深圳法治实践有机结合起来，坚持改革与法治两轮驱动，推动改革与法治协调发展。深圳率先建设中国特色社会主义法治先行示范城市必须坚持以习近平法治思想为指导，坚持问题导向、实践导向、目标导向，积极探索具有中国特色的法治建设模式和路径，先行先试、示范引领，把深圳建设成习近平法治思想的生动实践地和精彩演绎地。

二、习近平法治思想引领深圳创建中国特色社会主义法治先行示范城市工作成效显著

深圳经济特区自诞生至今，一直坚定不移走中国特色社会主义法治道

① 参见《习近平在中央全面依法治国工作会议上强调 坚定不移走中国特色社会主义法治道路 为全面建设社会主义现代化国家提供有力法治保障》，载《人民日报》2020 年 11 月 18 日，第 1 版。

② 《习近平在深圳经济特区建立 40 周年庆祝大会上的讲话》，载《人民日报》2020 年 10 月 15 日，第 2 版。

路，坚持以习近平法治思想为指导，发扬特区精神，在法治建设各领域深化探索，不断为法治中国建设输送“深圳经验”。

一是牢固树立“依法执政”理念，大力实施“依法治市”战略。历届深圳市委以高度的历史自觉和行动自觉，牢固树立“依法执政”理念，大力实施“依法治市”战略，全面加强对法治建设的统一领导、统一部署、统筹协调，坚持党领导立法、保证执法、支持司法、带头守法，率先建立健全法治建设工作专门机构、率先争取获得全国人大授予的特区立法权、率先确立完善法治城市建设奋斗目标等。市委不断改进党委领导方式和决策方式，坚持以法治理念、法治方式、法治程序开展工作，把调查研究、征求意见、法律咨询和集体讨论决定作为重大决策的必经程序；把党内法规工作作为全面从严治党的重要抓手，全面推进党内法规制度、实施、保障三大体系建设；坚持实施“人才强市”战略，在全国率先大规模招聘高端法律人才、率先推进公安专业化改革、率先推进职业律师制度改革等，打造了一支高素质专业化的法治队伍。

二是坚持推动政法工作改革创新，着力塑造现代化政法工作体系。深圳始终把坚持党的领导贯穿于政法改革的各方面、全过程，市委政法委先后出台重大事项请示报告、政法委委员述职、政法干警政治轮训以及协助做好监督检查、审查调查暂行办法等制度，推动党对政法工作绝对领导的制度机制不断健全完善。深圳是全国专业化司法的开创者和先行者，从全国第一个经济犯罪案件举报中心到全国第一个涉外经济审判庭、全国第一个破产案件审判庭等，40 年来深圳司法机关在专业化司法道路上走出的每一步，都紧扣时代脉搏，服务发展需要。深圳司法机关始终坚持严格公正司法，深入推进体制改革，其案件管理机制改革、刑事证据制度和量刑规范化改革、集约分工式执行模式和执行联动威慑机制改革等机制创新，以及人员分类管理和职业保障改革、司法责任制改革、人财物市级统管改革、司法体制综合配套改革等基础性改革，都为全国司法体制改革提供了可供借鉴复制的深圳样本。

三是坚持立法决策和改革决策相衔接，用足用好特区立法权。深圳经济特区立法工作紧扣中央“五位一体”总体布局和“四个全面”战略布局要求，坚持科学立法、民主立法和依法立法，着力提升立法质量，充分发挥立法工作在促进发展、保障改革、助推创新、支撑开放、约束权力、加强治理等方面的重要作用，极大推动了特区经济社会全面发展。截至 2023 年 2 月，深圳市人大及其常委会共制定经济特区法规222项，其中现行有效法规151项。在100多项先行先试类法规中，有40多项是早于国家法律、行政法规出台的，如股份有限公司条例、政府采购条例、循环经济促进条例等，为国家制定相关法律法规提供了宝贵的特区经验；有60多项是国家尚无法律、行政法规规定的，如改革创新促进条例、商事登记条例、警务辅助人员条例、个人破产条例等，都是全国首部法规，不仅填补了国家立法层面的空白，也为国家和地方立法提供了可复制、可推广的深圳经验。

四是坚持深入推进依法行政，全面建设法治政府。大力推进简政放权、放管结合、优化服务，在全国率先用立法手段进行行政审批制度改革、率先编制行政权责清单、率先推出政务服务"秒批"改革等，有效促使政府职能发生深刻转变。扎实推进自身制度建设，开创具有深圳特色的政府法律顾问制度、创设全国首个法治政府建设指标体系、首创规范性文件前置审查制度、率先探索政府合同履约监管改革等，确保政府全面履行法定职责。探索行政执法体制机制创新，在全国率先推行行政执法人员持证上岗制度、率先实行综合执法试点改革、率先推行行政处罚裁量标准定额化、创新行政辅助人员制度等，保障行政机关规范、严格、公正、文明执法。加强权力运行制约和监督体系建设，深入推进行政复议制度改革、打造阳光透明政府、强化行政执法监督和考评等，实现对行政权力的有效制约。

五是坚持市场取向的体制机制改革，打造国际一流法治化营商环境。深圳始终坚持市场导向，以法治为引领，在全国率先进行了工资制度、基建制度、价格制度、劳动用工制度等方面的改革，为国家确立社会主义市场经济体制改革目标积累了经验。从涉及市场主体登记设立、经营发展的基础性、重要性制度建设出发，持续推动商事登记制度改革，进一步理顺政府和市场的关系，极大地激发了市场活力。大力推进市场监管制度改革，在全国率先实施市场和质量监管大部制改革、探索建立全覆盖的监管大格局、实施最严格的知识产权法治保护、推动建立多层次的信用评价和应用体系等，努力营造诚实守信、公平竞争的市场环境。加强对市场主体的服务与保障，以信息化、智能化、便利化为目标提升政务服务水平，建设国际商事纠纷仲裁高地，探索建立有深圳特色的劳动纠纷化解机制，为市场主体蓬勃发展提供了强大助力。

六是坚持共建共治共享，扎实有序推动法治社会建设。深圳高度重视法治宣传教育，创造出贴近基层、贴近群众、贴近实际的普法机制和各种优质公共服务平台，率先探索深港澳三地联动法律推广模式、率先编写针对各类对象的普法读本、率先健全“谁执法，谁普法”责任制等，为市民法律素质的不断提升注入了不竭动力。围绕影响社会和谐稳定的源头性、根本性、基础性问题的解决，开展多层次多领域法治创建，推进基层民主法治建设，注重联动联调、引导多元主体参与，探索矛盾纠纷多元化解路径，及时将各类矛盾纠纷有效化解在基层和一线，打造深圳特色“枫桥经验”。积极推进公共法律服务普惠性、均等化目标，致力于建成具有深圳特色的“全覆盖、多层级、标准化、高效能”公共法律服务体系，实现了公共法律服务线上与线下联动及服务的“半小时服务圈”。以社会治安立体防控体系为基础，推动社会治理理念、制度机制创新，全面提升社会治理的社会化、法治化、智能化、专业化水平，努力建设更高水平的平安深圳。

七是坚持高标准助推前海法治改革创新，打造中国特色社会主义法治建设示范区。深圳市委、市政府强化顶层设计推动前海法治建设，先后成立深圳市前海中国特色社会主义法治建设示范区推进工作领导小组、深圳市推进全面深化前海合作区改革开放工作领导小组法律事务组，出台《前海中国特色社会主义法治建设示范区规划纲要（2017—2020）》《前海贯彻落实〈粤港澳大湾区发展规划纲要〉三年行动方案（2019—2021）》《提升前海合作区法律事务对外开放水平行动方案（2021—2025）》等系统性规划文件，从立法、司法、仲裁、调解、法律服务等方面，对前海法治建设作出系列部署。充分利用特区立法权，构建起基础性立法、产业性规定和配套性制度相结合的前海特色规则体系。在学习借鉴香港经验的基础上，探索建立与国际规则相适应的法治化区域治理体系和法定机构区域治理模式，在全国首创监督力量和工作职能“一体化监督”模式。打造层级完备的具有国际公信力的司法体系，形成了全国独一无二的集商事、知识产权、海事等门类的专业审判机构布局。聚集多方力量构建多元化纠纷解决体系，创新打造法律服务业集聚高地，构建起集仲裁、调解、律师服务、公证、司法鉴定的全链条法律服务体系。

三、以习近平法治思想为指导深入推进中国特色社会主义法治先行示范城市建设

深圳经济特区依法而生、因法而兴，法治建设走在全国前列，有基础、有能力在新时代挑起法治先行示范的重担。当前，深圳进入“双区”驱动、“双区”叠加、“双改”示范的黄金发展期，形成了战略叠加的显著优势，有利于在推动重大战略落地的过程中形成法治建设的强大合力。但是，深圳建设中国特色社会主义法治先行示范城市也面临重大挑战。一是深圳科技创新活跃，战略性新兴产业蓬勃发展，需要以法治方式应对科技运用中的新情况、新问题，为经济高质量发展提供有效法治保障。二是深圳外来人口比重居一线城市首位，社会关系更趋多元化、利益诉求更加复杂化，需要以法治方式应对重大挑战、抵御重大风险、克服重大阻力、化解重大矛盾，不断推进城市治理体系和治理能力现代化。三是深圳文化的开放性、多元性特征较为明显，需要坚定走中国特色社会主义法治道路的信心和决心，不断加强涉外、涉港澳法治交流合作。

深圳推进中国特色社会主义法治先行示范城市建设，必须深学笃行习近平法治思想，充分发挥法治的引领、规范、保障作用。一是在政法领域全面深化改革中，要牢牢抓住制度建设这条主线，协同高效准确把握全面深化改革的阶段性特点和要求，加强系统集成、统筹部署，着力破解改革中存在的制度不配套、部门不协同、地域不平衡、重点不突出等问题，全面推动政法工作现代化。二是在经济特区立法中，要健全特区立法与改革决策相衔接的工作机制，全面深化落实全过程人民民主理念，加强新兴重点领域的创新性、试验性立法，为国家前沿新兴领域立法探索经验。三是在法治政府建设中，要深化“放管服”改革，健全政府职能体系，创新监管方式推进执法体制改革，通过数字技术赋能法治政府，整体推动协同发展的法治政府建设。四是在法治营商环境建设中，要纵深推进商事制度改革，构建知识产权标准化联盟，建设与国际接轨的市场规则体制，为全国法治营商环境建设继续探路。五是在法治社会建设中，要加强社会主义法治文化建设，健全社会领域制度规范，落实“全生命周期管理”理念，率先构建市域社会治理新格局。六是在前海法治建设

中,要强化立法的引领和保障作用,推动深圳商事法院、大湾区涉外律师学院等重大法治平台落地,加强与香港律政司合作对接,联合出台共建深港国际法务区的政策措施等,为法治中国建设提供更多“前海方案”。

在更高起点推进政法领域全面深化改革为先行示范区建设提供坚强政法保障*

深圳市委政法委

党的十九大以来，在深圳市委的坚强领导下，深圳政法系统坚持以习近平新时代中国特色社会主义思想为指导，深入学习贯彻党的十九大、党的二十大精神，全面落实习近平法治思想，坚持党对政法工作的绝对领导，全力落实中央、省、市关于政法改革的决策部署，以建设“法治城市示范”为目标导向，以强化司法体制综合配套改革、执法司法制约监督和责任体系建设为主线，在前期“四梁八柱”的改革基础上，圆满完成以审判为中心的刑事诉讼制度改革、刑事案件认罪认罚从宽制度试点、民事诉讼程序繁简分流改革试点等重点任务。在全国率先建立个人破产制度，科学稳妥推进降低审前羁押率，高标准建成政法跨部门大数据办案平台，深入推进警务管理体制改革等，推动政法工作质效不断迈上新台阶，为深圳建设中国特色社会主义先行示范区提供了坚强的政法保障。

深圳的政法改革得到中央、广东省的大力支持和关怀厚爱。2018 年 7 月，全面深化司法体制改革推进会在深圳召开；2019 年 8 月，中共中央、国务院印发《关于支持深圳建设中国特色社会主义先行示范区的意见》；2020 年

---

* 本文已发表于《民主与法制》（广东增刊）2022 年第 2 期，收录于本书时文字略有改动。

10月，中共中央办公厅、国务院办公厅印发《深圳建设中国特色社会主义先行示范区综合改革试点实施方案（2020—2025年）》；2020年11月，最高人民法院印发《关于支持和保障深圳建设中国特色社会主义先行示范区的意见》；2021年5月，中央全面依法治国委员会印发《关于支持深圳建设中国特色社会主义法治先行示范城市的意见》；2021年9月，中共中央、国务院印发《全面深化前海深港现代服务业合作区改革开放方案》；2022年1月，最高人民法院出台《关于支持和保障全面深化前海深港现代服务业合作区改革开放的意见》；2022年5月，最高人民检察院出台《贯彻落实〈中央全面依法治国委员会关于支持深圳建设中国特色社会主义法治先行示范城市的意见〉分工实施方案》。这些文件和会议对深圳的政法改革和法治建设工作提出了更高要求和期待，极大地促进了深圳法治先行示范城市建设和政法领域全面深化改革。

为贯彻落实中央的改革决策部署和广东省的工作安排，2020年，深圳市委深改委印发《深圳市贯彻落实政法领域全面深化改革实施意见的行动方案（2020—2022年）》。随后，深圳市委政法委与市委督查室建立联合督查机制，对政法改革任务落实情况开展专项督查考核。截至目前（成文时），中央、广东省委、深圳市委部署的政法改革任务已全面铺开、基本完成，为全国、全省提供了鲜活的深圳经验和实践样本。

一、健全完善党对政法工作的绝对领导制度机制，确保政法改革沿着正确的政治方向纵深推进

1. 始终把坚持党的领导贯穿政法改革各方面全过程。深圳全市政法系统把学习习近平新时代中国特色社会主义思想作为党委政法委委务会、政法各单位（党组）党委会议主题，深入学习贯彻习近平法治思想。市委政法委先后出台重大事项请示报告、政法委委员述职、政法干警政治轮训、列席政法单位民主生活会以及协助做好监督检查、审查调查暂行办法等制度。政法各单位党组（党委）出台相应的落实措施，全面抓好《中国共产党政法工作条例》的贯彻落实，推动党对政法工作绝对领导的制度机制不断健全完善。

2. 加大对政法领域改革的统筹、协调和督查督办。深圳市委每年召开政法工作会议，市委政法委每年制定政法改革工作要点，对政法改革工作进行

部署安排。市委政法委牵头首次编制政法事业“十四五”规划，积极推动政法领域立法工作，先后推动出台《深圳经济特区平安建设条例》《深圳经济特区矛盾纠纷多元化解条例》等经济特区立法。政法单位党组（党委）积极承担改革主体责任，主动研究推动本单位、本系统改革的工作，狠抓改革任务落实，提升执法司法质效。

二、坚持以人民为中心的发展思想，执法司法便民利民机制不断完善

1. 审判机关全面建立“一站通办”的诉讼服务中心。实现 15 项服务“一次办好”，99% 的案件当场登记立案。“深圳移动微法院”注册用户增加到 41 万人，覆盖全市近 80% 的律师，网上立案率达到 92%，在线开庭 3.1 万次，电子送达 569 万次，切实便利了当事人参与诉讼活动。

2. 检察机关全面推开企业合规改革。成立企业合规办公室，组建讲师团开展宣讲，全市检察机关办理企业合规案件 83 件，通过办案促进企业合规整改，带动行业合规治理，实现办理一起案件、扶助一批企业、规范一个行业的示范效应。

3. 公安机关启动“局长信箱、接诉即办”工作机制。从 2021 年 5 月 1 日起至成文时，解决群众急事难事 1 万余件，来信办结率、满意率均超过 95%，收到感谢信近 2000 封，带动涉警类投诉同比大幅下降 18.1%，让群众切实感受到自己的诉求“有人操心、有人做主、有人撑腰”。

4. 司法行政机关深入落实《法律援助法》。试点实行法律援助证明事项告知承诺制，适当扩大法律援助适用范围，切实解决困难群众“打不起官司”的问题。为务工人员讨薪维权优先审批、优先指派，近 3 年平均每年获得法律援助服务的群众超过 5.1 万人，其中务工人员占比超过六成，有效维护了“弱势群体”的合法权益。

三、健全完善诉讼制度机制，法治服务发展大局的能力全面提升

1. 强化诉源治理和多元解纷机制建设。针对深圳“案多人少”的突出问题，依法引导人民群众通过非诉方式化解矛盾纠纷。深圳市委政法委和深圳

市中级人民法院在全市设立了7个诉源治理非诉解纷试点单位，在梅林街道设立了全市首家诉源治理非诉解纷中心，推动出台《深圳经济特区矛盾纠纷多元化解条例》，引导全社会贯彻落实源头治理、非诉讼纠纷化解方式优先的理念。

2. 完善刑事诉讼制度配套机制。深化以审判为中心的刑事诉讼制度改革，率先制定“非法证据排除”等4项规程。制定出台全国首个《职务犯罪案件证据指引》后，进一步起草制定13类犯罪案件取证指引、4类犯罪案件证据标准，将证据标准嵌入政法跨部门网上工作平台，制定常见犯罪量刑指导意见，加快构建类案量刑协调机制。

3. 深化民事诉讼程序繁简分流改革试点。根据全国人大常委会授权，扎实开展民事诉讼程序繁简分流改革试点。试点以来，62%的案件通过速裁、快执程序办结，全市法院超过6万件纠纷适用小额诉讼程序一审终局，结案周期缩短四成以上，一审独任制适用率超过95%。深圳的改革探索为《民事诉讼法》及相关司法解释的修改完善贡献了实践经验，关于在线诉讼规则的建议被相关部门采纳。

4. 优化行政诉讼管辖制度。成立全国首家行政审判中心，进一步优化行政案件集中管辖，提升行政审判公信力。加快推进四级法院审级职能定位改革试点，原由中级人民法院管辖、以区政府为被告的四类一审行政诉讼案件，部分涉外、涉港澳台一审行政案件均已由盐田区人民法院管辖，有力助推基层实质化解行政争议，提升法治政府依法行政能力。

5. 建立健全权威高效的执行机制。深圳市委市政府出台《关于支持深圳市法院切实解决执行难的实施意见》，全国首个基本解决执行难实施标准被纳入“国家智库报告”。深圳市中级人民法院和罗湖区人民法院分别被评为全国基本解决执行难样板法院和先进单位。在全省首次实现不动产司法协助事项“秒批”，执行前督促履行和执行和解机制、预处罚机制、执行关联案件强制检索机制等3项创新举措在全省法院推广。人民群众普遍关心的执行难问题得到有效解决。

四、完善权力运行和制约监督机制，执法司法更加公正、高效、权威

1. 努力打造高素质、专业化的办案团队。选拔优秀法官担任主审法官或审判长，共组建418个审判团队，形成以法官为中心、团队紧密协作的扁平化新型审判工作机制。除按规定应当提交审判委员会讨论的案件外，99%的案件均由独任法官或合议庭签发。检察院在全国率先启动"捕诉一体"改革，一个案件由一名检察官或一个办案组全程负责。推行未成年人检察、知识产权检察，以及环境资源类、食品药品类案件集中办理制度，切实提升办案质效。

2. 不断加强执法司法制约监督。政法队伍教育整顿期间，深圳市委政法委针对发现的顽瘴痼疾和突出问题，出台了《深圳市健全完善执法司法制约监督机制若干措施》。深圳市人民代表大会常务委员会《关于加强新时代检察机关法律监督工作推动法治城市示范建设的决定》，全面加强了检察监督的刚性。两级检察机关在同级公安机关设立"侦查监督与协作配合办公室"，在全省率先实现全覆盖。完善羁押强制性措施适用机制，推广宝安区人民检察院的做法，发挥检察机关提前介入侦查、捕诉一体等制度的优势，推动诉前羁押率不断下降，较好地落实了少捕慎诉慎押的刑事司法政策。

3. 打造政法跨部门大数据办案平台体系。深圳市委政法委在全国首创刑事案件电子卷宗制作标准，建立了"一中心四子平台"系统架构，实现了刑事案件从公安立案侦查、检察院起诉、法院审判到司法执行全流程网上办案，案件流转时间从过去的线下6小时缩短至线上3分钟。通过改革，规范了执法司法行为，提升了执法司法质效，拓宽了执法监督渠道，这一成功经验已在全省全面推广。

4. 健全完善司法辅助人员管理机制。全市司法机关实行司法辅助人员单独职务序列管理、分途发展，法官检察官、司法辅助人员和司法行政人员各归其位、各尽其责、相互协作。针对政法编辅助人员配备不足的问题，按照一定比例为法官检察官配备助理和书记员，确保法官检察官集中精力处理案件审理的核心事务。目前，(我单位)正作为全省试点全力推动法院、检察院司法行政机关警务辅助人员改革。

五、全力推动综合改革试点和前海法律事务对外开放，政法领域先行示范效应初步彰显

1. 积极探索破产制度改革。出台《深圳经济特区个人破产条例》，让"诚实而不幸"的债务人从债务危机中解脱出来，同时也为国家层面完善破产制度提供了重要经验。成立全国首家破产事务管理机构，切实强化了"府院联动"，实现破产事务集约化、专业化管理。上线全国首个个人破产综合信息系统——"深破茧"系统，建立一整套识别标准，稳妥推进个人破产制度的实施。出台《审理企业重整案件的工作指引》，在全国率先完善破产预重整制度规范。

2. 建设知识产权司法保护的标杆城市。近3年来，深圳平均每年审结的一审知识产权纠纷案件占全国的1/10。针对知识产权保护领域"侵权成本低，维权成本高"的困局，对《深圳经济特区知识产权保护条例》进行了修正，明确将知识产权惩罚性赔偿制度纳入经济特区立法。在全国率先引入区块链证据核验平台，制定《技术调查官工作指引》，破解维权"取证难"问题。先后对外国企业发出全球"禁诉令""禁执令"，保障高科技企业公平参与国际市场竞争。

3. 积极推进行政案件集中管辖改革及配套机制改革建设。建成全国首家行政审判中心，最大限度实现司法管辖区与行政区划的相对分离，深圳市行政案件同时实现100%集中管辖以及99%跨行政区划管辖。优化整合机制，配套推进改革机制建设。实施基层法院管辖部分以县级政府为被告的行政案件和涉外、涉港澳台行政案件综合授权改革试点事项。推行审判权运行机制改革和行政案件繁简分流改革，提升行政审判质效。深圳市中级人民法院与市司法局签订《关于深化府院联动机制建设的备忘录》，盐田区人民法院与市司法局、市律师协会成立行政纠纷化解工作室，拓宽行政纠纷前端化解途径，率先在全国探索非诉审查案件调解机制。

4. 积极探索完善涉外商事纠纷管辖机制。扩大前海合作区人民法院涉外民商事案件诉讼管辖范围，依法试点受理没有连结点但当事人约定管辖的涉外商事案件。放宽对涉外商事纠纷管辖连结点的认定标准，积极管辖与我国有一定联系的涉外案件，为我国企业走出去、境外投资者走进来提供积极

主动的司法保障。在2021年的一宗案件中，首次以法律文书形式确立中国法院对标准必要专利全球费率的管辖权，发出全球“禁诉令”，成功破解德国法院的“反禁诉令”，为中国企业参与国际市场竞争提供了有力司法保障，体现了中国法律在国际规则上的话语权。

5. 全力打造“前海深港国际法务区”。深圳市委政法委制定出台《全面提升前海合作区法律事务对外开放水平行动方案（2021—2025）》，大力推进粤港澳大湾区司法研究院和深圳商事法院设立工作。深圳市前海管理局出台《关于支持前海深港国际法务区高端法律服务业集聚的实施办法（试行）》，对港澳律师事务所、外国律师事务所代表机构、港澳法律专业人士到前海执业给予系列扶持。目前前海集聚了最高人民法院第一巡回法庭（第一国际商事法庭）、深圳国际仲裁院、中国（深圳）知识产权保护中心、深圳知识产权法庭、深圳金融法庭等各类高端法治机构，已有司法、仲裁、调解、法律服务、知识产权保护、国际组织六大类70余家机构入驻法务区。经过5年的不懈努力，深圳的政法改革形成了一系列具有原创性、标志性的成果，为全国政法改革贡献了丰富的“深圳实践”，有力保障了“双区”驱动战略的实施。政法改革只有进行时，没有完成时。当前，深圳的政法改革还面临许多难啃的“硬骨头”。面向未来，深圳将深入学习宣传贯彻党的二十大精神，紧紧围绕中央赋予的“法治示范城市”战略定位，深化司法体制综合配套改革，全面准确落实司法责任制，加快建设公正高效权威的社会主义司法制度，奋力推进新时代新征程政法工作高质量发展，为建设中国特色社会主义先行示范区提供强有力的政法保障。

深圳贯彻落实习近平法治思想的前海经验*

深圳市法学会　深圳大学法学院课题组

深圳前海坚持以习近平法治思想为指导，高水平打造中国特色社会主义法治建设示范区，积极探索中国特色法治建设模式和路径，形成了一批可复制、可推广的法治建设“前海样本”，不仅充分彰显了习近平法治思想的真理力量和实践伟力，也充分论证了前海的模式是可行的，可以为建设法治中国贡献更多前海经验。

一、战略布局推进建设社会主义法治示范区

2012 年 12 月 7 日，习近平总书记在党的十八大后首次离京考察，第一站来到深圳前海，强调要将改革开放继续向前推进。2017 年 4 月，前海出台了全国首份自贸区法治建设专项系统规划——《前海中国特色社会主义法治建设示范区规划纲要（2017—2020）》，提出了打造前海中国特色社会主义法治建设示范区的奋斗目标、指导思想、遵循原则和 40 项具体举措。2018 年 10 月 24 日，在中国改革开放 40 周年之际，习近平总书记再次来到前海，同前海建设者和见证者代表同话沧桑巨变，嘱托深圳“要扎实推进前海建设，拿出更多务实创新的改革举措，探索更多可复制可推广的经验，深化深港合作，相互借助、相得益彰，在共建‘一带一路’、推进粤港澳大湾区建设、高水平参与国

* 本文已发表于《民主与法制》2023 年第 33 期，收录于本书时文字略有改动。

际合作方面发挥更大作用”。2019 年 2 月 18 日,中共中央、国务院印发了《粤港澳大湾区发展规划纲要》,提出要强化前海合作发展引擎,特别强调前海要加强法律事务合作,联动香港打造国际法律服务中心和国际商事争议解决中心。2021 年 9 月 6 日,中共中央、国务院印发了《全面深化前海深港现代服务业合作区改革开放方案》,标志着中国特色社会主义法治建设的地方探索在前海落地生根,为“前海样本”的形成提供了重要契机。前海按照习近平总书记的要求和嘱托,大胆试、大胆闯,法治示范区建设取得显著成果。

二、在法治轨道上推进前海改革创新

习近平总书记提出,“在整个改革过程中,都要高度重视运用法治思维和法治方式,发挥法治的引领和推动作用,加强对相关立法工作的协调,确保在法治轨道上推进改革”①。前海始终坚持“在法治下推进改革,在改革中完善法治”的思想理念。前海站在“改革再出发”的历史新起点上,紧紧围绕中国特色社会主义法治体系建设推进改革,坚持顶层设计和立法引领,坚持重大改革于法有据,确保以法治思维和法治方式推动重大改革创新。

2020 年 8 月 26 日,深圳市第六届人民代表大会常务委员会第四十四次会议通过了《深圳经济特区前海深港现代服务业合作区条例》、《深圳经济特区前海蛇口自由贸易试验片区条例》和《深圳国际仲裁院条例》三项关于前海的重要条例。这三大条例的通过,鲜活演绎了习近平总书记关于改革和法治的精准论述,“改革和法治如鸟之两翼、车之两轮”②。前海三大条例的通过,是对前海开发开放取得的重要成果的巩固,进一步擦亮了前海的法治名片,为前海蛇口自贸片区发展指明了方向,也为前海大胆创新、敢闯敢试提供了有力的法治保障,有助于营造前海一流的法治化国际化营商环境,全力保障建设国际化城市新中心,在前海打造中国特色社会主义先行示范区的城市范例。

目前,《深圳市前海深港现代服务业合作区管理局办法》和《深圳前海湾

① 习近平:《在法治下推进改革,在改革中完善法治(二〇一三年十一月——二〇一九年七月)》,载习近平《论坚持全面依法治国》,中央文献出版社 2020 年版,第 35 页。

② 习近平:《在法治下推进改革,在改革中完善法治(二〇一三年十一月——二〇一九年七月)》,载习近平《论坚持全面依法治国》,中央文献出版社 2020 年版,第 39 页。

保税港区管理暂行办法》颁布实施，前海已经形成了“三条例两办法”的基础性立法格局。同时，立足金融、现代物流、信息服务、科技服务、会展、海洋等产业的政策创新和开放，前海出台了现代服务业综合试点、外商投资管理、前海总部企业扶持、金融业扶持、境外高端人才扶持、港澳青年人才扶持等60多项具有前海特色的产业扶持政策和规范指引，形成了“条例＋办法＋指引”布局合理、层次分明的前海特色规则体系。

三、坚持系统观念谋划前海法治建设全局

习近平总书记指出，党的十八大以来，党中央坚持系统谋划、统筹推进党和国家各项事业，根据新的实践需要，形成一系列新布局和新方略，带领全党全国各族人民取得了历史性成就。在这个过程中，系统观念是具有基础性的思想和工作方法。[①] 在全面建设社会主义现代化国家新征程上，必须从系统观念出发加以谋划，全面协调推动各领域工作和社会主义现代化建设。在习近平法治思想中，系统观念及系统思维是鲜明的科学方法。前海秉持法治改革的系统观念与系统思维，严格把握系统观念的精髓，注重运用系统思维开展法治建设工作，各方面的法治创新举措多管齐下，实现改革效益的最大化，也因此形成了较为系统、全面的法治建设成果。

（一）充分发挥党的领导核心作用，加强对前海法治建设示范区的全局性谋划

深圳市第六次党代会提出，要“着力打造前海中国特色社会主义法治示范区，率先建设市场化、法治化、国际化的营商环境”；深圳市委六届七次会议提出，要“高水平打造前海中国特色社会主义法治建设示范区，着力建设公平公正安定有序的法治中国示范城市”；深圳市第七次党代会提出，要“高标准建设前海深港国际法务区”。前海法治建设探索的全面开花有赖于深圳市委的坚强领导与全局谋划，真正发挥出党的领导在前海法治建设事业中的核心作用。

（二）精准把脉前海的区域优势，加快制定实施针对性战略布局

推进前海深港现代服务业合作区开发开放，是深圳支持香港经济社会发

① 习近平：《关于〈中共中央关于制定国民经济和社会发展第十四个五年规划和二〇三五年远景目标的建议〉的说明》，新华社北京2020年11月3日电。

展、提升粤港澳合作水平、构建对外开放新格局的重要举措，是推进粤港澳大湾区建设、支持深圳建设中国特色社会主义先行示范区的重要抓手。在“双区”驱动背景下，前海法治建设又一次站在了新的历史起点上。因此，前海法治建设的战略布局要始终紧紧围绕中国特色社会主义法治体系建设，服务于粤港澳大湾区战略，努力成为率先实现国家治理体系和治理能力现代化的排头兵和全面依法治国的先行地，形成彰显中国特色社会主义制度巨大优越性的精彩样本。

（三）深刻把握前海法治建设的重大机遇，整体推进中国特色社会主义法治建设示范区建设

打造中国特色社会主义法治建设示范区是一项系统工程。

1. 统筹推进法治前海、法治政府、法治社会的一体建设。

一是始终以“创新、先导、引领和示范”为己任。坚持把打造中国特色社会主义法治建设示范区作为贯彻党中央“四个全面”战略布局、率先落实全面依法治国和建设一流法治城区的核心任务。二是紧紧围绕打造法治化营商环境这一中心目标，深入推进“放管服”改革，强化对权力运行的制约和监督。在学习借鉴香港经验的基础上，前海创新行政管理模式，探索建立与国际规则相适应的法治化区域治理体系，探索法定机构区域治理模式。《前海深港现代服务业合作区总体发展规划》明确提出，前海要“按照精简高效、机制灵活的原则成立管理机构，探索完善法定机构运作模式，负责前海管理、开发工作”，确认了法定机构管理模式。经过 10 年的探索，前海逐步构建了以法定机构为主导的法治化市场化政府治理格局，即“政府职能 + 前海法定机构 + 蛇口企业机构 + 咨委会社会机构”。三是构建以大数据为支撑的社会信用体系，使其在事中、事后监管中起到“全景视窗”作用，提倡诚实守信的价值导向，夯实法治社会的道德基础，推动地方法治与国家法治建设的良性互动，法治政府与法治社会建设的双向奔赴。四是坚持严格公正司法，构建全国独一无二、层级完备的司法保障体系。经过近年来的努力，最高人民法院第一巡回法庭（第一国际商事法庭）入驻前海，司法终审权在前海落地；深圳知识产权法庭、深圳金融法庭在前海挂牌成立，在保障科技创新、金融创新方面，为前海提供法治化营商环境；广州海事法院在前海设立巡回法庭；前海法院被最高人民法院确定为综合性司法体制改革示范法院；前海蛇口检察院成为全

国首家自贸试验区检察院。截至目前,前海形成了全国独一无二的集商事、知识产权、海事等门类的专业审判机构布局。

2. 统筹推进国内法治和涉外法治。

2021 年 5 月,中央全面依法治国委员会印发《关于支持深圳建设中国特色社会主义法治先行示范城市的意见》,提出要高标准建设前海深港国际法务区,打造依托香港、服务内地、面向世界的一流国际法律服务高地。《全面深化前海深港现代服务业合作区改革开放方案》提出,在前海合作区内建设国际法律服务中心和国际商事争议解决中心,探索不同法系、跨境法律规则衔接。前海坚持统筹推进国内法治和涉外法治,深刻领会习近平法治思想关于加快涉外法治工作战略布局的要求,协调推进国内治理和国际治理。在加快涉外法治工作战略布局上,前海正努力构建与开放型经济新体制相适应的法律制度体系,打造国际法律服务中心、国际商事争议解决中心、知识产权保护强国建设高地,建立粤港澳区际司法交流与协作新机制。

习近平法治思想中的司法改革理论要义*

卞建林**

摘　要

党的十八大以来，习近平同志创造性地运用马克思主义原理，密切结合中国实际，全面阐述了在新时代如何坚持和发展中国特色社会主义司法制度，如何在推进国家治理体系和治理能力现代化的过程中推进司法体制和司法能力现代化等一系列重大理论与实践命题，形成了丰富、完整、严谨的司法改革理论体系。习近平法治思想中的司法改革理论具有鲜明的时代特征和深邃的理论内涵，其以创新性为统领、以人民性为根本、以科学性为内涵、以实践性为导向，是对中国特色社会主义司法制度理论与司法改革实践的创新发展，必将在深化司法改革、建设法治中国的道路上发挥指引作用。

关键词　习近平法治思想　司法改革　司法体制

习近平法治思想作为马克思主义法学理论中国化的最新成果，是习近平新时代中国特色社会主义思想的重要组成部分。党的十八大以来，习近平同

---

* 本文已发表于《法商研究》2022 年第 1 期，收录于本书时文字略有改动。基金项目：中国法学会部级法学研究课题[CLS(2020)ZDAWT07]。

** 卞建林，中国政法大学诉讼法学研究院名誉院长，深圳大学特聘教授，中国法学会理事，中国刑事诉讼法学研究会会长，最高人民检察院专家咨询委员会委员。

志创造性地运用马克思主义原理,密切结合中国实际,全面阐述了在新时代如何坚持和发展中国特色社会主义司法制度,如何深化司法体制改革,如何在推进国家治理体系和国家治理能力现代化的过程中推进司法体制和司法能力现代化等一系列重大理论与实践命题,形成了丰富、完整、严谨的司法改革理论体系。这是习近平法治思想的重要组成部分,是对中国特色社会主义司法制度理论与司法改革实践的创新发展,具有鲜明的时代特征和深邃的理论内涵,其以创新性为统领、以人民性为根本、以科学性为内涵、以实践性为导向,必将在深化司法改革、建设法治中国的道路上发挥指引作用。

一、以创新性为统领:司法改革理论的新理念新思想新战略

"习近平总书记全面依法治国新理念新思想新战略是一个内容丰富、结构完整、逻辑严谨的理论体系,既包含法治的一般理论,也涵盖了全面依法治国各个领域、各个层面、各个环节的核心观点,具有科学的理论形态、鲜明的理论风格和辩证的理论思维。"①习近平总书记关于司法制度和司法改革方面的论述非常丰富。他结合全面依法治国与深入推进司法改革的新形势,依据客观规律并结合中国实际,对一些长期悬而未决的司法理论问题作出了深刻阐述,为司法改革和中国特色社会主义司法事业发展提供了丰富的科学理论。② 深化司法体制改革作为全面依法治国的重要内容,自党的十八大以来,被推向了前所未有的战略高度,先是党的十八届三中全会就司法改革任务作出重大部署,其后党的十八届四中全会又围绕依法治国这一主题进行专门研究,作出《中共中央关于全面推进依法治国若干重大问题的决定》,就深化司法改革的主题提出了许多新观点和新思想。这些观点和思想可以从以下三个方面进行诠释。

(一)提出司法改革新理念

党中央关于司法和司法改革的新理念主要体现在如下几个方面:(1)十

① 王晨:《在全面依法治国实践中担当尽责沿着中国特色社会主义法治道路阔步前进》,载《中国法学》2019 年第 6 期。

② 参见张文显:《习近平法治思想研究(下)——习近平全面依法治国的核心观点》,载《法制与社会发展》2016 年第 4 期。

分重视司法制度改革。习近平总书记将司法制度改革作为全面深化改革、全面依法治国与推进国家治理体系与治理能力现代化的重要环节，并明确指出："深化司法体制改革，建设公正高效权威的社会主义司法制度，是推进国家治理体系和治理能力现代化的重要举措。"①(2)准确评价现行司法制度。习近平总书记指出："我国司法制度总体上是适应我国国情和发展要求的，必须增强对中国特色社会主义司法制度的自信，增强政治定力。"②但是也应当认识到，当前的司法制度在实际运行中也存在不少问题，"这些问题不仅影响司法应有的权利救济、定分止争、制约公权的功能发挥，而且影响社会公平正义的实现。解决这些问题，就要靠深化司法体制改革"③。(3)科学界定司法的价值与功能。习近平总书记提出"公正是司法的灵魂和生命"，司法的核心价值追求在于促进社会的公平正义，司法机关肩负着"维护社会公平正义的最后一道防线"的使命，应当更好地发挥其所固有的权利救济、定分止争以及制约公权之功能。④

(二)阐述司法改革新思想

习近平总书记明确指出，当前阶段的司法改革是司法体制改革，并且对此进行了充分而深刻的论述。他强调，"司法制度是上层建筑的重要组成部分"⑤，"司法体制是政治体制的重要组成部分"⑥，并分析指出："这些年来，群众对司法不公的意见比较集中，司法公信力不足很大程度上与司法体制和工作机制不合理有关。"⑦"司法不公的深层次原因在于司法体制不完善、司法

---

① 《以提高司法公信力为根本尺度 坚定不移深化司法体制改革》，载《人民日报》2015年3月26日，第1版。

② 习近平：《在中央政法工作会议上的讲话》，载中共中央文献研究室编：《习近平关于全面深化改革论述摘编》，中央文献出版社2014年版，第77页。

③ 习近平：《在中央政法工作会议上的讲话》，载中共中央文献研究室编：《习近平关于全面深化改革论述摘编》，中央文献出版社2014年版，第77页。

④ 参见习近平：《坚持严格执法公正司法深化改革促进社会公平正义保障人民安居乐业》，载《人民检察》2014年第1期。

⑤ 习近平：《严格执法，公正司法》，载中共中央文献研究室编：《十八大以来重要文献选编》(上)，中央文献出版社2014年版，第718页。

⑥ 《关于〈中共中央关于全面深化改革若干重大问题的决定〉的说明》，载本书编写组编著：《〈中共中央关于全面深化改革若干重大问题的决定〉辅导读本》，人民出版社2013年版，第79页。

⑦ 《中共中央关于全面深化改革若干重大问题的决定》，载本书编写组编著：《〈中共中央关于全面深化改革若干重大问题的决定〉辅导读本》，人民出版社2013年版，第79页。

职权配置和权力运行机制不科学、人权司法保障制度不健全。”①习近平总书记要求:“我们提出要努力让人民群众在每一个司法案件中都感受到公平正义,所有司法机关都要紧紧围绕这个目标来改进工作,重点解决影响司法公正和制约司法能力的深层次问题。”②他还明确提出:“要从确保依法独立公正行使审判权检察权、健全司法权力运行机制、完善人权司法保障制度三个方面,着力解决影响司法公正、制约司法能力的深层次问题,破解体制性、机制性、保障性障碍。”③

(三)制定司法改革新战略

关于司法改革的目标和方向,习近平总书记明确指出了司法改革的社会主义方向,并将司法改革的总目标确立为“建设公正高效权威的社会主义司法制度”。2014 年 1 月 7 日,习近平总书记在中央政法工作会议上指出:“司法体制改革是政治体制改革的重要组成部分,对推进国家治理体系和治理能力现代化具有十分重要的意义。要加强领导、协力推动、务求实效,加快建设公正高效权威的社会主义司法制度,更好坚持党的领导、更好发挥我国司法制度的特色、更好促进社会公平正义。”④中央陆续出台了一系列关于司法改革的重大举措,包括:优化司法职权配置,改革司法管理体制,推进法院、检察院体制改革,完善司法责任制,健全司法人员职业保障制度,完善人权司法保障制度和机制,推进以审判为中心的诉讼制度改革,建立检察公益诉讼制度,等等。习近平总书记关于司法改革的新理论新思想新战略,为司法改革沿着正确方向顺利推进、取得实效提供了思想指引和理论基础。

二、以人民性为根本:司法改革理论的核心要义

所谓人民性,即以人民为中心、以人民为根本。司法改革的各项举措,都

---

① 习近平:《关于〈中共中央关于全面推进依法治国若干重大问题的决定〉的说明》,载本书编写组编著:《〈中共中央关于全面推进依法治国若干重大问题的决定〉辅导读本》,人民出版社 2014 年版,第 58 页。

② 习近平:《在十八届中央政治局第四次集体学习时的讲话》,载中共中央文献研究室编:《习近平关于全面依法治国论述摘编》,中央文献出版社 2015 年版,第 67 ~ 68 页。

③ 习近平:《在中央政法工作会议上的讲话》,载中共中央文献研究室编:《习近平关于全面依法治国论述摘编》,中央文献出版社 2015 年版,第 78 页。

④ 《促进社会公平正义,保障人民安居乐业》,载中国共产党新闻网 2015 年 7 月 20 日,http://cpc. people. com. cn/xuexi/n/2015/0720/c397563 - 27331673. html。

必须始终围绕人民进行，以最大限度实现人民利益为宗旨。2012 年 12 月 4 日，习近平总书记在纪念现行宪法公布施行三十周年大会上发表讲话指出："我们要依法公正对待人民群众的诉求，努力让人民群众在每一个司法案件中都能感受到公平正义，决不能让不公正的审判伤害人民群众感情、损害人民群众权益。"①必须明确，司法制度改革的所有举措都应紧紧围绕这一目标推进，各级司法机关都应紧紧围绕这一目标来改进和完善工作。2015 年 3 月 24 日，在主持中共中央政治局第二十一次集体学习时，习近平总书记进一步强调："司法体制改革必须为了人民、依靠人民、造福人民。司法体制改革成效如何，说一千道一万，要由人民来评判，归根到底要看司法公信力是不是提高了。"②对于司法改革以人民为中心的要求，主要应从以下四个方面进行落实。

（一）着力提升司法公信力

司法公正对社会公正具有重要的引领作用。深化司法改革、推进依法治国，必须紧紧围绕保障与促进司法公正来进行。习近平总书记指出："所谓公正司法，就是受到侵害的权利一定会得到保护和救济，违法犯罪活动一定要受到制裁和惩罚。如果人民群众通过司法程序不能保证自己的合法权利，那司法就没有公信力，人民群众也不会相信司法。"③"司法是定分止争的最后一道防线……如果司法不公、人心不服，不仅难以定分止争、化解矛盾，甚至可能激化和聚集矛盾。司法也是维护法律尊严和权威的最后一道防线。要发挥维护法律尊严和权威的作用，司法必须公正、公开、公平，司法机关必须有足够的尊严和权威、有极高的公信力。"④为实现司法公正，司法改革应当以完善司法管理体制和司法权运行机制为着力点，通过规范司法行为、监督司法活动等举措，努力使人民群众在每一个司法案件中都能感受到公平正义。

---

① 习近平：《在首都各界纪念现行宪法公布施行三十周年大会上的讲话》，载中共中央文献研究室编：《十八大以来重要文献选编》（上），中央文献出版社 2014 年版，第 91 页。

② 《习近平：司法体制改革必须为了人民、造福人民》，载中国新闻网，http://www.chinanews.com.cn/gn/2015/03-25/7158685.shtml。

③ 习近平：《全力推进法治中国建设——关于全面依法治国》，载中共中央宣传部编：《习近平总书记系列重要讲话读本》（2016 年版），学习出版社、人民出版社 2016 年版，第 94 页。

④ 张文显：《全面推进依法治国的伟大纲领——对十八届四中全会精神的认知与解读》，载《法制与社会发展》2015 年第 1 期。

（二）强调司法为民便民本质

习近平总书记对司法权的人民性非常重视，强调“必须坚持法治建设为了人民、依靠人民、造福人民、保护人民”①；要求司法改革把实现公平正义、维护人民福祉作为改革目标；提出“人民权益要靠法律保障，法律权威要靠人民维护”②；“坚持人民司法为人民，依靠人民推进公正司法，通过公正司法维护人民权益”③。党的十九大报告进一步指出：“中国特色社会主义进入新时代，我国社会主要矛盾已经转化为人民日益增长的美好生活需要和不平衡不充分的发展之间的矛盾。”在司法领域，这一主要矛盾则表现为人民日益增长的司法需求与司法公信力不高、司法公共产品供给不足之间的矛盾。而解决这一矛盾，努力为人民群众提供满意的司法公共产品、让人民群众感受到公平正义，正是推进司法改革的重要目标。

实现司法为民，不仅要在司法的结果上让人民群众感受到公平正义，而且要在司法的过程中努力为人民群众提供各种便民利民的措施，方便人民群众进行诉讼。在推进司法改革的过程中，司法机关不断地创新并完善各种举措，认真务实地为人民群众办实事，努力满足新时代新发展阶段人民群众的各种司法需求，如通过坚持基层普法工作，使基层群众知法用法，遇到纠纷和矛盾能够更多地选择通过法律途径解决问题。人民法院在此期间实行了立案登记制度，对符合立案条件的案件有案必立、有诉必理，从而切实保障了当事人的合法权利，为人民群众依法维护自身的合法权益提供了第一道保障。在创新多元化纠纷解决机制方面，其实行诉调对接，坚持调解优先、调判结合，及时化解纠纷，降低诉讼成本；积极利用新媒体和大数据，打造“一站式”便民服务平台，让人民群众真正享受到优质、高效、便捷的司法服务。在落实司法救助制度方面，其则将司法救助贯穿于立案、审判与执行的全过程，做到始终坚持司法为民，公正司法，依法实行诉讼费用的缓、减、免制度，对符合条

① 《中共中央关于全面推进依法治国若干重大问题的决定》，载本书编写组编著：《〈中共中央关于全面推进依法治国若干重大问题的决定〉辅导读本》，人民出版社2014年版，第6页。

② 《中共中央关于全面推进依法治国若干重大问题的决定》，载本书编写组编著：《〈中共中央关于全面推进依法治国若干重大问题的决定〉辅导读本》，人民出版社2014年版，第26页。

③ 《中共中央关于全面推进依法治国若干重大问题的决定》，载本书编写组编著：《〈中共中央关于全面推进依法治国若干重大问题的决定〉辅导读本》，人民出版社2014年版，第24页。

件接受救助的困难群众，在第一时间为其提供司法救助；此外，还开辟“绿色通道”，减轻群众讼累，对老弱病残和农民工维权案件实行优先审查、优先立案、优先审理、优先执行等。这一系列便民利民举措极大地增强了司法的亲民性，深刻体现了司法改革理论以人民性为根本的核心要义。

（三）落实尊重和保障人权理念

国家尊重和保障人权，是《宪法》确立的重要原则，是中国特色社会主义司法制度的必然要求。党的十八大以来，司法体制改革在人权保障领域实现了从实体和程序两个方面着力，全面提升了我国的人权保障水平。（1）废止劳动教养制度。2013 年 12 月 28 日，全国人大常委会通过决议废止了有关劳动教养的法律规定。劳动教养制度使行政机关未经司法审判程序即可长期限制公民的人身自由，劳动教养制度的废止，终止了这种不符合法治精神的状态。（2）完善刑事错案预防纠正机制。2013 年，中央政法委和中央政法各单位相继出台关于切实防止冤假错案的规定和意见。这些文件不仅加强了对刑讯逼供等非法取证行为的源头预防，而且建立健全了全面预防与纠正刑事错案的制度体系。（3）改革法律援助制度，加大对当事人辩护权的保障力度。在深化司法体制改革的过程中，司法行政机关按照中共中央办公厅、国务院办公厅《关于完善法律援助制度的意见》，扩大了法律援助的范围，放宽了“经济困难”的认定标准，同时加强了法律援助质量建设，加强了对法律援助的经费保障。（4）加强司法民主，完善陪审制度。本轮司法改革强化了人民陪审员的独立性和参审的实质性，促进了司法民主，提升了司法能力。（5）严格排除非法证据。排除非法证据事关依法惩罚犯罪、保障人权，有助于实现司法公正。在深化司法改革过程中，注意从源头遏制刑讯逼供和非法取证等不合法行为，明确公安司法机关在各诉讼阶段对非法证据的排除责任及相应的审查方式，并且在从侦查到审判的各个环节中均明确了排除非法证据的相应标准和具体程序。（6）推进认罪认罚从宽制度改革。认罪认罚从宽制度有利于减少诉讼中的对抗，落实宽严相济的刑事政策，在节约司法资源、提高诉讼效率的同时兼顾对犯罪嫌疑人、被告人人权的保障。

（四）重视司法教育改造功能

党的十八大以来，本着以人为本的思想，司法的教育改造功能得到高度重视和有效发挥，主要表现在以下几个方面：（1）注重对监狱、戒毒、社区矫正、安置帮教等工作的创新发展。例如,在监狱工作方面,在明确将政治改造放在首位的同时,通过加强监管改造、文化改造和劳动改造等一系列举措,全面提高改造质量;在社区矫正方面,通过建立矫正小组、制定矫正方案、落实监管措施,同时积极采用电子定位等新型信息技术手段,推动精准、有效监管的实现。(2)强调以人为本,加强教育矫治工作。例如,通过创新教育矫治的方式方法、积极落实社区矫正的社会化,以及依法逐步提高假释比例等各种方式,促成更多符合条件的罪犯在社会中进行矫正,实现降低刑罚执行成本、使社区矫正对象更好地融入社会的目标。(3)加强帮扶、促进刑满释放人员回归社会。其重点体现在,通过完善刑满释放人员衔接制度,落实重点帮教对象必接必送等各类措施,实现预防和减少重新犯罪的目标;通过切实做好安置帮教工作、推进各地区帮教基地建设、落实社会救助政策等措施,帮助刑满释放人员更为顺利地回归社会。

三、以科学性为内涵:司法改革理论的体系构成

司法改革理论既是科学的法学世界观,也是科学的法学方法论。习近平总书记曾在很多场合反复强调司法体制改革一定要遵循司法规律,“完善司法制度、深化司法体制改革,要遵循司法活动的客观规律,体现权责统一、权力制约、公开公正、尊重程序的要求”①。重视并遵循司法工作的特点和规律,才能确保司法改革方向正确、措施得力、事半功倍、取得实效。党的十八大以来,司法改革理论的科学性指导司法改革着重围绕以下几个方面展开:推行和完善司法责任制,构建保障司法机关依法独立行使职权的配套机制,完善司法程序,实现司法公开,强化司法监督,加强司法廉洁建设和惩治司法腐败的改革,加强司法队伍建设和司法能力提升的改革。

(一)打造实现司法公正的责任主体

司法责任制是本轮司法改革的关键所在。推行和落实司法责任制的目的是打造实现司法公正的责任主体,司法责任制的任务就是实现“让审理者裁判,由裁判者负责”,真正使法官、检察官成为行使司法职权、履行司法职能

---

① 《“平语”近人——习近平谈司法体制改革》,载新华网,http://www.xinhuanet.com/politics/2017-07/14/c_1121317456.htm。

的主体。要推行和落实司法责任制,就要区分司法人员、司法辅助人员和司法行政人员,对司法人员实行员额制,确保政治坚定、业务精湛、作风优良、品德高尚的法官、检察官在司法一线办案。习近平总书记指出:“要紧紧牵住司法责任制这个牛鼻子,凡是进入法官、检察官员额的,要在司法一线办案,对案件质量终身负责。法官、检察官要有审案判案的权力,也要加强对他们的监督制约,把对司法权的法律监督、社会监督、舆论监督等落实到位,保证法官、检察官做到‘以至公无私之心,行正大光明之事’,把司法权关进制度的笼子,让公平正义的阳光照进人民心田,让老百姓看到实实在在的改革成效。”① 完善人民法院和人民检察院司法责任制,打造实现司法公正的责任主体是司法改革的重要任务。在法院系统,落实司法责任制需要做到:(1)以严格的审判责任制为核心,以科学的审判权力运行机制为前提,以明晰的审判组织权限和审判人员职责为基础,以有效的审判管理和监督制度为保障,实现“让审理者裁判,由裁判者负责”,进而确保人民法院能够真正实现依法独立公正地行使审判权。(2)改进审判组织形式、裁判文书签署机制以及审判委员会制度等。(3)明确法官在其职责范围内对办案质量终身负责,并依纪依法追究法官的违法审判责任。与此同时,也应当注重建立健全法官依法履职的保护机制。在检察系统应当做到:(1)通过构建与完善检察权运行机制、司法责任认定与追究机制,实现“谁办案谁负责、谁决定谁负责”。(2)通过完善司法办案组织和运行机制、检察委员会运行机制,明晰各类检察人员的相应职权,健全检察管理和监督机制,落实责任认定和追究等机制,构建对检察人员办案工作的全方位规范、监督、制约体系。明确检察人员在职责范围内对办案质量终身负责,履职受到法律保护。

(二)构建实现司法公正的配套机制

保障司法机关依法独立行使职权是实现司法公正的前提和保障。本轮司法改革在构建保障司法机关依法公正独立行使职权的配套机制方面的主要举措包括:(1)实行省级以下地方人民法院、人民检察院人财物的统一管理。其中,对人的统一管理主要表现为建立法官、检察官统一由省级机关提

① 《习近平:司法体制改革必须为了人民、造福人民》,载中国新闻网,http://www.chinanews.com.cn/gn/2015/03-25/7158685.shtml。

名、管理并按照法定程序进行任免的机制；对财物的统一管理主要是建立省级以下地方人民法院、人民检察院经费由省级政府财政部门统一管理的机制。(2)建立领导干部干预司法活动、插手具体案件处理的记录、通报与责任追究制度。(3)废除案件提前介入、指示、报请等制度，使上下级人民法院之间回归监督与被监督的关系。(4)实行人民法院、人民检察院司法事务管理权与审判权、检察权的分离，确保审判人员、检察人员能够独立于本机关、本部门领导的意志独立办案，并通过建立合理的内部考核机制，防止不合理的考核标准对司法机关和司法人员依法独立行使职权的干扰。此外，还有一项关键举措是组建知识产权法院，设立巡回法庭。组建知识产权法院是建设创新型国家的战略要求，有助于解决知识产权审判的现实问题，是中国知识产权保护和司法体制改革的重要里程碑，标志着中国加强知识产权司法保护、推动创新驱动发展战略实施进入新阶段。

（三）完善实现司法公正的诉讼制度

党的十八大以来，司法体制改革重点围绕尊重司法运行的内在规律，优化司法职权配置，强化对司法权力的制度约束，出台各项改革举措的根本目标是实现司法公正，使人民群众在每个司法案件中感受到公平正义。其主要包括以下内容：(1)推进以审判为中心的诉讼制度改革。作为一项整体性、系统性的刑事诉讼制度改革，其关涉优化刑事司法职权配置，合理界分侦查、起诉、审判在刑事诉讼中的地位和作用，切实提高办案质量，避免冤假错案发生，准确及时惩罚犯罪，切实尊重和保障人权等方面。改革的核心要求包括：侦查、审查起诉的案件事实证据经得起法律的检验，全面贯彻证据裁判规则，严格依法收集、固定、保存、审查、运用证据，保证庭审在查明事实、认定证据、保护诉权、公正裁判中发挥决定性作用，尊重和保障当事人诉讼权利，注重发挥辩护律师的作用。(2)完善刑事诉讼中的认罪认罚从宽制度。认罪认罚从宽制度具有重要的程序价值，有利于落实宽严相济的刑事政策，有利于构建多层次案件解决机制，有利于完善刑事诉讼程序，合理配置资源，提高办案效率，确保无罪的人不受刑事追究，有罪的人受到公正惩罚，维护当事人的合法权益。(3)深化民事诉讼程序繁简分流改革试点，扎实推进试点实效评估，坚持调诉对接、调解优先、调诉结合，持续提升人民群众改革获得感。加强一站式多元纠纷解决机制和诉讼服务体系建设，努力为人民群众提供优质便捷高效的司法服务。(4)全面加强行政诉讼法的实施,落实立案登记制改革要求,监督行政机关依法行政,依法保护行政相对人权益,扎实推进跨行政区划人民法院和行政案件相对集中管辖等改革。

(四)强化实现司法公正的民主监督

习近平总书记曾指出:“阳光是最好的防腐剂。权力运行不见阳光,或有选择地见阳光,公信力就无法树立。执法司法越公开,就越有权威和公信力。涉及老百姓利益的案件,有多少需要保密的?除法律规定的情形外,一般都要公开。要坚持以公开促公正、以透明保廉洁。要增强主动公开、主动接受监督的意识,完善机制、创新方式、畅通渠道,依法及时公开执法司法依据、程序、流程、结果和裁判文书。对公众关注的案件,要提高透明度,让暗箱操作没有空间,让司法腐败无法藏身。”①司法权的行使应当受到社会监督、舆论监督,司法公开、透明更有助于促进司法公正、廉洁,提升司法公信力。建立“阳光司法”工作机制,实现审判流程公开、庭审活动公开、裁判文书公开、执行信息公开的司法程序全流程公开机制,全面深化司法公开,着力构建开放、动态、透明、便民的司法工作机制,切实增强司法工作的透明度,促进司法公正。完善人民陪审制度,人民陪审制度是司法工作依靠群众的重要形式,是我党群众路线在司法工作中的具体体现,是实现社会主义司法民主的重要方式和途径,体现了人民当家作主,调动了人民群众管理国家的积极性,对加强我国的民主与法治建设起到了积极的作用。

(五)推进实现司法公正的廉政建设

习近平总书记强调:“‘公生明,廉生威’。执法司法是否具有公信力,主要看两点,一是公正不公正,二是廉洁不廉洁。这两点说起来简单,要做到就不容易了。要扭住职业良知、坚守法治、制度约束、公开运行等环节,坚持不懈、持之以恒地抓。”②为此,要“提高透明度,让暗箱操作没有空间,让司法腐

① 习近平:《严格执法,公正司法》,载中共中央文献研究室编:《十八大以来重要文献选编》(上),中央文献出版社2014年版,第720页。

② 习近平:《严格执法,公正司法》,载中共中央文献研究室编:《十八大以来重要文献选编》(上),中央文献出版社2014年版,第718页。

败无法藏身”[①]。随着监察体制改革不断深入推进，检察机关认真贯彻党中央决策部署，充分履行检察职能，完善与监察委员会的工作衔接机制，与监察委员会紧密配合、通力合作，形成严厉打击司法领域腐败犯罪的合力，持续保持高压态势，做到惩治腐败力度决不减弱、零容忍态度决不改变。法、检机关不断强化内部监督，坚持抓牢制度建设，严格规范司法行为，确保审判权、检察权依法正确行使，切实防范审判环节、检察环节滋生司法腐败。

（六）加强实现司法公正的队伍建设

习近平总书记强调：“我们的政法队伍主流是好的，是一支听党指挥、服务人民、能打硬仗、不怕牺牲的队伍，是一支党和人民完全可以信赖的有坚强战斗力的队伍。各级党委和政府要认真落实从优待警的政策措施，帮助干警解决实际困难。要按照政治过硬、业务过硬、责任过硬、纪律过硬、作风过硬的要求，努力建设一支信念坚定、执法为民、敢于担当、清正廉洁的政法队伍。”[②]党的十八大以来，政法队伍认真学习贯彻习近平总书记关于加强政法队伍建设的思想，把坚定的理想信念作为政法队伍的政治灵魂，“不断打牢高举旗帜、听党指挥、忠诚使命的思想基础，坚持党的事业至上、人民利益至上、宪法法律至上，铸就“金刚不坏之身”，永葆忠于党、忠于国家、忠于人民、忠于法律的政治本色”[③]。

四、以实践性为导向：司法改革理论的行动指引

党的十八大以来，习近平总书记对司法体制改革作出了一系列重要指示，提出了关于司法和司法改革的新理念新思想新战略，标志着我党对司法体制改革的规律性认识实现了新飞跃。全面推进依法治国、深化司法体制改革过程中，各项司法改革举措坚持立足中国实际，强化问题意识，以实践性为导向，不断向纵深发展，取得了显著成效。

---

① 习近平：《严格执法，公正司法》，载中共中央文献研究室编：《十八大以来重要文献选编》（上），中央文献出版社 2014 年版，第 720 页。

② 《习近平：扫除政法领域腐败现象 坚决清除害群之马》，载中国新闻网，http://www.chinanews.com.cn/gn/2014/01-08/5713999.shtml。

③ 习近平：《在中央政法工作会议上的讲话》（2014 年 1 月 7 日），载中共中央文献研究室编：《习近平关于全面依法治国论述摘编》，中央文献出版社 2015 年版，第 99、100 页。

(一)司法责任制改革全面落实

司法责任制改革是本轮司法改革的牛鼻子,目的是构建权责明晰、监管有效、保障有力的司法权运行新机制,打造实现司法公正的责任主体。中央政法委、最高人民法院、最高人民检察院先后发布了一系列文件予以推进和落实。从概念上说,司法责任制是关于司法主体基于其使命担当和角色职责应当承担的法律责任的制度,包含两个层面:(1)职责的履行机制,即依法公正合理行使法律赋予的职权,包括司法权独立行使、职责明晰等机制;(2)责任的承担机制,即司法人员违背职责时追究其责任,包括责任追究、责任豁免等机制。完善司法责任制,是建立权责明晰、权责统一、权力受制约的司法权运行机制的关键,也是深化司法体制改革的基础,对于保障和促进严格公正司法具有十分重要的意义。

为贯彻习近平总书记关于完善司法责任制的指示,落实中央有关司法责任制改革的部署,各级人民法院、人民检察院全面推进司法责任制改革。从2014年6月开始试点,到2016年7月全面推开,至2016年年底基本完成员额制改革,全国范围内从21万名法官中遴选产生12.5万名员额法官,从18万名在编检察官中遴选产生6.8万名员额检察官,员额制改革取得决定性胜利。人民法院、人民检察院在推进员额制改革过程中,严格执行法官、检察官遴选标准和程序,让办案数量多、质量高、效果好的人员入额,让入额的人员多办案、办好案。完善动态化的员额退出机制,让不适应在一线办案的人员及时退出员额,形成正确导向。建立常态化的员额增补机制,对预留或空出的员额指标,定期进行遴选,让优秀的法官助理、检察官助理等符合条件的人员及时入额,稳定职业预期。确立法官、检察官办案主体地位,做到谁办案谁负责,创新监管方式,确保放权不放任、有权不任性。完善专业法官会议、检察官联席会议等机制,充分发挥其在类案建议、专业咨询、业务交流等方面的作用,促进法官、检察官自我约束、自我管理。此外,各级人民法院、人民检察院积极运用现代科技提高司法质量,推广应用法律文书智能分析校对系统,帮助司法人员及时发现和纠正逻辑错误、事实证据遗漏、法条引用错误等,提高法律文书质量。在落实司法责任制的同时,进一步完善错案责任追究机制,依法纠正了一批重大冤假错案,司法质量、效率、公信力显著提高。

（二）以审判为中心的诉讼制度改革有序推进

推进以审判为中心的诉讼制度改革，是习近平总书记关于完善司法程序论述的重要实践探索之一。党的十八届四中全会提出："推进以审判为中心的诉讼制度改革，确保侦查、审查起诉的案件事实证据经得起法律的检验。全面贯彻证据裁判规则，严格依法收集、固定、保存、审查、运用证据，完善证人、鉴定人出庭制度，保证庭审在查明事实、认定证据、保护诉权、公正裁判中发挥决定性作用。"①以审判为中心的诉讼制度改革内涵深刻、意义重大。其主要包含三个方面的内容：（1）明确审判特别是庭审为保障案件处理质量和司法公正的重要环节，强调庭审在查明事实、认定证据、保护诉权、公正裁判中发挥决定性作用；（2）肯定公检法三机关分工配合、相互制约机制的合理性，明确其是符合中国国情、具有中国特色的诉讼制度；（3）对刑事诉讼中的证据质量提出更高的要求，要求"确保侦查、审查起诉的案件事实证据经得起法律检验"②。推进以审判为中心的诉讼制度改革，目的正是通过法庭审判的程序公正和决定性作用实现案件处理的实体公正，确保办案质量，防范冤假错案。

为深入推进以审判为中心的诉讼制度改革，2016 年 6 月，原中央全面深化改革领导小组审议通过《关于推进以审判为中心的刑事诉讼制度改革的意见》；2016 年 11 月 10 日，最高人民法院、最高人民检察院、公安部、国家安全部、司法部提出推进以审判为中心的刑事诉讼制度改革的总体方案和具体部署。为确保中央的改革要求落地见效，完善审判程序特别是庭审程序，最高人民法院又印发了深化庭审实质化改革的《人民法院办理刑事案件庭前会议规程（试行）》《人民法院办理刑事案件排除非法证据规程（试行）》《人民法院办理刑事案件第一审普通程序法庭调查规程（试行）》，进一步明确和细化庭前会议、非法证据排除、法庭调查等关键环节、关键事项的基本规程，有助于解决庭审虚化、非法证据排除难、疑罪从无难等问题，有助于提高刑事审判的质量、效率和公信力。为落实以审判为中心的诉讼制度改革对证据提出的

① 《中共中央关于全面推进依法治国若干重大问题的决定》，载中国政府网，https://www.gov.cn/xinwen/2014-10/28/content_2771714.htm。

② 习近平：《关于〈中共中央关于全面推进依法治国若干重大问题的决定〉的说明》，载新华网，http://www.xinhuanet.com/politics/2014-10/28/c_1113015372.htm。

要求，2017年6月，最高人民法院、最高人民检察院、公安部、国家安全部、司法部再次联合发布《关于办理刑事案件严格排除非法证据若干问题的规定》，对收集运用证据的合法性、真实性进一步予以规范。

（三）司法人权保障理念逐步增强

刑事司法中人权保障的理念伴随司法改革的不断深化而逐步增强。首先，罪刑法定、疑罪从无、非法证据排除等刑事司法原则在司法改革中得到不断重申和强调。国家尊重和保障人权的宪法原则在刑事诉讼法中得到进一步强调。其次，通过《刑事诉讼法》的修改促进刑事辩护制度的发展。例如，明确侦查阶段律师的辩护人地位，着力解决辩护律师“会见难”“阅卷难”“调查取证难”问题，扩大刑事法律援助的范围，提倡律师有效辩护，保障死刑复核阶段被告人的辩护权，等等。最后，完善我国刑事被害人诉讼权利保障制度。例如，保障被害人诉讼全过程的知情权，健全被害人及其委托代理人陈述意见权的保障机制，完善公诉案件被害人委托诉讼代理人制度，完善刑事被害人请求赔偿和补偿制度，推动精神损害赔偿、死亡赔偿金和残疾补偿金纳入赔偿范围，等等。

（四）繁简分流程序改革渐次展开

深入推进认罪认罚从宽制度，不断完善速裁程序运行机制，逐步实施繁简分流程序分化的诉讼改革。党的十八届四中全会作出的《中共中央关于全面推进依法治国若干重大问题的决定》在推进以审判为中心的诉讼制度改革的同时，要求完善刑事诉讼中认罪认罚从宽制度，目的是构建多元化、多层次的诉讼体系，促进案件的繁简分流，在保障司法公正的同时提高司法效率。习近平总书记在2019年中央政法工作会议上强调：“要深化诉讼制度改革，推进案件繁简分流、轻重分离、快慢分道。”①

按照中央的部署和要求，2014年6月，全国人大常委会作出《关于授权最高人民法院、最高人民检察院在部分地区开展刑事案件速裁程序试点工作的决定》；2016年9月，全国人大常委会作出《关于授权最高人民法院、最高人民检察院在部分地区开展刑事案件认罪认罚从宽制度试点工作的决定》，

① 《习近平出席中央政法工作会议并发表重要讲话》，载新华网，http://www.xinhuanet.com/politics/2019-01/16/c_1123999899.htm。

并明确2014年授权的刑事案件速裁程序试点工作按照新的试点办法继续试行。经过两年的试点实践,认罪认罚从宽制度和刑事速裁程序的成功经验在2018年修订《刑事诉讼法》时得到确认,成为刑事诉讼中的重要原则和基本制度。实践证明,区分疑难案件与简单案件、重罪案件与轻罪案件、认罪案件与不认罪案件并选择适用不同的诉讼程序,有益于落实宽严相济的刑事政策、推进以审判为中心的诉讼制度改革、探索构建多元化多层次的诉讼纠纷解决机制、兑现坦白从宽的刑事司法政策,也有益于尊重和保障犯罪嫌疑人、被告人的合法权利,实现司法公正和司法效率的统一,达到法律效果、政治效果和社会效果的统一。这也是习近平总书记关于完善司法程序的论述的实践创新,体现了马克思辩证唯物主义的精神。

刑事简易程序适用范围的扩大、刑事速裁程序的试点和认罪认罚从宽制度的确认,符合我国现阶段刑事犯罪结构变化和刑事诉讼制度发展规律,有力推进了国家治理体系和治理能力的现代化。改革正式实施以来,总体顺畅平稳、效果良好,促进社会和谐稳定更加有力,被告人认罪服法成为常态,惩治犯罪更加及时有效,认罪认罚案件一审后上诉率远远低于整体刑事案件上诉率。[①] 自此,我国繁简分流的刑事诉讼程序也更加明晰,形成了普通程序、简易程序与速裁程序并存的格局,根据案件重轻、繁简的不同以及犯罪嫌疑人、被告人是否认罪进行选择适用,在保证司法公正和保障诉讼人权的同时极大地提高了刑事司法效率,有效地促进了刑事司法制度平稳运行。

(五)民行诉讼制度改革持续发力

党的十八届三中全会以后,各项民事、行政诉讼制度改革举措也逐步展开、持续发力。其主要包括如下举措:(1)变立案审查制为立案登记制。最高人民法院发布的《关于人民法院推行立案登记制改革的意见》从六个方面为推进立案受理制度改革勾勒出具体路线图,对人民法院依法应该受理的案件,做到有案必立、有诉必理,保障当事人的诉权。立案程序由职权模式向诉权保障模式转变,使更多的纠纷得以进入法治轨道解决,为从源头上、根本上解决"立案难"问题提供了制度依据。(2)强化民事、行政公益诉讼职能,适

① 参见《为什么要实施认罪认罚从宽制度?"利好"有哪些?这次会议开宗明义》,载中国长安网,https://www.chinapeace.gov.cn/chinapeace/c100007/2020-09/05/content_12391135.shtml。

当拓宽案件管辖范围。民事公益诉讼涉及的生态环境和资源保护、食品药品安全领域与党的十九大提出的美丽中国、健康中国的建设息息相关,是人民群众高度关注的民生领域问题。检察机关开展公益诉讼,不仅有助于有效维护社会公共利益,遏制影响不特定多数人的相关违法侵权行为,而且有助于在消费者维权、反垄断、食品安全、环境保护等众多公共领域形成公民积极参与社会管理的良好局面。(3)继续推进行政诉讼制度改革。进一步明确行政诉讼的受案范围,规定不产生外部法律效力的行为、过程性行为、协助执行行为、内部层级监督行为和信访办理行为五种行为不在可诉之列,旨在既解决"立案难"痼疾,又防止滥诉现象。完善行政诉讼证据规则,确保双方当事人在诉讼程序中处于实质平等地位。推进行政诉讼管辖改革,在现行法律框架下实现司法审判区域与行政管理区域的有限分离,使行政审判制度及时有效化解行政争议、妥善处理人民内部矛盾的功能得以正常发挥。(4)着力推进诉讼领域科技化改革。推进审判体系和审判能力的现代化离不开信息化建设,全面推进"智慧法院"建设,将智能化技术与司法改革相结合,既是顺应时代潮流的明智之举,也是惠及国民的改革良策。

(六)刑民执行体制改革不断完善

执行作为司法过程的最后一道程序,长期以来存在"执行难"与"执行乱"两个突出问题。自党的十八届四中全会提出"推动实行审判权和执行权相分离的体制改革试点"后,"审执分离"、合理界定审判权与执行权、科学设置执行机构等开始进入实践阶段。2019 年 6 月 3 日,最高人民法院发布《关于深化执行改革健全解决执行难长效机制的意见——人民法院执行工作纲要(2019—2023)》,要求深入推进执行体制改革。例如,加快推进审执分离体制改革,将执行权区分为执行实施权与执行裁判权;健全繁简分流、事务集约的执行权运行机制;完善无财产可供执行案件监管、恢复和退出机制;完善民事、刑事、行政案件执行一体化工作机制;加强刑事涉财产部分执行和行政执行制度建设,完善相关工作机制,补齐刑事、行政案件执行短板;深化以现代信息技术为支撑的执行模式变革;完善失信惩戒系统;进一步加强网络司法拍卖系统建设;等等。这些举措的实施有助于奋力向"切实解决执行难问题"的目标迈进。

前海合作区司法体制机制改革路径探析

胡仕浩*

摘　要

前海合作区具有独特的区位优势和良好的法治基础,但在司法改革的过程中也面临不少问题和困难。当前,前海合作区要紧紧把握"双区"建设重大历史机遇,找准工作着力点,明确改革思路原则,在规则衔接和机制对接、审判体制机制改革、粤港澳司法交流协作等方面先行先试,推出更多务实管用的创新举措,为先行示范区和粤港澳大湾区建设提供高质量司法保障。

关键词　前海合作区　司法改革　体制机制创新

2021 年 9 月 6 日,中共中央、国务院印发《全面深化前海深港现代服务业合作区改革开放方案》(以下简称《方案》),决定推动前海深港现代服务业合作区(以下简称前海合作区)全面深化改革开放,在粤港澳大湾区建设中更好发挥示范引领作用。《方案》的制定出台是党中央从战略和全局高度作出的重大决策部署,是丰富"一国两制"伟大实践、支持港澳融入国家发展大局、构

* 胡仕浩,最高人民法院研究室主任,第一巡回法庭分党组副书记、副庭长。

建对外开放新格局的重要举措，同时也为人民法院做好司法服务保障工作提出了要求、指明了方向、提供了遵循。

一、前海合作区司法环境现状

根据国务院 2010 年 8 月 26 日批复的《前海深港现代服务业合作区总体发展规划》和 2015 年 4 月 8 日批准的《中国（广东）自由贸易试验区总体方案》，前海是目前全国唯一的中国特色社会主义法治建设示范区。

（一）独特的区位优势

前海位于深圳西部、珠江口东岸，毗邻港澳，区位优势独特，发展潜力巨大，承担着依托香港、服务内地、面向世界，以现代服务业发展促进产业结构优化升级，为实现科学发展发挥示范带动作用的历史使命。近年来，作为粤港澳大湾区、中国特色社会主义先行示范区建设等国家重大战略实施的核心平台，前海合作区自肇始建设以来就享有“双区驱动”的便利条件，是“特区中的特区”，不仅是粤港澳大湾区迈向国际级湾区的重要抓手，也为中国特色社会主义先行示范区先行先试、积极探索提供了试验田。①

基于其独特的区位优势，党中央对前海的改革开放和创新发展寄予厚望，党的十八大以来，习近平总书记三次前往深圳，并在深圳经济特区建立 40 周年庆祝大会上发表重要讲话，亲自谋划、亲自部署、亲自推动粤港澳大湾区建设的重大国家战略、深圳中国特色社会主义先行示范区建设和深圳综合改革试点等工作，一系列法律法规和政策性文件的密集出台落地也为改革发展把舵定向，擘画了合作区建设的美好蓝图。因此，对前海合作区进行“扩区”和“改革开放”，不仅是新时代党中央赋予深圳的又一历史使命，是对先行示范区的发展和粤港澳大湾区深度融合的制度支持，也是回应新时期我们面临的纷繁复杂国际局势的关键一招。②

（二）良好的法治基础

中央全面依法治国委员会于 2021 年 5 月出台《关于支持深圳建设中国

---

① 参见刘畅：《中国经济特区的创新制度推广与区域协同发展路径——来自深圳前海的经验研究》，载袁易明主编：《中国经济特区研究》总第 13 辑，社会科学文献出版社 2021 年版。

② 参见吴燕妮：《前海：先行先试制度创新“策源地”》，载《深圳特区报》2021 年 11 月 9 日，B01 版。

特色社会主义法治先行示范城市的意见》,提出要将深圳建设成为新时代中国特色社会主义法治城市典范,尤其要高标准建设前海深港国际法务区,打造依托香港、服务内地、面向世界的一流国际法律服务高地。实际上,前海合作区在设立之初就将“坚持法治先行”列为各项任务之首,将法治理念提高到顶层设计层面并贯穿片区建设始终,国务院部门规章和政策、广东省和深圳市地方性立法及政策不断出台,也进一步优化了前海片区的法治环境。①

作为粤港澳大湾区国际化、法治化的缩影,2015 年 1 月 28 日挂牌的深圳前海合作区人民法院(以下简称前海法院)被定位成“综合性改革示范法院”,亦被称为“未来中国法院”的先行样本。② 自成立以来,前海法院在公正高效审理涉港澳民商事案件、提升司法区际公信力、服务保障对外开放新格局方面采取了一系列举措,改革成效初显。

第一,推动规则衔接和机制对接。探索建立域外法查明与适用机制,制定全国首个域外法查明办法,全面细化涉港因素认定方式,确保域外法律“查得明”“用得准”。③ 积极构建多元化纠纷解决机制,成立前海“一带一路”国际商事诉调对接中心,与多家调解、仲裁机构对接,为高效便捷化解商事纠纷提供了新的路径。第二,拓展跨境司法交流协作。探索涉港当事人转交送达、律师费用转付等机制,积极推进建设国际化司法制度研究平台,搭建与港澳常态化交流合作平台,增强司法互助与互信。④ 第三,创新审判体制机制。选任香港特区居民作陪审员参与涉外、涉港澳台商事案件审理,聘任外籍和我国港澳台地区调解员参与联合调解,增强内地与香港特区司法互助互信,提升涉港案件审判专业水平和区际司法公信力。

(三)面临的困难和问题

当然,随着改革之路进入“深水区”,各种困难和问题也逐渐暴露出来,不仅阻碍了改革的进程,也在一定程度上削减了改革已有的成效。

---

① 参见吴燕妮:《论自贸区法治建设进路——以深圳前海为例》,载《开放导报》2019 年第 1 期。

② 参见武欣中、王东兴:《“中国未来的法院”什么样》,载《中国青年报》2015 年 1 月 30 日,第 6 版。

③ 参见孙普:《前海法院:驶入“域外法查明机制建设”快车道》,载《中国审判》2016 年第 Z1 期。

④ 参见深圳市中级人民法院:《全力服务保障对外开放新格局,深圳法院这样做》,载深圳前海合作区人民法院官网,https://www. szqhcourt. gov. cn/jjqhDetail. sapx? cls = 8&id = 935,2021 年 12 月 2 日最后访问。

一方面，法律法规及规范性文件保障力度有待进一步加大。一项良好的改革举措能够落地见效，不仅要有切实管用的内容，更要有确凿可靠的出处和依据。尽管各类中央文件、部门意见、地方立法围绕粤港澳大湾区、深圳先行示范区、前海合作区建设给出了基础性的规划、方案、措施，但具体到审判组织架构、案件管辖范围、法律查明适用模式、多元解纷机制构建、涉港澳案件诉讼程序、司法协助交流等改革重点事项上，或不符合现有法律规定，或相关法律规定暂为空白，或缺乏明确的政策依据，或需要立法机关的试点授权，导致如引入港澳特区居民参与案件审理、扩大案件管辖范围、适用域外法律、诉调机制对接、简化涉港澳案件诉讼程序等创新举措难以推行适用，诸多本具有广阔应用前景的思路和观念被扼杀在萌芽阶段。①

另一方面，由于职责定位和目标任务不同，各方难以达成一致，尚未形成改革的合力。当今世界，政治、法律、经济、文化等相互作用，相互影响，相互促动，形成了一个错综复杂但又紧密联系的整体，而司法作为这一整体中的重要一环，其任何变革都可能对其他组成部分产生触动和影响。因此，在触及重大改革事项时，司法乃至法律以外的方面都可能产生相应的顾虑，产生"掣肘"的因素。例如，港澳人士担任审判职务不仅需要司法机关的支持，还需要组织人事部门的认可；审判组织体系的优化不仅会打破现有格局下的平衡，引发各方利益的博弈，也会涉及编制测算、机构设置、人员安排等一系列复杂的非法律问题；涉港澳案件的司法协助合作不仅需要两地法院之间达成一致，也需要其他司法或行政机关的配合协调；等等。

二、《方案》的内容及意义

在前文所述的大背景下，《方案》的出台无疑为推动前海合作区全面深化改革开放，以及在推进粤港澳大湾区和深圳先行示范区建设、加快构建新发展格局中更好发挥示范引领作用提供了行动纲领，注入了新的动力。《方案》的法律意义在于，在"一国两制"框架下先行先试，创新合作区治理模式，提升

---

① 例如，香港特区居民仅能作为陪审员参审，存在范围小、效率低、积极性差、责任不明确等缺陷。孔才池、布乃东：《港籍陪审之实证研究——基于前海法院制度运行的样本考察》，载《海峡法学》2017 年第 4 期。

法律事务对外开放水平，推进与港澳规则衔接、机制对接，从立法、执法、司法、法律服务等多方面为前海合作区建设提供有力的法治保障。[①]

具体来说，《方案》以“提升法律事务对外开放水平”为独立的小节，给出了多项与法律相关的重大举措，其中与司法相关的内容有：在前海合作区内建设国际法律服务中心和国际商事争议解决中心，探索不同法系、跨境法律规则衔接。探索建立前海合作区与港澳区际民商事司法协助和交流新机制。支持前海法院探索扩大涉外商事案件受案范围，支持香港法律专家在前海法院出庭提供法律查明协助，保护进行跨境商业投资的企业与个人的合法权益。建设诉讼、调解、仲裁既相互独立又衔接配合的国际区际商事争议争端解决平台。上述举措说明：一方面，前海合作区作为先行先试、引领制度创新的“策源地”，在收获了一定的改革成效和成功经验的前提下，具备进一步改革创新、发掘潜力的空间和土壤。另一方面，在规格如此之高的《方案》中以显著篇幅罗列出与法律尤其是与司法相关的诸多务实创新的改革举措，也再次回应了全面开放和深化改革必须法治先行的时代主题和要求，凸显了前海合作区在法治建设进程中发挥引领作用、标志作用、示范作用，探索更多可复制、可推广的经验的历史使命。

三、改革的原则和思路

作为落实《方案》的重要主体之一，人民法院要切实增强责任感、使命感，充分发挥审判职能作用，加强组织保障，完善工作机制，为前海合作区建设提供高质量司法服务保障。

(一)准确把握目标定位

前海合作区开发建设的重要目的之一是通过推进与港澳规则衔接、机制对接，打造市场化、法治化、国际化的一流营商环境，来支持港澳融入国家发展大局，携手共建国际一流湾区和世界级城市群，努力打造粤港澳大湾区全面深化改革创新试验平台和高水平对外开放门户枢纽。

因此，人民法院要始终坚持依托香港、服务内地的原则，围绕前海合作区

① 参见吴春燕、王忠耀：《横琴、前海合作区具有重要的法律意义——专访中山大学法学院院长张亮》，载《光明日报》2021年9月11日，第6版。

战略定位，推动改革与法治双轮驱动，服务深化深港更紧密合作。要扎实推进制度改革创新，推动现代服务业创新发展，提升法律事务对外开放水平，增强审判工作在粤港澳大湾区建设中的法治示范功能。具体而言，要在简化涉港澳案件诉讼程序、推进粤港澳研究基地建设、构建港澳法律服务参与诉讼机制、促进港澳司法交流与协助等方面更注意具体举措的针对性和协调性，确保党中央决策部署在人民法院得到不折不扣的贯彻落实。

（二）充分考虑实践需求

既然是为地方发展出谋划策、提供服务保障，自然要注重主动对接地方，深入开展调研，充分了解需求和经验做法，掌握一手资料，寻求实例支撑，加强可行性论证，在符合实际的前提下尽可能考虑地方反映强烈的需求。出于工作需要，笔者所在的部门承担了人民法院贯彻落实《方案》意见的起草工作，听取了广东、深圳、前海相关部门基于自身发展状况提出的建议，以期后续出台的改革举措更“接地气”“近民意”。

从目前了解的情况看，地方也确实反映了一些强烈的需求，如加大法治人才交流力度，借鉴深圳招录港澳特区公务员的实践经验，探索研究在前海法院试点聘任符合条件的港澳专业人士担任任期制法官，审理特定类型的涉港澳民商事案件。又如，推动设立大湾区司法研究院，增进粤港澳大湾区不同法律规定和司法机构之间的法治认同、文化认同和司法合作。再如，粤港澳大湾区具有“一国两制三法域”的鲜明特征，深圳尤其是前海受理了大量涉港澳案件，①但由于法律制度和习惯规则的差异，三地商事主体均对商事风险的预知和判断存在顾虑和难度。因此，构建良好的法律规则衔接机制，促进域内外不同主体法律地位平等、权利保护平等和发展机会平等，是营造稳定公平透明可预期的营商环境，推动更高层次开放型经济的必然需求。

（三）积极稳妥推进改革

无论在任何领域，成功的改革经验都遵循了这样的基本规律：既要有志存高远的勇气决心，敢于迎难而上，大胆探索，也要有脚踏实地的恒心耐心，尊重已有规则，恪守程序规矩。同样，对于《方案》提出的要求任务，要进一步

① 参见李卓谦、池泽梅：《深圳前海法院建设国际商事纠纷解决优选地》，载《民主与法制时报》2021 年 10 月 26 日，第 1 版。

明确人民法院工作的改革目标和具体举措,加强司法体制机制探索创新,创新合作区治理模式,在规则允许的范围内赋予深圳法院尤其是前海法院更多改革任务和政策措施,鼓励其敢闯敢试、先行先试。同时,对于中央支持但较为敏感、不宜向社会公开发布或需对现行法律法规作出较大突破的改革措施,暂不作明确规定,或在表述上做弹性处理,为下一步改革预留空间。

四、重点改革举措建议

根据《方案》及已出台的其他立法、司法及政策性文件,结合前海合作区的战略定位、功能作用和发展方向,可以重点从以下几方面为前海“量身打造”司法体制机制改革的相关举措。

(一)推动规则衔接和机制对接

探索不同法系、跨境法律规则衔接和机制对接,不仅是《方案》的明确要求,也是促进粤港澳深度融合,互利互促,实现一体化发展的应有之义。

1.完善域外法律查明和适用机制

有统计表明,在前海合作区,81.69%的企业认为希望选择自己熟悉的法律,增强对纠纷解决的预判。[①] 但是,为了享受合作区各类政策优惠,不少域外主体在合作区内注册,根据现有规定,这些主体不具有涉外因素,无法按照《涉外民事关系法律适用法》选择域外法律。[②] 不过,域外法律查明和适用呼声的日益高涨,各类政策文件明确的态度,以及前海法院在该类案件中取得的有益探索意味着,在合作区试点扩大域外法适用的时机已经到来。[③]

值得一提的是,2020年8月,深圳市人大常委会通过的《深圳经济特区前海深港现代服务业合作区条例》第57条规定,“民商事合同当事人一方为

---

① 参见闻长智:《适用香港法裁判的“一带一路”效应》,载《人民法院报》2017年8月18日,第5版。

② 根据最高人民法院《关于适用〈中华人民共和国涉外民事关系法律适用法〉若干问题的解释(一)》第1条的规定,我国港澳台地区投资人、外国投资人在我国注册成立的中国企业,不属于可以认定为涉外民事关系的常规情形,双方当事人难以约定适用域外法律。

③ 最高人民法院《关于支持和保障深圳建设中国特色社会主义先行示范区的意见》第15~16条提出,要“完善涉外涉港澳台法律适用规则体系,准确查明和适用国际条约、国际惯例和域外法律。……推动实现规则衔接与机制对接……拓宽内地与港澳相互委托查明法律渠道”。广东省高级人民法院《推进粤港澳大湾区建设三年行动方案》《支持深圳建设中国特色社会主义先行示范区三年行动方案》中也表明了类似的立场。

在前海合作区注册的港资、澳资、台资及外商投资企业的，可以协议选择合同适用的法律"，以特区立法的形式为域外法协议选择适用提供了依据。但由于涉及基本诉讼制度，应以此为契机，按程序推动立法机关授权突破现有法律规定，或由司法机关在政策文件中扩大司法解释中当事人意思自治的范围，在不违反我国法律基本原则且不损害国家主权、安全和社会公共利益的前提下，逐步扩大允许协议选择港澳法律的情形，增进各法域的法律融合，促进和维护国家统一。①

2. 建设国际商事争议解决中心

《方案》提出，要"在前海合作区内建设……国际商事争议解决中心……建设诉讼、调解、仲裁既相互独立又衔接配合的国际区际商事争议争端解决平台"。实际上，这也成为各类政策性文件和地方性法规的共识，《粤港澳大湾区发展规划纲要》《关于支持深圳建设中国特色社会主义法治先行示范城市的意见》提出要在大湾区尤其是深圳打造"国际商事争议解决中心""构建多元化争议解决机制""建立健全涉外商事纠纷诉讼、仲裁、调解、法律服务有机衔接机制"等。② 最高人民法院在《关于支持和保障深圳建设中国特色社会主义先行示范区的意见》、最高人民法院与香港特别行政区政府律政司《关于进一步加强交流合作的会谈纪要》等文件中也对此表示支持，并进一步强调要"加强与国际仲裁机构、国际调解组织交流协作"。

需要说明的是，根据现行《民事诉讼法》《人民调解法》的规定，域外调解组织或调解员形成的调解协议是否可以当然成为人民法院受理的司法确认案件的审理对象，尚无明确依据，故有必要在下一步的改革中依法申请授权，或明确政策依据，进一步完善前海法院与港澳调解机构诉调对接机制，吸纳符合条件的港澳调解机构参与特定类型纠纷的调解，支持港澳调解员及律师参与调解，并由前海法院试点受理针对该类型调解协议的司法确认案件。

3. 加强对制度和规则的研究

受制于法律制度与法制体系的差异性、司法协助范围和层次的有限性、

① 参见刘贵祥：《前海民商事案件选择适用法律问题研究》，载《法律适用》2016 年第 4 期。

② 参见《粤港澳大湾区发展规划纲要》第十章第一节；《关于支持深圳建设中国特色社会主义法治先行示范城市的意见》第 22 条。

法律规定的滞后性等因素,目前我们对粤港澳规则衔接和机制对接的研究和工作安排涉及面较窄,重点分散,不够系统化,也不够深入,尚未形成有效运行的整体机制。因此,《方案》第11条提出,要"发展中国特色新型智库,建设粤港澳研究基地"。最高人民法院《关于支持和保障深圳建设中国特色社会主义先行示范区的意见》、最高人民法院与香港特别行政区政府律政司《关于进一步加强交流合作的会谈纪要》也提出要建立粤港澳大湾区法治研究机制(平台)。

考虑到前海合作区独特的区位优势,在该区域设立研究平台不仅可以推进"一国两制三法域"框架下粤港澳法律制度衔接、工作机制对接、国际商事规则比较等法律问题的研究,还可以整合大湾区司法资源,增进粤港澳大湾区不同法律规定和司法机构之间法治认同、文化认同和司法合作,对于促进港澳统一战线工作具有积极意义。

(二)深化审判体制机制改革

司法改革中最受关注的问题是组织架构、审判模式、人员配置等事项的调整和优化,这些也是最能直接体现改革成效的代表性举措。

1. 完善国际商事审判组织体系

随着前海合作区在"双区"建设中枢纽地位的不断提升和承担使命任务的日益重大,前海法院基层法院属性的弊端也逐渐暴露出来,较低的审级制约了其在各类改革事务中谋篇布局的空间和权限,也削弱了其在涉港澳跨境司法工作方面展现作为的能力和辐射力,导致其功能作用与合作区的地位和影响力不够匹配。因此,健全完善前海合作区国际商事审判组织体系,打造粤港澳商事审判优选地,是深圳尤其是前海较为突出的司法需求之一,有必要在改革过程中统筹谋划,协调推进。

《深圳经济特区前海蛇口自由贸易试验片区条例》和《深圳经济特区前海深港现代服务业合作区条例》均明确规定要支持(设立)……国际商事审判专门组织(建设),广东省高级人民法院在《支持深圳建设中国特色社会主义先行示范区三年行动方案》中也提出要"推动建立新型审判组织及机构,全面加强国际商事领域专业审判水平"。据悉,深圳方面正在大力推进国际商事法院设立事宜,这些均为该项改革举措提供了强大的推力。[①]

当然,审判组织尤其是具体机构的设立涉及编制、人员、配套资源等诸多较为复杂的因素,要在遵守有关机构编制等方面的党内法规要求的前提下,加强对于前海合作区国际商事审判组织的模式、审级、管辖,以及其与前海法院、深圳市中级人民法院的关系等问题的研究论证,待达成统一认识后形成具体的优化方案。

2. 依法扩大涉外民商事案件受案范围

随着前海合作区全面深化扩大开放战略的推进和发展空间的大幅拓展,在符合国际司法原则的前提下,适当扩大前海法院对涉外民商事案件的诉讼管辖权,有利于更好地保护我国当事人的合法权益以及国家利益,捍卫司法主权,有效反制滥用司法管辖权的国际霸权主义行为。为此,《方案》提出,要"支持前海法院探索扩大涉外商事案件受案范围",特区立法更是直接引入了"最低限度联系原则",提出"探索受理没有连接点但是当事人约定管辖的国际商事案件"[②]。

"最低限度联系原则"起源于美国,目的在于使法院的管辖不局限于被告住所地等硬性连结点,以灵活的最低限度联系来扩大法院的管辖权。[③] 这一原则其实已经突破了我国现行《民事诉讼法》有关管辖连结点的基础性规定,[④]即便有特区立法为保障,也需要经全国人大常委会授权后实施。[⑤] 因此,本文认为,除了积极探索引入"最低限度联系原则"外,还可以结合前海合作区发展空间拓展情况,综合考虑标的额、案由、行政区划等各种因素,在充分预测收案数量的基础上,通过科学调整相关法院涉外商事纠纷管辖规则,依法有序扩大前海法院涉外商事案件管辖范围。

3. 吸纳港澳人士参与司法审判

《方案》提出,要"创新合作区治理模式……研究在前海合作区工作、居

---

① 实际上,在前海合作区建立初期,就有观点建议设立相对独立的国际商事审判组织,以提供更好的司法服务保障。肖显锋、向红敏:《构建深圳前海深港现代服务业合作区优良法治环境之立法及司法对策》,载《中外企业家》2011 年第 20 期。

② 《深圳经济特区前海蛇口自由贸易试验片区条例》第 56 条。

③ 参见张黛洁:《论最低限度联系原则》,载《法制与社会》2008 年第 30 期。

④ 《民事诉讼法》第 34 条、第 270 条。

⑤ 《深圳建设中国特色社会主义先行示范区综合改革试点实施方案(2020—2025 年)》第 26 条。

留的港澳和外籍人士参与前海区域治理途径,探索允许符合条件的港澳和外籍人士担任前海合作区内法定机构职务”。《粤港澳大湾区发展规划纲要》也曾提出“研究推进港澳居民中的中国公民依法报考内地公务员工作”的要求。对于率先建立系统规范的香港地区陪审员制度的前海法院,“专业法官 + 港澳地区专家陪审员”的审判模式为其学习香港法治成功经验,借鉴国际先进审判制度,以及向香港社会传播法治精神、法治观念,提供了重要渠道。[①] 鼓励港澳人士参与前海合作区司法治理,尤其是作为审判人员参与诉讼过程,是司法参与创新前海合作区治理模式、充分发挥先行示范区优势的重要手段,不仅可以提升纠纷化解的国际化参与程度,也有利于树立公开、透明、开放的司法形象,提升前海合作区独有的司法模式的国际影响力,增强国际认同感。

当然,该举措可能需要突破《法官法》等法律的规定,敏感因素较多,难度较大,考虑到前海法院作为综合性司法改革试点示范法院,处于与港司法交流和合作的最前沿,与香港社会联系紧密,辐射香港的意义深远,可以借鉴香港的暂委法官制度,在前海法院试点引入符合条件的港澳人士担任非常任法官,参与处理特定类型的涉港澳民商事案件。[②]

(三)加强粤港澳司法交流协作

作为广东乃至内地毗邻港澳的窗口和常态化交流的平台,前海合作区承担着提升粤港澳合作水平、丰富协同协调发展模式的重要职能,理应在促进粤港澳司法交流协作、增进司法互助互信方面发挥更大的作用。

1. 优化涉港澳案件诉讼程序

截至 2021 年 9 月,前海法院共受理涉外涉港澳台案件 13 178 件,其中涉港案件 8873 件,居全国第一。[③] 完善粤港澳大湾区民商事司法协助机制,不仅可以提高诉讼效率,也是以最小成本实现三地司法规则衔接的有效方式,

① 参见深圳市中级人民法院:《全力服务保障对外开放新格局,深圳法院这样做》,载深圳前海合作区人民法院官网,https://www.szqhcourt.gov.cn/jjqhDetail.sapx?cls=8&id=935,2021 年 12 月 2 日最后访问。

② 参见张淑钿:《香港特区特委法官和暂委法官制度运作的实证观察》,载《港澳研究》2015 年第 4 期。

③ 参见李卓谦、池泽梅:《深圳前海法院建设国际商事纠纷解决优选地》,载《民主与法制时报》2021 年 10 月 26 日,第 1 版。

但目前粤港澳三地实行不同的法律制度和法律管辖，导致司法协助制度存在协调复杂、耗时冗长、落地困难等障碍。因此，《方案》提出，要“探索建立前海合作区与港澳区际民商事司法协助和交流新机制”。

具体而言，可以按照相互尊重、求同存异、便利合法原则，支持前海法院简化港澳诉讼主体资格司法确认、授权委托见证、送达程序及诉讼证据审查认定，在此基础上建设中国特色区际司法协助机制，在涉港澳民商事案件中由当事人、律师、公证机构等协助转送文书，提高送达效率。针对这一问题，前海法院专门制定了《关于涉外涉港澳台民商事案件司法文书送达的若干规定》《关于涉港民商事案件司法文书转交送达的实施细则》，在全国范围内率先探索涉港案件当事人转交送达机制。① 除此之外，2020 年修正的最高人民法院《关于内地与澳门特别行政区法院就民商事案件相互委托送达司法文书和调取证据的安排》及 2021 年签订的最高人民法院与香港特别行政区政府律政司《关于进一步加强交流合作的会谈纪要》均有涉及优化涉港澳案件送达的规定，这也为下一步改革举措的细化铺垫了基础。②

2. 吸收港澳法律服务参与诉讼

2020 年 10 月，国务院办公厅印发《香港法律执业者和澳门执业律师在粤港澳大湾区内地九市取得内地执业资质和从事律师职业试点办法》，对于港澳律师在粤港澳大湾区九市执业作出部署安排。两部特区立法《深圳经济特区前海深港现代服务业合作区条例》《深圳经济特区前海蛇口自由贸易试验片区条例》也对此予以了回应，即“探索允许在前海合作区律师事务所登记执业的港澳律师在前海合作区代理涉外民商事案件”，“符合条件的香港法律执业者和澳门执业律师通过粤港澳大湾区律师执业考试，取得内地执业资质的，可以按照规定在自贸片区从事法律事务”。下一步，可以结合前海法院具体情况，推进细化符合条件的港澳律师在前海法院代理涉港澳民商事案件许

---

① 参见深圳前海法院：《手把手教你搞定涉港民商事案件转交送达》，载百度百家号“澎湃”2021 年 10 月 20 日，https://m.thepapre.cn/baijiahaoh_14997231。

② 最高人民法院与香港特别行政区政府律政司《关于进一步加强交流合作的会谈纪要》第 1 条提出，要“探讨优化相互委托送达民商事司法文书的具体举措……进一步加强中国特色区际司法协助机制建设”。最高人民法院《关于内地与澳门特别行政区法院就民商事案件相互委托送达司法文书和调取证据的安排》也扩大了有权委托澳门司法机构送达的内地法院的范围。

可机制，形成可复制、可推广的经验后，逐步为符合条件的港澳律师在深圳其他地区担任诉讼代理人提供便利条件。

总的来看，《方案》的出台为前海合作区加快推进司法体制机制改革带来了重大契机，站在“改革开放再出发”的历史新起点上，人民法院要紧紧围绕中国特色社会主义法治体系建设，服务保障粤港澳大湾区和深圳先行示范区战略，在前海合作区加快构建司法公信力、法治竞争力、改革创新力、国际影响力卓著的司法体制机制，推动前海合作区成为率先实现国家治理体系和治理能力现代化的排头兵和全面实现依法治国的先行地。

粤港澳大湾区建设下内地与港澳民商事法律冲突解决路径*

张　亮**

摘　要

由于“一国两制三法域”客观存在，区际民商事法律冲突一直是粤港澳大湾区建设中面临的现实挑战。目前整体上并没有改变过去的区际民商事法律冲突解决路径，但前海、横琴等合作区正在做一些有益的探索，如扩大香港和澳门法律的适用。面对粤港澳三地更为紧密、顺畅的规则衔接需求，鉴于示范法的灵活性、渐进性、开放性等特质，示范法路径是解决粤港澳大湾区民商事法律冲突切实可行的新路径。

关键词　粤港澳大湾区　民商事　法律冲突　示范法

建设粤港澳大湾区，是习近平总书记亲自谋划、亲自部署、亲自推动的重大国家战略。粤港澳大湾区“9＋2”城市包括香港特别行政区、澳门特别行政区和广东省广州市、深圳市、珠海市、佛山市、惠州市、东莞市、中山市、江门市、肇庆市，是我国开放程度最高、经济活力最强的区域之一。建设粤港澳大

* 本文系作者主持的最高人民法院 2022 年度司法研究重大课题“一国两制”下区际民商事法律冲突解决路径研究的阶段性成果。

** 张亮，中山大学法学院教授、院长，中山大学涉外法治研究院院长，深圳市法学会首席法律咨询专家。

湾区,既是新时代推动形成全面开放新格局的新尝试,也是推动“一国两制”事业发展的新实践。粤港澳大湾区既是充满活力的世界级城市群,也是内地与港澳深度合作示范区。《粤港澳大湾区发展规划纲要》实施5年来,大湾区科创产业加速发展,软硬联通不断拓展,协同融合纵深发展,有力推动港澳融入国家发展大局,这一新时代推动形成全面开放新格局的新尝试和推动“一国两制”事业发展的新实践,正在取得丰硕成果。不过,由于“一国两制三法域”客观存在,区际民商事法律冲突一直是粤港澳大湾区发展中面临的现实挑战。详言之,广东9市与港澳都属于中国,但分属三个不同的法域,实行不同的民商事法律制度。在民商事交往中,当某一事项或一项争议涉及两个(或两个以上)的法域时,究竟应适用哪个法域的民商事法律的区际民商事法律冲突问题不可避免地会产生。鉴于此,本文拟对粤港澳大湾区民商事法律冲突解决路径进行研究。

一、区际民商事法律冲突解决路径概述

根据现有的研究,从各国立法和司法实践来看,解决区际民商事法律冲突的路径有两种:

其一,区际冲突法路径。第一,制定全国统一的区际冲突法。这是最便捷、最清楚的方法,也是通过区际冲突法途径解决区际法律冲突的最佳方式。第二,各法域分别制定各自的区际冲突法。这种方法虽然在立法时较为简单,但操作起来比较复杂,而且容易产生区际规范的冲突。第三,类推适用国际私法。采取这种方式的国家既没有专门的全国统一的区际冲突法,其各法域也没有用于解决区际法律冲突的规范或者中央立法不允许这种规范存在,故其通过在国际私法或民法典中明文规定类推适用国际私法来解决区际法律冲突。这种方法看似简单,但类推适用毕竟是法制尚不成熟的表现。第四,不分区际法律冲突和国际法律冲突,适用相同的规则。比较典型的是在普通法系国家,没有国际私法和区际私法之分,在冲突法上,法院把国内的其他法域都视为与其他主权国家一样的“外国”,因而在解决涉及其他法域的法律冲突时,仍然适用与解决国际法律冲突基本相同的规则。不过,国际法律冲突毕竟和区际法律冲突具有不同的特征,完全用国际私法来解决区际法律冲突也有其局限性。事实上,这些国家也只是适用基本相同的规则,有些方

面还是存在区别的。

其二,统一实体法路径。第一,制定全国统一的实体法。制定全国统一的实体法是中央立法机关的事情,单独的一个法域对此是无能为力的。这种统一的立法可能是全面的规定,但多数情况下是就某一方面的具体制度所作的规定。制定全国统一的实体法来解决区际法律冲突是通过统一实体法途径解决区际法律冲突的最佳方式,但在有些复合法域国家,采取这种方法有法律上的障碍,如中央立法机关无权制定相关的法律。第二,制定仅适用于部分法域的统一实体法。制定仅适用于部分法域的统一实体法仍然需要中央立法机关完成。不过,其所制定的法律只适用于相关的法域,对于其他法域没有直接的约束力。第三,各法域采用相同或类似的实体法求得统一。虽然复合法域国家国内民商事实体法的统一较之国际上民商事实体法的统一来得容易,但在走向统一的道路上仍有许多障碍。第四,通过审判实践确立统一的规则,促进法律冲突的解决。这种情况在普通法系国家表现得尤为突出。普通法系国家的法院都遵循"依循先例"的原则,而其最高法院的判例对下级法院的审判实践都具有约束力。从这点上讲,各法域的法院实质上都采用了相同的规则,从而使区际法律冲突得以解决。第五,将在一个法域适用的实体法扩大适用于另一法域,从而取得法制的统一,消除区际法律冲突。这种做法多出现在因国家的兼并、国家领土的割让、国家领土的回归或国家的殖民等原因而形成的复合法域国家。不过,将在一个法域有效的法律扩大适用于其他法域是中央立法机关的事,通常由中央立法机关颁布法令实施,各法域无权决定扩大适用。①

二、粤港澳大湾区民商事法律冲突解决路径

对于如何解决区际民商事法律冲突,《宪法》以及两部基本法都未作出具体规定。中国目前并没有统一的区际冲突法,内地与港澳特区也没有制定各自的区际冲突法。对于区际法律冲突的解决,内地的做法长期以来都是把涉港澳民商事关系作为涉外民商事关系处理,参照适用解决国际民商事法律冲突的规则。最高人民法院《关于适用〈中华人民共和国涉外民事关系法律适

① 参见黄进主编:《中国的区际法律问题研究》,法律出版社 2001 年版,第 31 ~ 33 页。

用法〉若干问题的解释(一)》第17条明确规定:“涉及香港特别行政区、澳门特别行政区的民事关系的法律适用问题,参照适用本规定。”港澳则完全按照处理国际民商事法律冲突的方法处理区际民商事法律冲突。

不过,两部基本法都规定,通过协商并依据法律,特别行政区可以和全国其他地区的司法机关保持司法关系,并向对方提供协助。[①] 在内地与港澳司法界的共同努力下,各方业已通过签署系列民商事司法协助安排,比如最高人民法院《关于内地与香港特别行政区法院相互认可和执行民商事案件判决的安排》、最高人民法院与澳门签署《内地与澳门特别行政区关于相互认可和执行民商事判决的安排》等,在一定程度上推动了区际民商事法律冲突的解决。

2021年9月,中共中央、国务院相继印发《横琴粤澳深度合作区建设总体方案》《全面深化前海深港现代服务业合作区改革开放方案》。新形势下做好横琴粤澳深度合作区开发开放,是深入实施《粤港澳大湾区发展规划纲要》的重点举措,是丰富“一国两制”实践的重大部署,是为澳门长远发展注入的重要动力,有利于推动澳门长期繁荣稳定和融入国家发展大局。而开发建设前海深港现代服务业合作区,则是支持香港经济社会发展、提升粤港澳合作水平、构建对外开放新格局的重要举措,对推进粤港澳大湾区建设、支持深圳建设中国特色社会主义先行示范区、增强香港同胞对祖国的向心力具有重要意义。

《横琴粤澳深度合作区建设总体方案》明确提出,充分发挥“一国两制”制度优势,在遵循宪法和澳门特别行政区基本法的前提下,逐步构建民商事规则衔接澳门、接轨国际的制度体系。加强粤澳司法交流协作,建立完善国际商事审判、仲裁、调解等多元化商事纠纷解决机制。最高人民法院《关于支持和保障横琴粤澳深度合作区建设的意见》(法发〔2022〕4号)不仅提出完善域外法查明、构建多元化商事纠纷解决机制、简化涉港澳案件诉讼程序、加大与港澳地区司法交流力度等,而且明文规定,支持横琴法院申请授权试点探索域外法适用机制,在不违反我国法律基本原则或者不损害国家主权、安全

① 比如《香港特别行政区基本法》第95条规定:“香港特别行政区可与全国其他地区的司法机关通过协商依法进行司法方面的联系和相互提供协助。”

和社会公共利益的前提下,允许在横琴合作区注册的港资、澳资、台资及外商投资企业协议选择域外法解决合同纠纷,或者适用国际条约、国际惯例和国际商事规则化解纠纷。

《全面深化前海深港现代服务业合作区改革开放方案》明确提出,在前海合作区内建设国际法律服务中心和国际商事争议解决中心,探索不同法系、跨境法律规则衔接。探索完善前海合作区内适用香港法律和选择香港作仲裁地解决民商事案件的机制。探索建立前海合作区与港澳区际民商事司法协助和交流新机制。支持前海法院探索扩大涉外商事案件受案范围,支持香港法律专家在前海法院出庭提供法律查明协助,保护进行跨境商业投资的企业与个人的合法权益。建设诉讼、调解、仲裁既相互独立又衔接配合的国际区际商事争议争端解决平台。最高人民法院《关于支持和保障全面深化前海深港现代服务业合作区改革开放的意见》(法发〔2022〕3 号)不仅提出完善域外法查明、建设国际商事争议解决中心、构建港澳法律服务参与诉讼机制、加大与港澳地区司法交流力度、拓展深港澳司法人才交流渠道等,而且明文规定,支持前海法院申请授权试点探索域外法适用机制,在不违反我国法律基本原则或者不损害国家主权、安全和社会公共利益的前提下,允许在前海合作区注册的港资、澳资、台资及外商投资企业协议选择域外法解决合同纠纷,或者适用国际条约、国际惯例和国际商事规则化解纠纷。

由此不难发现,对于解决区际民商事法律冲突,内地整体上并没有改变过去的路径,但准备或正在借助两个合作区进行一些有益的探索:一是扩大港澳法的适用;二是建设国际区际多元化商事纠纷解决机制及平台;三是加强内地与港澳的司法协助;四是加大内地与港澳司法交流。这些探索意义重大,切实可行。解决内地与港澳的区际民商事法律冲突,必须在“一国两制”框架内严格依照宪法和基本法办事。一方面,充分尊重和坚定维护港澳依法享有的高度自治权。根据两部基本法的规定,全国性法律不在港澳实施,但有关国防、外交和其他按基本法规定不属于港澳自治范围的法律除外。[①] 这意味着港澳在民商法领域享有充分的立法权限，制定全国统一的区际冲突法或民商事实体法目前尚不可行。另一方面，坚守“一国”之本，积极推动港澳融入国家发展大局，绝不能让区际民商事法律冲突成为内地与港澳民商事交往的障碍。在此背景下，在粤港澳大湾区选择两个合作区探索扩大港澳法的适用，无疑有利于营造趋同港澳的法律制度环境，有助于吸引更多港澳居民到合作区生活、工作，具有较大的现实意义。同时，建设国际区际多元化商事纠纷解决机制及平台、加强内地与港澳的司法协助、加大内地与港澳司法交流力度等具体举措，也在一定程度上有助于区际民商事法律冲突的解决。

三、粤港澳大湾区民商事法律冲突解决的新路径：示范法

示范法最初主要体现在美国国内法律实践中。美国是联邦制国家，各州在大部分私法领域具有立法权，从而在相关领域形成了各州法律相互歧异的现状。为解决此问题，美国广泛采用了示范法的统一方法：在一些半官方或民间组织提供的不具有法律效力的示范法的基础上，各州立法机关采用相同或类似的法律，从而求得法律的统一。20 世纪中后期以来，放眼国际社会的法律统一化运动，示范法已经在实践中得到了广泛运用，其立法成果对国际社会的法律统一产生了积极的影响，并引起了法学界的高度关注。正如茨威格特和克茨在其比较法名著中所下的结论：任何一种旨在增强法律协调的统一化模式都是值得赞赏的，但在不久的将来，我们会发现在这些方法中，最适宜的一种方式还是在比较法的基础上，通过精心制定示范法来完成法律统一。[②]

---

① 比如《香港特别行政区基本法》第 18 条规定：“在香港特别行政区实行的法律为本法以及本法第八条规定的香港原有法律和香港特别行政区立法机关制定的法律。全国性法律除列于本法附件三者外，不在香港特别行政区实施。凡列于本法附件三之法律，由香港特别行政区在当地公布或立法实施。全国人民代表大会常务委员会在征询其所属的香港特别行政区基本法委员会和香港特别行政区政府的意见后，可对列于本法附件三的法律作出增减，任何列入附件三的法律，限于有关国防、外交和其他按本法规定不属于香港特别行政区自治范围的法律。全国人民代表大会常务委员会决定宣布战争状态或因香港特别行政区内发生香港特别行政区政府不能控制的危及国家统一或安全的动乱而决定香港特别行政区进入紧急状态，中央人民政府可发布命令将有关全国性法律在香港特别行政区实施。”

② 参见曾涛：《示范法比较研究》，人民法院出版社 2007 年版，第 1 ~ 2、14 页。

传统上参照适用解决国际民商事法律冲突的规则或通过区际司法协助，不能从根本上解决区际民商事法律冲突，也不利于充分发挥港澳的独特优势和大湾区的先行先试优势；而制定全国统一的区际冲突法或民商事实体法目前尚不可行，在此背景下，通过示范法解决粤港澳大湾区民商事法律冲突，引起各界高度重视。尤其是2022年12月30日，粤港澳三地政府法律部门统一发布《粤港澳大湾区跨境争议调解示范规则》（以下简称《示范规则》），表明通过示范法解决民商事法律冲突已开始从理论构想转为落地实践。①

《示范规则》旨在为当事人以友好、自愿、保密、非对抗性的调解方式解决跨境争议提供最佳做法，供三地调解机构及调解员在制定其详细调解规则时参照适用。《示范规则》充分借鉴《新加坡调解公约》、联合国贸法会调解规则、香港调解条例以及粤港澳三地知名调解机构调解规则，既兼顾粤港澳三地调解实际情况，又紧跟国际调解主流。《示范规则》明确了大湾区机构调解和非机构调解两种模式，对跨境争议范畴、调解程序、调解员选定或指定、调解员义务、调解收费、调解期限等进行统一规范，鼓励当事人在调解程序中引入法律查明、中立评估、专家意见等服务；建议当事人在和解（调解）协议中选定适用法律，避免纠纷进入司法程序后产生法律适用问题；允许经认可的调解机构和大湾区调解员收取调解费用。《示范规则》是粤港澳三地规则衔接的重要组成部分，是粤港澳大湾区调解平台建设的重要内容，有利于三地调解行业的协同规范发展，助力营造大湾区法治化营商环境。②

示范法是逐步解决粤港澳大湾区民商事法律冲突，推动大湾区形成新的法律规则、法律习惯和法律文化的重要路径。示范法具有法律草案的性质和灵活、渐进、开放等特点，便于试验。示范法具有软法性、建议性、指导性，可以作为三地立法部门、行政部门、司法部门以及当事人的参考指南。当前，由中央制定统一实体法较难实现，而示范法有助于解决不同法域间法律冲突的问题。以合同法为例，一部体现当代合同法基本规则、被内地与港澳共同认可的合同法示范法，不仅可以在各自立法中起到示范作用，而且当

① 中国法学界对于示范法的引入和推介，最早见于国际私法学者对中国区际冲突法的研究，参见曾涛：《示范法比较研究》，人民法院出版社2007年版，第205页。

② 参见《粤港澳大湾区跨境争议调解示范规则正式发布》，载广东省司法厅网2023年1月6日，http://sft.gd.gov.cn/sfw/xwdt/sfxz/content/post_4077262.html。

事人在签订合同、约定法律适用条款时,也可以直接选择示范法作为准据法。

关于粤港澳大湾区示范法的制定:第一,应当依据粤港澳大湾区实践的经验,分步骤、分阶段制定示范法,优先对冲突频发、亟待解决的领域予以研究,寻求粤港澳民商事实体法衔接的“最大公约数”,如合同法领域。第二,由于粤港澳大湾区的定位是世界一流湾区,故在制定示范法时,一方面,要以三地现有的法律为基础;另一方面,也应充分借鉴国际先进规则。比如,在制定合同法的示范法时,非常有必要充分借鉴《联合国国际货物销售合同公约》《国际商事合同通则》等国际先进规则。第三,在制定示范法时,应纳入多元主体、争取更多共识,并保证示范法文本内容的中立性、专业性和权威性。示范法不具备强制约束力,其应用并不依赖于立法者以强制力予以保证,而是依靠示范法文本在实践中的被接受程度和认可程度。

关于示范法的落地转化,可以考虑以下途径:立法机构转换立法,将示范法分别融入三地法律体系;当事人将示范法并入合同条款中予以适用;将示范法视作区际惯例,作为跨境民商事交易的准据法;通过司法机关的推广与适用,逐步普及示范法的实施等。

内地与香港特区区际送达制度衔接研究*

前海法院课题组**

摘　要

送达制度是民事诉讼规则的重要组成部分，区际送达是内地与香港特区诉讼法律规则衔接的重要突破口。目前，内地与香港特区的区际送达制度在送达主体、送达方式等方面差异较大，区际送达依然存在程序烦琐、效率低、成功率不理想等问题，不利于送达司法实践协调统一。为解决区际送达制度差异带来的不便，可采取明确现有送达方式的流程与效力位阶、简化区际司法协助委托送达环节、探索多主体多渠道送达、加强域外制度调研等措施，促进内地与香港区际送达制度衔接，切实提高区际送达的质量与效率。

关键词　区际送达　司法协助　制度衔接

司法送达是贯穿整个民事诉讼过程的基础性制度，指法院或者当事人依照法律规定的程序、方式将诉讼文书交付给域内外相关当事人及其他诉讼参与人的诉讼行为。1999 年最高人民法院通过《关于内地与香港特别行政区法院相互委托送达民商事司法文书的安排》(以下简称《送达安排》)，对两地法院间司法协助送达事宜予以细化规定。但是，内地与香港在跨境司法送达

* 本文获第十八届泛珠三角合作与发展法治论坛征文三等奖，收录于本书时文字略有改动。

** 前海法院课题组主要成员：卞飞、谢雯、潘泽玲、叶春蜜。

方面依然存在法律理念和制度的较大差异，还面临跨境送达耗时长、送达成功率较低等问题。基于此，本文在保护当事人权益、提升司法效率、畅通跨境司法送达等方面寻找合理平衡，以促进粤港澳大湾区法治一体化建设。

一、内地与香港特区区际送达制度的现状分析

（一）内地与香港特区区际送达文书方面

目前有关内地与香港特区区际送达司法文书的规范文件主要是《送达安排》及最高人民法院《关于涉港澳民商事案件司法文书送达问题若干规定》（以下简称《送达规定》）。

1. 内地向香港特区送达文书方面

（1）司法协助委托送达

根据《送达安排》第 2 条的规定，内地的高级人民法院与香港高等法院可以相互委托送达。此外，最高人民法院可以单向委托香港高等法院送达，但香港高等法院无法委托最高人民法院送达。《送达安排》还对委托送达的文件、时间等方面作出了具体的要求。首先，委托方应出具相应的带有印章的中文委托书并载明相关的信息。其次，受托方应及时送达，且送达的时限为收到委托书之日起 2 个月。最后，司法文书已经送达的，内地法院和香港特区法院均应出具带有印章的表示送达完成的证明，内地法院是送达回证，香港特区法院是送达证明书。司法文书无法送达的，应当在送达证明文件中注明原因、事由和日期，并及时书面回复委托方法院。

在司法协助委托送达的司法实践中，内地法院通过人民法院内网设置的全国法院司法协助管理平台进行送达申请和材料审核工作。由于目前内地能直接向香港特区法院委托送达司法文书的主体只有最高人民法院及高级人民法院，其他法院均需通过各省的高级人民法院转递，涉及的审核主体和层级多、审核流程较长，耗时也较长。

（2）其他区际送达方式

除司法协助委托送达外，内地和香港之间的司法文书送达方式还包括：其一，如果受送达人或其委托的诉讼代理人在内地，或其在内地设有代表机构、分支机构等，人民法院可以依法向其送达；其二，除直接送达和通过司法协助途径委托送达外，在符合香港特区送达规定的情形下，内地法院可以通

过邮寄、传真、电子邮件等能够确认收悉的适当方式向受送达人送达司法文书；其三，尝试了以上的送达方式后仍然不能送达的，内地法院还可以采取公告送达的方式，并且公告送达需要满足选取的报刊和时间的要求。

2. 香港特区向内地送达文书方面

除当事人在向域外送达之前须向法院申请送达许可外，根据香港特区《高等法院规则》第 11 号命令第 5A 条规则，如果被送达的地址在中国内地，则必须要通过内地的司法机构、依照有关的要求进行司法协助送达。任何人如欲根据有关规则向内地送达令状，则必须向香港高等法院登记处递交一份请求作出该项送达的请求书，有关令状的文本也应一并提交；如果有特定送达方法，则以该方法送达。

以向内地送达司法文书为例，在实践中，香港民事诉讼案件当事人可以通过向香港高等法院提交有关申请的方式，请求香港高等法院委托内地各省、自治区、直辖市的高级人民法院协助完成文件的送达。与内地法院请求香港法院协助送达类似，香港法院请求内地法院协助送达也要符合委托书、送达时限、送达证明及送达不成须记载相关内容与回复等要求。此外，如无法完成送达，香港法院亦有权作出替代送达命令进行送达。送达程序完成后，民事诉讼中的原告方应向香港法院提交证据证明已完成送达，案件才能继续推进。

（二）内地与香港特区涉外送达制度差异

1. 涉外送达审查方面

在内地，有关涉外送达的法律和司法解释主要有《民事诉讼法》第二十五章、最高人民法院《关于适用〈中华人民共和国民事诉讼法〉的解释》第 532 条至第 535 条、最高人民法院《关于涉外民事或商事案件司法文书送达问题若干规定》（以下简称《涉外送达规定》）。此外，我国已批准和签署多个双边民商事司法协助条约（其中大部分包含司法文书的涉外送达互助条款）①，并于 1991 年 5 月 6 日加入了《关于向国外送达民事或商事司法文书和司法外

① 参见司法部司法协助交流中心网站，http://www.moj.gov.cn/pub/sfbgw/jgsz/jgszzsdw/zsdwsfxzjlzx/，2022 年 10 月 11 日最后访问。截至 2021 年 9 月底，司法部司法协助交流中心依据《海牙送达公约》以及双边民商事司法协助条约，于 2021 年共接收国外送达文书请求 1754 件，向国外发出送达文书请求 958 件。

文书公约》(以下简称《海牙送达公约》)。[①] 不同于香港特区对域外送达必要性的前置审查过程,内地民事诉讼制度要求人民法院履行送达义务,并可在法律允许范围内裁量选择最佳送达方式。一般情况下,只要原告进行起诉,法院就应当向双方当事人送达相关司法文书。

在香港特区,域外送达须先由原告向法院申请送达许可。[②] 对于是否允许及采取何种方式进行涉外送达,香港法官享有较大的自由裁量权,其考虑的主要因素包括案件与香港特区或当事人的联系、案件是否具备有实际意义的审理问题、司法资源的安排等。因此,法官考虑批准域外送达时,需初步考虑案件涉及的实体问题。香港高等法院上诉法庭在 Dynasty Line Ltd. v. Sukamto Sia 案[③]中对"送达许可"作出了较为详细的阐述,如果原告想要申请域外送达许可,则其必须证明:第一,原告方本身有可争辩的案情以证实他的诉求/申索满足香港特区《高等法院规则》第 11 号命令第 1(1)条下至少一项的要求;第二,原告的案情有严肃的议题需要经法院审理;第三,香港法院是对相关案件进行审判的便利法院。在接收域外送达的文书方面,香港特区原则上不禁止在香港境内送达境外文书,[④]除中央机关转递、领事送达、邮寄送达外,民间送达方式也在司法实践中发挥着重要作用。

2. 送达责任主体方面

在内地,送达属于行使司法主权的行为,送达的主体为法院。我国司法部被指定为执行《海牙送达公约》的中央机关,也是主要的转送机关。对于需要向境外送达的司法文书,在内地应层报至最高人民法院后转司法部。司法部收到后,送交被请求国的中央机关;必要时,也可由最高人民法院将文书通过我国驻该国的使馆转交该国指定的机关。[⑤] 香港特区的域外送达制度并未将送达主体局限于法院,而是以当事人为主。无论是向域外送达,还是从域外

---

① 对于该公约,我国正式发出《关于执行〈关于向国外送达民事或商事司法文书和司法外文书公约〉有关程序的通知》(1992 年),并正式制定了《关于执行海牙送达公约的实施办法》(1992 年)。

② 此为普通法下程序法中的一项重要制度,以避免因无管辖权导致裁决无效。

③ 参见 Dynasty Line v. Lee [2009] 4 HKLRD 454 案第 29 段之阐述。

④ 参见黄善端:《香港程序(1):向内地当事人送达》,载微信公众号"跨境法务第一问"2021 年 1 月 15 日,https://mp. weixin. qq. com/s/WvSPJxYZ3EQUzgtWxpDWbA。

⑤ 参见司法部、最高人民法院、外交部《关于印发〈关于执行海牙送达公约的实施办法〉的通知》。

接收司法文件,非官方的送达方式仍被保留。

3. 送达方式方面

在涉外送达方式上,作为受送达人的自然人或者企业、其他组织的法定代表人、主要负责人在我国领域内的,人民法院可以直接向其送达。向在我国领域内没有住所的当事人送达诉讼文书,可以采用国际条约规定的送达方式,通过外交途径送达,委托我国使领馆代为送达,向诉讼代理人或代表机构、分支机构送达,通过传真或电子邮件送达等。前述方式均不能送达的,可以公告送达。

根据香港特区法律,向域外当事人送达必须以受送达地法律不禁止的方式进行,否则送达无效。一般而言,须在香港特区的司法管辖权范围外送达的令状,按照被送达地的法律送达即可,无须当面送达;如果有关令状需要以《高等法院规则》第 11 号命令第 5A 条规则、第 6 条规则或第 7 条规则所规定的方法送达,则由司法机关、指定的有关机构或香港政务司送达,无须由原告或其代理人送达。① 鉴于香港特区是我国的一部分,《海牙送达公约》适用于香港特区,在受送达地为公约成员的情况下,当事人也可以通过公约规定的方式,即通过公约成员指定的中央机关进行协助送达。在实践中,除非个别地区的法律对此种方式明令禁止,香港当事人向域外送达多是通过在香港邮寄或是通过域外的私人代理机构协助送达等方式进行的。此外,2020 年 6 月,香港高等法院原讼法庭高浩文法官在 Hwang Joon Sang and others v. Golden Electronics and others [2020] HKCFI 1084 案中,决定批准原告采用电子数据库的送达方式向被告送达相关的法庭文件。高法官考虑到该案中不断增多的法庭文件以及被告拒绝或逃避接受送达的行为,认为使用电子数据库进行送达在该案中是适宜的,且能够节约诉讼成本、时间和资源。②

二、内地与香港特区区际送达制度存在的问题

内地与香港特区在送达衔接方面既有制度上的安排,也已经形成了比较

① 参见《高等法院规则》第 11 号命令第 5(3)条规则。

② 参见史蒂文生黄律师事务所:《香港司法机构数字化创新:香港法院首次批准以数据库的方式送达法庭文件》,载微信公众号“史蒂文生黄律师事务所”2020 年 6 月 18 日,https://mp. weixin. qq. com/s/_XRkp8R_li1 – 5NCJy6ofYg。

好的司法实践,但在跨境送达的效率和成功率方面仍存在较大的提升空间。[①]司法实践中,内地向香港特区送达仍存在较大的困难。

(一)区际司法协助委托送达程序烦琐、效率低

尽管区际司法协助委托送达是内地与香港特区司法互助的重要途径,但在司法实践中,委托送达却成了许多法院除公告送达之外最后的送达方式。[②]从程序方面来看,承办法官需在全国法院司法协助管理平台发起送达请求,承办法院审批人审批通过并录入上传所有材料后,由高级人民法院审批,承办法院向其寄送纸质文书材料,高级人民法院收到材料后再邮寄纸质材料至香港高等法院,由香港高等法院协助送达。送达的反馈材料经相反途径反馈至承办法院。从送达用时方面来看,根据广东省高级人民法院的统计数据,2016 年至 2019 年,涉外送达平均用时约 4 个半月。[③]

尽管上述送达情况统计包括向国外送达的案件,但向香港特区送达的案件占比分别为 61.95%、60.59%、52.40%、47.98%,前述涉外送达的平均用时具有一定的参考价值。如前所述,向香港特区区际委托送达的期限并非仅包括香港高等法院向位于香港特区的受送达人送达的时间,还包括内地法院逐级向高级人民法院报送审查所需的时间。在广东省珠海市斗门区人民法院审理何某诉郭某所有权确权纠纷案中,在法院三次邮寄均未妥投的情况下,受案法院四次请求省高级人民法院委托香港高等法院送达司法文书,总共耗时 472 天,平均委托送达周期为 118 天。[④] 其中,受案法院向省高级人民法院请求委托送达除首次用时 26 天外,平均用时 4.3 天;省高级人民法院审查后向香港高等法院请求委托送达平均用时 73 天;香港高等法院受理并实际进行送达工作再反馈至省高级人民法院平均用时 35.25 天。可见,内地与香港委托送达效率低的部分原因在于内地法院委托送达须层层上报,人民法院内部的审批和文件流转程序耗时长。

---

① 参见《最高人民法院〈关于内地与香港特别行政区民商事司法协助实践的报告〉新闻发布会》,载最高人民法院网 2021 年 1 月 22 日,https://www.court.gov.cn/zixunxiangqing/285241.html。

② 参见《广东省高级人民法院民四庭关于涉外涉港澳台案件送达情况的调研报告》第 3 页。

③ 参见《广东省高级人民法院民四庭关于涉外涉港澳台案件送达情况的调研报告》第 2 页。

④ 参见黄叶:《区际送达制度之困境与突破——"分级送达体系 + 二级审查模式"重构区际送达规则》,载马世忠主编:《司法体制综合配套改革中重大风险防范与化解——全国法院第 31 届学术讨论会获奖论文集(下)》,人民法院出版社 2020 年版,第 1165 页。

而从成功率方面来看,根据广东省高级人民法院统计的数据,2016 年至 2019 年司法协助送达的成功率不到 40%,大部分案件在司法协助送达不成功后需公告送达。① 从前述案例中受案法院获得的香港方面的反馈来看,受托法院一般也需经多次尝试才可能成功送达。

(二)区际有效送达比例低,阻碍实现送达目标

在司法实践中,当事人常以送达程序违法等为由向法院提起上诉或申请再审。在中国裁判文书网上检索,删除重复、系列案件和无关案件后,有 31 件涉港案件涉及送达程序是否违法的问题,送达抗辩事由提及总次数为 45 次。具体抗辩理由及其比例见表 1,②其中提及次数最多的三条抗辩事由分别为:未收到一审法院送达的诉讼材料、未参照涉外送达程序和内地与香港送达安排送达、未穷尽各种送达方式而适用公告送达。

表 1　二审与再审送达抗辩事由统计表

送达抗辩事由	提及次数	所占比例/%
未参照涉外送达程序、内地与香港送达安排送达[1]	12	26.67
未穷尽各种送达方式而适用公告送达[2]	8	17.78
公告送达未在香港公开发行的报刊(网站)上刊登[3]	1	2.22
未收到一审法院送达的诉讼材料[4]	13	28.89
公告送达的内容不完整、不规范[5]	1	2.22
未采用能够送达的方式送达[6]	1	2.22
存在有效送达地址而公告送达[7]	1	2.22
司法文书由未经授权的人代收,不能认定已完成送达程序[8]	3	6.67
送达地址错误,不能认定为完成送达程序[9]	4	8.89
未签收传票,不能认定为完成送达程序[10]	1	2.22

[1]分别参见(2017)皖民终 335 号、(2021)豫民终 7 号、(2019)最高法民终 1525 号、(2020)京民终 15 号、(2017)闽民终 1100 号、(2019)粤 19 民终 8686 号、(2017)闽 05 民终 7142 号、(2018)京 03 民终 8092 号、(2017)闽 05 民终 6880 号、(2018)粤 06 民终 8823 号、(2016)粤 06 民终 7526 号以及(2020)桂民终 1168 号民事判决书或裁定书。

[2]分别参见(2019)最高法民终 1525 号、(2020)京民终 15 号、(2020)粤民终 439 号、(2017)浙民终 459 号、

① 参见《广东省高级人民法院民四庭关于涉外涉港澳台案件送达情况的调研报告》第 5 页。

② 部分案件存在多项送达抗辩事由。

(2019)粤03民申582号、(2021)粤03民再64号、(2017)闽05民终6878号、(2020)桂民终1168号民事判决书或裁定书。

[3]参见(2020)桂民终1168号民事判决书。

[4]参见(2018)闽民终868号、(2019)粤民终211号、(2021)粤20民终6288号、(2016)粤民终816号、(2019)粤03民申582号、(2019)粤03民终10839号、(2020)粤06民终4651号、(2019)粤03民终9263号、(2021)粤03民再64号、(2018)粤01民再162号、(2019)粤01民终3070号、(2018)粤03民终11936号、(2016)粤06民终7526号民事判决书或裁定书。

[5]参见(2017)浙民终459号民事判决书。

[6]参见(2016)鄂民终1096号民事判决书。

[7]参见(2014)闽民终字第1382号民事判决书。

[8]参见(2017)闽民终1100号、(2016)粤民终816号、(2017)闽05民终5365号民事判决书。

[9]参见(2016)鲁民终741号、(2019)粤03民申582号、(2021)粤03民再64号、(2017)闽05民终6878号民事判决书或裁定书。

[10]参见(2020)闽01民终6788号民事判决书。

送达抗辩从侧面反映出涉港案件的送达效果存在提升空间。现有司法解释未对各类送达方式的顺位以及向香港当事人送达的步骤进行规定，导致司法实践中存在送达完成但未实现送达目标的问题。由于《送达安排》并未明确将司法协助委托送达作为内地与香港间送达的唯一方式，加上2009年《送达规定》明确了涉港送达的其他方式，在两个规范的效力位阶和衔接被明确之前，法院通常会依据《民事诉讼法》及相关司法解释来确认当事人在内地或香港有无送达地址。如确认其有送达地址，即使并未完全符合法律规定的要求（尤其是时间方面的要求①），法院通常也将按照该地址送达。但该地址在诉讼时是否仍有效，易受到香港当事人的质疑。② 此外，如涉港送达地址无效，法院通常不再寻找其他地址线索或通过其他方式进行送达，而是直接公告送达。此种做法不利于对当事人诉讼权利的保障，甚至可能影响内地判

① 如(2016)鲁民终741号民事判决书中，上诉人（原审被告）是一家香港公司，其香港地址为被上诉人（原审原告）根据一份两方签署的协议中列明的地址向法院提供的。但该地址的出处并非案涉协议，且签署时间距离诉讼时远远超出1年的期限。

② 如在(2020)粤民终439号民事裁定书中，一审法院查明了被告的内地住址。尽管在诉讼之前该被告已从内地原居所迁至香港定居，并注销了内地户口，但一审法院在向其内地住址邮寄送达未果后，未调查其香港住址，而直接公告送达；该案因严重违反法定程序而被发回重审。在(2021)粤03民再64号民事裁定书中，一审法院采用邮寄方式将诉讼材料向被告在香港的住址送达未果，直接进行公告送达，被告认为并查证该住址为虚假地址。再审法院认为在一审法院邮寄送达未果后，应当按规定委托广东省高级人民法院启动涉港送达，而不是径直公告送达，客观上剥夺了被告的辩论权利。

决、裁定在香港特区的承认与执行。①

三、有关内地与香港特区区际送达制度衔接的建议

区际送达制度衔接的完善需优化各类送达方式并规定优先顺序,同时简化司法协助委托送达审查程序,以提升送达效率和保障当事人权益。为更稳妥地推进制度完善,建议采取以下四项措施。

(一)明确区际送达流程,厘清各类送达方式效力位阶

为有效解决内地和香港区际送达实践中送达难度大、送达效果差等问题,有必要梳理归纳现行法律规定中的送达方式和送达效果,厘定各种送达方式的效力位阶,对送达规则分类分级,形成有层级的送达规范体系。

第一,优先适用直接送达方式。在涉及域外送达的案件中,首先应以受送达人的居住状态为标准,受送达人为自然人且居住在内地或在内地有居住地的,受送达人为法人且在内地有代表机构或授权的分支机构的,受送达人为法人或其他组织且法定代表人、主要负责人在内地的,优先采用直接送达。无论是自然人、法人或其他组织,都可以向其指定的代收人或未明确排除受送达权限的诉讼代理人送达。如果法院以直接送达方式向当事人送达司法文书被拒绝签收,可以进一步采取留置送达方式。

第二,其他多种送达方式同步采用。受送达人不在内地或在内地没有居所,但有明确送达地址的,可以采用邮寄送达或者电子送达方式。如法院对于受送达人在内地的居住地、法人的代表机构或授权的分支机构的地址、法人或其他组织的法定代表人或主要负责人的居住地等的真实有效性存在合理怀疑,可多种送达方式同步进行,包括后文提及的可纳入试点规则的民间司法送达方式。无法采用上述送达方式的,应当及时通过司法协助途径委托送达。

第三,严格适用公告送达方式。需要明确的是,公告送达是在所有其他方式已用尽的情况下仍无法完成送达或被送达人下落不明时才可采用的送达方式。公告送达具有补充性,应当予以严格适用,防止对受送达人的程序

① 参见张宪初:《澳门对中国民商事区际司法协助发展的贡献及其特色》,载《比较法研究》2010年第3期。

知情权造成不当侵害。尽管如此，考虑到效率问题，可以对公告送达设定具体的判断标准；对此可参考香港法院对于替代送达设置的标准。

（二）简化区际司法协助委托送达环节，提升送达质效

区际司法协助委托送达是司法制度衔接的重要内容，为提高其适用率，应当明确司法协助委托送达的适用条件。《涉外送达规定》第6条明确，送达人在内地没有住所时可以适用司法协助委托送达，保障了人民法院适用多种送达方式的空间，而非限制人民法院通过该特定送达方式向受送达人送达。同时，还应进一步提高司法协助委托送达的质效，解决人民法院内部司法文书审批和流转环节多、程序烦琐的问题，完善人民法院内部相关程序，包括下放权限、减少转送主体、打通内地法院与香港特区法院之间的直接联系渠道。例如，可将前海法院作为试点法院，对于其管辖范围内的案件，如需向香港送达，经授权可直接与香港高等法院对接委托事宜。此外，为提高司法文书流转效率，内地法院和香港特区法院还可以尝试联合开通一体化的送达查询平台，便于法院及时了解司法文书的送达状态。

（三）优化整合区际送达资源，探索多渠道送达机制

1. 深化当事人、律师转交送达机制

送达是法院、诉讼当事人和其他诉讼参加人就诉讼有关实体或程序信息进行交流的基本途径之一，其基本功能就是“通知”。[①] 为了弥补司法资源的有限性和有效拓宽域外文书送达的途径，建议探索以法院送达为主、当事人送达为辅的送达机制。在案件性质适合的前提下，经当事人申请，可由当事人或其诉讼代理人完成送达，并要求其提供送达回证等证明送达真实性的文书。

具体而言，应扩大司法文书的送达主体，除了以法院名义作出的若干重要司法文书（如判决书、裁定书、决定书）原则上仍由法院送达或由法院指令当事人送达外，对于其他文书（如诉辩文书、证据、开庭传票），只要送达方式有利于域外受送达人对司法文书的收悉，且未为当地法律所禁止，均应许可。[②] 司法实践中，前海法院借鉴英美法系关于送达由当事人进行的理念，已

---

① 参见向明华：《域外“送达难”困局之破解》，载《法学家》2012年第6期。

② 参见向明华：《域外“送达难”困局之破解》，载《法学家》2012年第6期。

率先建立委托当事人和律师转交送达制度,并在具体案件中成功实践。[①] 截至 2022 年 9 月,前海法院已在 119 件涉港案件中适用转交送达。

2. 探索法院委托送达机制

关于委托送达机制,域外许多国家都对委托邮政公司送达进行了明文规定,美国还指定专门机构对其域外送达申请进行审核和执行。我国最高人民法院自 2004 年起实施法院专递制度。深圳市中级人民法院等内地法院通过中国法律服务(香港)有限公司向香港特区的受送达人进行文书送达。此外,从 2017 年开始,浙江省青田县人民法院与中国侨联等 15 个海外侨团签订《信息交流与友好合作协约》,委托海外侨团协助域外送达。基于现有制度与实践基础,法院可探索委托国家邮政机构、公证机构、中国法律服务(香港)有限公司/中国法律服务(澳门)有限公司、行业协会或者民间社会团体等主体协助域外送达。

3. 探索协议送达机制

民商事案件中当事人可以事先或事后就司法文书的送达方式、送达地点、收件人等事项达成协议,当事人向法院申请并提交必要的证据,法院经过审查,可以认可当事人通讯联络协议或送达协议的效力,并通过协议约定的方式和地址进行送达,或认可相应私人送达行为的效力。这一做法在其他国家和地区已被采用,例如,英国法允许当事人在合同中约定送达方式。因此,当事人开展涉港经济活动(如签订合同)时,鼓励其明确约定送达方式或送达地址、送达方式变更时告知对方的义务、未告知变更后送达地址的后果等,法院可根据当事人约定的送达地址进行送达,尊重当事人的意思自治,提高送达效率,降低送达的时间、人力、物力等成本。

4. 完善电子送达制度,引导合理适用电子送达方式

人民法院可以参照妨害民事诉讼的规定,对于规避电子送达、拒不接收送达文书以恶意拖延诉讼进程的当事人予以罚款,并采取相应的制裁措施。同时,法院可以与第三方机构建立合作机制,调取采集受送达人的电子送达

① 参见深圳前海法院:《服务与保障自贸区发展白皮书》,载深圳前海合作区人民法院官网 2019 年 4 月 30 日,https://www.szqhcourt.gov.cn/webCN/list-content.html?gid=14956&lmid=J37_0060&fw=40。

地址,有效解决受送达人难找、难寻的问题。此外,由于电子送达平台等新技术目前仍在推广运用阶段,人民法院可以通过制作宣传片、印制使用手册、设立咨询台和咨询电话等方式大力推广电子送达,提高法律从业人员和普通群众对电子送达制度的知悉度,为电子送达的适用奠定坚实基础。

5. 构建域外当事人送达信息查明机制

无论通过何种方式进行送达,送达地址的准确无误都是送达成功的关键。司法实践中获取送达地址以当事人提供线索、法院调查等方式为主,无法确认送达地址的情况较多。建议通过以下方式完善送达地址查明机制。

第一,通过关联案件、信息库进行查找。在符合法律规定和保证数据安全的前提下,将案件办理过程中搜集的信息进行数字化管理,并将信息与上下级法院共享,以方便查找相关线索。第二,对港澳特区当事人,可由原告委托中国法律服务(香港)有限公司或中国法律服务(澳门)有限公司查明。第三,通过外籍当事人所属国家驻我国的使、领馆查询外籍当事人的相关信息。第四,通过向律师开具律师调查令的方式,由原告代理律师向出入境管理部门查询域外被告的身份信息;也可由法院工作人员持《协助调查函》前往出入境管理部门调查。第五,对原告可提供域外当事人在境内开设的银行账户的案件,若被告身份信息不明,可向被告银行账户的开户行调取被告开户资料,以查清其身份情况。第六,对原告能提供域外被告境内明确居住地的案件,可向被告居住地的外来人口管理中心查询被告的相关身份信息。第七,对在境内有房产的域外当事人,可向房屋管理部门调取其购房登记资料,以查清其身份信息。第八,针对海事案件,可加强与波罗的海国际航运公司等世界知名海事专业组织的驻华代表处、航运交易所、船东协会等机构的联系,建立会员信息和资信情况互通的协调机制,在必要时借助机构提供的信息寻求准确的送达路径。

由于上述机制需要得到其他相关登记机构等的协助配合,建议搭建司法系统与房管部门、市场监督管理部门、出入境管理部门、外交部门等的数据共享平台,由相关部门向法院开放查询域外当事人身份信息及出入境记录的权限。例如,可在出入境管理部门的官网上开通法院查询端口,法官登录使用专用账号,输入涉外、涉港澳台当事人的姓名、护照号、通行证号等信息,查询其出入境情况。建议公安机关户籍管理部门、出入境管理部门等加强户籍管理，定期对公民身份信息进行排查、梳理及更新，对于已拥有外国国籍、港澳永久性居民身份证的公民应及时注销其内地身份证，并要求其预留诉讼文书域内外送达地址。

（四）加强对域外送达制度的调研与信息汇编

1. 域外送达方式调研信息汇编

采用《海牙送达公约》《民事诉讼法》《海事诉讼特别程序法》等规定的域外送达途径进行送达，均需要充分了解文书接收地有关送达的规定与实践。为此，有必要加强国别研究，更好地满足域外送达的司法需求。例如，定期汇编并发布其他国家有关文书送达的基本法律法规、《海牙送达公约》在各国适用和保留的情况以及他国关于涉外文书送达的特殊要求等信息，及时更新与我国签订了司法协助公约的国家、地区名单，全面梳理允许邮寄送达的国家和地区的名单及相关收费情况。

2. 个案情况统计梳理

梳理已审理案件中涉及的美国、日本、英国、德国、法国、新加坡、俄罗斯等主要国家、地区的送达程序和所需时间，结合特定国家、地区对送达的特殊要求（如日本要求收到出庭传票时距出庭时间不少于 2 个月），制作主要国家、地区送达时间估算表。

四、结语

法律规则衔接是粤港澳大湾区规则衔接、机制对接的重要内容，送达是民商事诉讼得以有效开展的关键环节。推进内地与香港特区区际送达规则衔接，强化跨境送达司法协助，对于高效化解跨境纠纷、加强大湾区内诉讼法律规则协调衔接具有重要意义。内地与香港特区送达制度的差异和区际送达的现状及问题表明，我们还需要通过简化程序、拓宽渠道、加强调研等方式，弥合内地与香港特区区际送达制度差异，增进两地司法理念的融通。

我国跨境破产的实践发展和路径探索*

——以全国首例香港特区破产程序认可和协助案的审理为视角

曹启选　叶浪花**

摘　要

在建设粤港澳大湾区的国家战略背景下，内地与香港特区之间率先实现跨境破产合作的制度突破，在司法实践中出现了全国首例认可和协助香港破产程序案件。本文以全国首案的审理为视角，回溯自改革开放以来涉跨境破产因素的典型案例，总结我国跨境破产从早期地域保护到当前开放合作的实践发展历程，为建立健全与国际社会接轨的跨境破产合作机制提供参考。

关键词　跨境破产　破产管辖权　概括承认　分离协助

近年来，我国广泛参与国际投资与区域合作，已经由单向资本输入国发展为双向投资大国。2020 年，我国境内投资者共对全球 172 个国家和地区的 6790 家企业进行了非金融类对外直接投资，累计投资金额为 1101.5 亿美元；

---

* 本文已发表于《法律适用》2022 年第 3 期，收录于本书时文字略有改动。

** 曹启选，广东省深圳市中级人民法院深圳破产法庭庭长、二级高级法官；叶浪花，广东省深圳市中级人民法院深圳破产法庭二级法官助理。

同年,吸收外商直接投资累计金额为1443.7亿美元。[①] 随着我国跨境投资领域高速发展,为了有力保护中资企业的境外投资,亟须改变跨境破产制度相对滞后和保守的状态。

2021年5月,最高人民法院与香港特别行政区政府签订了《关于内地与香港特别行政区法院相互认可和协助破产程序的会谈纪要》,从制度层面建立起两地跨境破产的合作机制。通过该合作机制,森信洋纸有限公司(以下简称森信公司)清盘人于2021年8月向内地法院提交申请,并于12月15日获得认可协助,成为首例内地法院认可和协助香港特区破产程序的案件。[②]

森信洋纸有限公司香港破产程序认可和协助案(以下简称森信案)是我国法院援引《企业破产法》审理的首例跨境破产协助案件。在该案之前,我国跨境破产经历了长期的实践发展。本文回顾梳理早期涉跨境因素的香港妙丽集团案、20与21世纪之交的广国投案以及当前的森信案等典型案例,分析总结我国跨境破产的实践发展历程,发掘个案对我国跨境破产制度建设的借鉴意义,提出完善跨境破产制度的建议和构想。

一、我国跨境破产的早期实践

自改革开放以来,投资与贸易的跨境流动为跨境破产带来了条件,得风气之先的深圳地区在20世纪80年代就已经出现跨境破产的司法实践。在此后几十年间,我国陆续出现了诸多涉跨境破产因素的案件。

(一)地域主义倾向——香港妙丽集团案

1980年,香港妙丽集团与深圳经济特区房地产公司合作,采取深圳出地、香港出钱的模式,在深圳市罗湖区开发了全国最早的商品房项目,开拓了中国商品房市场的多个起点。[③] 1984年,由于妙丽集团在香港经营不善被宣告破产,香港的破产清盘人请求将妙丽集团在深圳合资企业中的资产从深圳转回香港。经与深圳市政府谈判,香港破产清盘人以股权转让的方式收回了妙

---

① 参见中华人民共和国商务部商务数据中心"走出去"公告服务平台官网,http://data.mofcom.gov.cn/lywz/inmr.shtml,2021年12月16日最后访问。

② 参见(2021)粤03认港破1号民事裁定书。

③ 参见《中国最早商品房开发项目》,载雪球网2020年10月1日,https://xueqiu.com/6847723845/160351333。

丽集团在合资企业的投资。①

类似的案例还有1983年南洋纺织品商行破产案。该案中控股的香港母公司经营不善,在香港被宣告破产,香港破产清盘人要求接管该商行位于深圳的财产,经与政府谈判后也是通过股权转让的方式收回了境内的投资。②

这两个案例中,境外破产程序的代表要求接管回收境内财产时,都是通过与当地政府谈判沟通,在行政权力的介入下避开境外破产程序效力的司法问题,实现了对境外破产程序的有限度协助。

(二)地方立法的回应与实践互动

在总结当时实践做法的基础上,广东省人大常委会于1986年颁布了《广东省经济特区涉外公司条例》(已失效)与《深圳经济特区涉外公司破产条例》(已失效),允许境外投资人经行政批准,通过股权转让的方式变现境内资产;转让股权所得款项清偿完毕境内债务后,境外投资人可以收回位于境内的投资。这两个条例在一定程度上回应了当时跨境破产领域迫切需要解决的问题,但没有认可境外破产程序的效力及其程序代表人的身份权利;其中《深圳经济特区涉外公司破产条例》第5条明确否认了外国破产程序在我国具有域外效力。这两个条例虽然允许境外破产程序的代表采取股权或者权益转让的方式收回境内财产,实现了跨境破产协助的部分功能,但设置了诸多限制,包括不能影响境内企业的正常经营活动、应当扣除核算各项税费、需要获得行政批准等。③

上述地方立法在实践中得到了适用。在广州荔湾区建筑公司诉欧美中国财产有限公司案中,被告是一家在香港注册的公司,与原告签订了几个合同。由于被告对合同的违约,原告在广州某法院提起诉讼。法院依据《合同法》原则处理当事人之间的违约纠纷,没有承认香港破产程序中任命的清盘

① 参见张丽英:《清盘令(winding up order)的域外效力——香港与内地在企业破产宣告上的法律冲突》,载中国政法大学国际经济法系编:《国际经济法论文选集》,中国政法大学出版社1997年版,第388页。转引自张玲:《跨境破产的国际合作——国际私法的视角》,法律出版社2007年版,第177页。

② 参见石静遐:《中国的跨界破产法:现状、问题及发展》,载《中国法学》2002年第1期。

③ 参见《广东省经济特区涉外公司条例》(已失效)第40、42、43、45条;《深圳经济特区涉外公司破产条例》(已失效)第5条。

人,认为香港清盘人不具备在内地的诉讼中代表被告的资格。[①] 这个案例中,法院实际上适用了《广东省经济特区涉外公司条例》(已失效)这一地方性法规来解决该案的问题,主要目的在于保护境内当事人的权益。

在1992年的国际商业信贷银行深圳分行破产案中,深圳市中级人民法院(以下简称深圳中院)根据中国债权人的申请,迅速冻结了国际商业信贷银行深圳分行位于中国的财产,并依据《深圳经济特区涉外公司破产条例》(已失效)和《民事诉讼法》的规定,任命清算组负责清算。[②] 在这个案件中,尽管国际商业信贷银行存在全球清算程序,但中国债权人没有加入全球清算,法院按照地方立法处理,否认了境外破产程序的域外效力;境内财产用于清偿境内债权人,未参与跨境破产的国际合作,体现出明显的地域主义倾向。

从这个时期的立法和司法实践来看,我国表现出强烈的地域保护立场,这与复杂的历史经济因素密切相关。当时改革开放刚刚起步,亟须吸引并留住境外投资发展经济,在地域保护范围内保护位于境内的资产利益是实践中的本能诉求。诸如英国、新加坡等国家处于类似发展时期时,为吸引外资在本国发展经济,在跨境破产领域采纳了充满地域保护主义色彩的"围栏"规则[③],也采取了同样的属地保护立法价值取向。因此,我们应当客观看待地域保护主义在经济发展过程中带来的诸多好处,因其最大限度地对境内资产予以充分保障,从而激发了境外投资者在境内投资的信心和热情。

二、跨境破产领域属地保护与开放合作的碰撞沟通

随着我国经济高速腾飞,在吸引大量境内投资的同时,境外投资也蓬勃发展,这种经济发展现象投射到了跨境破产的实践中。自20世纪90年代末以来,人民法院不但需要受理境外破产程序申请承认和协助的案件,也开始受理一些在我国境内提起的跨境破产案。

(一)破产域外效力的主动外彰——广国投案

20与21世纪之交出现的广国投案是最具时代性的案例。广东国际信托

---

① 参见石静遐:《中国的跨界破产法:现状、问题及发展》,载《中国法学》2002年第1期。

② 参见石静遐:《中国的跨界破产法:现状、问题及发展》,载《中国法学》2002年第1期。

③ CHAN Sek Keong, *Cross – Border Insolvency Issues Affecting Singapore*, Singapore Academy of Law Journal, 23SAcLJ, p. 417(2011).

投资公司(以下简称广国投)于20世纪80年代由广东省政府、中国人民银行批准成立,是一家拥有外汇经营权的非银行金融机构。1997年下半年,亚洲金融危机爆发后,外资银行纷纷要求偿还到期债务,广国投严重资不抵债;为防止金融风险蔓延,国家决定依法对其实施破产。因涉及境外130多家国际银行的巨额借款,境外债权人、对外直接投资和境外子公司遍布多个国家,广国投破产的消息立即在全球金融市场掀起轩然大波,被国际金融界称为"广信事件",该案是我国法院受理的涉跨境因素最明显的破产案件。法院在审理广国投案的过程中,需要面对如何收回境外财产、如何保证境内外债权人平等受偿、是否需要进行法律选择等问题。①

对于这些跨境破产问题,我国当时的立法没有具体规定。上文提到的《广东省经济特区涉外公司条例》和《深圳经济特区涉外公司破产条例》虽然对跨境破产有一些规定,但已经于1993年被废止。无论是1986年《企业破产法(试行)》、1991年《民事诉讼法》、1991年最高人民法院《关于贯彻执行〈中华人民共和国企业破产法(试行)〉若干问题的意见》等国家层面的法律和司法解释,还是地方立法,对跨境破产均没有作出规定。此外,在《中外合资经营企业法》《中外合作经营企业法》《外资企业法》等有关外资企业的专项法律中,也没有关于跨境破产问题的规定。目前这些规定均已失效。

广国投案正是发生在这一立法空白时期。在缺乏立法支持的情况下,该案贯彻对境内外债权人平等对待的原则,并明确了境内破产程序的效力能够及于破产债务人位于境外的财产,彰显了我国破产程序的域外效力。② 这一做法直接推动了最高人民法院于2002年出台《关于审理企业破产案件若干问题的规定》,明确指出我国破产程序的效力及于境外的财产,确认了我国破产程序的域外效力。此外,基于广国投案表达出的域外效力立场及法院在破

① 参见费汉定:《一个破产案件代表的时代——写在广东国投破产结案15周年之际》,载徐阳光、张婷主编:《破产法茶座》(第3卷),法律出版社2019年版。转引自费汉定:《一个破产案件代表的时代(广国投破产结案15周年)》,微信公众号"中国破产法论坛"2019年4月19日,https://mp.weixin.qq.com/s/fS68RnsqNxOg-yyFZR1hUw。

② 参见费汉定:《一个破产案件代表的时代——写在广东国投破产结案15周年之际》,载徐阳光、张婷主编:《破产法茶座》(第3卷),法律出版社2019年版。转引自费汉定:《一个破产案件代表的时代(广国投破产结案15周年)》,微信公众号"中国破产法论坛"2019年4月19日,https://mp.weixin.qq.com/s/fS68RnsqNxOg-yyFZR1hUw。

产程序中公平对待境内外所有债权人的情况，在 2001 年中芝兴业财务有限公司诉广国投和广信香港子公司案[①]中，香港特区高等法院认为广国投在内地的破产程序的效力及于其在香港的财产，承认了广国投破产程序的效力。

（二）跨境合作的个案探索

我国司法实践在这一时期同样表现出积极的合作热情。在 2000 年 B&T Ceramic Group S. R. 1. 申请承认和执行 E. N. Group 破产案[②]中，广东省佛山市中级人民法院根据《中华人民共和国和意大利共和国关于民事司法协助的条约》和《民事诉讼法》的规定，承认了意大利米兰法院于 1999 年 9 月所作破产裁决的法律效力。2005 年，在法国百高洋行案[③]中，广州市中级人民法院依据当时有效的《民事诉讼法》在判决中确认国外破产裁决有效。

这两个案例虽然在判决中确认了国外破产裁决有效，但一方面，法院在审查过程中，均依据当时有效的《民事诉讼法》中有关对外国民商事判决承认与执行的规定，将破产程序作为一般的民商事诉讼程序对待，没有关注民事诉讼程序和破产程序的区别以及破产程序实体与程序的综合性和复杂性；另一方面，上述两案均发生在现行《企业破产法》生效之前，不属于现代市场化破产体制下的对跨境破产程序的承认，所提供的协助并非国际视野下的跨境破产合作的内容。尽管如此，这些来自司法实践中的鲜活案例和探索经验，为我国跨境破产立法完善提供了最真实的素材和资源。

（三）国家立法的修正普及主义立场

来自实践的迫切需求与做法经验在国家立法层面获得了回应。2006 年 8 月 27 日通过的《企业破产法》首次以全国人大立法的形式规定跨境破产的问题，填补了跨境破产领域的法律空白。

《企业破产法》第 5 条第 1 款规定："依照本法开始的破产程序，对债务人在中华人民共和国领域外的财产发生效力。"这就回应了跨境破产的第一个问题，即本国破产程序的域外效力问题。第 2 款规定了跨境破产的第二个问题，即对外国破产程序的承认和执行问题。根据该条款的规定，外国法院作

① 参见石静遐：《我国破产程序域外效力的实例分析——评香港高等法院对"广信"破产程序的承认》，载《政法论坛》2002 年第 3 期。

② 参见（2000）佛中法经初字第 663 号民事判决书。

③ 参见（2005）穗中法民三初字第 146 号民事判决书。

出的破产裁决经我国法院审查后可以获得承认与执行，确立了我国互惠原则之下的修正普及主义立法立场。这次立法被认为是我国跨境破产立法史上一个突破性的改革。[①]

（四）原则性立法规定的实践制约

立法上的改革突破并没有为我国跨境破产实践带来预想中的变化。自2007年《企业破产法》生效以来，我国法院承认境外破产程序并提供协助的案例并不多，主要有2012年湖北省武汉市中级人民法院承认德国蒙特巴地区法院的破产裁决案[②]；2014年最高人民法院在审理中华环保科技集团有限公司诉大拇指环保科技集团公司案[③]时，确认了清盘人对中华环保科技集团有限公司的诉讼代表地位；2021年厦门海事法院根据互惠原则承认了新加坡航运公司西河公司的司法管理人身份。[④] 这些案件并未援引《企业破产法》，而是根据《民事诉讼法》关于涉外程序的规定和互惠原则来审查，仍然将相关裁决作为一般的民商事判决对待，并没有关注民事诉讼程序和破产程序的区别。

事实上，由于《企业破产法》仅对跨境破产作了原则性规定，缺乏配套的规定进行支撑，自2007年该法实施以来，我国法院尚无依据该法规定承认境外破产程序的案例。当境外破产程序代表人提出承认申请时，我国法院往往持审慎态度，如在北泰控股公司破产案[⑤]、海域集团破产案[⑥]、泰兴眼镜公司破产案[⑦]中，法院未承认境外破产程序的效力。

---

① 参见张玲：《跨境破产的国际合作——国际私法的视角》，法律出版社2007年版，第177页。

② 参见（2012）鄂武汉中民商外初字第00016号民事裁定书。转引自《跨境承认与执行判决系列专题之九：德国篇》，载大成律师事务所微博专栏，https://weibo.com/ttarticle/p/show? id=2309404649239803199587，2021年12月16日最后访问。

③ 参见（2014）民四终字第20号民事裁定书。

④ 参见《厦门海事法院裁定承认新加坡航运公司司法管理人身份》，载微信公众号"厦门海事法院订阅号"2021年9月15日，https://mp.weixin.qq.com/s/5XrltUQ2JSlRtKq4CXlaJA。

⑤ 参见最高人民法院《关于北泰汽车工业控股有限公司申请认可香港特别行政区法院命令案的请示的复函》（〔2011〕民四他字第19号）。

⑥ 参见石静霞、黄圆圆：《论内地与香港的跨界破产合作——基于案例的实证分析及建议》，载《现代法学》2018年第5期。

⑦ Emily Lee, *Comparing Hong Kong and Chinese Insolvency Laws and Their Cross-Border Complexities*, The Journal of Comparative Law, Vol. 9:2, p. 273-274 (2014); Moulin Global Eyecare Trading Ltd. [2010] 1 HKLRD 851.

三、跨境破产制度框架的探索建立

随着我国经济高速发展，社会经济形势发生了深刻变化，我国在持续吸引大量境内投资的同时，中资企业对境外的投资也日益强劲。我国企业在回收境外投资时也面临获得域外承认与协助的问题，对我国建立跨境破产合作机制提出了强烈的现实需求。

（一）境内破产程序寻求域外承认和协助

近年来，实践中出现了诸多境内破产程序在域外寻求破产保护的案例，例如 2014 年浙江尖山光电重整案、2019 年洛娃集团重整案、2020 年上海华信破产案、2020 年深圳年富破产案、2020 年江苏舜天船舶破产案等。在这些案件中，境内破产程序获得了我国香港地区、新加坡、美国等多个法域的认可并得到了跨境协作。这些在域外寻求承认和协助的跨境破产案例（见图 1）进一步凸显了我国参与跨境破产合作的制度缺口和紧迫需求。

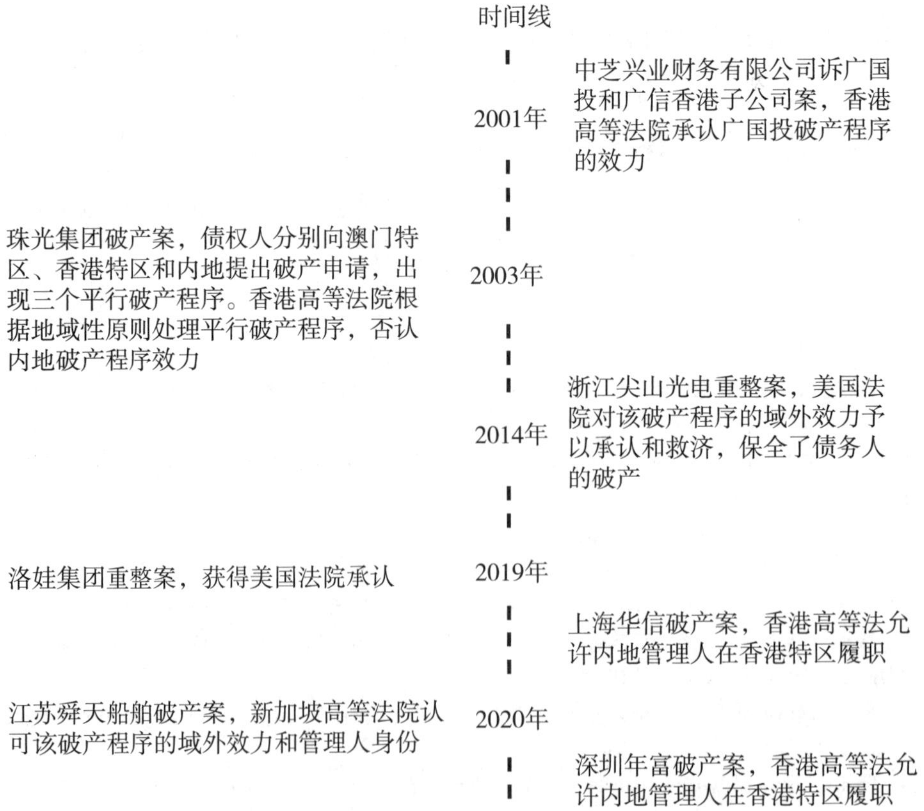

图 1　寻求域外破产保护的境内破产案例

(二)内地与香港特区跨境破产合作的制度性破冰

为回应业界期待,最高人民法院近年来积极推动探索跨境破产认可和协助工作,与香港律政司就两地跨境破产合作开展了多轮磋商。在我国尚未建立广泛的跨境破产合作制度且司法实践经验较少的背景下,以内地与香港特区间的跨境破产合作为突破口,更具有现实可行性和制度可容性。

2021 年 5 月,两地磋商终于达成阶段性成果,《关于内地与香港特别行政区法院相互认可和协助破产程序的会谈纪要》在深圳签署。同月,最高人民法院发布《关于开展认可和协助香港特别行政区破产程序试点工作的意见》(以下简称《试点意见》),开启了两地跨境破产制度性合作的破冰之旅。鉴于《企业破产法》第 5 条对跨境破产仅作了原则性规定,《试点意见》是内地关于该问题的第一份细则。[①] 梳理我国涉及跨境破产问题的法律规定(见图 2),可以清晰地看出我国跨境破产制度在规则层面的发展脉络。

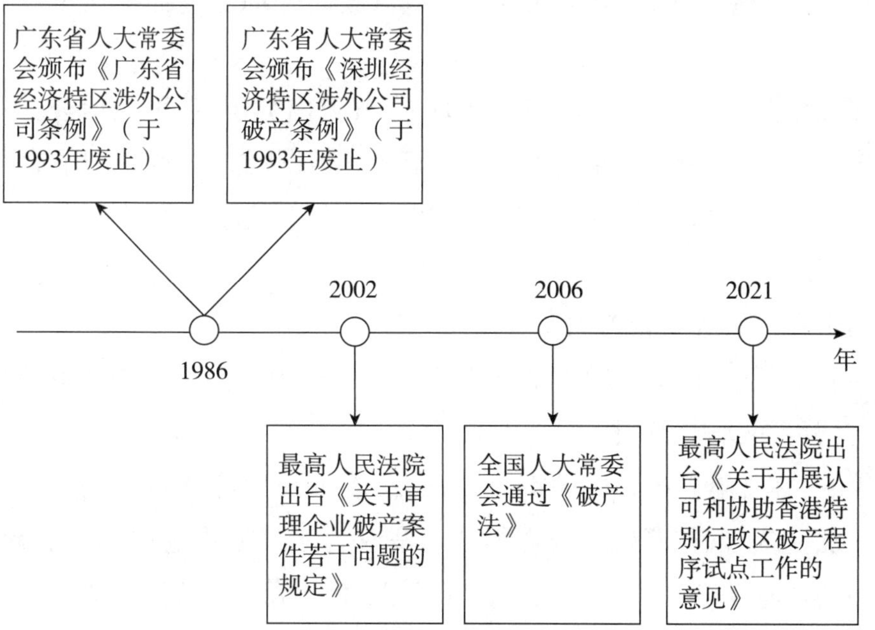

图 2 关于跨境破产问题的规定

① 参见最高人民法院:《〈试点意见〉的理解与适用》,载百度百家号"最高人民法院"2021 年 5 月 14 日,https://baijiahao.baidu.com/s? id=1699737733240667880。

(三)破冰体验——森信案[①]

森信案是在内地和香港特区合作机制之下我国法院援引《企业破产法》并适用《试点意见》审理的全国首例跨境破产协助案。森信公司是香港的一家老牌纸制品贸易企业,在香港进行工业用纸制贸易已有40多年。2020年8月14日,森信公司A类股东通过书面特别决议,自动将公司清盘并委任德勤·关黄陈方会计师行的二人为公司清盘人。2020年8月25日,森信公司债权人会议确认清盘人的委任事宜。

清盘人经调查发现,森信公司在内地的资产包括位于深圳的全资附属公司在内的股权投资企业、物业资产和应收账款等。清盘人为了在内地接管并处置森信公司的资产,请求香港高等法院向内地财产所在地法院商请司法协助。2021年7月20日,香港高等法院作出《根据认可和协助香港特别行政区破产程序试点方案发出的司法协助请求函》,商请深圳中院认可和协助森信公司的清盘程序。2021年8月30日,清盘人向深圳中院提交认可和协助申请。

深圳中院经审查,于2021年12月15日作出裁定,认可森信公司香港破产程序,同时认可清盘人的身份,并基于案件情况准许森信公司清盘人的协助申请。自此,清盘人黎嘉恩、何国樑作为森信公司的代表,在深圳中院的协助下,有权在内地全面开展接管公司财产、以森信公司名义追收应收账款并处置内地资产等各项相关工作。

在森信案中,内地法院首次在司法实践中就国际上普遍关注的跨境破产承认与协助问题进行审查。

第一,在香港破产程序的审查方面,法院关注到境外破产程序的正当性问题。法院认为,寻求认可的森信公司清盘程序根据香港法律合法启动,依据当地法律具备域外效力,清盘人向内地法院申请认可和协助该程序的目的是在内地接管并处置债务人森信公司的资产,实现在类似破产清算的程序内统一清偿公司债务、平等对待所有债权人,该程序具备集体清偿程序的性质,属于两地跨境破产合作程序的范畴。

第二,在香港破产程序管辖权的识别方面,森信案首次论述了国际通行

① 参见(2021)粤03认港破1号民事裁定书。

的债务人主要利益中心地规则。综合考虑债务人森信公司在香港注册成立、主要业务一直在香港、主要财产也位于香港等因素，认定香港为森信公司的主要利益中心地。法院认为，对于在债务人主要利益中心地启动的香港破产程序，能够适用《试点意见》的相关规定予以认可和协助。

第三，在认可和协助的内容方面，森信案注意到跨境破产程序并非单一的民商事法律关系，而是实体性与程序性内容交织的综合法律关系。故此，对境外破产程序的承认既包括对程序本身的承认，也包括对破产程序代表主体身份及其权利义务的承认，以及在程序中提供动态司法协助。在森信案中，法院在认可森信公司香港破产程序的同时也认可其清盘人在内地的程序代表人身份，并依照清盘人的申请，适用《试点意见》“公约数”原则，允许森信公司清盘人在两地法律规定的交集范围内在内地履行职责。

第四，在认可的效力方面，森信案体现了跨境破产承认与救济的核心规则，由此与对一般外国民商事判决的承认区别开来。一般外国民商事判决被承认后，执行的对象是被该判决确定的给付义务，被执行人通常是判决载明的义务主体。境外破产程序获得认可后的法律效果不是执行而是司法协助，该等协助既包括给付类事项，也包括禁止个别清偿等事项，针对的主体既有破产法律文书中确指的债务人，也有其他利害关系人。在森信案中，跨境破产认可的效力和救济方式得以清晰展现，森信公司香港破产程序获得内地法院认可后产生的法律效力包括自动效力和酌定效力。自动效力是指内地法院作出认可裁定后，债务人的个别清偿行为无效，在内地的民事诉讼或者仲裁中止，有关债务人财产的保全措施解除以及执行程序中止等。酌定效力是指内地法院认可香港破产程序后可以酌情对香港破产程序提供必要协助，[①]包括对香港清盘人在内地履职等一般事项的协助以及对财产分配、债权调整等重大事项的协助。

（四）历程回顾：跨境破产制度与社会经济形势偕行发展

我国自改革开放以来的跨境破产实践从早期的地域主义倾向，到属地保护与开放合作沟通碰撞的修正普及主义立场，发展到现今内地与香港间的区

---

① 参见最高人民法院：《〈试点意见〉的理解与适用》，载百度百家号“最高人民法院”2021 年 5 月 14 日，https://baijiahao.baidu.com/s?id=1699737733240667880。

际制度合作。这期间,既有对境外破产程序予以承认、协助的案例,也有未予承认的案例,这些活生生的案例勾勒出我国跨境破产实践的发展图景(见图3)。

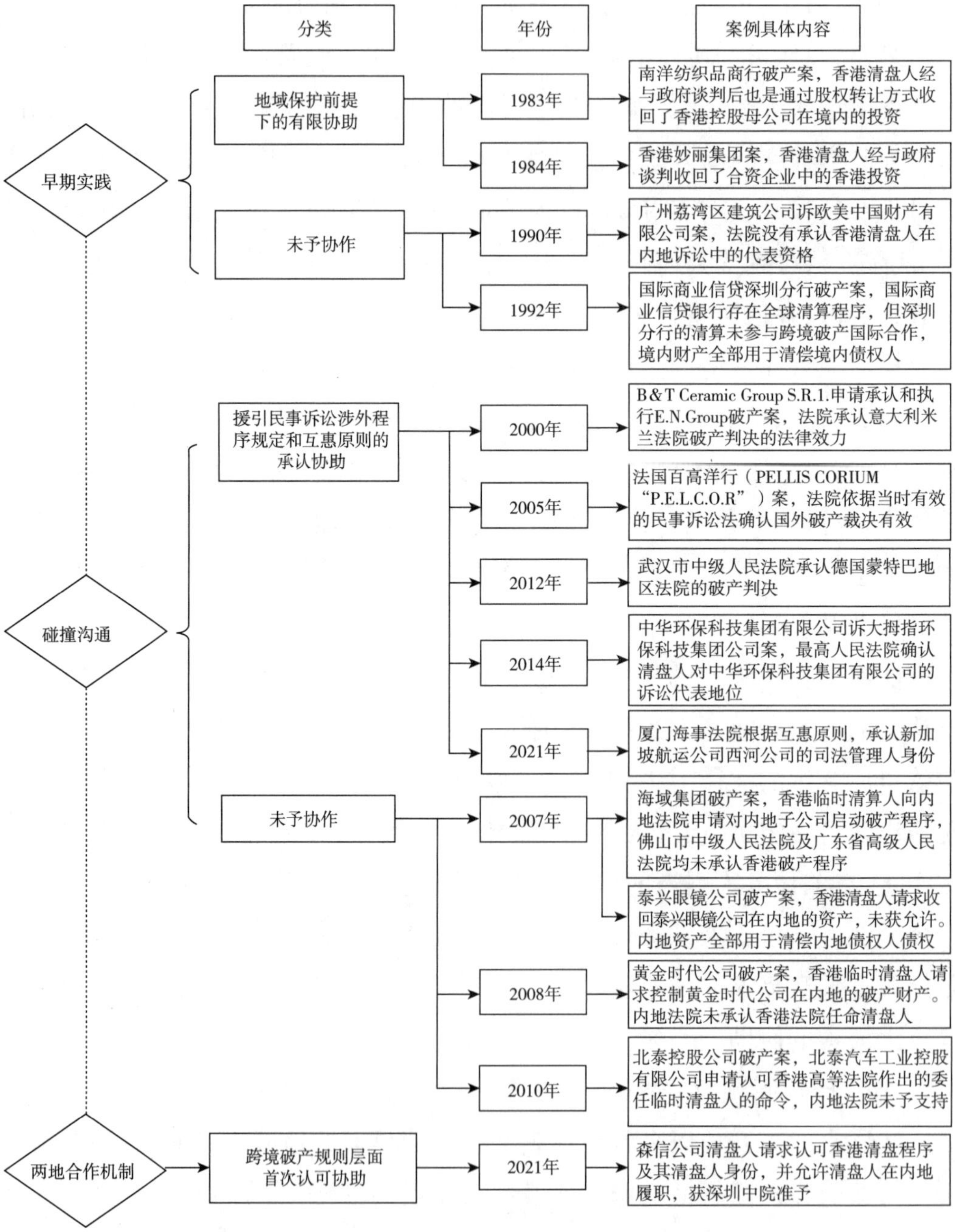

图3 涉跨境破产因素的实践案例脉络

从我国的跨境破产发展历程可以发现破产制度与国家政策和经济深度挂钩。改革开放初期，我国致力于吸引外资发展经济，能够充分保障本国境内资产的地域主义成为当时的实践选择。随着经济高速发展，在引进外资的同时，我国越来越多有实力的企业到境外投资，以地域界定效力范围的属地保护面临巨大的冲击和挑战。司法实践中不仅有境外破产程序在我国申请承认和协助的案件，也出现了诸多我国破产程序寻求域外破产救济的案例，属地保护的地域局限与国际化的开放合作之间产生了激烈的碰撞沟通与合作交流。这种碰撞沟通体现在立法层面是我国一方面采纳了修正普及主义的跨境破产合作立场，另一方面又缺乏可供司法适用的配套实施制度，无法解决实践中对审查要素标准、司法协助具体事项、平行程序协调等实际问题，导致立法取向难以在实践中有效发挥作用。

随着我国广泛参与国际投资与区域合作并取得举世瞩目的历史性成就，国内国际双循环经济高质量发展对于制度保障的需求更加迫切。在时代发展的大背景下，建立跨境破产合作机制成为呼之欲出的制度需求，内地与香港间密切的经贸往来和成熟的区际司法协作自然成为探索跨境破产制度的突破口。从这个角度来说，森信案作为全国首例跨境破产认可和协助案件，既是对两地投资贸易需求的积极回应，也是跨境破产合作制度性破冰的实践支撑。从一国的视角看，这是粤港澳大湾区加速融合、促进资产流通、降低区域内制度性成本的携手共进；从国际视角看，其彰显了我国正在以更包容和开阔的姿态推动建立市场化、法治化、国际化的营商环境。

四、我国开展跨境破产合作的路径思考

跨区域经济的高速发展对我国参与国际和区际司法协作提出了更高要求，跨境破产已经成为国际上呼声越来越高的司法合作领域。跨境破产合作主要涉及两个方面：一是境内破产程序在域外的效力，二是境外破产程序在境内的效力。[①] 以森信案为视角对我国跨境破产立法和司法实践进行梳理分析，可以从我国破产程序的域外效力、境外破产程序在我国的效力两个方面为我国跨境破产发展路径提供启发和思考。

---

① 参见张玲：《跨境破产的国际合作——国际私法的视角》，法律出版社 2007 年版，第 41 页。

（一）建立跨境企业集团破产保护体系：破产管辖权与程序域外效力的全面绗缝

从比较法规则看，跨境破产程序在域外寻求承认的前提是该破产程序按照启动地之管辖规则依法启动，且启动地法规定该程序具有域外效力。关于破产管辖权和程序域外效力的规定，我国法律法规几乎空白，仅有2007年《企业破产法》两个法条统领，已经严重滞后于当前复杂的跨境企业集团发展现状。

目前跨境企业集团按照控股关系可以分为两大类：一类是境内母公司在境外设立子公司以及进行股权投资；另一类是以可变利益实体（VIE）为典型特点的商业集团，由实际控制人在境外设立离岸母公司，在香港等地上市融资，在内地等开展实体经营活动。

对于第一类跨境企业集团来说，结合现行《企业破产法》第3条关于破产管辖权、第5条第1款关于本国破产程序在境外的效力的规定，我国法院启动对境内母公司的破产程序后，境内破产程序的效力及于境外子公司和股权投资。通过向当地法院寻求认可和协助我国破产程序，境外法院予以认可后，破产管理人依照当地法律规定归集变卖财产，平等对待境内外当事人予以清偿。广国投案为这一路径的首次实践探索，2007年《企业破产法》生效后，有多个法域认可我国破产程序并给予跨境协作，例如上文提到的浙江尖山光电重整案、洛娃集团重整案、上海华信破产案和深圳年富破产案等，这一路径的司法实践相对成熟。

对于第二类跨境企业集团，境内公司的实际控制人在开曼、维京、百慕大群岛等离岸地注册公司，在美国、新加坡，以及我国香港特区等地成立子公司上市融资，实际经营活动和利润来源在内地，这类商业体经过20多年的高速发展，公司体量极大，是跨境破产合作的主要受众。

事实上，森信案所涉主体也是类似的企业集团架构，森信公司的控股母公司森信集团在百慕大群岛注册成立，在香港联交所主板上市，森信集团在内地等多个法域设立子公司开展经营活动。森信集团于2020年陷入流动性危机，向百慕大法院提交清盘申请，申请委任以重组为目的“轻触”方式委任共同临时清盘人。[①] 向广东省深圳中院申请认可和协助的森信公司香港破产程序则是集团临时清盘程序的一个组成部分。当然,森信集团与我国其他跨境企业集团的主要区别在于其主要利益中心在香港而不在内地。[②] 从森信案的案件背景可以看到,跨境企业集团破产涉及离岸中心、上市融资地和运营地等多个国家或者地区,涉及多个司法辖区。从跨境企业集团的角度,森信案为我国跨境破产发出了一个强烈的实践需求信号:亟须厘清当企业集团的主要利益中心在境内时,境内法院该如何对境外母公司行使破产管辖权并张扬程序的域外效力。

我国 2007 年《企业破产法》没有规定境内法院对于注册在境外的公司的管辖权,境内法院对于破产案件的管辖原则是以属地为依据,即由债务人公司住所地法院管辖。公司登记成立地一般被认为是住所地,但登记成立地与主要营业机构所在地不一致的,以主要营业机构所在地为住所地。在现行规则下,只能对主要办事机构所在地的概念作扩大解释,将注册地在境外但主要办事机构所在地在境内的企业的住所地认定在境内,才能解决法院对跨境企业母公司破产管辖权的问题,进而获得程序的域外效力。这种对破产管辖权的扩大解释在实践中存在法律适用障碍,程序的启动尚且困难,附着于程序的域外效力就是无本之木;勉力为之,也会极大增加境外法院不予承认境内法院针对境外母公司开启的破产程序的风险。实践中,我国尚无针对中资公司境外母公司直接开启破产程序的先例。

管辖权与国家经济发展密切相关,争夺到破产管辖权对法院所在地债权人利益的实现具有便利性和保障性,有利于防范本土市场风险,为跨境投资贸易提供合理预期。从域外视角考量,美国、新加坡等积极推动跨境破产的国家和地区对法院的破产管辖权都采取了更为激进的扩张模式。我们在开展跨境破产合作时,建议以当前《企业破产法》修订为契机,在立法层面确立境内法院对境外注册公司的破产管辖权,以此纾缝程序的域外效力,通过债务人主要利益中心规则体系,向境外法院寻求认可并由其协助境内法院对境

---

① 参见森信纸业集团有限公司:《为重组目的而申请委任临时清盘人》,载东方财富网 2020 年 7 月 20 日,https://data.eastmoney.com/notices/detail/00731/AN202007201392845885.html。

② 参见(2021)粤 03 认港破 1 号民事裁定书。

外母公司启动的破产程序,从而穿透至境外母公司资产,阻断境外法院再启动或进行破产程序,全面覆盖跨境企业集团的破产保护主体。

(二)塑造跨境破产开放合作机制:概括承认与分离协助耦合的模式

概括承认体现于1997年联合国国际贸易法委员会《跨境破产示范法》规则体系。该示范法以避免或减少重复程序并提高效率作为承认的原则和目标,[①]将在债务人主要利益中心地开启的域外破产程序承认为主要程序,这种承认既是对破产程序本身及其法律后果的概括性承认,也包括对程序参与主体身份、权利义务的承认。

日本在吸纳该示范法进行国内法转化的过程中,为契合本国立法传统和实践需求对其进行了改良与发展,创设了分离模式。即对境外破产程序的承认并不自动产生任何效果,仅仅意味着破产主体获得了被救济的资格,法官必须在作出承认裁定后,依裁量实施具体的救济。[②] 分离模式包含了两层含义:一是承认标准与承认效力之间的分离;二是在协助环节,要拆解具体协助事项,由承认国法院单独发出命令。

森信案所适用的《试点意见》在认可的标准与效力上借鉴了上述示范法的概括承认机制,认可香港破产程序的同时认可清盘人的身份,并自动产生中止诉讼执行等救济效果,无须再另行审查批准,在协助环节,则借鉴了日本和韩国的分离模式,对重大事项的协助并非在认可香港破产程序后一概应当提供,而是要求内地法院进行综合判断后另行批准,[③]包括允许香港清盘人在内地履职、与财产分配和债权调整等重大事项的协助。由此可见,《试点意见》框架下的跨境破产合作机制,事实上是概括承认与分离协助的耦合(见图4)。

---

① 参见联合国国际贸易法委员会:《贸易法委员会跨国界破产示范法:司法角度的审视》,载https://max.book118.com/html/2020/0501/7056144105002132.shtm,2021年12月16日最后访问。

② 参见金春:《外国破产程序的承认与协助:解释与立法》,载《政法论坛》2019年第3期。

③ 参见最高人民法院:《〈试点意见〉的理解与适用》,载百度百家号"最高人民法院"2021年5月14日,https://baijiahao.baidu.com/s?id=1699737733240667880。

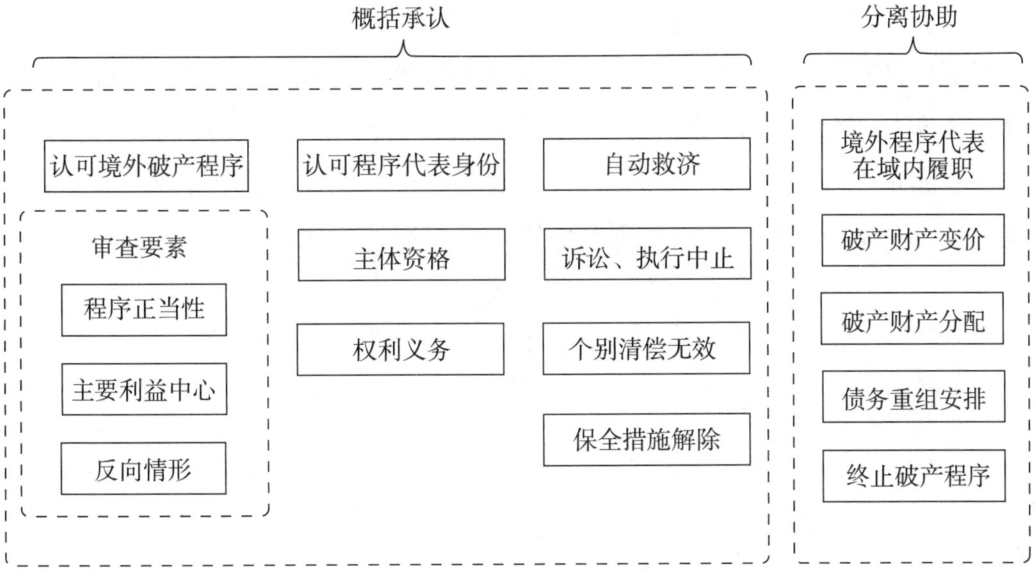

图 4　跨境破产协作模型

森信案在实践中严格落实了《试点意见》的规定。针对香港清盘人在内地履职的申请事项,法院一方面依据《试点意见》第 14 条明确香港清盘人在内地履职的范围系两地法律规定的交集部分,在条文列举的正面清单中确定清盘人在内地履职的事项;另一方面根据案件具体情况,要求香港清盘人在内地履职时,如涉及放弃财产权益、设定财产担保、借款、将财产从内地转出以及其他对债权人利益有重大影响的财产处分行为,需经法院另行批准。

森信案适用《试点意见》体现的这种概括承认与分离协助耦合的模式,既体现了跨境破产合作在承认方面所倡导的高效性和开放性,又可以适度控制协助环节,由法院结合境内法律体系,针对具体的个案在必要限度内采取最适当的救济措施,降低成本并保障制度的灵活性,[①]在我国跨境破产制度实践较少的现状下,为法院认可境外破产程序效力和进行协助提供了路径参考。

五、结语

一国是否承认境外破产程序以及在多大程度上对其给予承认和协助决定了整个跨境破产法的基调,是跨境破产合作最基本的法律制度。[②] 作为《试

① 参见金春:《外国破产程序的承认与协助:解释与立法》,载《政法论坛》2019 年第 3 期。
② 参见张玲:《跨境破产的国际合作——国际私法的视角》,法律出版社 2007 年版,第 177 页。

点意见》发布后的第一案，森信案打破了我国跨境破产司法实践中长期以来相对保守的态度，首次对境外破产程序给予跨境破产规则意义上的承认和协助。本文从森信案的审理出发，回顾梳理我国跨境破产的实践发展历程，提出建立跨境企业集团破产保护体系、塑造开放包容的跨境破产合作模式的路径建议，以助力推动和服务更高水平的开放型经济新格局。

我国专利法的域外适用制度构建研究*

——以禁诉令、禁执令制度为考察对象

钟小凯**

摘　要

面对新形势下专利领域国际平行诉讼对我国知识产权司法保护带来的挑战,有必要通过建立健全类型化体系、程序承接制度、通知和听证程序以及裁判保障和裁判救济规则等促进禁诉令、禁执令程序规则的完善,并在颁发禁诉令、禁执令时遵循明确且具有可操作性的禁诉令、禁执令审查框架和审查要素,以期构建起中国语境下的禁诉令、禁执令制度体系,进一步完善我国知识产权涉外话语体系。

关键词　标准必要专利　禁诉令　禁执令　域外适用

引　言

近年来,我国专利领域国际平行诉讼频发。由于我国专利诉讼程序缺乏禁诉令、禁执令制度,我国企业迫于外国法院禁诉令、禁执令的威慑往往选择撤回国内的起诉或者和解。华为与三星于2016年在中国和美国的法院互诉对方标准必要专利侵权,深圳中院先于美国法院判决三星侵犯华为两项专

---

* 本文获“深圳法治论坛·前沿科技与法治创新”主题征文二等奖,收录于本书时文字略有改动。

** 钟小凯,深圳市中级人民法院,深圳知识产权法庭四级高级法官。

利，之后美国法院发出禁执令，美国法院的禁执令直接导致华为未申请执行深圳中院的判决。2017年的华为与UP公司（Unwired Planet）等标准必要专利纠纷案中，英国法院支持了UP公司的禁诉令申请，直接导致华为撤回了在中国法院对UP公司的诉讼。为此，我国法院在司法实践中积极探索禁诉令、禁执令的适用，最高人民法院在华为与康文森案中发出第一例禁执令，深圳中院在中兴与康文森案、OPPO与夏普案中发出禁执令、禁诉令，武汉中院在小米与交互数字案、三星与爱立信案中发出禁诉令，以维护我国法院的专利案件司法管辖权，保护我国企业的合法权益，提高我国专利司法保护的权威性及司法竞争力。上述专利纠纷国际平行诉讼案中的禁诉令、禁执令问题引发广泛关注，西方通过世贸组织（WTO）渠道要求我国提供上述案件司法审判中涉及禁诉令、禁执令问题的进一步信息，并提出磋商请求。[①] 为此，有必要对保障专利法的域外适用的禁诉令、禁执令案例展开实证比较分析，澄清我国法院适用禁诉令、禁执令的法律定位、程序规则、审查标准等重大问题，促进我国在现有法律制度框架下通过既有法律资源的编制和成长建立健全禁诉令、禁执令制度，以期在将来的知识产权诉讼特别程序法上构建起完善的保障我国法域外适用的禁诉令、禁执令制度体系，进一步提升我国知识产权涉外话语权。[②]

一、禁诉令、禁执令的法律定位

禁诉令、禁执令源于英美法，是英美法上的一项司法制度。[③] 作为大陆法

---

① 2021年7月6日，欧盟向WTO提出书面请求，要求我国提供小米与交互数字案等司法案件中涉及禁诉令、禁执令问题的进一步信息。2021年9月7日，WTO公布了我国对此的回复：小米与交互数字案等重大案例本身没有一般适用的法律效力，但这些案件和从这些案件中提取的裁判要旨有助于及时总结审判经验，加强法治宣传，为司法实践和法律教育提供参考。2022年2月18日，欧盟常驻WTO代表团对小米与交互数字案等案件中发出的禁诉令、禁执令向我国WTO代表团提出磋商请求。之后，美国、日本和加拿大要求加入欧盟前述就禁诉令、禁执令问题寻求WTO争端解决机制的磋商。

② 沈红雨：《我国法的域外适用法律体系构建与涉外民商事诉讼管辖权制度的改革——兼论不方便法院原则和禁诉令机制的构建》，载《中国应用法学》2020年第5期。该文亦主张我国有必要在涉外民商事诉讼中构建禁诉令、禁执令制度，并有限度地予以使用，以维护我国的重要公共利益以及司法权不被过度侵蚀。在未来《民事诉讼法》修改时，可以考虑通过建立有限度的禁诉令及反禁诉令制度，与不方便法院原则形成配套体系，以保障我国法域外适用条款的实施。

③ 作为一项基础性的救济方式，禁令制度在英美法系国家形成了较为成熟复杂的体系，包括临时禁令和永久禁令，其中临时禁令包括禁诉令等。具体参见杨良宜、杨大明：《禁令》，中国政法大学出版社2000年版。该书对英美法中的各种禁令类型作了详细介绍，包括Mareva禁令、Anton Piller命令、Anti-suit禁令、Angel Bell命令等。

系国家的德国,立法体系中没有建立起明确的禁诉令、禁执令制度,而是采用程序法上的民事诉讼保全概念,将法院作出本案判决之前为保证将来判决的执行或者保证权利人权利的实现而命令侵权人为一定行为或禁止为一定行为的措施称为“假处分”。我国法律体系中没有建立明确的禁诉令、禁执令制度,但通过《专利法》及相应司法解释的“实体立法 + 司法解释”的二元立法模式规定了“诉前责令停止侵害行为”的临时保护制度,并在《民事诉讼法》中规定了行为保全制度。

1. 管辖冲突应对措施和禁令救济措施。禁诉令、禁执令是针对当事人发出命令,禁止其在他国法院就相同或类似纠纷提起诉讼或继续诉讼,主要发生“对人效力”,但不可避免地会对外国法院的管辖权产生影响,实际上是一种解决平行诉讼案件中挑选法院的国际民商事案件管辖冲突的应对措施。与通过不予承认和执行他国法院裁决的方式来应对管辖权冲突相比,禁诉令、禁执令作为一种临时措施在诉前或诉中申请,可以为当事人提供及时有效的禁令救济。而且,不予承认或执行他国法院裁决的适用一般以这些国家均认可国际平行诉讼的存在为前提,并不排斥对方国家的管辖权。而禁诉令、禁执令的适用并不以认可国际平行诉讼的存在为前提,当事人签订法院选择协议、仲裁协议或者当事人的纠纷案件属于某国法院专属管辖范围的“当事人同意的禁诉令”[①]即属该类情形。专利救济具有极强的时效性,司法实践中的专利纠纷案件当事人均难以接受在判决执行阶段通过不予认可和执行他国法院裁决的方式来处理,而是以禁诉令、禁执令的方式寻求及时有效的司法救济。[②]

一般的国际民商事诉讼大多属于民商事合同争议,基于属地、属人原则

---

① 类似案例包括美国法院审理的 TCL 与爱立信案。双方在标准必要专利许可谈判中约定若谈判失败,将对全球专利组合许可寻求有约束力的法院裁决。2015 年 5 月 1 日,TCL 向加州中区法院申请禁诉令,要求法院禁止爱立信在本案审理期间就其全球范围的 2G、3G、4G 标准必要专利以及实施专利(非标准必要专利)发起或推动针对 TCL 的侵权诉讼。2015 年 6 月 29 日,加州中区法院举行听证会。2015 年 7 月 10 日,加州中区法院发出全球标准必要专利禁诉令。

② 德国法院在小米与交互数字案中即认为,“武汉中院的禁诉令禁止专利权人交互数字在其案件审理终结前在德国请求专利禁令救济,而专利权人仅在专利有效期内享有禁令救济权,该禁诉令使得交互数字专利禁令救济权无法得到有效保障,甚至专利权人的禁令救济权在事实上会被剥夺。即使由于违反公共秩序,武汉中院的禁诉令在德国不被认可,但其仍然在事实上会阻止专利的有效实施”,故德国法院认为其有发出禁诉令的必要性。

或者最密切联系原则等确定管辖权，以此为据禁止当事人向其他法院提起诉讼，通过限制当事人诉权的方式应对管辖冲突问题，禁诉令对象一般不包括禁令救济。标准必要专利禁诉令一般针对的是司法救济，[①]法院通常会拒绝签发禁诉令禁止当事人在外国法院提起专利许可争议或者侵权赔偿诉讼，允许当事人在禁令司法救济之外继续争取专利许可、损害赔偿或其他非禁令性救济措施，并不完全剥夺当事人寻求司法救济的基本权利，且仅是暂缓禁令救济。因此，标准必要专利禁诉令既有一般国际民商事诉讼中的禁诉令所具有的通过限制当事人诉权解决管辖冲突的功能，也特别地具有限制专利权人禁令救济权利的功能。当然，这种限制是一种针对当事人的临时措施，具有暂时性，并非绝对剥夺标准必要专利权人救济权利。

2. 临时禁令措施。不管是作为英美法系国家的印度，还是作为大陆法系国家的德国，抑或是我国，均将禁诉令作为一种临时禁令措施对待。德国的类似法律制度是假处分，德国法院在假处分的制度框架下颁发禁诉令。我国没有建立系统规范的临时禁令制度体系，[②]与临时禁令较为相似的制度是行为保全和海事强制令。对比海事强制令和禁诉令可以发现，二者存在相同之

---

① 在小米与交互数字案中，印度法院、德国法院和我国武汉中院禁诉令均侧重于禁止当事人寻求禁令救济或申请执行禁诉令。

② 在《侵权责任法》立法过程中，有学者建议建构禁令制度，但立法机关没有接受，后来的《民法总则》《民法典》均延续了这一做法。具体参见杨立新主编：《中华人民共和国侵权责任法草案建议稿及说明》，法律出版社 2007 年版。在该建议稿中，杨立新教授明确提出应将禁令引入我国《侵权责任法》中，并在该建议稿的第 13 条侵权责任的承担方式中规定第 1 项停止侵害、第 2 项排除妨碍、第 3 项消除危险等八项责任承担方式之后设置第 14 条侵权行为禁令专条，规定“有充分理由相信行为人可能进行不利于受害人的行为，使其受到现实威胁时，受害人可以请求法院依照本法第十三条第一项至第三项规定发布禁令，禁止行为人继续实施侵权行为。请求侵权行为禁令的受害人，应当提供相应的担保”。杨立新提出，在制定侵权行为法过程中，很多学者提出应当规定侵权行为禁令。侵权行为发生后，如果确有必要，受害人可以向法院请求发布禁令，由法院发布侵权行为禁令，禁止侵权行为人实施某种侵权行为。我国学者对此有两种意见。第一种持肯定态度，认为禁令能够更好地保护权利人的权利。第二种持否定态度，认为既然侵权行为法已经规定了较为详细、完备的侵权请求权，那么禁令就没有必要存在了。对此，持肯定态度的学者为多数，认为侵权请求权和侵权行为禁令不是一回事，二者适用的范围和保护的方面并不相同，有各自存在的必要。因此，在规定了侵权请求权的同时，侵权行为法也应当规定侵权行为禁令。对此，杨立新明确表示赞同，认为侵权行为禁令有自身的优势，是侵权请求权不可替代的。具体详见杨立新、曹艳春：《论民事权利保护的请求权体系及其内部关系》，载《河南省政法管理干部学院学报》2005 年第 4 期。

处,但功能上存在根本区别。[①] 海事强制令是为使申请人合法权益免受侵害而采取的一种限制被申请人行为的司法强制措施,需满足“情况紧急”的条件,即不立即作出海事强制令将造成损害或者使损害扩大。禁诉令、禁执令也是一种限制当事人行为的司法措施,但禁诉令、禁执令主要是一种对抗挑选法院和平行诉讼的措施,[②]解决的是平行诉讼中当事人“挑选法院”的问题。将行为保全与临时禁令制度进行对比可知,就制度功能而言,二者均以确保本院审理程序的正常进行与防止给当事人造成其他损害为目的;从适用范围方面分析,二者均属于针对当事人诉讼行为的司法措施,签发主体、适用条件、救济措施基本一致。行为保全制度从功能、适用范围上涵盖了临时禁令制度的内在要求,在行为保全制度框架内构建禁诉令、禁执令制度是一种系统可行的路径,可以将禁诉令、禁执令作为行为保全的一种类型,实现该制度的功能。[③]

3. 预防性救济措施。禁诉令作为一项源于英美法的临时禁令,旨在为当事人提供一种预防性救济。英美法体系中,衡平法上的预防性救济方式不同于普通法上的处罚性救济方式,其功能在于弥补普通法救济之不足,具有事前防止侵害发生或事后防止侵害后果进一步扩大的特点,是从普通法救济不足的缺陷中发展出来的,突破了民商事领域传统的“损害—赔偿”的事后救济模式。我国和德国的民商事救济体系以事后救济的损害赔偿制度为基础,在被告已经对原告造成了法定损害的情形下适用处罚性救济,体现了与英美法在司法思维上的相同和差异。我国法院也探索利用行为保全措施在事后救济手段上进行突破,由事后救济向事前、事后救济兼顾发展,注重预防性救济。

4. 跨实体法和程序法的救济措施。英美法不区分实体法和程序法,关于

① 国内部分学者和法官主张通过海事强制令实现禁诉令的功能,如蒋圣力:《我国海事诉讼中引入禁诉令制度的思考》,载《山西省政法管理干部学院学报》2014 年第 1 期;姜昭琪:《论在海事诉讼中以海事强制令实现禁诉令功能的探析》,载厦门海事法院网 2021 年 3 月 18 日,http://www.xmhsfy.gov.cn/sfyj/202103/t20210323_191909.htm。

② 具体参见欧福永:《国际民事诉讼中的禁诉令》,北京大学出版社 2007 年版,第 15 页。

③ 国内部分学者主张以行为保全制度实现禁诉令的功能,具体参见李晓枫:《论以我国行为保全制度实现禁诉令功能》,载《法学杂志》2015 年第 7 期。我国最高人民法院在华为与康文森案中亦明确禁诉令在法律属性上属于行为保全。

是否发出禁诉令主要审查是否存在普通法救济不足的情形。我国和德国法律体系中的实体法和程序法泾渭分明，将禁诉令作为一种程序保全措施对待，但是在适用禁诉令制度时采用的是实体审查标准，反映了禁诉令是跨越实体法和程序法的一项司法措施。德国法院一方面适用德国民事诉讼法的规定审查禁诉令作为一种程序保全措施是否成立，另一方面适用德国民法典的规定审查禁令救济请求权的法律和事实依据。我国法院明确禁诉令、禁执令是一种程序法上的行为保全措施，同时从实体救济请求权的角度审查是否颁发禁诉令。禁诉令、禁执令针对的是诉权，而不是针对专利权权能本身。禁诉令、禁执令作为诉讼程序中的行为保全措施，通过“对人效力”限制当事人程序法上的诉权，这种对程序性权利的限制会直接影响专利权人专利权的行使，故审查内容包括实体法上的要素。但是，专利权人本身拥有的专利权作为一种实体性权利，主要由专利法规定，禁诉令、禁执令不能限制专利权权能本身。

二、禁诉令、禁执令的正当程序

1. 关于禁诉令被申请人听证、举证的权利。英美法系国家一般存在临时紧急禁令、初步禁令的类型化体系及程序承接制度安排。[①] 与英美法系国家的做法类似，作为大陆法系国家的德国亦在其民事诉讼法上明确规定了临时紧急禁令和假处分命令，二者共同构成了德国的临时禁令体系。英美法系国家、德国的法院发出紧急情形下的禁执令并未经通知、听证程序，但在后续的初步禁令或假处分审理程序中弥补了紧急禁执令程序缺漏的听证、举证等审理程序以确保当事人享有完整的程序救济权利。我国《专利法》及相应司法解释规定了诉前停止侵害专利侵权，《民事诉讼法》规定了紧急情形下的行为保全措施，但缺乏类型化的临时禁令体系构建，未对紧急情形下的行为保全和其他行为保全作明确的类型划分，也未明确紧急情形下的行为保全和其他

① 美国《联邦民事诉讼规则》第 65 条禁令条款明确规定临时禁令包括临时限制令、初步禁令，二者具有程序上的承接关系。经申请人宣誓性书面陈述的案情表明会造成不可挽回的损害的情形下可以不经书面或者口头通知对方当事人就发出临时限制令，临时限制令发出后应尽早组织听证审查初步禁令。初步禁令必须在听证与案情审查相结合的情形下发出，案情审查可以作为该案件诉讼审理的一部分，可不在案件主诉讼程序中重复审理。

行为保全的逻辑适用关系、程序承接关系。

2. 关于禁诉令实体法和诉讼法合理衔接的问题。我国禁令制度是在专利法等知识产权实体法上建立起来的,而禁令又被作为一种行为保全措施的诉讼法上的制度,从而使得我国禁令制度突出地反映了我国实体法和诉讼法缺乏合理衔接的现象,表现在法律条文存在一定的冲突和矛盾。我国《专利法》规定了专利权人有权申请诉前行为保全,最高人民法院在有关诉前停止侵犯专利权的司法解释中规定,专利权人在采取诉前停止侵犯专利权行为的措施后 15 日内不起诉的,措施应予解除。我国《民事诉讼法》规定了行为保全措施,并规定了紧急情况下的行为保全和诉前行为保全,但《民事诉讼法》中的诉前行为保全并未与《专利法》上的诉前行为保全进行衔接,比如规定采取诉前保全措施后 30 日内不提起诉讼或者申请仲裁的应当解除保全,与有关诉前停止侵犯专利权的司法解释的规定不同。

3. 关于禁诉令裁判保障措施和裁判救济的问题。为确保禁诉令的执行力,法院一般会明确裁判保障措施,即当事人违反禁诉令要承担的具体法律责任。英美法系国家一般以藐视法庭的处罚责任作为禁诉令的保障措施,但一般不在裁判文书中列明,而是作为与本案裁判问题相对独立的行为另行追究刑事或者民事惩戒责任。德国法院一般在禁执令中明确行为人若违反禁执令将面临罚款或拘留。

4. 关于裁判救济问题。一是防止禁诉令程序滥用的保障措施。英美法系国家和德国等均为防止禁诉令程序滥用规定了有效的保障措施,包括禁诉令申请失败要承担申请费、律师费等,申请禁诉令要提供担保,申请错误要对被申请人承担损害赔偿责任,一旦认定是故意违法申请人可能要承担罚款、有期徒刑等刑事责任。我国法律也对禁诉令申请需要提供担保、诉讼费用负担和申请错误要承担损害赔偿责任以及故意违法滥用禁诉令需承担刑事责任等作出了规定,与其他国家并无不同,以确保禁诉令在极少数“例外性”情形下审慎适用。二是禁诉令复议、上诉的渠道。在英美法系国家,对禁诉令一般允许向上诉法院提起上诉申请,由上诉法院进行审理,但审理内容主要是审查作出禁诉令的法官是否存在滥用自由裁量权的情形。在大陆法系国家,德国允许当事人对禁诉令提出异议,并由同一法院对异议申请进行审理。同时,德国亦允许当事人针对禁诉令向上一级法院上诉,上诉审理范围包括申请人申请禁诉令是否具有法律和事实依据、案件是否具备发出临时禁令的各项要素等。在我国,行为保全裁定不属于可以上诉的裁定的范围,对禁诉令的裁判救济采取的是向同一法院复议申请的做法。

三、禁诉令、禁执令的审查标准

1. 临时禁令审查要素。禁诉令作为一种临时禁令,首先应当符合临时禁令的审查要素。美国、德国通过法律规定或司法判例的方式形成了基础性的禁令审查要素,临时禁令之下的各种类型的禁令均在这一基础上具体化各项审查要素。我国关于各项禁令的审查规则差别较大,没有在逻辑上形成具有联系的禁令制度基础。应在提供禁令审查的基础要素的基础上,针对各类型禁令再细化具体审查要素,在保持禁令审查体系的一致性的同时使得各类型禁令的颁发具有更充分的正当性。

2. 临时紧急禁令、初步禁令区分适用不同的审查标准。德国、美国对临时紧急禁令和初步禁令按照诉讼法规定的不同的程序要件区别适用不同的具体审查标准。临时紧急禁令一般是在非常紧急的情况下提出的,法院也必须在极短的时间内作出是否发出禁令的裁定。出于及时救济权利的需要,只要申请人提供时间紧迫、可能发生不可弥补的损害的初步证据,比如提供证据证明自身拥有的知识产权的有效性、侵权行为的现实存在性以及自己已经努力通知了对方停止侵权行为,法院即可发出禁令。初步禁令可以由临时紧急禁令转化而来,也可单独提起,法院应当组织听证或直接进行庭审辩论,对初步禁令申请应作更细致的审查。

3. 禁诉令、禁执令的审查框架。英美法中临时禁令的“四要素”“三部分调查法”“Unterweser 因素”等审查标准已成为世界各国法院适用禁诉令、禁执令时均尊重的考量因素。但是,各国法院在处理审查标准的立足点上存在明显差别。我国法院在司法实践中一般着重考虑在先诉讼的裁判执行保全问题。英美法系国家的法院一般从正当程序的角度出发,对各种考量因素进行阐述,在发出禁诉令方面,首要的审查要素是外国程序是否“无理取闹”或“具有压迫性”。德国法院采取的是一种禁令救济请求权的审查思路,重点关注救济保护的必要性,要求有证据证明权利人存在紧迫的首次或者重复侵权风险,并基于此展开对各项标准必要专利禁诉令考量因素的论证。

四、禁诉令、禁执令制度建构设想

（一）在行为保全制度框架内构建禁诉令、禁执令制度

1. 明确管辖权依据。我国法院应当在当前规定的适用最密切联系原则认定涉外案件管辖权的基础上，进一步明确按照当事人属人原则、专利权地域性原则以及在认定 FRAND（Fair，Reasonable，and Non－Discriminatory）承诺为第三人获益合同性质的基础上明确我国法院行使专利案件管辖权的法律依据。①

2. 明确禁诉令、禁执令属于临时救济性质的行为保全措施。② 我国应在现有的行为保全制度框架内构建标准必要专利禁诉令制度，③明确禁诉令是为了使申请人合法权益免受侵害而作出的一项临时救济措施。④ 为此，必须对行为保全制度进行重构，改变将行为保全等同于确保案件裁判执行的“财产保全”的传统思维，使行为保全的功能不再局限于财产保全指向的保障裁判执行的功能，凸显行为保全独立的临时救济功能。⑤

3. 明确禁诉令、禁执令是一种临时禁令性质的预防性救济措施。禁诉令、禁执令是在损害赔偿这一事后处罚性救济措施无法充分有效保护标准必

① 武汉中院在小米与交互数字案中称，“小米在本院管辖区域内，本院据此对本案行使管辖权具有合理的因素和合理的理由”，采用的是属人原则行使管辖权。法院同时指出，“如存在多个备选管辖法院，管辖法院确立的基本规则应该是争议当事人双方之间的合意或对对方对管辖法院的主动介入的同意和认可。争议双方没有达成备选法院管辖合意的，应当允许愿意接受 FRAND 规则裁决的争议一方从与费率争议存在密切联系的多个备选管辖法院中选择管辖法院行使争议裁决的管辖权”，采用的是最密切联系原则行使管辖权。另外武汉中院还提出，“本院为在先受理法院，其他备选管辖法院就同一争议即使具有合理的管辖连结因素，也应放弃其管辖权，转而尊重在先受理双方争议的管辖法院的管辖权，以使该备选管辖法院成为行使裁决双方费率争议管辖权的唯一管辖法院”，应为适用在先受理原则确定管辖法院。

② 我国最高人民法院在华为与康文森案中明确将禁执令归于行为保全范畴，并依据《民事诉讼法》中关于行为保全的规定作出裁定。

③ 具体参见祝建军：《我国应建立处理标准必要专利争议的禁诉令制度》，载《知识产权》2020 年第 6 期。

④ 主要参考我国海事诉讼特别程序法中关于海事强制令的规定，认为海事强制令是为了保护请求人合法权益免受侵害，“海事诉讼特别程序法规定海事强制令是为使海事请求人合法权益免受侵害可以责令被请求人作为或者不作为的强制措施”。

⑤ 我国《民事诉讼法》第 103 条规定，人民法院对于可能因当事人一方的行为或者其他原因，使判决难以执行或者造成当事人其他损害的案件，根据对方当事人的申请，可以裁定对其财产进行保全、责令其作出一定行为或者禁止其作出一定行为。

要专利纠纷案中申请人合法权益的情形下适用的一项司法救济措施，是为了弥补损害赔偿救济之不足，具有“补充性”。[①] 同时，遵循审慎适用的原则，仅在例外情形下适用，并非一般性适用。[②]

4. 明确禁诉令、禁执令是一项具有实体法属性的程序保全措施。对禁诉令做实体法和程序法上的融合跨越式的制度安排，一方面由实体法给予禁诉令实体救济的指引，另一方面从程序上规范禁诉令的运作，明确禁诉令作为行为保全诉讼救济措施的属性。最高人民法院可以通过发布相关司法解释的方式，将实体法上的禁诉令实体审查要素与诉讼法上的程序性规定做好对接和平衡，规范指引法官依权利平衡等知识产权法原则颁发禁诉令。[③]

（二）完善禁诉令、禁执令的程序规则

1. 建立临时禁令的类型化体系和程序承接制度安排。最高人民法院在华为与康文森案、武汉中院在小米与交互数字案中在未进行听证的情况下径行作出了禁诉令、禁执令裁定，被认为禁诉令、禁执令程序具有压迫性，缺乏程序正当性。[④] 针对未经通知和听证的紧急情形下的行为保全缺乏后续的程序补救方式进而面临程序公正质疑的问题，我国应当借鉴英美法系国家和德国的做法，在禁诉令制度上建立与临时紧急禁令、初步禁令类似的行为保全类型体系和程序承接制度安排，尤其是建立紧急情形下的行为保全的程序承接制度安排，通过设置禁令转化程序确保禁诉令程序中当事人听证、举证等

---

① 我国最高人民法院关于知识产权行为保全的司法解释表明，行为保全在被申请人的行为将会使申请人的合法权益受到难以弥补的损害的情形下适用，即突出了行为保全只有在申请人遭受的损害无法通过金钱损害赔偿等方式予以充分有效救济的例外情形下才能得到适用。我国最高人民法院于2018年出台的《关于审查知识产权纠纷行为保全案件适用法律若干问题的规定》第4条将申请所依据的事实、理由具体表述为：被申请人的行为将会使申请人的合法权益受到难以弥补的损害或者造成案件裁决难以执行等损害的具体说明。

② 欧盟在2022年2月18日提出的磋商请求中认为我国的禁诉令是一项一般性和前瞻性的措施，禁止我国专利案件中的一方在外国法院申请执行外国法院的判决或寻求司法救济。欧盟的这种理解显然是对我国法院禁诉令适用立场的错误解读。

③ 最高人民法院于2018年12月12日发布的《关于审查知识产权纠纷行为保全案件适用法律若干问题的规定》既规定了诉讼法上的程序性内容，又规定了行为保全审查的实体要素。

④ 我国武汉中院在复议审理程序中组织了听证，并认为，武汉中院禁诉令送达通知和未经听证程序径行作出裁定，符合我国《民事诉讼法》的规定，“武汉中院禁诉令并非单纯的依赖小米单方陈述，更多的是依赖于小米提交的在案证据作出，交互数字对本禁诉令的证据审查程序和禁令裁决作出程序存在误解”。

完整的程序救济权利，完善禁诉令作为临时禁令的制度体系安排。同时，对不同类型的临时禁令规定不同的程序适用规则。对临时紧急禁令，应规定通知询问程序。虽然在发出临时紧急禁令时一般无须进行实体审查，但通知询问程序是必须的，任何人在获得对自己不利的裁决前，都应有被告知裁决事项和对此进行反驳的权利。因此在临时紧急禁令作出前，法官应在此阶段及时合理地通知被申请人，必要时应对其进行询问，尽量在保证救济效率的前提下兼顾公平公正。初步禁令必须组织听证程序，可以按照案件审理程序进行，并作为案件审理程序的一部分，以保证被申请人的程序参与权，充分听取被申请人的意见，兼顾申请人与被申请人的利益。临时紧急禁令和初步禁令作出后，应该立即执行。被申请人如果不服临时紧急禁令可以申请复议；对经过法院审理程序的初步禁令不服的，可向上一级法院上诉。

2. 建立健全通知和听证程序安排。我国应建立健全相应的通知和听证程序安排，明确禁诉令、禁执令颁发前一般要采取通知和听证程序，除非必须在 48 小时内颁发临时紧急禁令，才可以不经听证而依据申请人一方的陈述和举证颁发禁令，但必须立即通知被申请人一方，同时确定该临时紧急禁令较短的有效期限；有效期限届满前应组织听证，以确认该临时紧急禁令是否应予维持或者撤销，并审查是否应当将其转为初步禁令。

3. 使专利实体法上的规定与诉讼程序法有效衔接。从法律制度上对禁令制度的实体法与程序法交叉混同的特有属性进行内在协调，可以考虑在将来要制定的知识产权诉讼特别程序法中建立专门的禁诉令、禁执令程序规则，实现与专利法上的禁令救济规则的有效衔接，为禁诉令提供明确的诉讼程序指引。

4. 健全禁诉令、禁执令裁判保障措施。我国《民事诉讼法》设专章对妨害民事诉讼的行为应采取的强制措施进行了规定，为此，应对每天 100 万元人民币罚款的强制措施在被申请人拒不履行的情形下另行作出裁决，而不是作为禁诉令、禁执令裁定的一部分，以确保该司法强制措施的独立保障作用。同时，为了凸显裁判保障措施的有效性、威慑力，可以参照德国法院的做法，在禁诉令、禁执令裁定尾部明确拒不履行该禁诉令裁定需要予以罚款、拘留甚至承担刑事责任。

5. 完善禁诉令、禁执令裁判救济规则。可以整合现有规定，在法律、司法解释或者在最高人民法院颁布的指导性案例中明确禁诉令颁发应遵循“例外性”情形下适用的审慎原则。在《民事诉讼法》中规定禁令属于可以向上一级法院上诉的裁定，以充分保障禁令当事人的禁令救济权利，体现禁诉令、禁执令颁发的审慎原则。

（三）明晰禁诉令、禁执令的审查标准

区分禁诉令和禁执令的审查标准。① 禁诉令和禁执令有共同遵循的适用原则，但二者的审查标准也存在显著区别。从二者的适用实践来看，与禁诉令相比，不应将禁执令申请视为“例外”。

明晰禁诉令、禁执令遵循适用的临时禁令审查基础性要素。关于禁令审查要素，应在提供禁令审查的基础要素的基础上，针对各类型禁令再细化具体审查要素，保持禁令审查体系的一致性的同时使得各类型禁令的颁发具有更充分的正当性；可以通过法律规定或司法案例的方式明确颁发禁诉令应具备的基础性的临时禁令审查要素。

明晰临时紧急禁令和初步禁令的审查标准。我国可以借鉴美国、德国对于临时紧急禁令和初步禁令适用不同的审查标准的做法，对临时紧急禁令着重于审查紧迫性、保护必要性，对初步禁令更加强调侵权事实的确定。临时紧急禁令一般是在非常紧急的情况下提出的，法院也必须在极短的时间内作出是否颁发禁令的裁定。出于及时救济权利的需要，只要申请人提供时间紧迫、可能发生不可弥补的损害的初步证据，比如提供证据证明自身拥有的知识产权的有效性、侵权行为的现实存在性以及自己已经努力通知了对方停止侵权行为，法院即可颁发禁令。初步禁令可以由临时紧急禁令转化而来，也可单独提起，法院应当组织听证或直接进行庭审辩论，对初步禁令申请应作更细致的审查。

明晰颁发禁诉令、禁执令的审查框架。我国最高人民法院可以通过司法

---

① 深圳中院在联想与诺基亚案中认为，该案中禁执令的对象即域外法院判决或决定尚处于未决状态，缺乏可执行性，不会导致联想权益受损，故驳回禁执令申请。具体参见深圳中院联想与诺基亚案（2020）粤03民初5105号民事裁定书。值得注意的是，在华为与三星案中禁执令的对象即对深圳中院的一审禁令判决，该一审禁令判决由于三星的上诉也处于不具有可执行性的状态。但与该案不同的是，联想与诺基亚案禁执令的对象即域外判决或决定均未经法院作出，处于完全未决状态，属于区分禁执令和禁诉令适用的案例。但是，武汉中院判决的小米与交互数字案中，禁诉令的内容包括禁止交互数字申请执行可能获得的临时禁令和永久禁令等，属于未对禁诉令和禁执令予以区分适用的案例。

解释的方式进一步明确我国禁诉令颁发的审查框架，比如对禁诉令的法律定位更多地从保证裁判执行的角度转向救济权的立场，进而参照德国的做法立足禁令救济请求权的审查框架，或者立足在先管辖的管辖恒定原则进行审查，或者基于 FRAND 规则考察各个要素。

五、结语

禁诉令、禁执令是临时禁令制度下的具体类型。我国应当在现行行为保全制度框架下通过既有法律资源的整合对其进行建构，在明确禁诉令、禁执令法律定位的基础上，进一步建立健全禁诉令、禁执令适用的审查标准和程序规则，以期未来在知识产权诉讼特别程序法中构建起完善的禁诉令、禁执令制度体系，进一步完善我国知识产权法域外适用体系，建设知识产权法治强国，深度参与国际知识产权治理。

前沿法治

深圳市集成电路产业现状分析及发展建议*

深圳市法学会课题组**

摘　要

集成电路(IC)产业是信息技术产业的基础和核心,是支撑经济社会发展和保障国家信息安全的战略性、基础性、先导性产业。深圳高度重视集成电路设计产业发展,通过坚持政策规划先行、引进产业重点项目、加大资金财税支持和建设人才高地等做法推动集成电路产业较大发展,深圳集成电路产业规模不断扩大,竞争力位居全国前列,但与世界级集成电路产业集群相比仍然存在较大差距,产业发展过程中也面临产业链发展不平衡、产业政策落地不彻底、法治保障有待加强、产业投融资限制较多、产业人才缺口巨大等诸多问题,严重制约着深圳集成电路产业的进一步发展。为此本文立足于深圳集成电路产业发展实际,调研走访行业龙头、初创企业,收集行业协会、主管部门反

* 本文已发表于《特区实践与理论》2023年第4期,收录于本书时文字略有改动。

** 深圳市法学会课题组成员:陈振波,市委政法委委务会成员、市法学会党组成员、专职副会长;顾伟伦,市法学会党组成员、秘书长;林瑶,市法学会副秘书长;周欣,市委政法委办公室副主任;黎颖,市法学会一级主任科员;徐磊,市法学会研究助理。

映的情况与问题，在实地调研的基础上持续深挖、剖析研究，总结问题并提出有针对性的对策。

关键词 集成电路产业 产业规划 人才建设 法治保障

一、序言

2023 年 4 月，习近平总书记在广东考察时强调要“推进产业基础高级化、产业链现代化”，发展战略性新兴产业，加快建设以实体经济为支撑的现代化产业体系。全面提升产业基础高级化，推进产业链现代化，打造具有全球竞争力的产品服务，是坚持壮大实体经济、构建现代化产业体系的重要一环。集成电路（IC）作为现代工业的“粮食”“心脏”“发动机”，既是支撑经济社会发展和保障国家安全的战略性、基础性和先导性产业，也是推动战略性新兴产业不断发展的关键，已逐渐发展成为衡量一个国家或地区综合竞争力的重要标志。

目前，我国经济已由高速增长阶段转向高质量发展阶段，加快推动以集成电路产业链为核心的现代信息技术产业体系现代化，已经成为建设网络强国、制造强国等国家战略的迫切需求。深圳作为我国科技发展中心，以深圳为中心的泛珠三角地区是我国四大集成电路产业集聚区之一，拥有国内领先的创新环境、金融资源和基础设施。无论从科技创新发展基础条件还是历史使命看，均应积极贯彻落实国家科技创新战略，争当我国集成电路产业发展的领头羊。如何化解国外政策抑制，打破国内产业梗阻，不断提升深圳集成电路产业竞争力，发挥深圳电子信息产业已形成世界级产业集群的优势，在粤港澳大湾区建设综合性国家科学中心和国际科创高地，引领全国在国际竞争中抢占先机，是新时代党和国家赋予深圳的使命。

二、深圳市集成电路产业背景及有利条件

深圳是我国集成电路产品的应用中心、集散中心和设计中心，集成电路设计业产值已经连续 9 年居全国各大城市首位，且在集成电路终端应用领域一直处于全国领先地位。截至 2022 年年底，深圳市共有 587 家集成电路企

业,其中设计企业 390 家,制造企业 7 家(3 家投产),封测企业 70 家,设备企业 79 家,材料企业 41 家。① 2022 年深圳市集成电路产业营收达 1608.9 亿元,其中设计业营收 1101.9 亿元,同比增长 15%。取得如此的成就离不开国家层面的政策支持以及改革开放以来市场的推动。

(一)集成电路产业发展政策背景

自 21 世纪以来,国家先后出台一系列促进集成电路产业发展的相关政策和配套措施(如表 1 所示),内容涉及集成电路税收优惠、集成电路发展战略引导、集成电路人才培养支持等内容,从顶层设计层面为产业发展保驾护航。

表 1　21 世纪以来国家层面集成电路产业发展政策

时间	政策内容
2011 年	国务院出台《关于印发进一步鼓励软件产业和集成电路产业发展若干政策的通知》,从增值税方面给予集成电路企业财政支持
2014 年 6 月	国务院发布《国家集成电路产业发展推进纲要》,将集成电路产业列为国家重要战略,并明确指出要加大人才培养和引进力度
2018 年	国务院将集成电路列为《政府工作报告》实体经济发展的首位
2019 年 5 月	国务院决定延续集成电路企业所得税优惠政策,创造更好的产业环境
2019 年 6 月	教育部发文正式批复同意北京大学、清华大学、复旦大学、厦门大学,建立"国家集成电路产教融合创新平台"
2020 年 8 月	国务院发布《新时期促进集成电路产业和软件产业高质量发展的若干政策》,将集成电路产业列为信息产业的核心之一,并制定出台财税、投融资、研究开发、进出口、人才、知识产权、市场应用、国际合作 8 个方面政策措施,以优化产业环境,促进产业发展
2021 年 3 月	全国人大批准《中华人民共和国国民经济和社会发展第十四个五年规划和 2035 年远景目标纲要》,提出要瞄准集成电路等前沿领域,实施一批具有前瞻性、战略性的国家重大科技项目

(二)深圳市集成电路产业发展有利条件

深圳集成电路产业取得的突出成绩离不开深圳市政府的高度重视以及

① 参见深圳市半导体行业协会常军锋:《2022 年深圳市集成电路产业发展情况》。

采取的一系列发展措施。具体分为以下几个方面：

1. 坚持政策规划先行，为产业发展提供清晰指引

深圳市坚持从顶层设计和具体措施两方面着手，充分发挥好政策规划的引领作用。紧锣密鼓地制定产业政策，2019 年印发了《深圳市进一步推动集成电路产业发展行动计划（2019—2023 年）》以及《关于加快集成电路产业发展的若干措施》，从核心技术攻关、财税、平台建设、环保、投融资、人才等多方面对企业进行支持。前瞻布局出台产业规划，2021 年 6 月，发布了《深圳市国民经济和社会发展第十四个五年规划和二〇三五年远景目标纲要》，对集成电路产业发展作出宏观谋划；2022 年 1 月，在《深圳市科技创新“十四五”规划》中，围绕深圳七大战略性新兴产业及二十大产业集群、八大未来产业规划，明确了“20 + 8”技术主攻方向，其中新一代电子信息产业（含半导体与集成电路产业集群）位居战略新兴产业之首。问题导向编制行动计划，2022 年 6 月，发布了《深圳市培育发展半导体与集成电路产业集群行动计划（2021—2025 年）》，将集成电路产业作为深圳未来五年的核心产业，部署了五项重点任务，将现有政策在关键核心技术攻关、公共服务平台、重大项目、专业化产业园区、应用推广、人才政策、资金保障等方面深化、细化，加快补齐产业链短板，提升产业链供应链稳定安全性，努力为集成电路产业发展营造良好环境。

2. 引进产业重点项目，为产业发展注入强大动力

积极搭建项目引进平台，依托全球招商大会平台，释放最大诚意，大力引进集成电路产业重点企业、重大项目。在 2021 深圳全球招商大会上，深圳与中芯国际、恩智浦半导体、华润微电子、西人马、ABB 等多个半导体相关企业签订了合作协议，并推动台湾臻鼎科技半导体载板生产基地、闻泰科技华南总部和研发中心等一批具有国际影响力和核心竞争力的重大项目落户深圳。

健全项目落地配套机制，强化领导机制保障，整合各方资源，协调解决重大问题，建立重大项目投资决策机制和快速落地联动响应机制。提前谋划项目实施方案、推进步骤和阶段目标，确保项目实施效果。持续优化营商环境，畅通审批绿色通道，加快环评、安评等审批进度，为项目提供全流程、全方位服务。

全力推动重点项目建设，用好深圳市年度重大项目清单机制。近两年，包括精映半导体大功率器件用三维半导体材料项目、旭硝子第 11 代 TFT -

LCD 用玻璃基板生产线建设项目、华星光电第 11 代超高清新型显示器件生产线、柔宇类 6 代柔性显示屏生产线项目、深圳半导体科技园、青铜剑第三代半导体产业基地、坪山半导体产业园等众多项目被纳入清单，积极助力重大项目落地投产、发挥作用。

3. 加大资金财税支持，为产业发展提供有力支撑

根据集成电路产业资金密集型、技术密集型特点，深圳市研究推出了大量资金财税支持政策，全力助推集成电路产业发展。实施集成电路专项资助计划，制订《深圳市科技创新委员会集成电路专项资助计划项目实施方案》，对集成电路设计企业流片、购买 IP（硅知识产权）、EDA（电子设计自动化）设计工具研发、国家技术创新中心及国家科技重大专项、重点研发计划任务的单位配套、国家最高科学技术奖配套奖励进行资助。

做好制度设计强化经费支持，着力实施深圳市工业和信息化局《关于加快集成电路产业发展的若干措施》，在支持企业做大做强、支持核心技术攻关、支持新技术新产品研发应用、支持加大投融资力度、支持集成电路环保配套等方面出台一系列激励政策，充分激发产业发展的自主性和积极性。

优化投融资环境助力产业发展，充分利用产业投资基金、国有投资平台、融资租赁、政策性银行等机构，为产业发展提供必要的资金支持。

4. 加快建设人才高地，为产业发展持续优化生态

深圳市牢牢扭住“专业人才”这个促进产业发展的“牛鼻子”，扎实推进集成电路人才集聚高地建设。在引才留才方面，建立集成电路领军人才库，每年由政府主管部门遴选一流的科学家、企业家和技术专家入库。加大对各类集成电路人才的支持力度，对符合我市人才标准的科研项目带头人、技术骨干和管理人才等领军人才，在住房保障、医疗保障、子女就学、补贴奖励、创新创业等方面给予优先支持；在育才用才方面，推进南方科技大学和香港科技大学合作共同筹备建设国家示范性微电子学院。依托深港微电子学院组建一批研究中心，围绕半导体全产业链，加强核心技术研发与人才培养。依托 5G 中高频器件制造业创新中心、深港微电子学院、“芯火”双创基地、国家集成电路设计深圳产业化基地等平台资源，以学历教育、资质培训、专业实训等方式推动集成电路领域人才培养。

三、深圳市集成电路产业发展面临的问题分析

从行业协会、不同企业反映的情况来看，深圳集成电路产业虽然在总体规模、资源集中度和企业成长等方面取得了一些成效，但仍面临不少新问题、新挑战。

（一）产业链发展不平衡，整体布局亟待优化

一般而言，集成电路产业由上游设计业制造业和下游应用业组成：上游的集成电路设计制造业属于智力密集型、资本与技术密集型，而下游的封装、测试业属于劳动密集型。世界半导体贸易组织（WSTS）统计数据显示，中国是2022年全球最大的半导体单一市场，占据1803亿美元的市场，占市场总值比例接近32.5%。[①] 深圳半导体市场约占全国市场的20%，市场规模较大，对产业链均衡发展的需求尤为迫切。根据行业协会和企业的反馈，当前深圳市集成电路产业在整体发展方面存在以下问题：

一是产业链发展结构失衡。深圳集成电路工艺设计能力已达全球先进水平，拥有海思半导体、中兴微电子等一大批优秀的设计企业，产业规模位居全国各大城市首位，但封测业领域较为薄弱，设备、材料、第三代半导体和IP等领域的企业稀少，集成电路制造业短板尤为突出。

在设计业环节：深圳市集成电路设计业营收在2012～2020年连续9年居全国各大城市首位，由于部分头部设计企业受美国严重制裁，2021年深圳集成电路设计业营收呈巨幅下跌，2022年营收为724.2亿元，[②]排名下滑到了全国第三，但众多企业营收实现稳步增长，整体发展趋势向好（如表2所示）。[③]

① 数据来自美国半导体产业协会（SIA）。

② 参见2022年12月26日中国半导体行业协会集成电路设计分会年会报告。

③ 参见深圳市半导体行业协会常军锋：《2022年深圳市集成电路产业发展情况》。

表 2　2021～2022 年全国集成电路设计业营收分布

单位:亿元

排序	2021 年		2022 年	
	城市	销售额	城市	销售额
1	上海	1200.0	上海	1350.0
2	北京	839.0	北京	845.8
3	深圳	697.1	深圳	724.2
4	杭州	366.9	无锡	531.3
5	无锡	356.6	杭州	520.9
6	南京	306.2	南京	342.0
7	西安	182.2	武汉	260.0
8	成都	137.5	成都	213.6
9	武汉	131.3	西安	212.8
10	珠海	110.2	苏州	122.0
总计	4327.0		5122.6	

在制造业环节:目前深圳集成电路制造业规模小,企业数量少,仅有中芯国际(深圳)、方正微电子和深爱半导体 3 家制造企业,在产能和工艺制程上相较于国内上海等地相对滞后。

在封测业环节:与国内其他地区的封测企业相比,深圳集成电路封测业一直处于相对薄弱的地位,落后于国内江苏、上海等多个地区。深圳 IC 基地数据显示,2018 年深圳的集成电路封测业规模为 62.20 亿元,仅占全国总产业规模的 2.8%。受限于深圳场地短缺、人才稀缺及生产成本较高等因素,深圳集成电路封测产业数量较少,以中小型企业为主,封测技术能力以中低端为主,在先进封测技术服务方面仍然欠缺。①

在设备及材料业环节:由于集成电路的生产制造和封测主要集中在华东地区,深圳集成电路产业中的设备和材料业较少。

二是集成电路制造能级不强。长期以来,深圳在半导体与集成电路制造

① 参见深圳国家高技术产业创新中心:《2020 深圳市集成电路产业发展白皮书》。

环节相对薄弱,仅中芯国际、深爱半导体和方正微电子 3 家集成电路制造企业(不考虑比亚迪微电子),产线制程偏中低端,且产能无法满足深圳设计企业需求。

由表 3 可见,代表深圳集成电路制程工艺最高水平的中芯国际(深圳)制程工艺和产能方面均远弱于上海,芯片制造能级明显相对滞后,与深圳超大规模电子信息应用市场地位不匹配。

表 3　深圳市发展和改革委员会相关数据

项目	中芯国际（深圳）	方正微电子（深圳）	中芯国际（上海）	华虹集团（上海）
制程工艺	150～350 纳米	大于 350 纳米	14～350 纳米	22～350 纳米
产能	5.5 万片/月	5.3 万片/月	29.5 万片/月	34.6 万片/月

资料来源:《政策观察|信号! 未来三年,深圳这样布局半导体与集成电路产业》,载深圳市发展和改革委员会官网 2022 年 6 月 30 日,https://fgw.sz.gov.cn/zwgk/zcjzcjd/zcjd/content/post_9924879.html。

三是产业规划布局不集中。国家对集成电路产业采取“主体集中、区域集聚”发展策略,但从企业反馈情况来看:一方面深圳缺乏专业规划的产业园区,集成电路企业普遍在土地、环评、用水用电、危化物处理等方面遭遇阻碍;另一方面,深圳与周边区域、城市间仍存在产业资源上同质竞争,在深圳的最新政策中,强调了“东部硅基、西部化合物、中部设计”的空间布局,但事实上各区仍存在同质化竞争的现状,招商引资存在重叠,如宝安既引进了华润微的 12 英寸硅基生产线,又引进了重投天科的第三代半导体生产线。坪山既引进了基本半导体的第三代半导体生产线,又引进了中芯国际的硅基半导体产线。这使区域功能定位模糊、资源要素分散,没有形成资源和政策合力,没有发挥集聚优势。①

(二)产业政策落地不彻底,政策红利释放不充分

近年来,国家制定出台了许多关于扶持和推动集成电路产业发展的政策,从核心技术攻关、财税、平台建设、环保、投融资、人才等多方面对企业进行支持。然而根据调查可知:一是部分政策在实施过程中出现偏差。集成电

① 深圳市科技创新战略研究和技术转移促进中心:《深圳芯片产业发展现状及对策建议》,2021 年 9 月 15 日。

路产业政策内涵较为丰富，涉及单位较多，部分工作需要数个单位协同配合才能完成。但部分单位在执行政策时，并未选择产业发展最急需的执行，而是选择部门比较好落实、比较容易出成绩的执行，导致政策效能有所减弱，无法充分发挥作用。二是对部分政策适用心存担忧。部分企业反映，担心在开展海外贸易过程中遭遇反补贴等调查，在国内享受政府产业扶持政策有可能在外国会被纳入反补贴调查的范围，希望国家层面能够提供清晰的解读和指引。

（三）产业发展遭遇新挑战，法治保障有待加强

一是我国《反垄断法》实施遭遇新挑战。当前《反垄断法》主要对经营者集中进行审查，针对的多是同一行业、同一领域的经营者。但从集成电路企业并购的实际情况来看，无重叠市场的并购日益增加，比如美国半导体巨头英伟达（NVIDIA）收购英国芯片设计公司 ARM 的案例，英伟达长期深耕于图形处理器（GPU）领域，而英国 ARM 公司则是全球领先的半导体知识产权（IP）提供商，二者业务领域并不重合。面对类似新情况、新趋势，当前《反垄断法》有可能出现“管不住”的情况。二是商业秘密和知识产权保护面临新困扰。受政策支持和资本关注影响，集成电路行业成为市场关注的“新风口”，形成一波创业热潮之余，甚至引发了无序的人才竞争。部分企业员工离职时盗窃、泄露企业商业机密、侵犯企业知识产权的案件时有发生。据企业反映，侵犯商业机密案件立案门槛高、取证难度大、侦办周期长、惩戒代价小等成为企业维权难的痛点和堵点。此外，以深圳为例，仅市公安局的经济犯罪侦查支队有办理侵犯商业机密案件的权限，各区公安分局均无办理权限，办案力量不足也成为限制企业维权的“瓶颈”。三是英美国家滥用管辖权给产业发展带来新影响。从近年来华为等集成电路企业遭遇的涉外诉讼情况来看，美国通过长臂管辖将其国内法运用成国际法，并将其作为对其他国家及产业的重要竞争工具，我国在国际竞争中缺乏对抗和博弈手段。此外，英美还在管辖权上做文章，利用小市场绑架中国企业全球费率，获得事实上的全球专利（含中国专利）的定价权，长此以往，在知识产权领域我国法院或将失去对中国专利的管辖权和定价权。四是外商投资并购给产业发展带来新考验。近年来，一方面，美国企业通过投资和并购试图集中控制芯片产业的核心技术。另一方面，以美国为首的西方国家频繁通过国家安全审查制度阻

止中国投资者获取关键技术。反观我国对美国企业整合包括欧、美、日全球高科技资源的投资并购交易，凡是涉及中国政府审批的（主要以反垄断审查为主），相关审批机构仅仅从反垄断法律角度审查（并未从国家安全、产业安全等角度审查），截至目前在高科技领域并购从未行使过否决权。当前，关键和优质的半导体资源已基本完成向美国的聚集，若不采取适当措施，我国集成电路产业发展，特别是核心技术发展将面临更多壁垒和挑战。在外商投资审查方面，我国虽然出台了《外商投资安全审查办法》，但该办法强调只有当外国投资者在中国境内投资活动的对象是"新建项目或者设立企业"或取得境内企业的股权或资产时，中国政府才有安全审查权。虽然该办法规定"外国投资者通过其他方式在境内投资"也可能落入审查范围，但该规定属于兜底条款，规定过于模糊，且目前无明确案例支持。换言之，如果美国企业收购一家欧洲企业，该欧洲企业在中国境内无法律实体，但该欧洲企业在中国有相关研发团队、研发资产，根据当前法律规定，我国政府对此交易无管辖权。在欧美相关国家不断扩大投资安全审查权限的背景下，我国若不做好应对准备，极有可能陷入被动局面。

（四）产业投融资限制较多，产业发展壮大受限

从调研情况来看，部分中小型、初创型企业在投融资方面遇到了不少困难。一是获得国家大基金支持难。2014 年 9 月，国家集成电路产业投资基金正式设立。据统计，大基金一期投资项目中，集成电路制造占 67%，设计占 17%，封测占 10%，装备材料类占 6%，基本覆盖了集成电路产业链上中下游。但大基金主要投资的是头部企业，以封装测试领域为例，大基金投资了长电科技、通富微电和华天科技等行业排名前三的企业，并未惠及中小型企业、初创型企业。二是获得银行贷款难。2020 年国务院印发的《新时期促进集成电路产业和软件产业高质量发展的若干政策》，亮点之一是大力支持集成电路企业的知识产权、债权、股权融资，进一步拓宽集成电路厂商融资渠道多元化。但实践中，一些银行仍以传统思维和方式审批贷款。例如，铨天科技有限公司有 110 多项专利和较为先进的生产设备，但申请贷款时，银行对设备的估值偏低，不支持知识产权质押融资，仍要求企业抵押房产。三是企业上市融资难。2019 年 7 月科创板开市起，成为国内集成电路企业的上市板块首选。深圳市半导体行业协会统计，截至 2021 年 7 月，科创板共受理 648

家企业的上市申请(包括终止审核的企业),其中约有92家集成电路产业链企业,占比约为14.2%。受理的92家集成电路企业中,深圳有12家(5家已上市、6家进入上市询问阶段、1家已进入上市受理阶段)。截至2022年年底,深圳共有587家集成电路企业,从比例来看,中小型企业、初创型企业上市难的问题仍然突出,限制有潜质企业的发展壮大。这背后也反映了深圳的集成电路产业龙头企业缺失的问题,除了华为及后面引进的中芯国际、华润微等企业,本土的大部分企业是小规模的芯片设计企业,同质化竞争严重,面临上市难或上市后壮大难等问题。

(五)产业人才缺口巨大,引培工作亟待深化

人才是集成电路产业发展的关键要素,特别是成熟的技术研发人员,涉及学科领域较多、培养周期较长(5~10年)。从调研情况来看,几乎所有企业都提出了人才短缺的问题。一是专业人才缺口较大,企业人才流失率高。从行业整体情况来看,《2022—2023年度中国集成电路产业关键人力资源指标报告》显示,预计到2024年前后,我国集成电路产业人才缺口在23万人左右,其中设计业和制造业的人才缺口都在10万人左右。在人才缺口巨大的同时,集成电路行业内卷严重,互挖墙脚现象频发。比如,中兴微电子、汇顶科技、中芯国际(深圳)、先进微电子等企业2020年人才流失率超20%。二是人才引进政策不健全、引进种类较为单一。深圳尚未出台集成电路人才专项政策,且受到房价、教育、医疗等因素影响,人才吸引力不足。反观上海,在2018年就已出台软件和集成电路专项奖励办法,对关键岗位骨干人员和核心团队,个人奖励最高达50万元,核心团队专项奖励最高达3000万元。此外,当前深圳引才工作偏重引进领军人才,但集成电路行业为人才密集型行业,一个领军人才需要搭配庞大的高中端人才团队,才能真正发挥作用。所以除领军人才外,还要配套引进各个层级的集成电路人才,做好梯队搭建。三是人才培育平台较少,人才供需矛盾突出。2019年6月,教育部发文正式批复同意北京大学、清华大学、复旦大学、厦门大学,建立"国家集成电路产教融合创新平台",其中并无深圳高校,与深圳集成电路广大的市场需求不相匹配。当前深圳仅南方科技大学、深圳大学等院校开设了集成电路相关专业课程,每年培养的集成电路人才不足1000人,而市场对集成电路人才的年新增需求超过10,000人。比如,汇顶科技、芯海科技、敦泰科技、开阳电子等设计公

司为了更好地解决人才需求，已在成都、西安、合肥、南京等地设立分支机构或布局研发中心。四是集成电路工程技术人才尚未建立单独序列。目前，根据《中华人民共和国职业分类大典（2022 年版）》关于人才分类的标准，集成电路工程技术人员被列在第二大类“专业技术人员”下的工程技术人员中的电子工程技术人员部分，没有单独序列，与集成电路产业的重要性不相匹配。五是对集成电路产业重点人员、特殊人才保护制度还不健全。调研企业反映，其部分客户已被美国列入出口管制实体清单，如海康威视。此外，该企业核心技术团队成员有不少人需要经常回台湾地区。该企业也担心其核心技术团队成员出境后会被美国采取强制措施。

四、深圳集成电路产业发展路径优化建议

发展集成电路产业既是一项长期工程，也是一项系统工程，需要的不是资本的短期追捧和地方的一哄而上，更多需要切实做好统筹规划、资源配置、发展指引、人才支持、法治保障等工作，以确保集成电路产业长期稳定健康发展。

（一）加强顶层设计，持续优化产业整体布局

产业的无序发展容易导致不同地区、不同领域发展不均的局面。而在激烈的市场竞争中，单一领域的产业布局很难形成稳定持久的竞争力，同时无序发展也会引发资源的低效利用，不符合当下追求的发展方式。因此上至中央层面必须重视全产业链布局，形成区域协同发展的产业集群，引导“全国一盘棋”式协同发展。一是强化机制保障。建议国家集成电路产业发展领导小组进一步健全细化统筹协调机制，负责统筹推动中央有关部委，协调解决土地、环保、用电、人才等涉多部委事权的重要事项；建立重大项目投资决策机制，避免不同区域和城市盲目上马项目、无序竞争内卷、浪费资源资金，增加统筹协调的针对性、实效性。二是强化顶层设计。结合不同区域集成电路产业发展特色与特点，编制全国“集成电路产业地图”，以“全国一盘棋”的发展思路，统筹谋划全国集成电路产业布局，明确各区域产业定位，实现集成电路产业健康发展。三是积极开展试点。将粤港澳大湾区作为打造集成电路产

业集群的试点，探索粤港澳大湾区产业链联动布局，[①]形成区域内互补的集成电路产业全链条发展，助力粤港澳大湾区打造与京津冀、长三角鼎立的集成电路产业第三极。四是精准强链补链。充分发挥政府有形之手的力量，加大政策引导力度和资源倾斜力度，进一步支持深圳集成电路产业发展，如推动中芯国际（深圳）12 英寸大硅片、方正微电子重组扩产等类似项目落地深圳，激发设计业优势、补齐制造业短板，提升集成电路全产业链核心竞争力。

（二）健全产业政策制定实施配套机制，充分发挥政策作用、释放政策红利

完善的产业政策是行业发展的重要支撑，基于政府角色的定位，政府要充分发挥“看得见的手”的职能，科学化决策，引导整个社会向支持集成电路产业发展的方向前进，切实落实党的二十大报告以及“十四五”规划重要决策。一是提升产业政策制定的前瞻性、协调性。建议国家在制定产业政策时，既要聚焦产业情况，关切短期内产业发展的迫切需求，也要结合全球集成电路技术发展动态、产业发展趋势、国际贸易规则调整、市场情况变化等因素，提升政策的前瞻性；还要做好与“双碳”政策、金融政策、人才政策、WTO 补贴政策等其他与产业发展密切相关政策的衔接，提升政策的协调性。二是要强化产业政策实施的持续性、灵活性。建议国家在推进政策落实过程中，建立健全政策实施情况评估机制，及时跟进重大政策执行落地情况，根据评估情况做好对各地的督查与指导，确保产业支持政策持续实施、落到实处、不打折扣；要建立健全政策实施情况反馈机制，及时听取行业、企业意见建议，充分了解不同市场相关信息、行业企业所需，及时调整政策，不断提升政策的灵活性。三是要提高产业政策扶持的针对性、匹配性。[②] 充分考虑产业链不同环节的特点制定和实施产业扶持政策。比如针对集成电路制造业等对资金投入需求巨大的领域，前期应该采取国家主导的模式，后期可以转为“国家主导 + 民间参与”模式，做好整体布局规划，真正释放集群效应；又如针对 EDA、软件、材料等“卡脖子”问题严重的领域，既要注重充分调动国有科研战

① 参见尹茗、杨梦竹：《我国主要城市集成电路产业政策及发展建议》，载《通信世界》2022 年第 4 期。

② 参见高玥：《高技术产业扶持政策阶段性特征及效果研究——以中国芯片产业为例》，载《经济体制改革》2020 年第 1 期。

略机构的引领作用，又要充分激发企业创新发展内生动力，形成协同创新格局，努力实现关键核心技术自立自强，摆脱受制于人的困局。

（三）推动与产业发展密切相关的法治建设，为产业健康稳定发展保驾护航

在对集成电路有关企业的调研中我们发现，良好有序的发展环境在促进企业发展乃至整个产业竞争力的提升过程中扮演着重要角色，为进一步优化集成电路产业的发展环境，深圳有必要对现有法律法规进行创新和完善。一是加快修订完善与集成电路产业发展密切相关的法律法规。针对《反垄断法》《外商投资法》等法律实施过程中遇到的新问题，以及数据跨境流动中产生的新情况，抓紧组织研究，尽快制定、修订有关法律法规，为确保产业安全、市场安全、国家安全提供有力的法治保障。二是推进制度改革，有力保护商业机密，维护市场秩序。建议国家授权深圳作为试点，充分发挥综合改革试点制度优势，积极探索在侵犯商业秘密案件立案条件、管辖权限、侦办手段等方面实行新举措、建立新模式，努力破除企业维权难点堵点的方法路径，维护企业合法权益，促进市场公平竞争。三是提高我国司法竞争力，支撑全球竞争。及时对个案采取有效措施，在全球管辖权博弈中尊重礼让但合理维护我国司法管辖权。加快反制他国"长臂管辖"及禁诉令，加快出台我国"长臂管辖"、例外管辖原则等司法规则，不断丰富涉外法治斗争工具储备。积极在WTO等国际框架下探讨，推动形成双边或多边司法协定，为我国集成电路产业全球发展提供有力司法支撑。四是加强国家安全和反垄断领域相关执法和审查机制建设。建议加强国家安全审查相关立法和配套法律制度的建设，明确外商投资安全审查范围应当适用于所有涉及中国境内业务且可能涉及国家安全的外商投资并购交易，实现制度对冲，为我国高科技产业的生存发展提供制度保障。积极利用国家安全审查和反垄断审查等合法手段，根据实际影响实施事先或事后审查，主动干预全球高科技资源向美国集中的趋势，同时迫使美国外国投资委员会（CFIUS）不随意动用自己的否决权，通过博弈有效维护产业安全、国家安全。

（四）加大投融资支持力度，为产业发展注入强大动力

集成电路产业的特点决定其从研发到产品生产的过程中，资金投入非常大，回报周期较长，如果只靠政府的力量和企业的内源融资，难以支持整个产

业的持续健康发展,[1]为此深圳应当充分发挥国家自主创新示范区和金融先行示范区的政策优势,改革现有投资机制、拓宽融资渠道并创新融资方式。一是优化国家大基金投资机制。国家大基金在支持产业快速发展、撬动社会资本参与等方面发挥了积极作用。建议中央层面结合当前产业发展情况,对国家大基金投资机制进行优化细化。比如将5年投资期适当延长,重大项目投资期可以延长至10年或15年;[2]又如优化投资项目筛选机制,向产业链上中下游的具有关键技术的初创型企业、独角兽企业投资,为重点企业壮大发展提供更有力的支持。二是充分发挥金融市场对产业的融资支持。建议国家一方面要加强证券市场企业信用评级体系建设,为更多拟上市的集成电路企业提供辅导和指引,帮助拓宽融资渠道;另一方面要统筹商业银行、国家知识产权局、半导体行业协会等部门和机构,完善集成电路企业及其知识产权的信贷评级体系,帮助集成电路企业通过知识产权质押获得更多贷款支持。三是逐步增加风险投资机构的金融支持。完善风险投资相关法律法规,探索有序引导风险投资机构进入发展前景较好的集成电路产业领域,充分发挥市场的资源配置作用,更好地为集成电路细分产业提供资金支持。四是加强财政配套投入。将产业政策与财政资金挂钩,避免出现财政资金与产业政策不配套执行情况,导致产业支持政策落不到实处。

(五)采取综合举措,不断强化集成电路产业人才队伍保障

人才是发展的第一要素,当前集成电路产业已经成为深圳明确鼓励的发展方向,而集成电路产业人才在当下面临来自国内外各方面的强有力争夺,而目前深圳的人才政策针对性不强,且欠缺支持力度,因此建议:一是实施人才专项政策。将集成电路人才从电子技术类别中细分单列,建立专门人才序列。制定集成电路人才分类认定和资助标准,并加快出台配套政策,帮助企业引进人才、留住人才。二是拓展和完善人才引进渠道。[3] 利用好开展海外宣讲和人才招聘机会,建立人才资源信息库,开展全球引才工作,主动甄别和

---

① 参见李书玮:《我国集成电路产业发展的金融支持研究》,商务部国际贸易经济合作研究院2019年硕士学位论文。

② 参见郑贯虹、郑苏晋、王博:《我国集成电路产业发展与融资政策建议》,载《清华金融评论》2018年第11期。

③ 参见李德辉等:《集成电路产业创新发展中的人才驱动》,载《决策咨询》2021年第5期。

引进人才。鼓励和引导海外留学生归国创业。引进人才时注重人才队伍的结构建设,做好领军人才和中端人才比例的合理搭配。三是加大集成电路产业专业人才培养力度。允许更多符合条件的高校申报“集成电路科学与工程”一级学科以及相关专业方向的一级学科硕士点、博士点,支持深圳高校建立“国家集成电路产教融合创新平台”,加强创新型人才、设计型人才、操作型人才等人才梯队建设,全面提升微电子与集成电路人才培养能力。四是探索产学研用深度融合新模式新路径。支持高校、科研院所与国内外集成电路领域骨干企业、公共服务平台等加强合作,共建协同育人平台、公共实践平台和产业化平台,探索订单式人才培养模式,实时贴合产业发展需求。比如,支持校企合作共建实验室、企业学生实训基地,探索产业兼职教授机制,推动企业参与专业硕士和博士培养等。五是加强对集成电路行业重点人员、特殊人才的保护。加大对阻断美国“长臂管辖”、重点人员、特殊人才保护方面立法的探索力度,研究制定重点人员、特殊人才保护的有关办法和具体举措,切实强化对行业重点人员、特殊人才保护,为引才留才提供有力保障。

“元宇宙”对社会治理的影响及对策研究

深圳市委政法委课题组*

摘　要

2021 年以来，围绕“元宇宙”的技术应用和产业投资日益成为社会关注的热点。微软、英伟达等国外科技企业已经开展布局“元宇宙”生态相关技术产品。“元宇宙”话题成为数字经济发展的新热点、数字政务应用的最前沿。“元宇宙”从科幻概念成为现实应用，将形成与现实世界映射交互的虚拟世界。与此同时，一些不法分子也会借机利用、捆绑，甚至虚拟“元宇宙”概念，从事违法犯罪活动。为此，需要在正确认识“元宇宙”发展的同时，审慎研判其带来的各类风险，提前布局治理方案。近期，深圳市委政法委会同市直政法单位、深圳大学、深圳市腾讯计算机系统有限公司等单位，围绕“元宇宙”的起源与概念和发展现状、“元宇宙”对社会治理可能带来的风险与挑战等方面，开展深入研究，并就妥善应对“元宇宙”对社会治理带来的影响提出了政策建议。

关键词　元宇宙　互联网、社会治理　社会风险

* 课题牵头人：汪洪，深圳市委政法委副书记。课题参与者：阳斌，深圳市委政法委政策研究室副主任；陈洁武，深圳市公安局网警支队六大队大队长；冯秀成，深圳大学政府管理学院副研究员；徐霜，腾讯公司安全管理部副总监；等等。

近年来,“元宇宙”作为融合多种尖端技术的超级综合体,横跨科技、社会、金融、文化等多领域,已成为具有战略发展意义的“新风口”,吸引全球各国纷纷布局。“元宇宙”将现实世界与虚拟空间双轨融合,在刺激新一轮科技产业革命的同时,其影响正在向国际竞争、国家安全、政治安全、金融秩序和社会治理领域传导。对此,需要准确理解“元宇宙”对我国经济社会发展的积极意义与影响,也需要深刻认识和应对“元宇宙”发展在社会治理领域伴生的潜在风险与挑战,助力社会治理体系和治理能力现代化。

一、“元宇宙”的概念及发展背景

“元宇宙”是整合多种新技术产生的新型虚实相融的下一代互联网应用和社会形态,其本质是对现实世界的虚拟化、数字化过程,是利用科技手段链接、创造与现实世界映射交互的虚拟世界,具备自主决策机制,参与者可以互动交流,可进行价值量化交易,并能够长久存储数据的新型社会体系的数字生活空间。

“元宇宙”的产生,既有技术发展的推动,也有数字生态需求的刺激。从科技方面来看,5G、区块链、交互技术、人工智能、大数据等数字技术的创新发展为“元宇宙”的实现提供了技术支撑及加速动力。如人工智能、数字孪生技术支持元宇宙内容生产,区块链技术支持存储和认证机制,5G 技术可构建网络环境,人体感知、脑机接口、可穿戴技术能够支持虚实交互与联通等。从经济方面来看,数字技术发展到一定水平将突破当前智能手机等载体的物理局限,需要有新平台承载数字生态发展渗透之需,形成经济发展新动能,“元宇宙”则借势而进加速发展。从政治方面来看,“元宇宙”对于国家政治安全、文化安全以及数字经济发展将产生重大影响已成为各国共识,各国在争先布局抢占先发优势的同时,势必拉动“元宇宙”的蓬勃发展。从社会方面来看,当前物联网对现实世界的数字化改造成本高、周期长,“元宇宙”则能以更低建设成本,通过对虚拟及现实空间实现高度耦合而进行仿真模拟,社会化需求也将推动“元宇宙”快速发展。

二、“元宇宙”的实质及可能的发展形态

“元宇宙”的实质是对现实世界的虚拟化、数字化过程,其核心是借助虚

实相融，进而推动互联网世界的消费体验，实现通过虚实互补反哺于现实社会的最终目的。

1.“元宇宙”的主要发展形态。“元宇宙”当前正处于发展的初级阶段，主要是将现有的数字服务、数字经济与“元宇宙”概念进行嫁接。在现阶段，VR、AR等硬件设备提供了链接现实世界和虚拟世界的桥梁，发展迅猛，在线游戏、社交媒体、数字资产等领域成为“元宇宙”早期应用场景。“元宇宙”将在办公、教培、集会、生产、医疗、购物、旅游等场景及应用生态下发挥重要作用。

2.“元宇宙”发展的终极形态。“元宇宙”的终极发展形态即人类的数字化生存，通过促进科技与人文结合，实现科技对人的体验和效率赋能、技术对经济和社会的重塑。同时，“元宇宙”作为数字经济发展的终极形态，是实体经济向数字经济转型、迭代、叠加及赋能的过程，其建设的核心思想和战略目标，就是打造“元宇宙”数字经济体，建设“元宇宙”数字网络平台，构建“元宇宙”数字经济生态。

三、当前国内外对“元宇宙”的代表性观点梳理分析

1.我国官方对“元宇宙”的相关表述。新华社2021年11月2日报道：“元宇宙”是整合多种新技术而产生的新型虚实相融的互联网应用和社会形态。在法律层面，要加强“元宇宙”的前瞻性立法研究，关注监管审查、数据安全等问题。《人民日报》2021年11月17日报道：虽然“元宇宙”似乎拥有广阔空间和多种可能，但目前还是一个尚未成型的新兴事物。每个人仍需理性看待当前的“元宇宙”热潮，警惕任何以科技和未来为名义的忽悠。中央纪委国家监委网站2021年12月23日载明：多重因素促使“元宇宙”从概念走向流行，可为游戏和社交结合、零售及电商环节、工业互联网等带来发展机遇。但也要理性看待“元宇宙”带来的新一轮技术革命和对社会的影响，不低估5～10年的机会，也不高估1～2年的演进变化。

2.美欧等高度关注“元宇宙”发展。“元宇宙”发展浪潮已引起产业界及领先国家和地区的高度关注，被视为代表未来技术的发展趋势，围绕“元宇宙”的数字资源、核心技术和技术标准也将成为各国竞争的重要目标。美国是“元宇宙”领域的先行者，倡导企业主导，通过发挥高科技企业的聚集优势，

意图抢占“元宇宙”技术主导权和国际话语权，美国的政府监管机构则重点关注数据安全和隐私保护问题。以改名表达入局决心的 Meta 和英伟达是布局“元宇宙”最为坚决的科技巨头，微软在企业“元宇宙”和娱乐行业双重发力，苹果、亚马逊等巨头不断加大“元宇宙”领域投资。欧洲对“元宇宙”持谨慎态度，更关注“元宇宙”的监管和规则问题，试图在治理和规则上占据先发优势，进而保护欧洲内部市场。俄罗斯拟出台政策扶植人工智能、脑机接口等优势领域发展。韩国和日本对“元宇宙”有较强紧迫感和危机感，韩国成立了由政府领导、囊括 200 多家公司和机构（包括 SK 电讯、现代汽车、韩国移动互联网商业协会等）的“元宇宙联盟”，政企合作共同布局该领域。日本经济产业省于 2021 年 7 月发布《关于虚拟空间行业未来可能性与课题的调查报告》，将“元宇宙”定义为“在一个特定的虚拟空间内，各领域的生产者向消费者提供各种服务和内容”。该报告认为，政府应着重防范和解决“虚拟空间”内法律问题，并对跨国、跨平台业务法律适用等加以完善；政府应与业内人士制定行业标准和指导方针，并向全球输出此类规范。

3. 我国不断加大对“元宇宙”的布局引导。当前，“元宇宙”正在中国迅速发展，上至国家层面，下至地方，都在提前布局，积极推动“元宇宙”相关产业发展。《“十四五”数字经济发展规划》提出了发展互动视频、沉浸式视频、云游戏等新业态，以及创新发展“云生活”服务，深化人工智能、虚拟现实、8K 高清视频等技术的融合，拓展社交、购物、娱乐、展览等领域的应用，这些都是“元宇宙”所包含的内容。2022 年 1 月，工信部在中小企业发展情况发布会上，特别提到要培育一批进军“元宇宙”、区块链、人工智能等新兴领域的创新型中小企业。在地方层面，上海、深圳、武汉、合肥等地已将发展“元宇宙”产业写入新一年度地方政府工作报告。在企业层面，阿里巴巴、腾讯等企业在布局 NFT（非同质代币）建立平台开展数字内容确权、收藏、交易等业务，网易几年前开始布局金融“元宇宙”产品网易星球，百度率先推出“元宇宙”产品“希壤”，字节跳动推出首款“元宇宙”社交产品“派对岛”，华为着力于 XR（扩展现实，是指通过计算机将真实与虚拟相结合，打造一个可人机交互的虚拟环境）核心环节自主权的争夺与 5G 行业标准的制定，“元宇宙”正逐步成为创新创业的主战场。

4. 互联网企业界对“元宇宙”发展存在的差异化认知。部分互联网企业如罗布乐思、英伟达、高通、网易、腾讯、阿里巴巴等积极跟进加大投资布局发展生态,抢占先发优势和市场基础。但同时,业界也有大量质疑者对“元宇宙”持中立或悲观态度,认为“元宇宙”是在科技创新遭遇“瓶颈”、互联网市场竞争白热化、资本寻求投资新目标、互联网数据监管趋严等背景下的概念炒作行为,是资本市场“割韭菜”的新工具,是导致人类高度致幻的“精神鸦片”,并最终将导致人类走向死路,呼吁谨慎对待。

四、“元宇宙”对我国政治经济社会发展的意义和影响

关于“元宇宙”到底是什么,其实目前并没有一个统一的概念。虽然理解各异,但综合来看,“元宇宙”将会给社会发展带来五个方面的重要影响:一是在技术创新和协作方式上进一步提高社会生产效率;二是催生一系列新技术、新业态、新模式,促进传统产业变革;三是推动文创产业跨界衍生,极大刺激信息消费;四是重构工作生活方式,大量工作和生活将在虚拟世界发生;五是推动智慧城市应用场景建设,创新社会治理模式。

“元宇宙”的虚拟世界既平行于现实世界运行,又为用户提供类似现实世界的孪生镜像和沉浸式体验;既会有技术融合、秩序重构的新问题,也会投射现实世界的老问题。在“元宇宙”发展的过程中,如治理措施不到位,可能出现下列风险,造成较大影响。

1. 国家主权安全遭遇多方位威胁。一是随着“元宇宙”系统的逐渐成熟,数据和信息的自由流动开始对主权独立性造成冲击。“元宇宙”中的数字主权很难像传统主权一样完全独立自主,而这极有可能威胁国家主权安全。此外,随着数字技术从根本上改变了战争的地理界限,国际和国内安全规范的界限日益模糊。二是“元宇宙”中仍然存在技术霸权,并将由此产生新的“数字殖民地”,从而深刻影响现实世界的主权安全。特别是当技术本就领先的西方国家逐渐占据更多的支配权及主动权时,技术垄断在国家意志层面便会扩张为一种技术霸权,并在跨国竞争中含有剥削和压迫的企图。正因如此,美国在“元宇宙”的博弈中占有绝对优势,其假借“数字自由”和“数字民主”之名,实践覆盖全球、跨越“宇宙”的数据监管和数字霸权。由此,在技术弱国对美国存在高度依赖的前提下,美国将殖民政策转移到数字空间,即“元宇宙”之中。最终,技术落后的国家只能沦为发达国家的“数字殖民地”。

2. 意识形态安全受到渗透。一是“元宇宙”这块数字沃土是由各大数字寡头企业共同构建的。而数字寡头企业力量的不断壮大，极有可能在“元宇宙”中形成一股“数字历史虚无主义”思潮。Meta 的根本目的是利用“元宇宙”这一数字空间，在用户之间创造一个前所未有的“数字想象之共同体”。这将剥离民族国家的历史、文化、价值观等共同记忆，造成历史虚无化和意义世界的坍塌，并导致个体与民族国家情感的疏离，最终形成“数字历史虚无主义”。二是“元宇宙”可能为“数字民粹主义”的传播提供新的活动场所。目前，“网络民粹主义”思潮的影响力日益增大，并严重危害各国主流意识形态的发展。“元宇宙”虚拟的网络架构形态，在增强成员之间共享信息能力的同时，也团结了一批充满“激情”的极端信徒，并将进一步放大身份认同和集体行动的阴暗面。精准的信息推送对用户的两极分化和集体非理性行为产生了巨大推动力。三是“元宇宙”将为极端主义意识形态宣传提供新空间。其原因在于，恐怖主义势力可以借助“元宇宙”这个互联互通的平台散布极端主义思想，甚至组织大规模的网络恐怖主义活动，并潜移默化地影响大批网络用户。

3. 传统经济或将受到数字经济的全面冲击。“元宇宙”的发展日益完善，必然需要相应的经济系统作为动力和支撑。然而，“元宇宙”中的数字经济系统和数字资产极有可能对传统经济造成冲击。一是“元宇宙”构建的数字经济系统将对法定货币发起挑战，甚至可能进一步加剧现实世界的贫富分化。二是“元宇宙”中海量数字资产的出现将极大地增加监管难度。“元宇宙”中数字资产的表现形式可能包括数字货币、通证、虚拟装备，等等。相较于传统纸币，数字货币的电子化形式具备更强的分割性和流动性。尽管这些特性使数字资产的流动更加灵活自主，但其同时加大了政府的监管难度。更为重要的是，当前，“元宇宙”中数字资产发行、流通和交易的种类繁多，各“子宇宙”尚未统一，因此，难以制定相关的监管规则和标准。三是“元宇宙”的数字经济系统将滋生数字经济犯罪问题，尤以网络诈骗、非法集资和洗钱为甚。“元宇宙”的诞生将人类从物理世界带入数字世界，并导致传统犯罪与互联网技术深度融合。

4. 人口安全面临新的非传统威胁。一是“元宇宙”的出现可能影响社会生育率，甚至可能威胁国家的人口安全及种族安全。目前，影响生育率的传统因素包括女性受教育程度普遍提高、生育成本大幅攀升、对自我价值实现的追求,等等。未来,人们倾向于在“元宇宙”中消耗空闲时间,可能会进一步降低社会生育率。二是“元宇宙”可能会继续扩大人口的代际数字鸿沟,并导致老年群体面临严重的数字剥夺感,成为“数字难民”。

五、“元宇宙”对社会治理可能带来的风险与挑战

近年来,深圳在抢抓“双区”驱动、“双区”叠加、“双改”示范等重大战略机遇下,积极打造数字经济产业,行业基础雄厚,规模不断扩大,已成为全球数字经济产业重镇,为“元宇宙”发展提供了坚实的产业及生态基础。2022年1月,“元宇宙”首次写进福田区政府工作报告,提出“推动区块链、量子信息、类脑智能等未来产业的技术转化成果加速落地,多领域拓展数字人民币、‘元宇宙’等技术应用场景,扎实推进深圳数据交易中心建设,打造数字经济发展新高地”。深圳市在加快“元宇宙”建设布局的同时,也应清醒认识到,“元宇宙”不仅是重要的新兴产业,也需要高度重视社会治理领域存在的潜在风险与挑战。

1. 监管体系不够健全的风险。在监管政策层面,“元宇宙”作为新生事物处于初级发展阶段,尚未形成相应的监管思路与监管体系,也未建立明确的职能分工及权属确定,可能形成重大安全监管盲区。

2. 法律法规制定滞后的风险。在法律法规层面,“元宇宙”虚实两个空间维度的信任体系构建以及安全转换,涉及网络平台安全(合规性)、虚拟资产财产权利规制与风险管控、网络空间运行监管(规制)等诸多方面的法律问题。当前因对“元宇宙”的具体形态及发展方向尚无明确定论,对法律适用、罪名认定、标准尺度的共识不足,相应的法律法规及司法解释存在空白,现有的法律规制不足以涵盖或并不适用“元宇宙”涉及的多维网络生态行为。

3. 政治安全与意识形态的风险。在意识形态方面,“元宇宙”的发展将带动网络空间的信息传播及社交行为更加开放自由,境外势力在争夺“元宇宙霸权”的同时,极易利用高度自由的“元宇宙”输出关于分裂、反动的政治观点,或以文化主权争夺、文化打压的方式渗透他国文化以及宗教信仰,境外有害信息在“元宇宙”虚拟空间渗透及传播加大了监管、打击、溯源的难度。同时,区块链技术作为“元宇宙”的技术底座,也增加了虚拟空间违法有害信息

的删除难度。

4. 网络安全与数据泄露的风险。在网络安全层面：一是技术安全风险。“元宇宙”集合了5G、人工智能、区块链、云计算、大数据等多项技术，其技术集成模式可能隐含多种技术设计缺陷及漏洞，极易成为网络攻击的标靶，或破坏系统自身的稳定运行。二是网络攻击风险。网络攻击作为数字生态领域面临的主要威胁，在各国政治因素影响以及黑色产业链的利益驱动下，各种基于社会工程学、0DAY和绕过攻击等方式发起的新型攻击手段将更加密集，既可能针对“元宇宙”的最终用户和设备终端，也可能针对“元宇宙”的运营商或关键服务提供商，还可能出现以窃取信息为目的，透过用户“化身”对现实世界的用户进行攻击和伤害的新型犯罪。三是数据安全及隐私泄露风险。“元宇宙”的应用场景包含用户的个人信息、生物遗传学信息、经济情况等多维信息，体量巨大，用户数据的线上虚拟存在形式加大了信息资产的暴露风险，极易被不法分子复制、篡改、盗用、擦除、操纵、深度伪造或大规模泄露，“元宇宙”中用户的“化身”资产和信息一旦被盗取，其用户价值将瞬间归零。在巨大的潜在收益刺激下，全球黑客把“元宇宙”作为开展网络犯罪的重要目标，将催生出更多的新型犯罪。四是关键信息基础设施面临的新型风险。“元宇宙”构建的平行空间将产生新的关键信息基础设施，这些基础设施一旦遭受攻击或发生故障，将带来巨大负面影响和社会冲击。例如，“元宇宙”中的交易市场和信息存储系统一旦发生故障或被勒索攻击，将造成大量经济损失。

5. 打击违法行为面临技术挑战。在违法犯罪监管打击方面，非法获取、篡改或出售数据用于不正当竞争或违法犯罪活动，仿冒复制及盗用用户虚拟形象引发的版权问题，利用“元宇宙”虚拟形象及身份信息进行网络诈骗，利用分布式拒绝服务攻击进行新型敲诈勒索，VR及MR场景下可能出现大量淫秽色情内容，“元宇宙”场景的新型赌博、恶意散布网络谣言及舆论以及未成年人保护等问题，都将带来前所未有的挑战。

6. 知识产权侵权行为治理的挑战。虚拟人作为目前最火热的“元宇宙”应用方向之一，已经引发了诸多的人格权侵权现象。例如，2022年4月11日，最高人民法院发布了九个人格权司法保护典型案例，其中就包括“智能算法软件侵害人格权案”，即人工智能软件擅自使用自然人形象创设虚拟人物的行为。目前市面上已经有 AI 虚拟人应用以明星的形象创设“AI 陪伴者”等虚拟人,并开放给用户进行交互。在未来的“元宇宙”中,每个用户以一个卡通的或者逼真的虚拟化身(avatar)消费、体验各种内容与服务,并且虚拟化身甚至可以逼真地模仿个人的言行举止。这意味着,恶意分子可以利用他人的肖像、声音、视频等制作虚拟化身,并实现在“元宇宙”中假冒他人身份的目的。随着“元宇宙”的发展,类似的恶意行为可能不断增多,给权利人维权和社会治理带来风险。

六、妥善应对“元宇宙”对社会治理影响的政策建议

风险不等于危险。它可能出现,也可以设法规避。面对“元宇宙”的风险,必须结合自身情况积极应对。“元宇宙”刚刚兴起,一切有待进一步观察,笔者尝试提出以下政策建议:

1. 坚持加强“元宇宙”与社会治理的理论和应用研究。目前,“元宇宙”技术和“元宇宙”产业方面的研究越来越多,但“元宇宙”社会治理的冲击问题在国内没有得到足够的关注,相关研究可以说还没有开始。回顾过去,在互联网的社会冲击研究方面,中国应该说做得并不是最好的。在“元宇宙”的发展问题上,不应等到社会风险出现再研究、再应对,那样可能出现不可挽回的重大损失。

2. 坚持将“元宇宙”风险应对纳入相关社会治理政策体系。“元宇宙”政策制定要全面,不能仅仅考虑技术和产业的发展问题,更应该囊括“元宇宙”社会冲击问题,预先制定某些试行的应对策略。欧盟的报告《2020 年的物联网:未来路线图》就认为,物联网广泛应用的主要阻碍是政府治理的缺位。推进“元宇宙”发展,要引以为戒。“元宇宙”社会风险治理是系统工程,政府在其中居于主导地位,政策制定是最重要的应对措施。同时,要吸纳社会各方力量的广泛参与,形成不同层次的完整治理体系和社会合力,有效防范风险。

3. 坚持建立“元宇宙”行业发展的相关政策和监管制度。一是政府需要与“元宇宙”企业联合制定出一套适应“元宇宙”产业发展的法律法规,从内容生态、货币系统、社交规则等方面对“元宇宙”生态进行约束与监管,防止平台型企业资本操纵、违法内容传播等问题出现。二是政府应提供与“元宇宙”产业发展相关的政策支持,从人才引进、税收优惠、技术研发等多个方面引导

促进"元宇宙"产业的发展建设,共同推进5G、区块链、虚拟现实技术、数字孪生技术等相关技术的建设,为"元宇宙"生态提供成熟的底层技术支撑,并提升"元宇宙"企业为社会贡献的意愿。三是政府需要做好监督引导工作,管理和保障科学技术在"元宇宙"领域的发展符合人民的需求和利益,并在监督的基础上,构建针对生态位成员的社会责任缺失行为的内部处罚机制,如扣分制度、经济惩罚、降级制度等,确保"元宇宙"生态圈中各企业行为的合规性,避免其野蛮生长给社会造成的不利影响和消极后果。四是建议公安、市场监管、银行等部门,对以"元宇宙"概念运营网络社区、网络游戏、网络交易的企业,依据《网络安全法》《数据安全法》《个人信息保护法》《关于防范代币发行融资风险的公告》等法律规范进行监管。关注并跟踪研究"元宇宙"概念中产生的新模式、新机制,根据需要提前研究制定监管法律和规范,如制定备案登记制度、运营交易模式监管制度,提前防范系统风险。

4. 坚持警惕"元宇宙"发展过程中的经济风险。"元宇宙"的爆火,导致大量资金进场,要尽力控制"元宇宙泡沫"尤其是"元宇宙"炒房,打击概念炒作和扰乱资本市场的"割韭菜"行为。"元宇宙"的进一步发展,对传统制造业的冲击会越来越大,要处理互联网经济与实体经济之间的关系,防止对传统产业的过度冲击。要仔细观察"元宇宙"对就业市场的影响,及时侦测"元宇宙"发展导致的失业问题,努力化解问题,避免劳动阶层和工薪阶层、中产阶层受到"元宇宙"发展导致的经济社会伤害。

5. 坚持关注和防范"元宇宙"行业金融风险。深圳是粤港澳大湾区的重要金融中心,"元宇宙"的发展继承了反垄断精神内核,促进了"元宇宙"生态多元发展。应当为开发"元宇宙"的中小企业提供发展空间。防止大型企业滥用先前在互联网平台运营过程中积累的优势,减少"元宇宙"技术成为资本统治工具的可能性,以提高"元宇宙"平台的多样性,从而使用户获得更多选择,使文化创新繁荣发展。尽管国内"元宇宙"平台并不通过比特币、以太坊等数字货币进行交易,而是直接通过人民币进行交易,但其作为数字要素市场一大构成部分的数字艺术品的一级与二级市场,仍将吸引大量投资机构与个人投资者入场。设立投资者门槛机制,保持金融稳定性,防范金融风险,成为"元宇宙"规避波动、顺利发展的一大关键。

6. 坚持完善落实数据要素的知识产权保护。完善数字要素的知识产权保护。区块链使数字产品得以方便地确权,虽然近些年来大家对软件、照片、画作等著作权的保护意识有所提升,但未经创作者许可便擅自使用数字产品的行为在现实生活中仍然屡见不鲜。若想让数字要素市场健康发展,则必须对数字知识产权进行确权、发现、警告、诉讼等一系列程序化操作,以保护创作者的创作意愿,促进数据作为生产要素的真正实现。

7. 坚持加快"元宇宙"社会伦理建设和社会文化建设。从不同的角度看,"元宇宙"可以被视为新的社交平台、传播媒介和文化交流中心。"元宇宙"建设要贯彻社会主义核心价值观,加强对"元宇宙"伦理的引导。一方面,"元宇宙"伦理应该成为一种使权力得到公正分配的制度伦理。另一方面,在发展"元宇宙"技术的同时,应当针对可能出现和已经出现的伦理问题,以责任伦理观念为指导,建立起强调公平与正义的、契约化的伦理底线。"元宇宙"电子游戏、"元宇宙"艺术等文化活动要接受社会主义核心价值观的指导,要反对科技至上主义,提倡民族优秀文化,开展科学观和"元宇宙"方面公众教育和科学普及工作,以缓冲包括"元宇宙"在内的各种新科技风险。

8. 坚持预防"元宇宙"沉迷上瘾衍生社会问题。阿布贾韦德(Elias Aboujaoude)对成年人上网进行了调研,发现近 1/3 的人很难坚持几天不上网,多数人实际上网时间超过计划而无法控制自己,其中有 8.2% 的人完全是用上网逃避现实,总的来说一半的人有网络上瘾的问题。由于"元宇宙"尤其是"元宇宙"游戏的沉浸性将超过互联网和 VR,网络成瘾及其导致的社会问题肯定会更加严重,须在"元宇宙"发展之初进行规划,建立相关分级控制制度,尤其要减少未成年人的使用时间。

9. 坚持推进数据整合提高社会治理"智治"能力。一是建设跨部门协同平台,实现信息共享。按照"统一平台、系统整合、资源共享、业务协同"的要求,打造跨部门协同的信息共享平台,统筹整合智慧城市建设的各项具体工作,完善信息共融、共用、共享的制度和机制,促进部门间的业务协办、工作协同。二是推进城市治理数据的模型化和模块化。运用大数据、云计算等现代技术,打通部门之间的数据壁垒和信息孤岛,加强城市治理机制、方式、流程的模型化和模块化建设,建立健全数据丰富、信息共享、业务协同的城市治理模型。建立统一、完整的电子证照库,促进跨部门证件、证照、证明的互认共享,全面取消各类纸质证明材料,切实提高零材料、零距离、零时限的智慧化服务水平。三是推进城市社会治理云平台建设。加强统一的城市社会治理云平台建设，强化与基层现行相关信息系统的数据对接及兼容，全面接入“块数据”智能底板、“雪亮工程”、数字化城管、信访云安访、“12345”政务咨询投诉举报平台等各项涉及社会治理的信息系统。在政务信息之间建立桥梁，应用大数据、云计算、人工智能等技术，加强信息采集、整合综合治理的信息。依据建设要求相近、保密程度相似、数据内容相通等标准，规范多种平台信息互通管理，保障信息准确性和时效性，智能化分拨事项，智能化分析研判，提高社会治理智能化水平。四是加强城市治理信息系统整合。推进综治信息系统与“织网工程”社区综合信息采集系统的数据连接，解决基层网格员在信息收集时的重复录入、程序繁杂等问题，提高系统的运行效率；以综治信息系统为基础，探索编织统一的城市社会治理信息网。规范刚性应用模块，推动社会治理数据资源互通共享，确保综治信息系统中的数据完整、准确、更新及时。推进基层政务信息的互联互通和资源共享，破除信息系统“条块管理，条强块弱”的格局，减轻基层负担，提升服务效率，推进智慧治理。五是重视各类数据信息的挖掘与使用。改变重建设轻使用、重采集轻处理的现象，以智能化应用为导向，充分利用综治信息系统以及“雪亮工程”、数字化城管、信访云安访、“12345”政务咨询投诉举报平台等掌握的信息资源，深入开展数据挖掘和优化利用，对各部门的智慧化治理效能进行评估，并将其作为考核奖惩的重要依据，全面促进社会治理效能提升。

数据的知识产权司法保护*

祝建军**

摘　要

随着互联网、无线通信、云计算、人工智能等高新技术的深入发展及新的经营模式不断涌现,数字经济成为社会经济发展新的表现形态。数据作为数字经济新的生产要素,日益成为市场主体密切关注和开发的新的经济利益增长方式。正因为数据能为人们带来新的经济利益和商业价值,数据成为推动我国经济社会指标增长的新的着力点。由于数据的使用方式和范围不断扩大,由此产生的纠纷也不断增多。数据纠纷属于新生事物,大家为处理数据纠纷会面临许多新的疑难复杂问题,比如,数据具体是什么,应如何界定?主体对其生产或使用的数据享有什么权益,应如何配置基于数据产生的利益?未经许可使用他人数据的行为该如何定性?数据主体应采用何种请求权基础维权?将来应如何规制我国的数据产权制度?这些是处理数据纠纷和建立数据保护制度亟须研究解决的问题。鉴于数据在我国市场经济中的重要地位,本文拟对数据的知识产权司法保护问题进行深入研究,以期对数据纠纷案件的裁判及相关立法、法规的制定提供参考。

关键词　数据　知识产权　司法研究

---

* 本文已发表于《人民司法》2022年第13期,收录于本书时文字略有改动。

** 祝建军,深圳市中级人民法院、深圳知识产权法庭三级高级法官。

一、数据的法律内涵

要分析数据的知识产权司法保护问题，首先应弄清楚数据的法律内涵；这是解决与数据司法保护相关问题的前提。

（一）不同语境下数据的含义

数据在不同语境下具有不同的含义。在自然科学意义上，数据是指对特定客观事实或者实验观察结果进行记录所得到的信息记载，如农业数据、气象数据、地理数据等。在计算机科学术语上，数据是所有能输入计算机并被计算机程序处理的符号的介质的总称，比如，计算机二进制的0、1数值。在互联网环境下，电子商务数据是指市场主体通过互联网等信息网络销售商品或者提供服务的过程中搜集、加工、获取的反映经营信息内容的数据，包括互联网平台上的个人数据、商品或服务的数据、用户评价数据、物流信息数据等，[①]比如，有些互联网自媒体平台获取并向用户提供在线欣赏的海量文章。在公共管理和服务领域，数据指公共数据，即公共管理和服务机构在依法履行公共管理职责或者提供服务过程中产生、处理、使用的数据，比如，在疫情防控期间，相关政府部门向社会公布感染者活动轨迹的数据，以提醒人们注意防范。从识别自然人信息的角度看，数据指个人数据，即可识别特定自然人信息的数据，比如身份证号码、住所等信息。

从以上不同领域对数据的定义可知，数据与信息存在对应关系，二者既有区别又有联系：数据是信息的表现形式和载体，可以是符号、数字、文字、图片、视频、音乐等表现形式；而信息是数据的内涵，是借助数据载体呈现的内容。由此可见，数据与信息是形式与内容的表里关系，数据用来记录信息，而信息依赖数据来表达。

（二）法律、条例中有关数据的界定

自2020年以来，我国有关数据方面的立法和地方性条例比较集中地颁布实施，相应地对有关数据的法律定义也作出规定。《民法典》第127条规定，法律对数据、网络虚拟财产的保护有规定的，依照其规定。第1034条规

---

① 参见郑璇玉、杨博雅：《新兴权利视域下商业数据分类与保护研究》，载《科技与法律》2021年第3期。

定，个人信息是以电子或者其他方式记录的能够单独或者与其他信息结合识别特定自然人的各种信息，包括自然人的姓名、出生日期、身份证号码、生物识别信息等。《数据安全法》第 3 条规定，该法所称数据，是指任何以电子或者其他方式对信息的记录。数据处理包括数据的收集、存储、使用、加工、传输、提供、公开等。数据安全是指通过采取必要措施，确保数据处于有效保护和合法利用的状态，以及具备保障持续安全状态的能力。《个人信息保护法》第 4 条规定，个人信息是以电子或者其他方式记录的与已识别或者可识别的自然人有关的各种信息，不包括匿名化处理后的信息。个人信息的处理包括个人信息的收集、存储、使用、加工、传输、提供、公开、删除等。《深圳经济特区数据条例》（以下简称《深圳数据条例》）第 2 条规定，该条例中的数据是指任何以电子或者其他方式对信息的记录。个人数据是指载有可识别特定自然人信息的数据，不包括匿名化处理后的数据。

从以上立法和地方性条例的规定来看，数据是指任何以电子或者其他方式对信息的记录。从《个人信息保护法》第 4 条和《深圳数据条例》第 2 条的规定来看，《深圳数据条例》在给个人数据下定义时，是按照《个人信息保护法》关于个人信息的概念作出的规定，这表明个人数据和个人信息在一定程度上具有同一性。

（三）数据的法律内涵

要把握数据的法律内涵，需要弄清楚公共数据和商业数据、个人数据的区别。公共数据是政府承担公共管理和服务的过程中所产生的各类数据，具有较强的公共属性，其中有些数据还涉及国家秘密和个人隐私；基于该特征，对公共数据的法律调整主要通过公法来实现。在市场经济条件下，通常只有商业数据才涉及在市场主体之间进行利益分配和纠纷处理的问题，即涉及民事权利（权益）与义务的调整问题，故本文探讨的数据的知识产权司法保护问题主要是针对商业数据，一般不涉及公共数据的问题。但市场主体在经营活动中通过对公共数据进行搜集、分析、整理所形成的数据，可以成为商业数据，此时需要用商业数据的调整方法来规制。

个人数据（个人信息）主要涉及自然人的人格权和人格尊严的保护问题，通常由传统民法中的人格权保护制度来调整。但在一些特定的情况下，个人数据（个人信息）也可以被纳入商业数据的范畴。个人数据已成为现代经济和互联网经济体系的关键信息输入，世界上许多大公司都将个人数据作为其商业模式的核心。人工智能算法和算力对个人数据进行分析、研判，由此支持的消费预测信息为推销商品或服务提供了机会。比如，人们会在各类电商平台或自媒体传播平台上注册个人用户，这些个人用户的数据（信息）就成为商业数据的一部分，需要采用商业数据的调整方法来调整。因此，在对待个人数据与商业数据关系的问题上，应在确保个人用户利益的基础上，实现商业数据的开发与利用，[①]如此一来，个人数据（信息）存在人格权和数据财产权益交叉保护与调整的情形。

通过上述分析可见，本文所讨论的数据主要是指商业数据，即市场主体在商业经营过程中采集、整理、分析而形成、使用、运营和维护的以电子或非电子形式存在的具有商业价值的数据。在互联网语境下，这里的数据主要是以电子数据且以数据集合的形式表现的。由于互联网、云存储、智能算法、爬虫等新技术以及新经营模式的支撑，市场主体在经营中形成的数据以海量集合的形式表现，而不是单个或少量的数据。

（四）数据的分类

本文探讨的数据为海量的、公开的商业数据，即大数据，其价值源于规模性的数据的集合。商业数据分为保密和公开两种，对保密的数据通常采用商业秘密制度来保护，对公开的数据主要通过知识产权制度来保护。

数据从不同的角度可以有不同类别的划分，以经营主体取得数据权益的来源进行划分，数据可以分为直接获取的数据和受让取得的数据。经营主体直接获取的数据通常是指市场主体在经营活动中通过采集、整理、分析而取得的数据，比如，数据运营平台采用一定的激励模式鼓励用户向其平台上传数据信息，从而利用积累的大数据增加网站流量，并通过发布广告或打赏、带货提成等方式来获取经济利益。经营主体受让取得的数据是指市场主体通过签订合同以支付对价的方式从他人处取得的数据。

根据数据自身的性质划分，数据可以划分为自然数据和人工数据。根据有无对数据进一步加工进行划分，数据可以划分为原始数据和衍生数据。根据数据反映的信息内容的不同进行划分，数据可以划分为经营性数据和技术

① 参见冯晓青：《数据财产化及其法律规制的理论阐释与构建》，载《政法论丛》2021 年第 4 期。

性数据,[1]这种划分类似于将商业秘密划分为经营信息和技术信息。[2] 根据数据反映的信息是否与自然人有关,数据可以划分为个人数据与非个人数据。

二、数据民事立法和知识产权司法保护的情况

鉴于数据对推动市场经济发展所起的重要作用,我国一直在努力规划建立数据产权法律制度,并密集发布国家数据保护方面的纲领或政策性文件。

2020 年 10 月,十九届五中全会通过的《中共中央关于制定国民经济和社会发展第十四个五年规划和二〇三五年远景目标的建议》明确提出,加快建立数据资源产权、交易流通、跨境传输和安全保护等基础制度和标准规范,保障国家数据安全,加强个人信息保护。2021 年 9 月 22 日,中共中央和国务院印发的《知识产权强国建设纲要(2021—2035 年)》明确提出,要加快大数据等新领域新业态知识产权立法,研究构建数据知识产权保护规则。2021 年 10 月 9 日,国务院印发的《"十四五"国家知识产权保护和运用规划的通知》明确提出,要研究构建数据知识产权保护规则。2022 年 3 月 16 日,国家知识产权局印发的《推动知识产权高质量发展年度工作指引(2022)》明确提出,围绕数据产权保护等重大理论和实践课题,开展知识产权专题研究。加快数据产权、人工智能产出物知识产权保护制度研究论证,适应新领域、新业态发展需要。

我国《民法典》第 127 条对数据作出了规定,但并未将数据作为类型化民事权利来规定,而是考虑到在立法上直接将数据作为民事财产权利规定的条件还不成熟,对数据权利的内涵和外延还处在实践探索中,还难以将其概括和归纳为民事权利,应留出一定的发展空间,等待经验成熟后,再划定明确的权利义务边界,故《民法典》最终采用将数据作为客体受法律保护的立法技巧来对数据保护进行表述。[3]

2022 年 3 月 8 日,《最高人民法院工作报告》总结 2021 年全国审判工作

---

① 参见李扬:《日本保护数据的不正当竞争法模式及其检视》,载《政法论坛》2021 年第 4 期。根据《日本不正当竞争防止法》第 2 条第 7 款的规定,对数据的划分采用这种方法。

② 参见孔祥俊:《商业数据权:数字时代的新型工业产权——工业产权的归入与权属界定三原则》,载《比较法研究》2022 年第 1 期。

③ 参见杜万华主编:《中华人民共和国民法典实施精要》,法律出版社 2021 年版,第 68 ~ 70 页。

亮点时提到维护市场公平竞争,促进数字经济健康发展”。虽然我国民事立法未对数据保护制度作出明确规定,但司法实践总是要面对处理市场竞争中发生的数据纠纷案件,并通过裁判案件解决数据纠纷中各种新型疑难复杂问题。

近年来,我国各地法院审理的涉及数据纠纷的民事案件呈增多的趋势,这些案件主要集中在知识产权领域,由知识产权审判庭进行审理。从各地法院的审判实践来看,涉及大数据的知识产权案件主要为著作权侵权和不正当竞争纠纷案件。2017 年由北京市海淀区人民法院中关村法庭和中国互联网协会调解中心联合发布的《大数据与知识产权司法保护的现状及展望调研报告》显示,在涉及大数据的相关典型案件中,著作权纠纷案件占 23%,不正当竞争纠纷案件占 46.2%。

法院审理数据知识产权纠纷案件,是根据当事人提出的诉讼请求,基于双方提交的证据,在查明案件事实的基础上,依据法律的规定对具体案件作出裁判,从而处理双方纠纷。基于此,可以通过分析数据知识产权司法保护的具体情况,了解我国数据知识产权司法保护的探索与发展历程,并展望未来对数据产权制度的立法。

三、著作权法保护数据的利弊分析

(一)著作权法保护数据的司法实践

在早期的数据纠纷案件中,数据持有人主要是以著作权受到侵害作为请求权基础提起诉讼,法院通过适用著作权法开始对数据保护进行实践探索。

在上海汉涛信息咨询有限公司(以下简称汉涛公司)诉北京搜狐互联网信息服务有限公司(以下简称搜狐公司)侵犯著作权纠纷案中,[①]汉涛公司是大众点评网的经营者,用户必须同意大众点评网所有服务条款和完成注册程序,才能成为大众点评网的会员并使用大众点评网提供的各项服务。服务条款约定,任何会员在网站所发表的合法言论、文章及图片版权归原作者和网站共同所有,网站有权用于其他用途,包括但不限于网站、电子杂志、期刊等。任何公司、组织或个人未经大众点评网的正式授权许可,不得擅自复制、剪辑

① 具体案情详见北京市海淀区人民法院(2007)海民初字第 5904 号民事判决书。

和再造这些内容或创造与内容相关的派生产品。大众点评网载有北京、上海等城市的餐馆信息，包括餐馆名称、地址、电话、商户简介、会员点评等。汉涛公司将用户上传到大众点评网的关于各地餐馆的评论中的部分文字予以选摘，并融入汉涛公司关于各地餐馆的商户简介当中，登载于大众点评网。搜狐公司经营的搜狐网吃喝频道载有北京、上海等城市餐馆的信息，包括餐馆名称、地址、电话、简介、会员评论等。因搜狐网吃喝频道 11 家餐馆简介来自大众点评网商户简介，汉涛公司遂以 11 家商户简介的著作权受到侵害为由将搜狐公司起诉至法院。2007 年 4 月 10 日，法院判决认定，大众点评网 11 家商户简介中融入用户点评的文字部分均系简单的日常用语，并非具有独创性的文字表达，不能成为受著作权法保护的作品；但大众点评网对 11 家餐馆所做的商户简介部分具有独创性，可以成为受著作权法保护的作品。搜狐公司对汉涛公司 11 家餐馆的商户简介部分构成著作权侵权，判决搜狐公司承担停止侵权、消除影响、赔偿损失的法律责任。

在济南白兔信息有限公司（以下简称白兔公司）诉佛山鼎容软件科技有限公司（以下简称鼎容公司）侵犯著作权纠纷案中，[①]白兔公司对国家商标局发布的《商标公告》内容进行汇编，具体为：通过人工识别判断出商标公告中有哪些项目，将公告内容拆分成信息片段，再将拆分的信息片段按照白兔公司的编排顺序进行编排，并设计了两种信息查询方式，然后转换成字符形式进行人工录入，录入后能通过查询软件进行检索、编辑、统计，从而形成《白兔商标信息数据库》。鼎容公司在“鼎容商标查询”微信公众号中向用户提供注册商标信息查询服务。鼎容公司未经许可利用白兔公司的商标信息数据制作自己的商标信息数据库进行牟利。白兔公司以著作权受到侵害为由将鼎容公司起诉至法院。2016 年 7 月 27 日，法院判决认定，白兔公司通过搜集整理，将商标公告信息加以汇编制成商标信息数据库，开发的数据库中对商标信息的编排方式、分类方式具有一定的独创性，属于受著作权法保护的汇编作品。鼎容公司未经许可，擅自复制白兔公司享有著作权的数据库营利，侵犯了白兔公司的著作权，判决鼎客公司承担停止侵权、赔偿损失的法律责任。

① 具体案情详见广东省佛山市禅城区人民法院（2016）粤 0604 民初 1541 号民事判决书。

在北京四维图新科技股份有限公司（以下简称四维图新公司）诉北京奇虎科技有限公司（以下简称奇虎公司）、北京秀友科技有限公司（以下简称秀友公司）、立得空间信息技术股份有限公司（以下简称立得公司）侵害著作权及不正当竞争纠纷案中，①法院判决认定，四维图新公司的涉案导航电子地图对于地物、地貌、信息点的选择取舍，对地图中地物、地貌的绘图颜色、标注和绘制方式的选择取舍体现了独创性，拥有涉案导航电子地图作品的著作权。四维图新公司将导航电子地图及相关数据授权给秀友公司使用。秀友公司与奇虎公司签订地图数据服务许可协议，但双方合作使用方式超出四维图新公司授权给秀友公司的使用范围；立得公司将涉案导航电子地图送国家测绘部门审图，共同构成对四维图新公司涉案导航电子地图作品著作权的侵害，责令共同承担停止侵权、赔偿损失的法律责任。导航电子地图主要由地理信息数据和图形组成，秀友公司、奇虎公司、立得公司未经许可使用四维图新公司的导航电子地图，必然会使用该导航电子地图的地理信息数据，该地理信息数据是四维图新公司耗费巨大人力、物力、财力，经过复杂的情报收集、数据采集、制作、质检等过程形成的，具有较高的经济价值，成为四维图新公司的无形资产和核心竞争力，秀友公司、奇虎公司、立得公司不当利用四维图新公司的竞争资源，减少了四维图新交易机会，损害了公平竞争秩序，构成《反不正当竞争法》第 2 条规定的不正当竞争行为。因已通过著作权法对四维图新公司给予保护，故不再适用反不正当竞争法对涉案著作权侵权行为进行处理。

（二）著作权法保护数据的利弊分析

上文介绍的三起数据著作权侵权纠纷典型案例，主要涉及网站消费者评语、商标查询和导航电子地图数据的保护，从三起案件的裁判方法和内容来看，数据权利人采用著作权侵权请求权作为维权方式，是数据权益保护的一种重要方法。通过分析可以发现，当市场主体的数据是其自身创作或编排而成时，其才有可能依据著作权法向未经许可的使用者提出维权之诉。

只有具有独创性的智力成果（作品）才能受到著作权法的保护，故数据要

---

① 具体案情详见北京市海淀区人民法院（2016）京 0108 民初 27234 号民事判决书，以及北京知识产权法院（2019）京 73 民终 1270 号民事判决书。

受到著作权法保护,前提必须是数据符合作品的构成条件。鉴于市场要素中的数据,有些具有独创性,而有些不具有独创性,即并非所有的数据都能够成为作品,因此,用著作权的保护方法规制数据,还存在如下弊端:

有些不具有独创性的数据无法得到著作权法的保护,比如,在汉涛公司诉搜狐公司案中,汉涛公司提出的消费者评语(数据)的诉讼请求,因为是日常用语,不具有独创性而被法院驳回。同时,即使数据能够受著作权法保护,但在具体案件中,数据权利人也要对数据是作品进行艰难举证,比如,在白兔公司诉鼎容公司案中,白兔公司与鼎容公司对涉案数据库是否是汇编作品发生争议,白兔公司充分举证,其诉讼主张才被法院采纳。在四维图新公司诉秀友公司、奇虎公司、立得公司案中,即使四维图新公司经过充分举证,且在技术调查官等技术人员参与质证的情况下,一审、二审办案法官仍对涉案导航电子地图是否为作品存在不同观点:一审法官认为不构成作品,二审法官认为构成作品,最终四维图新公司经过艰难举证,其诉讼主张才被二审法院支持。

对数据的保护主要体现为对海量集合数据的保护,即大数据的保护,在有些情况下,数据持有人用著作权法对数据进行保护所花费的诉讼成本可能会很高。比如,数据持有人主张保护的数据可能来自很多主体,同时主张保护的数据内容也繁多,此时数据持有人要对其主张的数据内容是否具有作品性及享有著作权进行举证、论证,可能需要花费很大的人力、财力。

除上述情形外,在互联网新的经营模式不断涌现的情况下,著作权法比较难对众多互联网平台经营者获取和经营的数据提供保护,因为在这些平台上的数据表现为海量的文章、新闻、图片、音乐、短视频等,这些内容绝大部分是网络用户上传的,这些数据内容的著作权人是大量分散的主体,互联网平台经营者对这些数据内容不享有著作权,故其无法以著作权作为请求权基础向未经许可使用平台数据的行为人主张权利。

综上,著作权法保护数据是数据知识产权保护的一种重要方法,但受著作权法保护的数据须满足作品条件,加之数据持有人和数据类型繁多,这导致著作权法无法对所有类别的数据都提供保护,即著作权法无法对数据提供完整、全面保护。

四、反不正当竞争法对数据权益的规制

(一)反不正当竞争法规制数据权益的司法探索

随着新的信息存储和传播技术的广泛应用,以及新的互联网经营模式的不断出现,数据对推动市场活力和促进社会经济发展方面的作用越来越大,针对他人未经许可使用数据牟利的行为,市场主体在大多数情况下已无法通过著作权法来保护自身数据权益,如此一来,反不正当竞争法规制数据纠纷的方法被广泛运用。

面对经营的大众点评网“用户点评”数据被抄袭,汉涛公司已不再使用上述起诉搜狐公司著作权侵权的方法来主张权利,而是采用反不正当竞争法来保护数据权益。在汉涛公司与百度公司不正当竞争纠纷案中,①汉涛公司经营的大众点评网为网络用户提供商户信息、消费评价、团购服务等。商户信息包括联系电话、地址、图片等。大众点评网的注册用户可以对商户进行评论,包括环境、服务、价格等,并可附上照片。用户服务条款约定,用户在大众点评网发表的任何形式信息的著作权财产权,无偿转让给大众点评网,大众点评网有权就侵权行为单独提起诉讼并获得赔偿。用户可以通过网站的搜索框查找相关商户。网络用户若需要使用地图查看商户地理位置或规划路线导航,可以调用其他网站的地图,比如腾讯地图。网络用户发表点评、上传商户图片,根据点评内容的丰富程度可获得相应贡献值和 D 币,D 币是可以在大众点评网进行礼品兑换或参与其他活动的站内货币。百度公司向用户提供百度地图和百度知道服务,亦为用户提供商户信息查询服务,商户信息包括餐饮、酒店、景点、超市等,商户页面有商户地址、电话、用户点评等信息。百度公司未经许可大量使用大众点评网的用户点评数据信息。汉涛公司以不正当竞争为由将百度公司起诉至法院。法院认定,百度公司未经许可通过百度地图和百度知道向用户大量提供大众点评网用户点评数据信息,将一些用户导流到百度地图和百度知道,截取大众点评网的流量,代替大众点评网向用户提供信息,给汉涛公司造成损害,违背了诚信和公认的商业道德,依据

① 具体案情详见上海市浦东新区人民法院(2015)浦民三(知)字第 528 号民事判决书,以及上海知识产权法院(2016)沪 73 民终 242 号民事判决书。

《反不正当竞争法》第2条认定百度公司的行为构成不正当竞争，责令其承担停止侵权、赔偿损失的责任。

电商平台是数据经营的重要主体，其在经营活动中搜集海量的原始数据并在此基础上研发衍生数据进行经营，当他人未经许可使用其研发的数据时，电商平台亦适用反不正当竞争法来维权。在淘宝（中国）软件有限公司（以下简称淘宝公司）诉安徽美景信息科技有限公司（以下简称美景公司）不正当竞争纠纷案中，[①]淘宝公司系阿里巴巴卖家端"生意参谋"零售电商数据产品的开发、运营商，淘宝公司通过"生意参谋"向淘宝网、天猫商家提供经营数据参考。"生意参谋"提供的数据内容是淘宝公司记录、采集用户在淘宝、天猫上进行浏览、搜索、收藏、加购、交易等活动所留下的痕迹而形成的海量原始数据基础上采用脱敏处理，去除涉及个人信息、用户隐私后再经过深度处理、分析、整合、加工形成的指数型、统计型、预测型的标准版和专业版衍生数据，并通过向商家提供数据分析服务而获益。淘宝公司与商户的服务协议中约定，生意参谋禁止出售、出租、出借或以其他方式提供给第三方使用；为了更好地提供生意参谋数据服务，商户免费授权淘宝对商户店铺的信息进行加工、处理、分析并将结果展示在生意参谋零售电商版中。美景公司是"咕咕生意参谋众筹"网站的经营者，美景公司未经许可通过该网站向淘宝用户提供"生意参谋"数据的分享、出租、租用等服务，并以此获取经济利益。淘宝公司以不正当竞争将美景公司起诉至法院。法院认定，淘宝公司收集、使用用户数据信息的行为符合法律规定。"生意参谋"数据产品系淘宝公司的劳动成果，由此带来的权益应归淘宝公司享有。美景公司将"生意参谋"数据产品作为自己获利的工具，实质性替代了"生意参谋"数据产品，截取淘宝公司的用户，损害了淘宝公司的利益并有违商业道德，依据《反不正当竞争法》第2条认定美景公司的行为构成不正当竞争，责令美景公司承担停止侵权、赔偿损失的责任。

社交媒体平台在运营过程中征得用户同意获取了海量用户个人数据（信息），在满足保护个人隐私和数据安全的情况下，海量用户数据成为社交媒体平台的重要经营资源，当他人未经许可使用数据时，社交媒体平台亦适用反

① 具体案情详见杭州铁路运输法院（2017）浙8601民初4034号民事判决书。

不正当竞争法来维权。在北京微梦创科网络技术有限公司(以下简称微梦创科公司)与北京淘友天下技术有限公司、北京淘友天下科技发展有限公司(以下将两公司统一简称淘友公司)不正当竞争纠纷案中,[①]新浪微博是微梦创科公司经营的一款知名社交媒体平台,用户可以通过该平台进行创作、分享和查询信息,国内的个人用户和组织机构不仅可以实时更新状态,还可以与平台上世界各地的用户进行沟通,以及实时关注世界发展动态。用户使用手机号或电子邮箱注册新浪微博账号,手机号需要验证,用户可以选择手机号向不特定人公开;用户头像、名称(昵称)、性别、个人简介向所有人公开,用户可以设置其他个人信息公开的范围;职业信息、教育信息默认向所有人公开,互为好友的新浪微博用户能看到对方的职业信息、教育信息。淘友公司经营脉脉交友平台,2013 年 9 月 11 日至 2014 年 8 月 15 日,淘友公司与微梦创科公司通过微博平台 OpenAPI 进行合作,约定:淘友公司需要搜集新浪微博用户数据的,必须事先获得用户的同意,仅应当收集为应用程序运行及功能实现目的而必要的用户数据和用户在授权网站或应用生成的数据。淘友公司应告知用户相关数据搜集的目的、范围和使用方式,以保障用户的知情权。根据合作协议,淘友公司可以获得新浪微博用户的 ID 头像、好友关系(无好友信息)、标签、性别,无法获得用户的职业和教育信息。合作期间,用户使用手机号或新浪微博账号注册脉脉,需要上传个人手机通讯录联系人。淘友公司在合作期间超出许可范围抓取并使用新浪微博用户的职业信息和教育信息,并在合作终止后较长一段时间内仍然使用来自新浪微博用户的信息;同时,其还非法获取并在脉脉软件中展示用户手机通讯录联系人与新浪微博用户的对应关系。微梦创科公司以淘友公司的行为构成不正当竞争将其起诉至法院。法院依据《反不正当竞争法》第 2 条认定淘友公司的行为构成不正当竞争,责令其承担停止侵权、消除影响、赔偿损失的责任。

数据信息对指向主体的商誉具有很大影响,因此,数据经营者向他人提供数据服务时应尽谨慎注意义务,不得损害数据指向主体的合法权益;如未尽该注意义务造成他人损害,有可能承担不正当竞争的法律后果。在浙江蚂

① 具体案情详见北京市海淀区人民法院(2015)海民(知)初字第 12602 号民事判决书,以及北京知识产权法院(2016)京 73 民终 588 号民事判决书。

蚁小微金融服务集团股份有限公司（以下简称蚂蚁金服公司）、重庆市蚂蚁小微小额贷款有限公司（以下简称蚂蚁微贷公司，蚂蚁金服公司和蚂蚁微贷公司统称蚂蚁公司）诉苏州朗动网络科技有限公司（以下简称朗动公司）商业诋毁及不正当竞争纠纷案中，[①]企查查是朗动公司经营的集中收集和查询企业征信信息的大数据平台，朗动公司采用技术手段对从全国企业信用信息公示系统、中国裁判文书网等网站上公开的海量、分散企业数据信息进行整合加工，形成企业征信信息的数据集合，并向用户提供免费和付费查询功能以实现经济利益。蚂蚁金融公司经营的支付宝应用中的“花呗”产品由蚂蚁微贷公司运营。企查查在2019年5月5日、6日向订阅用户推送了蚂蚁微贷公司2019年5月5日有关变更/新增的清算信息，内容为“清算组成员应某，风险级别警示”。而国家企业信用信息公示系统显示，蚂蚁微贷公司2014年年度工作报告显示企业经营状态为清算，清算组负责人车某呈，清算组成员H某某、应某。其余年度的经营状态均为开业。蚂蚁公司认为朗动公司推送上述清算信息的行为造成其商誉受损，以不正当竞争将朗动公司起诉至法院。法院认定，企查查提供的企业数据直接指向原始数据主体，2019年5月5日、6日，企查查平台采集、推送的蚂蚁微贷公司的清算信息系2014年记载的历史信息。朗动公司发布的数据质量直接影响蚂蚁公司的商誉，其发布和推送误导性清算信息的行为，损害了蚂蚁公司的商誉，并损害了征信行业市场的竞争秩序和消费者的知情权。法院依据《反不正当竞争法》第2条认定朗动公司的行为构成不正当竞争，责令朗动公司承担停止侵权、赔偿损失的责任。

（二）反不正当竞争法保护数据权益的效果分析

上文介绍的四起反不正当竞争法规制数据纠纷的典型案例，主要涉及对网站消费者评语、电商平台、社交媒体平台和企业征信数据的保护，由此可以看出，采用反不正当竞争法处理数据纠纷，是目前数据权益保护的重要方法。

从反不正当竞争法规制数据纠纷所使用的法条来看，各地法院基本上是适用《反不正当竞争法》第2条一般条款。反不正当竞争法保护智力成果或

① 具体案情详见杭州铁路运输法院（2019）浙8601民初1594号民事判决书。

商业成果所形成的权利或权益，[①]并通过采用列举类型化规定，再加上规定一般条款的方式来规制不正当竞争行为。[②] 而使用《反不正当竞争法》第 2 条一般条款的前提，是无法适用《反不正当竞争法》列举的类型化不正当竞争行为法条。即使适用《反不正当竞争法》第 2 条一般条款来处理数据纠纷仍须满足一定的要件，具体为：一是法律对某种竞争行为未作出特别规定，二是其他经营者的合法权益确因该竞争行为而受到了实际损害，三是该种竞争行为确因违反诚实信用原则和公认的商业道德而具有不正当性或者可责性。[③] 如此一来，可适用《反不正当竞争法》第 2 条一般条款来规制数据纠纷，但因数据是崭新事物，司法实务对数据权益的规制处于探索阶段。

从各地法院处理数据不正当竞争案件的裁判思路来看，通常采用三部曲的方法来分析论证，即原告是否享有涉案主张数据的财产权益、被告的被控行为是否构成不正当竞争、被告应否以及如何承担法律责任。比如，在淘宝公司诉美景公司案中，法院认定，淘宝公司收集的“生意参谋”数据产品符合法律规定且付出了劳动，淘宝公司对该数据产品享有竞争性财产权益。美景公司的行为具有不正当性，损害了淘宝公司的利益，并破坏了市场竞争秩序，构成不正当竞争，责令美景公司承担相应的法律责任。如此一来，法院认定数据持有人在个案中对数据享有数据财产权益，即确定其为数据权益的主体。

从各地法院审理的数据不正当竞争案件来看，各地法院较好地把握了各类数据的属性，对数据收集、使用的合法性、正当性方面进行了细致查明，在保护个人隐私和数据安全的前提下，遵循“谁投入、谁贡献、谁收益”原则，对数据提供司法保护。同时，在具体分析数据上所附着的权益方面，进行分层剖析，较好地处理了数据权益集合现象。比如，在蚂蚁公司诉朗动公司案中，法院认定朗动公司主张权益的数据来自公共的海量数据，但经过整合加工形成数据集合，该数据具有财产性质，从而体现了不同层级类别的数据由不同

① 参见孔祥俊：《商标与不正当竞争法——原理和判例》，法律出版社 2009 年版，第 648 ~ 649 页。

② 参见祝建军：《网络不正当竞争侵权成立的考量因素》，载《人民司法（应用）》2019 年第 10 期。

③ 参见张广良：《具有广告过滤功能浏览器开发者的竞争法责任解析》，载《知识产权》2014 年第 1 期。

的数据主体持有或享有，均受法律保护。

从数据权益主体以反不正当竞争法起诉案件的实际处理结果和效果来看，各地法院不仅责令侵权人立即停止侵权，而且在对数据权益进行损害赔偿的司法定价方面，根据原告、被告双方的举证，依据原告搜集数据付出的成本、数据在市场上的价值，以及被告侵权的主观过错、侵权获利的大小、后果、合理维权费用等因素，酌定侵权人承担较高的侵权损害赔偿数额，从而充分保障数据持有人使用数据获得收益的权益被侵害时获得救济的权利。

综上，由于当前我国关于数据保护的立法比较抽象，尚无明确的具体制度规范，因此采用反不正当竞争法规制数据纠纷，表现出一定的特色和优势。数据属于新生事物，司法采用《反不正当竞争法》第 2 条一般条款规制数据纠纷，具有很大的灵活性，各地法院基于利益平衡原则，基于保护数据持有人的合法权益、有利于数据流动和共享的原则，在大量个案中对数据保护规则进行有益探索，积累了丰富的司法实践经验，为我国将来建立完善的数据产权制度打下了坚实的实践基础。

五、未来数据产权制度的展望

在互联网经济快速发展的情况下，数据已成为市场主体努力获取并能够取得市场竞争优势的新型财产权益的客体，我国在立法上亟须建立完善的数据产权制度。国家已将数据作为一项重要的要素市场，明确提出要加快培育该要素市场。同时，国家在数据发展战略方面希望尽快建立数据产权制度，从而在产权明晰的基础上推进数据要素市场的发展。因此，建立数据产权制度体现了国家的意志，这是国家战略发展的迫切需要。

从我国数据市场运行发展的实际情况来看，数据已成为一项重要的经济投入和一种新的商业资本，成为企业的核心竞争资源，不仅创新型企业的运营依赖数据作为经营支撑，如电商运营平台、自媒体平台、社交媒体平台、影视点播网站等，而且传统型企业亦通过互联网技术将数据作为自身发展的重要动力，如日常经营的小吃店亦建立自己的网站或加入大众点评网来扩大自己的运营。因此，为建立有序的数据运营和竞争市场，我国亟须建立完善的数据产权制度。

近年来发生的数据纠纷案件中，数据持有人基本上采用反不正当竞争法作为请求权基础提起诉讼，这说明在维权找法的过程中，当事人认为使用反不正当竞争法是解决数据矛盾冲突较好的法律依据。从各地法院处理的涉数据不正当竞争纠纷案的判决来看，法院均已在个案中将数据认定为数据持有人享有的一项财产权益，妥善处理了双方纠纷，取得了定分止争的良好效果。我国需要研究总结各地法院裁判数据纠纷案件积累的经验和司法规则，尽快建立我国的数据产权制度。

数据产权制度的建立，首先要保障数据安全，必须要维护国家的主权、安全和发展利益，并要保护好其他相关权利人的合法权利。其次要保护好个人数据（信息），必须要处理好商业数据与个人数据和公共数据之间的关系。在去识别化并充分保护个人隐私的情况下，个人数据可以作为衍生数据而成为商业数据的组成部分。通过对公共数据的搜集整理形成的衍生数据，也有可能成为商业数据的组成部分。个人信息保护和数据安全是商业数据受到法律保护的基础和前提条件。如果数据持有人违法搜集、使用个人信息，其不仅无权使用这些数据，还有可能受到法律的制裁。①

数据以集合的大数据形式出现，这个特点决定了数据财产权益在性质上为集合性的权益。数据持有人取得的数据来源比较多样，有些数据可能是自己创作出来的，但绝大多数数据源于其他人，数据持有人要搜集、整理源于其他人的数据，只有与其他人签订合同、明确双方各自的权利义务后，才可进行搜集、整理。比如，在社交媒体平台上存在大量内容，包括文章、图片、音乐和视频等，社交媒体平台合法搜集、整理这些数据内容后，即对平台上的数据拥有财产权益，而社交媒体平台上的文章、图片、音乐和视频的权利人，则对其各自的智力成果拥有相应的权利，如著作权。在很多情况下，社交媒体平台通常与这些文章、图片、音乐和视频的权利人约定，其可以运营、使用这些数据内容，并在他人未经许可使用平台上的数据时，社交媒体平台的经营者有

① 参见杜前：《法治视域下数据权利的司法保护》，载《人民法院报》2021年8月12日，第5版。

权以独立原告的身份提起维权诉讼。[①]

综上，在数据资源化、资产化的大背景下，我国未来建立的数据产权制度，要在保障个人隐私和数据安全的前提下，贯彻有利于促进数据流通使用的原则，既要保护数据采集、数据生产、数据分析和数据成型产品持有者的合法权益，也应能够较好地平衡数据权益人和数据需求方的利益，[②]承认和保护数据各参与方的合法权益，合理界定和配置数据各参与方的权利与义务，采用激励机制引导大型互联网企业将具有公共属性的数据要素开放，激发数据要素市场的活力，从而建立有序的数据运营和公平竞争市场，满足我国经济社会高质量发展的需求。

---

① 参见广东省深圳市中级人民法院(2021)粤03民终26107号民事判决书查明事实部分的描述：很多国内知名自媒体平台，比如，腾讯企鹅号、百度百家号、趣头条等上有他人上传的海量数据内容，包括文章、图片、音乐、视频等，这些自媒体平台对用户上传的这些数据内容不享有著作权，但与上传人约定，其有权使用这些上传的数据内容；当平台上的数据内容被他人未经许可使用时，平台有权作为原告独立提起维权诉讼。

② 参见高富平：《数据生产理论——数据资源权利配置的基础理论》，载《交大法学》2019年第4期。

数据抓取不正当竞争纠纷的司法审查要素考察与反思*

赵 丹 沈 澄**

摘 要

《反不正当竞争法》的司法解释删除了原征求意见稿中关于数据抓取行为的规定。司法实践中关于数据抓取行为的正当性判断依然没有明确的具体规则。目前业已形成的审查模式已经将抓取的合理必要限度、抓取数据的类型属性、被爬取方所遭受的损害以及竞争秩序保护中多元价值的平衡作为主要考察要素。但对各要素的审查仍有进一步完善的空间,司法机关在确定合理必要抓取限度时,可考虑引入合理替代与部分替代标准对实质性替代要素进行限制;在确定内容存在交叉的数据抓取规则时,可结合反爬方对其数据采取的保护措施的力度及其有效程度对损害结果要素进行修正;在平衡竞争秩序保护多元价值取向时,可考虑从消费者权益角度出发。

关键词 数据抓取 不正当竞争 抓取限度 抓取对象 价值取向

---

* 基金项目:2021 年深圳市哲学社会科学规划课题“人工智能科技的治理困境与法伦理学应对研究”(SZ2021D022),国家社会科学基金资助青年项目智慧司法的伦理风险及其应对研究(22CFX079)。本文已发表于《科技与法律》2023 年第 2 期,收录于本书时文字略有改动。

** 赵丹,深圳市社会科学院政法研究所副研究员;沈澄,上海市汇业律师事务所合伙人。

一、引言

数据,作为一种新型资源和生产要素,与企业的竞争利益和竞争优势密切相关。而数据的可获得性是关键性问题,是经营者进一步发挥数据效用、获得竞争优势的前提和基础。因此,经营者之间围绕数据获取产生了较为突出的利益冲突,争议纠纷不断增多。其中,数据权益的权属、权利边界以及数据抓取行为的正当性应如何判断,已成为司法实践关注的焦点问题。现行法律并未对数据权益提供"权利法"保障的范式,目前我国对数据保护主要有商业秘密、反不正当竞争和财产权化三种路径。而以《反不正当竞争法》为依据,对数据抓取①和处理行为进行"行为法"层面的规制,在理论界与实务界达成初步共识。② 有学者专门统计过近年来的我国数据权益保护案件,"基本上都纳入反不正当竞争法一般条款或者互联网专条进行调整"。而前者适用的情况比重更大,呈现向" ·般条款""逃逸"的倾向。然而,该条款作为对不正当竞争行为的一般性、概括性规定,使用了较多抽象、模糊的表达,增添了司法适用的难度。2021 年 8 月 18 日,最高人民法院发布的《关于适用〈中华人民共和国反不正当竞争法〉若干问题的解释(征求意见稿)》提供了一种解决路径,即要求商业道德、用户同意、合法来源和非实质性替代等要件同时满足。然而,2022 年 3 月 20 日起正式实施的最高人民法院《关于适用〈中华人民共和国反不正当竞争法〉若干问题的解释》(以下简称《反不正当竞争解释》)却删除了上述征求意见稿第 24 ~ 26 条规定的"恶意不兼容""数据抓

---

① 在研究数据领域不正当竞争问题时,有学者使用"抓取",参见李慧敏、孙佳亮:《论爬虫抓取数据行为的法律边界》,载《电子知识产权》2018 年第 12 期;也有学者使用"爬取",参见刘源:《数据爬取行为规控的法解释路径》,载《法律方法》2021 年第 4 期;还有学者认为应当使用"获取"更为合适,参见傅显扬:《大数据领域不正当竞争行为的法律规制》,武汉大学出版社 2021 年版。本文使用"抓取"。

② 参见仲春、王政宇:《数据不正当竞争纠纷的司法实践与反思》,载《北京航空航天大学学报(社会科学版)》2022 年第 1 期;刘源:《数据爬取行为规控的法解释路径》,载《法律方法》2021 年第 4 期;张建文:《网络大数据产品的法律本质及其法律保护——兼评美景公司与淘宝公司不正当竞争纠纷案》,载《苏州大学学报(社会科学版)》2020 年第 1 期;李扬:《日本保护数据的不正当竞争法模式及其检视》,载《政法论丛》2021 年第 4 期;侯媛:《反不正当竞争法视野下用户数据获取行为解读》,载《经济法学评论》2018 年第 1 期;翟巍、刘一诺:《反不正当竞争法视角下公开数据爬取行为的合法性边界》,载《价格理论与实践》2021 年第 8 期。

取”“互联网专条兜底条款”。因此，在司法实践中，数据抓取的正当性判断仍然缺乏明确具体的法律规定，而只能依赖裁判者对“一般条款”的要义把握和价值平衡。

本文通过对数据抓取不正当竞争纠纷案件的梳理分析，试图总结出在“行为法”规制层面，数据抓取正当性判断模式中主要要素及其内容的审查思路和存在的问题，进而对如何适用反不正当竞争规则来解决经营者之间因数据获取和使用而产生的利益冲突提出建议。

二、数据抓取正当性审查模式中的主要要素考察

目前，数据抓取不正当竞争纠纷案件的司法裁判中已经形成基本的正当性审查模式，包括双方是否具有竞争关系、行为人是否享有竞争性权益、抓取行为的损害后果、抓取行为是否具有不正当性等审查内容。而在具体的判断步骤中又会涉及对具体要素的审查，即数据抓取行为的合理限度、数据抓取对象的类别差异、数据抓取的损害结果和竞争秩序的多元价值取舍与平衡。

（一）数据抓取行为的合理限度——实质性替代考察

数据流动是数据实现价值的重要方式。因此，在识别数据抓取及其后续利用的正当性边界时，我们必须考虑数据抓取行为的合理限度与损害结果的适当容忍之间的平衡关系。一个产品抓取另一个产品数据，并对其长期积累的劳动成果产生实质性替代时，则可能被法院判定为构成不正当竞争。

大众点评诉爱帮网不正当竞争纠纷案中，一审法院首次提出了关于“实质性替代”的考虑。一审法院认为：“使用垂直搜索技术的网站对于特定行业网站的信息的利用，应控制在合理的范围内，不得对该网站造成市场替代的后果……但爱帮网已对全部商户简介内容和绝大部分点评内容进行了充分展示，网络用户一般不会再选择点击大众点评链接标识。因此，爱帮版的商户简介和用户点评已经构成对大众点评网相应内容的实质性替代，必将不合理的损害汉涛公司的商业利益……爱帮科技公司使用大众点评网商户简介和用户点评，构成不正当竞争。”[①]虽然在该案中，一审法院未能就实质性替代

---

① 上海汉涛信息咨询有限公司等与爱帮聚信（北京）信息技术有限公司不正当竞争纠纷上诉案，北京市第一中级人民法院（2011）一中民终字第7512号民事判决书。

给出具体的量化标准，但其中关于“全部”“绝大部分”的措辞，逐渐成为之后类案的参照。如在大众点评与百度上诉案中，法院认为：“百度公司在使用来自大众点评网的评论信息时，理想状态下应当遵循‘最少、必要’的原则，即采取对汉涛公司损害最小的措施……而百度公司在百度地图和百度知道产品中大量使用来自大众点评网用户的评论信息，已对大众点评网构成实质性替代，这种替代必然会使汉涛公司的利益受到损害。”①在饭友 App 抓取微博数据案中，法院认为：“基于正常的阅读习惯，明星粉丝用户在饭友 App 中浏览完相关内容后再回到新浪微博查阅相关内容的概率很低……因此，就涉案 92 个明星微博而言，饭友 App 已对新浪微博构成实质性替代，并结合其他论点综合分析得出结论认为复娱公司抓取新浪微博数据并在饭友 App 中进行展示的行为妨碍、破坏了新浪微博的正常运行，进而构成互联网不正当竞争行为。”②在微博诉云智联抓取用户数据案③中，法院对这一问题也作出了相同的判断。又如在阿里巴巴诉南京码注 1688 案④中，法院认为：“码注公司计算企业活性值可以参考 1688 平台公开的数据，但其将 1688 平台公布的商家数据直接用于其网站，甚至可以直接替代 1688 平台的部分功能，显然超过合理限度。”

即使经营者使用正当手段进行数据抓取，也仍然需要考虑数据抓取给被抓取方带来的损害问题。“如果他人抓取网络平台中的公开数据之行为手段系正当，则需要结合涉案数据数量是否足够多、规模是否足够大进而具有数据价值，以及被控侵权人后续使用行为是否造成对被抓取数据的平台的实质性替代等其他因素，对抓取公开数据的行为正当性做进一步判断。”⑤

---

① 北京百度网讯科技有限公司与上海汉涛信息咨询有限公司不正当竞争纠纷上诉案，上海知识产权法院市浦(2015)沪 73 民终 242 号。

② 上海复娱文化传播股份有限公司与北京微梦创科网络技术有限公司不正当竞争纠纷上诉案，北京知识产权法院(2019)京 73 民终 2799 号民事判决书。

③ 参见北京微梦创科网络技术有限公司与云智联网络科技(北京)有限公司不正当竞争纠纷案，北京市海淀区人民法院(2017)京 0108 民初 24512 号民事判决书。

④ 参见杭州阿里巴巴广告有限公司、阿里巴巴(中国)网络技术有限公司等与南京码注网络科技有限公司等不正当竞争纠纷案，浙江省杭州市滨江区人民法院(2019)浙 0108 民初 5049 号民事判决书。

⑤ 北京微梦创科网络技术有限公司与云智联网络科技(北京)有限公司不正当竞争纠纷案，北京市海淀区人民法院(2017)京 0108 民初 24512 号民事判决书。

实质性替代除了作为损害结果的考察要素之外，有时也会贯穿不正当竞争审查的全过程，既是“竞争损失”存在的一个方面，也是“竞争关系”存在的一个前提。比如，在腾讯诉今日看点数据爬取案中，法院依次考虑了“原告是否存在值得保护的竞争利益、原被告之间有无竞争关系、被告的竞争行为是否使原告竞争利益受损”[①]三个争议焦点，并且在后两个争议焦点的审理过程中均考察了替代效果问题。在优酷诉蔓蓝盗链案中，法院同样在竞争关系的判断中以替代关系作为标准，指出：“近似商品就是具有替代性的商品，即这些商品在功能或者用途上可以互相替代。”[②]

如果经营者进行了大量投入所产生的竞争性权益（数据利益）不能得到有效保护，那么必然减损其进入或发展特定领域的主观意愿。而消费者将来可享受相关经营成果的渠道和数量亦会因此减少。正如“额头出汗”原则所描述的那样：法律所应保护的，正是经营者通过努力所形成的劳动成果。在数据抓取不正当竞争纠纷案件中，劳动成果恰恰体现为经营者合法收集、编辑、分类存储的数据以及基于该等数据向消费者提供的产品或服务。若经营者直接以复制、下载或类似手段获取了这些劳动成果并替代提供产品或服务，则很可能构成不正当竞争的行为。

值得我们思考的问题是，实质性替代的程度边界应当如何界定？如果数据抓取后的使用场景并不形成直接的替代或竞争，那么实质性替代的判断就是需要进一步细化的问题。

（二）数据抓取对象的性质差异——数据法律属性考察

根据属性特征和生成方式，数据可以被分为个人信息、用户生成内容、平台自身数据和衍生数据四类。而这四类数据的生成方式不同，所耗费的“劳动”不同，因此，对抓取行为的正当性评价也存在差异。

第一，抓取个人信息行为的正当性。在新浪微博诉脉脉案[③]中，二审法院

---

① 腾讯科技（深圳）有限公司、深圳市腾讯计算机系统有限公司等与广州合聚教育咨询有限公司等商业贿赂不正当竞争纠纷案，广东省广州市越秀区人民法院（2020）粤0104民初46873号民事判决书。

② 北京蔓蓝科技有限公司与优酷信息技术（北京）有限公司侵害作品信息网络传播权与不正当纠纷上诉案，北京知识产权法院（2019）京73民终3570号民事判决书。

③ 北京淘友天下技术有限公司、北京淘友天下科技发展有限公司诉北京微梦创科网络技术有限公司不正当竞争纠纷案，北京知识产权法院（2016）京73民终588号民事判决书。

确立了个人信息抓取行为正当化的“三重授权原则”。根据该原则,数据抓取方首先应当获得特定个体的授权,从而收集个人信息;其次,数据抓取方应从被抓取方取得同意;最后,被抓取方亦必须获得该特定个体的授权,从而向抓取方共享个人信息。根据司法实践的认定,“在 Open API 开发合作模式中,第三方通过 Open API 获取用户信息时应坚持‘用户授权’+‘平台授权’+‘用户授权’的三重授权规则。该原则已成为开放平台领域网络经营者应当遵守的商业道德”。[①]

第二,抓取非个人信息的用户发布的数据行为的正当性。非个人信息的用户发布的数据(UGC 数据),不是个人信息,但又是基于用户行为所产生的进入公共领域的数据,比如,在大众点评案中,百度公司抓取的用户在大众点评上的评价信息;头条数据抓取案中,字节公司抓取的用户在微博上的发布内容。因此,UGC 数据抓取行为的正当性判断需要在对公共资源的合理使用和平台授权之间寻求平衡。互联网企业经过长期投入运营、整合公共数据所形成的数据,凝结了其劳动成果并形成了市场价值。如果数据抓取方“不劳而获”地抓取了这些数据并对被抓取方形成实质性替代,那么,抓取方的行为很有可能被认定为构成不正当竞争。

第三,抓取衍生数据行为的正当性。与个人信息数据抓取要求三重授权不同的是,对于衍生数据,数据抓取方应当遵守且仅遵守数据处理者的意志。在“生意参谋案”中,法院明确指出:淘宝公司的数据产品是巨量原始网络数据基础上通过一定的算法,经过深度分析过滤、提炼整合以及匿名化脱敏处理后而形成的预测型、指数型、统计型的衍生数据……系淘宝公司的劳动成果,其所带来的权益应当归淘宝公司所享有。[②] 因此,互联网公司基于原始数据整合处理形成的衍生数据产品由该公司享有单方的权益。

需要说明的是,关于数据财产权问题,理论界也曾经出现过不同的观点,包括数据控制者权、企业数据权、大数据有限排他权、企业数据知识产权等。但《民法典》等法律并不主张对数据赋权。即便是衍生数据,也并不能像知识

---

① 参见深圳市腾讯计算机系统有限公司、腾讯科技(深圳)有限公司商业贿赂不正当竞争纠纷案,天津市滨海新区人民法院(2019)津 0116 民初 2091 号民事裁定书。

② 参见淘宝(中国)软件有限公司与安徽美景信息科技有限公司不正当竞争纠纷案,杭州铁路运输法院(2017)浙 8601 民初 4034 号民事判决书。

产权那样，具有对世权利，否则将违反"物权法定"原则。理论上可以将其视作一种"数据上请求权"，企业得以据此主张对合同外第三人的侵扰阻却。衍生数据的这一"权益"归属性质，也是现在各大数据交易主体能够进行"数据交易活动"的基本前提。此类交易所交易的数据产品所输出的通常为交易方通过数据收集和处理生成的衍生分析结果，并不包含个人信息、商业秘密、运营数据等原始数据。

企业基于自主商业运作和投入，对于自采的运营数据也享有相应的权益，包括竞争性权益，但是如果相关数据构成《网络安全法》《数据安全法》等法律法规意义上的"重要数据"，则数据的对外提供（经过同意的抓取行为）仍应受到公法上的限制。一些重要的物流数据、金融数据可能会对经济命脉和民生造成重大影响，就不能仅凭经营者的同意抓取。

如果抓取的是除 UGC 数据或"重要数据"外的其他一般公共数据，且此类数据并不归属于任何主体，那么一般不应受到过多限制，否则将影响信息流动和信息共享，导致信息孤岛的出现。经营者在后续使用数据时，只要履行合理的注意义务即可。比如，在蚂蚁微贷案[①]中，法院提出，对"公共数据"的使用应当真实、及时、准确，这与资本市场领域的信息披露规则要求基本类似。再如，在鹰击系统案[②]中，海淀法院和北京知识产权法院对数据作出了公开数据与非公开数据的划分，并以此作为区别两类数据抓取行为正当性边界的根据。

但是，数据有时呈现出混合性特征，使已有的分类分级方式无法解决抓取的正当性边界问题。因此，当混合型数据被抓取时，正当性审查的规则适用问题就值得进一步思考。

（三）数据抓取行为的损害结果——反爬方受到妨害及其异化考察

不少互联网企业的服务协议或用户许可协议里都会有类似的条款，即要求"未经许可，禁止对信息内容进行非法采集"。相应地，企业通过设置一定

---

① 参见浙江蚂蚁小微金融服务集团股份有限公司、重庆市蚂蚁小微小额贷款有限公司等与苏州朗动网络科技有限公司商业诋毁及不正当竞争纠纷案，杭州铁路运输法院（2019）浙 8601 民初 1594 号民事判决书。

② 参见湖南蚁坊软件股份有限公司与北京微梦创科网络技术有限公司不正当竞争纠纷上诉案，北京知识产权法院（2019）京 73 民终 3789 号民事判决书。

的反爬措施来限制或禁止特定的数据抓取行为，比如，在网页代码中设置 robots 协议，限制特定爬虫机器人的抓取。而 robots 协议是一种实现反爬的相对初级的非技术措施，并不能强制阻拦爬虫的脚本运行。除此之外，能够在技术上实现反爬的措施还有信息校验、动态渲染、文本混淆、IP 限制、蜘蛛陷阱、加密算法、字体文件映射等方式。但是，爬取方却不断通过多个代理 IP（云服务）、伪造身份验证信息、人工辅助等操作绕开或突破平台设置的种种访问限制。可见，数据抓取方和反爬方始终在进行“道高一尺魔高一丈”的较量，而双方在这场较量中投入的水涨船高最终可能导致服务器不堪重负。例如，在抖音诉小葫芦案和抖音诉六界案中，抓取方不断突破或绕过反爬方的防护措施，通过多代理 IP 高频率、大批量地爬取造成了数据方的服务器的额外负担，被认定为不正当竞争行为。[①]

关于数据抓取行为不正当性的损害结果的判断需要审查是否对反爬方服务器造成过重的访问负担，妨碍、破坏了合法提供的网络产品与服务的正常运行。而被爬取方有时为了避免数据抓取而采取的如 robots 协议等反爬措施本身也可能引起法律上的否定性评价。例如，360 引擎数据抓取案中，反爬方的 robots 协议设置就被认定为一种不正当竞争行为。因此，仅从反爬方“受害”的角度来审查数据抓取行为的正当性可能会起悖论，即无论反爬方是不是真正的“受害”，爬取方的角色被限制为承担最终的举证说理义务，对于其数据爬取的正当性只有辩解的义务而无抓取的权利。

（四）竞争秩序保护的价值取向——三元利益均衡及其内在矛盾考察

在法律尚未规定权利范式的情况下，数据抓取行为正当性的判断主要依赖价值工具分析。而《反不正当竞争法》中的价值工具主要是指消费者权益、竞争秩序和商业道德。

在 360 搜索引擎案中，法院指出，“不应将 robots 协议作为限制信息流通

---

① 参见深圳市腾讯计算机系统有限公司、腾讯科技（深圳）有限公司诉斯氏（杭州）新媒体科技有限公司不正当竞争纠纷案，杭州互联网法院（2021）浙 8601 民初 309 号民事判决书；北京微播视界科技有限公司诉上海六界信息技术有限公司、厦门市扒块腹肌网络科技有限公司、浙江淘宝网络有限公司不正当竞争纠纷案，浙江省杭州市余杭区人民法院（2021）浙 0110 民初 2914 号民事判决书。

的工具”[①],原因就在于其违反了以《互联网搜索引擎服务自律公约》为代表的商业道德。然而,在头条数据抓取案中,同一法院对商业道德的看法却发生了变化,因为相关自律公约在该案中适用的领域不同。可见,细分行业的领域差异对商业道德的要求也产生了影响。尤其是2017年《反不正当竞争法》修订之后,将先前的“公认的商业道德”改为“商业道德”,去掉了“公认的”限定语,它允许对于“新市场和新产业等缺乏公认商业道德的领域,法官根据法律精神、市场需求等确定可资遵循的市场道德准则,再据此判断竞争行为的正当性……使其在字面上既可以包括既存商业道德的情形,又可以包括法官认定的商业道德的情形”。这一修改在加强反不正当竞争法“塑造”功能的同时,也加剧了商业道德在概念认定上的复杂性。

经营者竞争优势与消费者权益之间常常发生矛盾冲突。司法实践中经常出现视频网站经营者通过加框技术将其他视频方的付费观看视频“抓取”后提供给消费者免费观看的案例。在此类案件中,个别消费者短期利益的实现在整体上会伤害经营者和创作者经营优质服务和产品的积极性,并最终导致“劣币驱逐良币”的市场退出。

三、数据抓取正当性审查要素考察的反思及其进路展开

数据抓取行为的正当性边界非常复杂。原因在于:究竟对数据爬取行为应采取严格禁止的态度,强调对被爬取方的利益保护——遵从经营者利益保护优先的侵权法逻辑,还是应对爬取方的行为持竞争损害中立的态度——转向市场竞争秩序优先的竞争法逻辑,抑或引入其他多元利益,譬如国家利益、公共利益、用户利益等来综合权衡爬取行为的正当性,在实践中尚未达成一致意见。这为司法裁判带来了巨大的挑战。而通过对相关审查要素进行分析或许可以提供一些思路和启发。

(一)引入合理替代与部分替代标准

在考虑实质性替代的限度问题时,首先可以找到消费者权益保护层面的“阿喀琉斯之踵”。《个人信息保护法》第45条赋予了用户数据迁移权,即用

---

① 百度在线网络技术(北京)有限公司等与北京奇虎科技有限公司不正当竞争纠纷案,北京市高级人民法院(2017)京民终487号民事判决书。

户可以请求将其个人信息转移至指定的个人信息处理者(包括经营者的竞争对手)。经营者通过合理运用该规则引导消费者将数据迁移到其自身平台时,所发生的替代行为似乎也将被合理化。据此,可以形成实质性替代判断对基于消费者请求而产生的“合理替代”的忍让。

其次,在审查实质性替代因素时还应考虑受替代程度和竞争环境。如果抓取的数据仅仅在很小的维度上发生“替代”,那么此时可能需要引入“部分替代”的概念。比如,A公司作为一家综合性的社交平台,通过调用接口方式抓取了电商平台A公司存储的与用户运动装备偏好度和消费能力有关的部分数据从而用于改善对用户的间接画像。在这种情况下,审查实质性替代因素时,就应当考虑“部分替代”。对实质性替代进行审查时,还应考虑竞争者之间所共处的业务领域、特定的业务场景和模式、替代效果。仅当业务领域、业务场景、模式和替代效果相近时,才有理由构成实质性替代的主观恶性。一个行为是否落入反不正当竞争法框架应考察其是否匹配了《反不正当竞争法》最基本的功能,即维护竞争制度和公共利益,因为在市场中有竞争必有损害才是常态,任何一个行为不因它造成的损害而轻易、直接被认定为不正当竞争。竞争本身就隐含“损害”的内涵,所以在对“实质性替代”的审查中应当保持谦抑,为技术创新留下空间,从而实现对简单机械“复制粘贴”“搬运”数据的不劳而获、“搭便车”行为的规制,鼓励和支持提高技术手段深入挖掘和利用数据价值的行为。

(二)明确数据分类分级与抓取正当性的递进关系

经营者所控制的数据依照不同的标准可以划分为不同类型,而不同标准下的数据之间会产生交叉。虽然目前的司法实践对某些特定类型数据的抓取行为作出了回应,并形成了不同的审查规则和标准。但由于数据分类具有一定的交叉特性,建立一套裁判评判体系必须先将数据种类的划分标准进行统一。这一标准应当符合并反映出互联网产业中有序竞争关系的规范要求。

从数据领域的法律发展来看,进行数据分类分级保护已有共识。比如,我国《数据安全法》第21条第1款规定,国家建立数据分类分级保护制度。美国已有的司法实践也在探索数据的分类分级保护。Facebook 诉 Power

Ventures 案①中，法院认为，仅获取用户许可的 Power Ventures 公司不足以让其行为合法，它应该在获得 Facebook 公司的授权许可后才能正规获得数据并合法使用，因此该经营者明显触犯了计算机欺诈和滥用法。HiQ 诉 LinkedIn 案中，美国第九巡回法院判决认为，抓取可公开访问的数据是合法的，LinkedIn 不得依据 CFAA 来禁止 HiQ 从 LinkedIn 的网站上抓取会员数据。但在终审判决中，法院作出了有利于 LinkedIn 的判决，HiQ 的抓取行为被认定为违法，原因在于其违反了 LinkedIn 的用户协议以及其创建虚假身份的行为。数据的类型直接决定了抓取的可允准性的差异，也即从数据流通的角度看，那些公开数据的抓取应当被允许，但如果数据本身附着于商业努力和经济价值之上，则因为价值归属而应受区别于公开数据的进一步保护。比如，以表 1 整理内容为例，当抓取方抓取的是第 4 顺位的数据时，则只要取得被爬方的许可即可；当抓取方抓取的是第 3 顺位的数据时，则需要同时取得个人信息主体和被爬方的双重许可；当抓取方抓取的是第 1、第 2 顺位的数据时，抓取行为很难通过获得任何主体的同意而变得正当化。

表 1　数据级别与顺位

顺位	级别	示例
1	影响国家安全的核心数据	国家秘密
2	影响公共利益的重要数据	经济运行类数据
3	影响消费者权益的用户数据	个人信息
4	影响经营者利益的一般数据	企业自行整理挖掘的衍生数据
5	其他数据	公开数据

当被抓取的数据中包含了不同顺位的数据时，则应当考虑分别适用审查标准，除非这种切割的做法不可行或者显著困难。而不宜直接以严标准吸收宽标准的形式适用统一的严格标准，否则可能与数据流动的价值取向冲突。由于竞争的广泛存在，数据保护的技术措施和反爬手段是必要的。但不同层级的数据所对应的保护力度也应有所区别。因此，当数据本身的级别难以被

① See Facebook Inc. v. Power Ventures. Inc. , 828 F. 3d 1068(9th Cir. 2016).

清晰界定时，应当结合反爬方对其数据采取的保护措施力度及其有效程度，对审查结果进行修正。此外，数据使用场景的变化也有可能对数据级别调整产生影响。例如，虽然用户对某一产品功能的点击频率、在某一页面停留的时间长短并不属于敏感的数据，但如果此类数据与用户账号信息进行匹配就可以据此分析用户偏好并用于进行个性化推荐，那么数据敏感度显著提高，数据级别也应上调。

（三）从消费者权益出发平衡数据抓取正当性判断的多元价值取向

根据芝加哥学派的观点，竞争秩序的本质要求是对消费者福祉的增加。根据一般条款的规定，市场竞争秩序、经营者合法权益和消费者合法权益是认定不正当竞争行为的基本要素。从宏观角度看，良好的竞争秩序和促进消费者整体的利益增加是一致的，所以，在考虑经营者利益的同时，消费者权益是否受损也应当被重点审查。

目前，互联网公司之间的数据不正当竞争行为根本上是在争夺存量而不是增量用户市场。基于互联网领域独特的动态竞争格局，消费者对经营者的忠诚度较低，而通过抓取数据后“免费提供”的模式往往能够快速实现平台竞争效果。其中，用户自主权和选择权仍然是《反不正当竞争法》所强调的消费者权益。在e成招聘案中，虽然被告有调用原告平台上用户简历数据的操作，但该等调用多是基于用户的授权和意愿，是用户自主选择、自主操作的结果，据此法院认定被告的行为不构成不正当竞争。① 因此，在消费者权益、竞争秩序和商业道德三者之间发生冲突时，应当首先把握消费者权益本身与竞争效果分析的内在一致性。在具体评判时，剔除冗余的干扰因素，并结合互联网产品与服务领域的特征，强调对消费者知情、选择和隐私等长远利益的保障。

在关于数据抓取行为造成损害结果的评价方面，其实同样需要进行消费者权益受损的潜在评估。“损害结果”不仅是一种私法意义上的侵权损失，因为竞争双方彼此采取的行为都可能对对方造成伤害，这也是数据抓取和数据反爬都有可能构成不正当竞争的固有问题。评估数据爬取损害时，应在此基础上进一步衡量是否会对其他使用反爬方网络产品或服务的消费者造成潜

① 参见上海逸橙信息科技有限公司与北京智联三珂人才服务有限公司、北京网聘咨询有限公司其他不正当竞争纠纷案，上海杨浦区人民法院（2019）沪0110民初16688号民事判决书。

在损害的效果。

我们还可以通过其他的规则来理解这样的价值取向。比如,在刑事司法实践中,通常数据抓取行为有可能触犯的罪名是破坏计算机信息系统罪。从该罪名的结果要件看,如果破坏计算机系统导致用户不能正常运行的数量达到一定量级,则可能构成"后果严重"。举重以明轻,在刑事司法中尚且存在以后果论罪刑的情况,作为刑法的前置法,同样也会以用户使用体验下降作为评判标准。这也是许多突破或者绕过反爬措施的数据爬取方被认定为实施了不正当竞争行为的底层逻辑,它们伤害了大量用户正常使用互联网产品或服务的权益。

四、结论

通过对当前司法实践的观察,本文总结和归纳了司法机关在数据抓取不正当竞争纠纷案件中对实质性替代的必要限度、数据类型、竞争损害以及竞争秩序保护的审查思路、做法及存在的不足,并建议引入合理替代与部分替代标准对实质性替代的限度进行阐明,将数据分类分级与正当性顺位进行匹配,同时适用宽严渐次的审查标准,以消费者权益为中心衡量竞争秩序保护的价值取向,从而在个案中既恪守反不正当竞争规则的谦抑性并抑制裁判的随意性,也在终极取向上回归了对消费者的关照。2022 年 11 月 22 日,市场监管总局发布了《关于公开征求〈中华人民共和国反不正当竞争法(修订草案征求意见稿)〉意见的公告》,其中第 18 条①也规定了类似的审查规则和价值取向。

① 第 18 条第 1 款规定:"经营者不得实施下列行为,不正当获取或者使用其他经营者的商业数据,损害其他经营者和消费者的合法权益,扰乱市场公平竞争秩序:(一)以盗窃、胁迫、欺诈、电子侵入等方式,破坏技术管理措施,不正当获取其他经营者的商业数据,不合理地增加其他经营者的运营成本、影响其他经营者的正常经营;(二)违反约定或者合理、正当的数据抓取协议,获取和使用他人商业数据,并足以实质性替代其他经营者提供的相关产品或者服务;(三)披露、转让或者使用以不正当手段获取的其他经营者的商业数据,并足以实质性替代其他经营者提供的相关产品或者服务;(四)以违反诚实信用和商业道德的其他方式不正当获取和使用他人商业数据,严重损害其他经营者和消费者的合法权益,扰乱市场公平竞争秩序。"

迈向数据跨境流动的全球规制：基本关切与中国方案*

刘金瑞**

摘　要

数据跨境流动不仅涉及跨境贸易问题，也给个人信息保护、国家数据安全和司法执法管辖带来了重大挑战，目前的数字贸易谈判无法承载这些关切。对此，我国提出了数据跨境安全流动理念，构建了双轨多层次规制制度，包括重要数据出境管理制度、个人信息跨境提供制度、司法执法跨境调取数据制度等。迈向数据跨境流动全球规制，要促进正当可控的数据跨境流动，基于风险关切进行类型化监管，统筹域内外法治，推动制度兼容。关键是构建兼容性规制框架，主要包括防范国家安全风险应厘清重要数据范围以明确“负面清单”，保护个人信息权益应健全跨境问责制以缓和事前监管压力，维护司法执法管辖应关注数据访问权而非依赖本地化存储。

关键词　数据跨境流动　个人信息　重要数据　国家安全　司法执法管辖　全球规制

*　本文获“深圳法治论坛·前沿科技与法治创新”主题征文一等奖，已发表于《行政法学研究》2022年第4期，收录于本书时文字略有改动。

**　刘金瑞，中国法学会法治研究所研究员。

数据跨境流动,一般是指位于不同国家或地区的服务器之间的数据传输。① 这种跨越国界使数据治理从一开始就成为全球议题,始于 20 世纪 70 年代的探讨最初集中于个人信息和隐私②保护,代表性成果是 1980 年经济合作与发展组织(Organisation for Economic Co - operation and Development, OECD)的《关于隐私保护与个人数据跨境流动的指南》(Council Recommendation Concerning Guidelines Governing the Protection of Privacy and Transborder Flows of Personal Data)和 1981 年欧洲理事会(Council of Europe)的《关于个人数据自动化处理中的个人保护的公约》(Convention for the Protection of Individuals with Regard to Automatic Processing of Personal Data)。随着数字经济时代到来,数字化驱动新一轮经济全球化,数据跨境流动和数字贸易大幅增长,逐步成为全球经济发展的新引擎。有研究显示,2014 年数据跨境流动对世界经济增长贡献了 2.8 万亿美元,预计 2025 年可达 11 万亿美元。③ 在此背景下,对数据跨境流动的讨论逐渐转向电子商务和数字贸易领域。

2016 年 2 月,《跨太平洋伙伴关系协定》(Trans - Pacific Partnership Agreement, TPP)签署,成为第一个包含数据跨境流动约束性规则的贸易协定。该协定在 2017 年美国退出后更名为《全面与进步跨太平洋伙伴关系协定》(Comprehensive and Progressive Agreement for Trans - Pacific Partnership, CPTPP)(就数据跨境流动而言,CPTPP 条文与 TPP 条文完全一致)。2019 年 1 月,经过 1 年多磋商,包括中国在内的 76 个世界贸易组织(World Trade Organization, WTO)成员正式签署《关于电子商务的联合声明》(Joint Statement on E - Commerce),共同发起电子商务诸边谈判,数据跨境流动是其中重要议题之一。与此同时,区域或者双边贸易协定也开始规定数据跨境流动,有的协定基本就借鉴了 CPTPP 的规定,如 2020 年新加坡、新西兰和智利签署的《数字经济伙伴关系协定》(Digital Economy Partnership Agreement,

---

① See Business Software Alliance, *Cross - border Data Flows*, *Business Software Alliance*, BSA (November 2017), https://www.bsa.org/policy - filings/cross - border - data - flows.

② 不同法域对个人信息或隐私的界定有所不同,但在数字贸易谈判中,二者一般作为相同范畴使用。

③ See McKinsey Global Institute, *Digital Globalization*: *The New Era of Global Flows*, March 2016, p. 10, https://www.mckinsey.com/business - functions/mckinsey - digital/our - insights/digital - globalization - the - new - era - of - global - flows.

DEPA）。

实际上，数据跨境流动不仅会涉及跨境贸易等经济问题，也会涉及私权保护、国家安全、主权管辖等非经济关切。目前各国对这些问题的认识和主张存在较大分歧，侧重经济维度的贸易协定无法承担凝聚共识之重，这不仅造成很多贸易协定无法达成，也加剧了全球数字治理的“碎片化”趋势。如果不加以正视并妥善解决，不仅会阻碍数字经济全球化的发展，也可能会导致私人权益侵害、社会福利受损和国家之间陷入零和博弈。探索数据跨境流动全球规制体系已经成为当前全球治理的重大任务之一。

从全球规制理论来看，这种体系的形成有赖于各国政府、国际组织、企业等多元主体共同参与，既需要引入“全球行政法”视域下确保透明度、参与性、合理决策等要求的程序规则，[①]也需要构建促成不同国家实体规则兼容的制度框架。本文以探寻其中的兼容性制度框架为中心，在梳理全球规制数据跨境流动的基本关切和主要分歧的基础上，结合我国国内制度的探索和完善，提出迈向数据跨境流动全球规制的“中国方案”。

一、全球规制数据跨境流动的关切与分歧

目前，数据跨境流动治理尚未单独作为一个全球议题，对其讨论从属于数字贸易谈判。但根据 OECD、WTO 和国际货币基金组织的定义，数字贸易是指“所有以数字方式订购和/或以数字方式交付的贸易”，[②]明显不能涵盖与特定商品或服务交易无关的数据跨境流动。这表明规制数据跨境流动，不能仅限于贸易规则，而应该从数据流动本身着手。从数据特性看，数据作为信息的载体，可以承载人类社会生活多种多样的信息，因而数据跨境流动既涉及个人信息，也涉及商业数据、公共数据，甚至会涉及与国家安全有关的数据，这使其既有促进贸易的经济面向，也会带来一系列非经济性挑战。

从应对这些挑战来看，主要经济体规制数据跨境流动的正当关切主要包括三个方面：个人信息权益保护、国家安全风险防范和司法执法管辖要求。

---

① 参见［美］本尼迪克特·金斯伯里、尼科·克里希、理查德·B. 斯图尔德：《全球行政法的产生（上）》，范云鹏译，载《环球法律评论》2008 年第 5 期。

② OECD, WTO & IMF, *Handbook on Measuring Digital Trade*, Version 1, p. 20, https://www.oecd.org/sdd/its/handbook-on-measuring-digital-trade.htm.

梳理全球视野下这些关切的不同主张,既需要剖析近期的数字贸易谈判,也需要关注主要经济体的域内立法。2020 年年底,WTO 电子商务诸边谈判取得重要进展,形成了谈判合并文本①(以下简称 WTO 谈判文本),数据跨境流动主要涉及第 B. 2 条"信息流动"和第 C. 2 条"隐私",这是分析不同经济体主张的重要依据。限于篇幅,以下主要分析欧盟和美国的不同主张。

(一)个人信息权益保护

个人信息权益保护是规制数据跨境流动的最早关切,并一直延续至今。欧盟对此立法最为全面,并就在不损害个人数据②保护前提下通过数据跨境流动促进贸易的最佳方式进行了充分讨论,2018 年欧盟委员会最终通过了《欧盟关于跨境数据流动以及个人数据和隐私保护条款的建议》(EU Proposal for Provisions on Cross - border Data Flows and Protection of Personal Data and Privacy)。从 WTO 谈判文本来看,欧盟的主张与该建议完全一致,主要包括:各方承认保护个人数据和隐私是一项基本权利,"在这方面的高标准有助于数字经济的信任和贸易的发展";各方可以采取和维持其认为适当的保障措施,以确保个人数据和隐私保护,"包括通过采用和应用个人数据跨境传输规则",并强调"本协定的任何内容均不影响缔约方各自保障措施对个人数据和隐私的保护"。③

欧盟的主张与其长期将个人数据保护视为基本权利并予以严格的高标准保护有关。欧盟认为其境内个人数据只能流向保护水平与其等同的国家或地区,不能流向保护水平不如欧盟的"洼地"。1995 年欧盟通过的《关于涉及个人数据处理中的个人保护以及此类数据自由流动的第 95/46/EC 号指令》第 25 条规定,个人数据只能流向欧盟认定提供"充分水平保护"的国家。

① 该谈判合并文本在网上公开,其标注了不同文本的提出方。WTO, *Electronic Commerce Negotiations - Consolidated Negotiating Text - December* 2020, INF/ECOM/62/Rev. 1, Bilaterals (Dec. 14, 2020), https://www.bilaterals.org/IMG/pdf/wto_plurilateral_ecommerce_draft_consolidated_text.pdf.

② 本文对"个人信息"和"个人数据"不做区分,援引文献时遵照原本表述。

③ See WTO, *Electronic Commerce Negotiations - Consolidated Negotiating Text*, C. 2. Privacy, Para. 3 Alt. 2, Para. 4 Alt. 2.

2018 年施行的欧盟《一般数据保护条例》(以下简称 GDPR)[①]第 45 条延续了这一规定。截至目前,通过欧盟"充分性认定"的国家或地区只有 14 个。[②]根据 GDPR,将个人数据传输到未获充分性认定的国家或地区只能通过两种方式:一是数据控制者或处理者能够提供"适当的保障措施",包括允许公司内部转移的具有约束力的公司规则、欧盟委员会批准的公司间转移标准合同条款以及欧盟批准的认证机制等;二是符合法定克减情形,包括数据主体知悉风险后的明确同意、数据传输对于履行合同是必要的、保护重要的公共利益等。[③]

从 WTO 谈判文本来看,美国的建议在一定程度上基于其主导形成的 CPTPP 第 14.8 条"个人信息保护"的规定,但仍有较大区别:不再承认该条的第 1 款,转而建议"各方承认确保遵守个人信息保护措施并确保对个人信息跨境流动的任何限制是必要的且与所面临风险成比例的重要性";重申了应该尊重各方既有的个人信息保护框架,认为各方应采用或维持保护用户个人信息的措施,例如全面保护隐私、个人信息或个人数据的法律,涵盖隐私的特定部门法律,或者规定执行由企业作出与隐私相关自愿承诺的法律,并应该公布与用户个人信息保护有关的信息,而对个人信息保护采取不同法律方式的缔约方,应该鼓励建立提升这些不同体制之间兼容性的机制。[④]

美国的主张源于其自由市场的价值观,其并未将个人信息(隐私)视为基本权利,只是将其纳入市场经济中消费者保护的范畴。在联邦层面,美国并没有统一的个人信息保护立法,只是由美国联邦贸易委员会确保消费者对其信息数据的使用有知情和同意的权利;考虑到市场失灵的风险,对部分特定

① Regulation (EU) 2016/679 of the European Parliament and of the Council of 27 April 2016 on the Protection of Natural Persons with Regard to the Processing of Personal Data and on the Free Movement of Such Data, and Repealing Directive 95/46/EC (General Data Protection Regulation), Official Journal of the European Union, L 119, 4. 5. 2016, p. 1 – 88.

② 包括安道尔、阿根廷、加拿大(商业组织)、法罗群岛、根西岛、以色列、马恩岛、日本、泽西岛、新西兰、韩国、瑞士、英国和乌拉圭。

③ See General Data Protection Regulation, Art. 46, Art. 47, Art. 49.

④ See WTO, *Electronic Commerce Negotiations – Consolidated Negotiating Text*, C. 2. Privacy, Para. 3 Alt. 3, Para. 4 Alt. 1, Para. 6, Para. 9, Para. 10. See CPTPP Art. 14. 8, Para. 1, Para. 2, Para. 4, Para. 5.

行业进行了专门立法,如征信业和健康保险业[①]等。这种市场经济和基于风险的理念,可以解释美国为何在谈判中提出限制个人信息跨境流动应该是"必要的且与所面临风险成比例"。美国实际上反对个人信息保护都采用像欧盟一样的"高标准",而主张各国可以按照自己的方式予以保护,不同保护方式之间应该提升"兼容性"。

(二)国家安全风险防范

2013年,"斯诺登事件"披露"棱镜"等监控计划[②]之后,各国日益重视数据跨境流动引发的国家安全风险,并基于此种关切开始限制或禁止某些数据跨境流动,这不仅涉及个人信息,也涉及金融、医疗健康等一些敏感领域的非个人信息。但国家安全关切在贸易谈判中一直是作为自由贸易的"例外情形",集中体现就是WTO协定的"安全例外"[③]。不过,考虑到WTO协定谈判时并未考虑数据跨境流动,[④]WTO过往争端解决的援引情况,[⑤]援引WTO安全例外以支持为了国家安全而限制数据跨境应该非常困难。

可能就因如此,近期CPTPP、DEPA等数字贸易协定除了引入WTO安全例外之外,还针对数据跨境流动规定了专门例外。CPTPP第14.11条、DEPA第4.3条均规定,原则上"缔约方应允许通过电子方式跨境传输信息,包括个人信息,如这一活动用于涵盖的人开展业务"(第2款),但缔约方为实现合法公共政策目标可以对信息跨境流动采取或维持限制措施,只要该措施"不以构成任意或不合理歧视或对贸易构成变相限制的方式适用;不对信息传输施加超出实现目标所需限度的限制"(第3款)。

从WTO谈判文本来看,我国和部分国家建议引入WTO一般例外和安全例外;美国建议就数据跨境流动规定与CPTPP一致的专门例外,但相较

① See Fair Credit Reporting Act of 1970, Health Insurance Portability and Accountability Act of 1996.

② "棱镜"计划是美国众多秘密监控项目之一,能够直接从网络公司服务器上收集数据信息。参见[美]格伦·格林沃尔德:《无处可藏:斯诺登、美国国安局与全球监控》,米拉、王勇译,中信出版社2014年版,第100~108页。

③ 《关税与贸易总协定》(GATT)、《服务贸易总协定》(GATS)、《与贸易有关的知识产权协定》(TRIPS)都有明确规定,参见安佰生:《WTO安全例外条款分析》,载《国际贸易问题》2013年第3期。

④ 参见彭岳:《数字贸易治理及其规制路径》,载《比较法研究》2021年第4期。

⑤ 参见马光:《FTA数据跨境流动规制的三种例外选择适用》,载《政法论坛》2021年第5期。

CPTPP 第 14.11 条，其对数据自由流动的主张更加彻底，不再承认该条第 1 款的缔约方“可设有各自的监管要求”，将该条第 2 款的“应允许”传输改为“不得禁止”传输；欧盟就数据跨境流动，除了前述认为各方可采取适当措施保护个人信息外，没有主张 WTO 例外条款，也没有提出专门例外，其建议主要是禁止四种方式的数据本地化，包括要求使用本国境内计算设施处理数据，要求在本国境内本地化存储或处理数据，禁止在其他国家存储或处理数据，以及将使用本国境内计算设施或数据本地化要求作为允许数据流动的条件。①

对于“合法公共政策”这种专门例外，目前尚无权威解释，但从表述和限定条件上看，应该区别于 WTO 安全例外，而类似于 WTO 一般例外的“公共道德或公共秩序”，那么援引该例外实施规制措施也需要“明确合法目标及必要性”“确保措施的实施不构成歧视或变相贸易限制”，②而满足这些条件也相当困难。由此可见，面对数据跨境流动日益严峻的国家安全挑战，无论是 WTO 安全例外，还是数字贸易协定规定的“合法公共政策”例外，都不足以作为基于国家安全对跨境数据实施普遍规制措施的正当依据。③

需要指出的是，尽管美国主张彻底的数据跨境流动，欧盟主张坚决反对数据本地化，但从其域内立法来看，都存在不少基于国家安全考虑来限制数据跨境流动的立法，这些普遍规定绝不仅是“例外条款”。以美国为例，2010 年以来，其建立了受控非密信息管理制度，④对国家秘密之外的国防、金融、情报、执法等 20 个大类 125 个子类的敏感信息，按照风险程度予以不同管控，措施之一就是“禁止国外传播”，仅“国防”类之下禁止国外传播的信息就包括非机密受控核信息、国家披露政策等；2018 年 8 月，颁行《外国投资风险审

① See WTO, *Electronic Commerce Negotiations – Consolidated Negotiating Text*, Annex 1 Scope and General Provisions, (6) General Exceptions, (7) Security Exception; B. 2. Flow of Information, Para. 6 Alt. 1, Para. 5 Alt. 1 Alt. 3.

② 孙南翔：《互联网规制适用 WTO 公共道德与秩序例外问题研究》，载《国外社会科学前沿》2019 年第 6 期。

③ 有学者就指出，用例外情形来正当化限制数据流动措施会比较困难。参见石静霞：《数字经济背景下的 WTO 电子商务诸边谈判：最新发展及焦点问题》，载《东方法学》2020 年第 2 期。

④ See Executive Order 13556: Controlled Unclassified Information, *Federal Register*, Vol. 75, No. 216, November 9, 2010, p. 68675 – 68677; Controlled Unclassified Information (CUI), 32 C. F. R. Part 2002.

查现代化法》(Foreign Investment Risk Review Modernization Act of 2018, FIRRMA),授权外国投资委员会审查针对美国"敏感个人数据"商业的外国非控制性投资,以避免这些数据被外国政府或主体获取;特朗普政府2019年5月签发《确保信息通信技术与服务供应链安全》行政命令①并在执政期间推行"清洁网络计划",禁止交易、使用可能对国家安全、外交政策和经济构成威胁的外国对手的信息技术和服务,拜登政府2021年6月签发《保护美国人的敏感数据不受外国对手侵害》行政命令②,都是为了避免涉及美国国家安全的敏感数据出境。

(三)司法执法管辖要求

数据跨境流动对主权管辖的挑战,是目前数字贸易谈判无法涵盖的重大关切。从国际法上看,国家行使主权的具体体现是对其领土及其国民进行管辖,以属地管辖、属人管辖为主,辅以保护管辖、普遍管辖,在国内可以分为立法管辖、司法管辖和执法管辖。③ 互联网技术的出现和发展,产生了相对于物理空间的网络空间,数据在其中大规模跨境流动,极大冲击了基于国家疆界以属地管辖为主的传统国家主权,尤其是一国的司法执法管辖权。对此,在理念上开始出现扩张国家主权的主张,"信息主权""数据主权"等概念④相继被提出。各国也纷纷出台维护主权管辖的举措,在某种程度上实际构成了对数据跨境流动的限制,这些举措概括起来主要包括两个方面:

一是规定"阻断条款"(blocking provisions),禁止境外司法执法机构不经本国同意调取数据。例如,美国1986年通过的《存储通信法》第2702条和第2703条规定,除例外情况,向公众提供电子通信服务(ECS)和远程计算服务(RCS)的主体不得故意向任何个人或实体泄露服务中存储或承载的通信内

① Executive Order 13873: Securing the Information and Communications Technology and Services Supply Chain, Federal Register, Vol. 84, No. 96, May 17, 2019, p. 22689 - 22692.

② Executive Order 14034: Protecting Americans' Sensitive Data From Foreign Adversaries, Federal Register, Vol. 86, No. 111, June 11, 2021, p. 31423 - 31426.

③ 参见王铁崖主编:《国际法》,法律出版社1995年版,第76、90页。See James Crawford, *Brownlie's Principles of Public International Law*, 9th edition, Oxford University Press, 2019, p. 440.

④ 参见刘连泰:《信息技术与主权概念》,载《中外法学》2015年第2期;蔡翠红:《云时代数据主权概念及其运用前景》,载《现代国际关系》2013年第12期;沈国麟:《大数据时代的数据主权和国家数据战略》,载《南京社会科学》2014年第6期。

容;只有美国政府实体为了特定司法或执法目的,在满足法定条件下通过搜查令等才可以要求这两类服务提供者提供通信内容或相关记录。[①] 该法将强制获取通信数据的执法主体限于“美国政府实体”,实际上是禁止美国服务商向外国政府提供存储于美国的通信数据。再如,欧盟 GDPR 第 48 条规定,第三国法院或法庭的判决及行政机关的决定,如有要求数据控制者或处理者转移或披露个人数据的,只有在基于请求国与欧盟或成员国间生效的国际条约(如双边司法协助协定),且不影响其规定的转移基础时,才可以获得承认或执行。[②]

二是要求将某些重要监管领域的数据留存在本国境内,以“数据本地化存储”来确保实现司法执法管辖权。例如,美国在推动形成 CPTPP 数据跨境流动条款过程中,考虑到美国财政部和金融监管机构会把金融数据本地化存储作为监管选项,就将金融数据排除在 CPTPP 适用范围之外。[③] 再如,2018 年 4 月,印度要求所有支付系统提供商应确保其系统运营相关的全部数据,包括端到端交易的完整详细信息,存储在印度境内的系统中,以便印度中央银行可以“不受限制地监管访问这些系统提供商存储的数据,以及它们的服务提供商/中介机构/第三方供应商和支付生态系统中其他实体存储的数据”。[④]

面对数据跨境流动日益频繁的现实,有些发达经济体开始认识到单纯的数据“阻断调取”和“本地化存储”难以适应实践需要,在倡导数据跨境流动的同时,开始扩张国家管辖权,主张对跨境数据进行“域外管辖”[⑤]。典型代表是欧盟和美国,但二者路径有所不同。欧盟 GDPR 第 3 条基于传统属人管

---

① See Electronic Communications Privacy Act of 1986 (ECPA), § § 2702 – 2703, Pub. L. No. 99 – 508, 100 Stat. 1860.

② See General Data Protection Regulation, Art. 48.

③ See Nigel Cory, *The TPP's Financial Data Carve Out – USTR Closes A Loophole for Digital Protectionists*, Innovation Files Blog (July 7, 2016), https://www.innovationfiles.org/the-tpps-financial-data-carve-out-ustr-closes-a-loophole-for-digital-protectionists/.

④ See *RBI Notification on Storage of Payment Systems Data*, RBI/2017 – 18/153, Reserve Bank of India (April 6, 2018), https://www.rbi.org.in/scripts/NotificationUser.aspx?Id=11244.

⑤ 在国际法上,域外管辖并不是一类独立的管辖权,可以理解为一国在其境外行使主权权力或权威。参见廖诗评:《国内法域外适用及其应对——以美国法域外适用措施为例》,载《环球法律评论》2019 年第 3 期。

辖和属地管辖的连接点,从数据处理行为的效果入手,将欧盟境内机构境外处理个人数据的行为和欧盟境外机构处理欧盟境内个人数据的行为都纳入了管辖。美国2018年3月施行的《澄清境外合法使用数据法》①(Clarifying Lawful Overseas Use of Data Act,以下简称CLOUD法),不再考虑数据的属地管辖,转而提出了管辖“数据掌控者”的新模式,规定无论通信、记录或其他信息是否位于美国境内,美国的电子通信服务(ECS)或远程计算服务(RCS)提供者都有义务按照法定要求,保存、备份或者披露其拥有、监管或控制的用户或订户的通信内容以及任何记录或其他信息。由此,这些服务提供者掌控的数据都可能被美国政府获取,极大地扩张了美国对境外数据的管辖权。

这些“域外管辖”明显是一种单边主义行为,虽然有利于缓和本国数据本地存储的压力,但是不可避免地会与既有的数据“属地管辖”产生冲突。如果不能妥善解决这种主权管辖冲突,不仅会造成跨国企业陷入管辖冲突的“旋涡”,而且可能导致相关国家普遍要求“阻断调取”和“本地化存储”,进一步加剧对数据跨境流动的阻碍。解决跨境数据的国家管辖冲突,迫切需要在相互尊重主权的前提下探索多边协作。

(四)要正视共同的正当关切

从上述梳理可以发现,全球主要经济体规制数据跨境流动的非经济关切,虽然程度可能不同,但集中体现为保护个人信息、维护国家安全和确保主权管辖三个共同议题。目前美国发起的数字贸易谈判只涵盖了其中的部分议题,除了欧盟极力主张的个人信息保护议题被完全纳入外,国家安全关切只是作为自由贸易的“例外情形”,司法执法管辖则完全没有涉及。究其原因,表面上看是限于数字贸易主题,但考虑到美国就数据安全和数据管辖的大量规制立法,美国在国际谈判中忽略上述关切应该是有意为之。这背后的深意在于:美国将“数据自由流动”与“贸易自由流动”捆绑设置议题,通过主张彻底的数据跨境自由流动,支持其先进的数字技术企业发展全球市场,使海量数据流回美国,从而保持其在全球数字市场和网络空间的主导地位。

---

① Division V - CLOUD ACT, Consolidated Appropriations Act, 2018, Pub. L. No. 115 - 141, 132 Stat. 1213.

需要指出的是,数据跨境流动还引发了经济层面的数据保护主义。随着数字经济的发展,数据已经成为国家基础性战略资源,各国开始纷纷争夺数据资源。但无序的竞争催生了"数据民族主义",印度就从数据民族主义角度来强调其推行数据本地化发展数字产业的必要性。① 从国家经济发展程度和国家战略来看,一定程度上的数据防御主义是可以接受的。② 但只从本国利益出发,不加区分限制数据跨境流动的做法,是一种数字贸易保护主义,应该予以坚决反对。本文认为,无论是经济关切,还是非经济关切,都可能要求数据本地化,评判其正当性应该从规制目的和程度入手,不能一概而论。

总之,对于数据跨境流动,目前数字贸易谈判无法承载所有议题,也无法承担凝聚全球共识的重任。探索全球性的规制框架,亟须正视上述正当关切并予以充分探讨。

二、促进和管控数据跨境流动的中国探索

我国很早就认识到仅从贸易角度探讨数据跨境流动的局限性,2019 年在 WTO 电子商务诸边谈判最初提案中也强调,应该将电子商务界定为通过互联网进行的跨境货物贸易以及相关支付和物流等服务,数据跨境流动等问题具有复杂性和敏感性,应该进行更多的探讨。③ 基于这种深刻把握,近年来我国提出了"数据跨境安全流动"的新理念、新范式,发起了《全球数据安全倡议》,并就构建数据出境监管制度进行了积极探索。2017 年之前,对金融、征信、人口健康、互联网地图、网约车等特定领域的数据出境,通过行政法规、部门规章和规范性文件等进行了规范。④ 2017 年之后,先后施行《网络安全法》《数据安全法》《个人信息保护法》,建立起全面的数据出境管理制度。

---

① 参见毛维准、刘一燊:《数据民族主义:驱动逻辑与政策影响》,载《国际展望》2020 年第 3 期。

② 参见刘金河、崔保国:《数据本地化和数据防御主义的合理性与趋势》,载《国际展望》2020 年第 6 期。

③ See WTO, *Joint Statement on Electronic Commerce – Communication from China*, INF/ECON/19, April 24, 2019.

④ 部分相关规定包括:《中国人民银行关于银行业金融机构做好个人金融信息保护工作的通知》(2011 年)(已失效)、《征信业管理条例》(2013 年)、《人口健康信息管理办法(试行)》(2014 年)、《地图管理条例》(2016 年)、《网络预约出租汽车经营服务管理暂行办法》(2016 年)(已修改)。

（一）数据跨境安全流动的理念

在《网络安全法》“网络信息依法有序自由流动”的基础上，《数据安全法》确立了“数据跨境安全流动”的价值理念和基本原则，可以结合其与《个人信息保护法》《全球数据安全倡议》的相关表述，从保护与利用并重、统筹国内与国际两个方面来理解。

1. 有效保护与合法利用并重

《数据安全法》第 11 条明确规定国家“促进数据跨境安全、自由流动”，这里的“自由”应该连同第 7 条“数据依法有序自由流动”一并理解，此时“依法有序”是核心，“自由”只是延续《网络安全法》类似表述，用来描述数据“流动”状态，彰显“促进数据开发利用”的立法价值，实际并没有多少规制层面的意义。因此，对于数据跨境流动，我国的核心规制理念是确保数据“安全流动”。

对于数据安全，《数据安全法》第 3 条第 3 款定义为“通过采取必要措施，确保数据处于有效保护和合法利用的状态，以及具备保障持续安全状态的能力”。从表述上看，强调确保数据“有效保护”和“合法利用”并重。笔者认为，这里的“有效保护”和“合法利用”可以分别对应数据的“自身安全”和“利用安全”，数据自身安全就是传统数据安全概念所强调的数据自身的完整性、保密性、可用性，而数据利用安全是强调防范数据大规模聚合和分析引发的安全风险。[①] 这实际上是顺应了数字经济时代数据大规模流动和利用的现实需求，极大扩展了“数据安全”的内涵。

基于这种新理念，《数据安全法》构建了数据自身安全与利用安全并重的新范式，其在“促进数据开发利用”的同时，对数据利用安全做了原则性规范，强调“应当有利于促进经济社会发展，增进人民福祉，符合社会公德和伦理”，“不得危害国家安全、公共利益，不得损害个人、组织的合法权益”。确保数据跨境安全流动，就是既要确保流动数据的自身安全，也要确保数据跨境符合这种利用安全的要求。《全球数据安全倡议》就明确提出，各国不得利用数据从事危害他国国家安全和社会公共利益的行为。

① 参见刘金瑞：《数据安全范式革新及其立法展开》，载《环球法律评论》2021 年第 1 期。

2. 统筹国内法治与涉外法治

数据跨境流动属于关系国家数据安全的全球性议题,参与相关国际规则的制定必须坚持总体国家安全观,统筹推进国内法治和涉外法治。我国发起《全球数据安全倡议》,就是贯彻总体国家安全观,“打造命运共同体,推动各方朝着互利互惠、共同安全的目标相向而行”,[①]推动形成国际共识的具体举措,其中涉及数据跨境安全流动的主张包括:

(1)维护国家安全:应以事实为依据全面客观看待数据安全问题,反对利用信息技术破坏他国关键基础设施或窃取重要数据,以及利用其从事危害他国国家安全和社会公共利益的行为。(2)保护个人信息:采取措施防范、制止利用网络侵害个人信息的行为,反对滥用信息技术从事针对他国的大规模监控、非法采集他国公民个人信息。(3)数据本地化存储:应要求企业严格遵守所在国法律,不得要求本国企业将境外产生、获取的数据存储在境内。(4)司法跨境调取数据:应尊重他国主权、司法管辖权和对数据的安全管理权,未经他国法律允许不得直接向企业或个人调取位于他国的数据;如因打击犯罪等执法需要跨境调取数据,应通过司法协助渠道或其他相关多边、双边协议解决;国家间缔结跨境调取数据双边协议,不得侵犯第三国司法主权和数据安全。

(二)双轨多层规制的制度构造

综合《网络安全法》《数据安全法》《个人信息保护法》规定来看,我国从数据跨境流动的不同关切入手,以“重要数据”和“个人信息”为抓手建立了两种独立的数据出境规制制度:一是为了维护国家安全的重要数据出境安全管理制度,主要规定在《数据安全法》和《网络安全法》;二是为了维护个人权益的个人信息跨境提供制度,主要规定在《个人信息保护法》。这两种制度在监管目标、适用范围、规制手段上均存在显著区别,形成了“双轨并行”的模式。在这两种制度之中,又区分了关键信息基础设施运营者、重要数据处理者、处理个人信息达到规定数量的处理者等不同主体,还规定了司法执法跨境调取等不同场景规则,呈现出“多层规制”的特征。主要制度简要梳理如下:

① 卫庶:《坚持总体国家安全观走中国特色国家安全道路》,载《人民日报(海外版)》2018 年 4 月 26 日,第 3 版。

1. 维护国家安全的重要数据出境管理制度

为了切实维护网络空间主权和国家安全,《网络安全法》借鉴域外经验,设立了关键信息基础设施保护制度,第 37 条就关键信息基础设施的重要数据出境管理做了专门规定:关键信息基础设施的运营者在我国境内运营中收集和产生的个人信息和重要数据应当在境内存储;因业务需要,确需向境外提供的,应当按照国家网信部门会同国务院有关部门制定的办法进行安全评估;法律、行政法规另有规定的,依照其规定。

考虑到重要数据出境不仅限于关键信息基础设施,《数据安全法》根据实践发展和数据安全管理工作的需要,将重要数据出境管理的适用范围扩大到所有的重要数据处理者,第 31 条明确规定:关键信息基础设施的运营者在我国境内运营中收集和产生的重要数据的出境安全管理,适用《网络安全法》的规定;其他数据处理者在我国境内运营中收集和产生的重要数据的出境安全管理办法,由国家网信部门会同国务院有关部门制定。此外,还与《出口管制法》相衔接,《数据安全法》第 25 条规定了数据出口管制制度:“国家对与维护国家安全和利益、履行国际义务相关的属于管制物项的数据依法实施出口管制。”

对于重要数据出境管理制度,《网络安全法》《数据安全法》只是明确了基本框架,具体制度设计有待配套规定予以明确。

2. 保护个人权益的个人信息跨境提供制度

为保护个人信息权益,适应个人信息跨境流动日益频繁的现实需要,《个人信息保护法》第 3 章专章规定了个人信息跨境提供的规则,主要包括:一是明确个人信息跨境提供的合法途径,包括特定情形通过国家网信部门组织的安全评估,经专业机构进行个人信息保护认证,与境外接收方订立标准合同,满足法律、行政法规或者国家网信部门规定的其他条件,以及按照我国缔结或参加的国际条约、协定的有关规定。二是要求个人信息处理者应当采取必要措施,保障境外接收方处理个人信息的活动达到本法规定的个人信息保护标准。三是对跨境提供个人信息的“告知—同意”作出更严格的规定,要求应当取得个人的单独同意。

《个人信息保护法》第 40 条规定:关键信息基础设施运营者和处理个人信息达到国家网信部门规定数量的个人信息处理者,应当将在我国境内收集和产生的个人信息存储在境内。确需向境外提供的,应当通过国家网信部门组织的安全评估;法律、行政法规和国家网信部门规定可以不进行安全评估的,从其规定。该规定的原因在于,关键信息基础设施涉及的个人信息和数量巨大的个人信息集合,都可能影响国家安全,那么其出境也如同重要数据一样应该通过国家网信部门组织的安全评估。

对于个人信息跨境提供制度,《个人信息保护法》确立的制度框架仍需要配套规定予以细化。

3. 尊重主权管辖的司法执法跨境调取数据制度

关于司法执法跨境调取数据,我国历来主张应以尊重各国主权管辖为原则,《全球数据安全倡议》重申了这一主张。《数据安全法》第 36 条和《个人信息保护法》第 41 条都贯彻了该原则,具体而言:我国主管机关根据有关法律和我国缔结或者参加的国际条约、协定,或者按照平等互惠原则,处理外国司法或者执法机构关于提供数据/存储于境内个人信息的请求,非经我国主管机关批准,境内的组织、个人不得向外国司法或者执法机构提供存储于我国境内的数据/个人信息。《数据安全法》第 48 条还对此专门规定了较重的罚则,以"为有关组织、个人拒绝外国不合理要求提供更为充分的法律依据"①。

此外,"斯诺登事件"之后,滥用公权力获取私主体数据成为各国关注的焦点。为打消其他国家对我国司法执法跨境调取数据的顾虑,《数据安全法》第 35 条还规范了我国司法执法机关调取数据的行为,明确公安机关、国家安全机关因依法维护国家安全或者侦查犯罪的需要调取数据,应当按照国家有关规定,经过严格的批准手续,依法进行。

(三) 要继续深化中国探索

总结来看,就数据跨境流动,我国坚持"安全流动"的理念,构建了"重要数据"和"个人信息"出境规制"双轨并行"分层次的制度框架。我国个人信息跨境提供规则,借鉴了域外立法经验,在强化个人权益保护的同时,为个人

① 《全国人民代表大会宪法和法律委员会关于〈中华人民共和国数据安全法(草案)〉修改情况的汇报》,载中国人大网 2021 年 6 月 11 日,http://www.npc.gov.cn/npc/c30834/202106/t20210611_311946.html。

信息跨境流动提供了多种合法途径,有利于推动我国与其他经济体接轨,促进我国数字经济发展。我国关于重要数据出境管理的探索,从世界范围来看极大发展了基于国家安全关切规制数据跨境流动的法治架构,为全球应对数据跨境流动国家安全挑战提供了新的制度选项。

但需要指出的是,目前我国法律层面仅规定了“双轨”管控的制度框架,配套制度远未健全,重要数据范围、出境安全评估等核心规则仍不明确,不仅影响了我国数据流和贸易流,还极易导致我国被误解和被指责以“安全”为由阻碍数据流动和制造贸易壁垒。从全球化视野看,我国目前的制度设计多聚焦“数据外流”,避免数据被不当获取,规制手段多为事前监管,并没有同步考虑这些规制措施对“数据内流”的影响,基本还是一种防御主义。长远来看,这不仅无法满足我国数字经济发展的实践需要,也无法适应我国在这一轮数字经济全球化中的全面布局,我国数据跨境流动制度仍有较大完善空间。

三、探寻数据跨境流动全球规制的中国方案

面对数据跨境流动这一全球性挑战,目前仅侧重经济维度的数字贸易谈判无法承载所有规制关切,各国就保护个人信息、维护国家安全和确保主权管辖等非经济关切存在较大分歧,全球数据跨境流动规制呈现“碎片化”趋势,亟须探讨制定新的规制框架。对此,我国目前正积极参与区域或双边谈判,正式申请加入 CPTPP 和 DEPA 等,努力“跟跑”和“并跑”,值得高度肯定。

与此同时,我国也有必要从数据跨境流动的非经济性共同关切入手,结合自身探索在贸易谈判之外提出新的议题框架和系统主张,在凝聚多边共识基础上推动生成新的国际规则,努力在探索数字治理国际规则中“领跑”。为此,本文就迈向数据跨境流动全球规制的基本思路和兼容性框架提出以下建议。

(一)迈向数据跨境流动全球规制的基本思路

数据跨境流动引发的非经济关切是网络空间主权冲突的最集中体现。只有相互尊重主权,通过多边充分协商才能凝聚共识、达成合作,才能使莱斯格所言的网络空间“相互竞争的主权”①转变为“相互依赖的主权”。由此来

① [美]劳伦斯·莱斯格:《代码 2.0:网络空间中的法律》,李旭、沈伟伟译,清华大学出版社 2009 年版,第 299 ~ 333 页。

看,我国提出的“尊重网络主权、构建网络空间命运共同体”应该成为探讨数据跨境流动全球规制的基本前提。在此前提下,本文总结主要国家的规制共识和立法经验,提出迈向全球规制的基本思路。

1. 促进正当可控的数据跨境流动

从数据流促进贸易流的角度来看,似乎应该无条件促进数据自由流动。可正如自由贸易也有例外限制一样,数据流动同样有规制的必要,更何况数据跨境流动不只是具有促进贸易的经济面向。各国基于国家安全、私权保护、主权管辖等非经济关切对跨境数据流动采取了不同的规制措施,世界上并不存在不受限制的数据自由流动。相对于数据跨境自由流动,我国提出了数据跨境“安全流动”的理念,就是考虑了这些规制关切。

需要指出的是,“数据跨境安全流动”的“安全”,实际已经超出了传统数据安全的理解,如前所述在内涵上还包括数据利用安全,这种利用安全是强调数字经济时代下数据大规模流动和利用的正当性和可控性,①而正当性和可控性完全可以涵盖个人权益保护、国家主权管辖等规制关切。不过,从语义上看,域外对“数据安全”的理解还停留在传统的数据的完整性、保密性、可用性,这容易造成域外误解我国以“安全”为由制造障碍和壁垒。因此,为了准确表达规制关切和更具号召力,建议将“安全流动”升级为“正当可控流动”,以“促进正当可控的数据跨境流动”作为迈向全球规制的基本理念。

此外,“正当可控的数据跨境流动”相较于2019年《G20大阪数字经济宣言》(G20 Osaka Digital Economy Declaration)“基于信任的跨境数据流动”,更强调客观性和包容性。“信任”往往指向双方的关系亲疏,容易滑向“朋友”和“对手”的二分,沦为搞排他性“小圈子”和单边主义、保护主义的借口,而“正当可控”是从规制的正当性入手,更有利于迈向合作共赢的全球规制。

2. 基于风险关切进行类型化监管

正当可控的数据跨境流动,强调风险的可控性,这要求采取基于风险的规制方法。而管控风险一般认为包括四种策略:接受风险、避免风险、控制风

---

① 参见刘金瑞:《数据安全范式革新及其立法展开》,载《环球法律评论》2021年第1期。

险以及转移风险。[①] 避免风险、控制风险和转移风险往往对应事前监管、事中监管和事后监管,这三种策略和监管都不可能实现绝对安全,因此风险规制应该接受一定风险的存在,这也是统筹安全与发展关系的原因所在。从这个角度看,无论是美国曾推行的“清洁网络计划”,还是印度的极端数据民族主义,都是试图以阻断数据跨境流动来谋求所谓自身绝对安全的非理性决策。迈向数据跨境流动全球规制,实际上是通过多边合作来实现相对的共同安全。

基于风险的规制,需要根据风险程度匹配不同监管方式,进行类型化监管。对于监管的类型化,本文认为,除了结合数据分类分级考虑风险程度外,还应该统筹考虑规制数据跨境流动的不同关切。我国区分重要数据出境管理和个人信息跨境提供的“双轨”模式,实际就考虑了维护国家安全和维护个人权益的不同关切。考虑到目前这两种关切已被普遍认同,这种“双轨”区分可以作为全球规制兼容性框架讨论的基础。对于数据跨境流动管制方式,OECD 概括为不设管制、事后问责、以保障措施为条件、以专门授权为条件四种基本类型,[②]形成了管制由弱到强“渐变光谱”[③]。对于不同类型的数据跨境流动,应该在这种规制光谱中选择适合的方式配合使用,建立事前、事中、事后监管体系。要防止不做区分“一刀切”采用事前监管的做法,以避免对数据流动造成不当阻碍。

3. 统筹域内外法治,推动制度兼容

数据跨境流动包括“数据出境”和“数据入境”两个面向,会涉及域内法治和域外法治两种管辖,任何参与数字经济全球化的国家都需要统筹考虑这两个面向、两种管辖。对于数据跨境流动这一共同挑战,各国由于基本国情、发展阶段和文化传统的不同,在某些问题上存在认识差异,就国家安全、私权保护、主权管辖等却有共同关切。应对这些共同关切的法治探索,值得各国立足本国国情相互学习借鉴。欧盟 GDPR 规定的个人信息跨境流动机制,例

---

① See U. S. Department of Homeland Security, *Risk Management Fundamentals*, April 2011, p. 23, https://www. dhs. gov/sites/default/files/publications/rma – risk – management – fundamentals. pdf.

② See OECD, *Trade and Cross – Border Data Flows*, January 2019, p. 16 – 21, https://doi. org/10. 1787/b2023a47 – en.

③ 参见许可:《自由与安全:数据跨境流动的中国方案》,载《环球法律评论》2021 年第 1 期。

如有约束力的公司内部规则、标准合同等途径就得到了其他国家的广泛认同,但“充分性认定”途径的认可度有限。原因在于,虽然欧盟在数字贸易谈判中坚决反对本地化,但其“高标准”保护连同严格的“充分性认定”,使通过认定的国家或地区很有限,会造成事实上的本地化要求,不利于数据跨境流动。

即使是同样的关切,往往也不存在放之四海皆准的规制模式。当不同国家针对同一问题存在不同制度设计时,应尽最大可能推动达成制度兼容。从存在共识的规范层次来看,推动制度兼容可分为三种情况:一是在具体制度层面存在共识,可以通过协商达成共同规则,如双边司法执法数据调取协议;二是仅在基本原则层面存在共识,可以通过协商确立各方共同遵守的最低规制标准,例如 CPTPP 承认各方可以维持既有的保护用户个人信息的措施;三是仅在价值理念层面存在共识,此时应该现实地承认无法在制度层面达成兼容,但可以就共同关切保持协商对话,例如对关系国家安全数据的讨论。由此观之,设计数据跨境流动全球规制的兼容性框架尤为重要,这种框架应该从共同关切出发,反映价值理念共识,内嵌基本原则共识,能够引导讨论迈向制度共识。

(二)探寻数据跨境流动全球规制的兼容性框架

探寻数据跨境流动全球规制的兼容性框架,就是要寻找数据跨境流动的“共同法”。所谓共同法,从比较法上看,就是在各法律秩序所提出的相同的法律问题上都能适用的共同解决方案或共同原则,或相对理想的类型。[①] 在当前数字经济全球化出现“逆流、险滩”的艰难时刻,在西方国家主导的数字贸易谈判无法涵盖国家安全、主权管辖等共同关切的情况下,为避免全球数字治理的“碎片化”,探讨这种共同法极为必要。

根据前述基本思路对这种共同法的讨论,结合目前规制共识和制度探索,本文认为数据跨境流动全球规制兼容性框架应该涵盖防范国家安全风险、保护个人信息权益、维护司法执法管辖三个方面,以下就如何推动不同国家规则兼容达成这三方面“共同法”提出针对性建议。虽然这些建议阐释以完善我国数据跨境管理制度为中心,但这种全球视野下的制度构建也可以认

① 参见[日]大木雅夫:《比较法》,范愉译,法律出版社 1999 年版,第 72 页。

为是基于我国法提出的迈向数据跨境流动全球规制的“中国方案”。

1. 防范国家安全风险:厘清重要数据范围以明确“负面清单”

如前所述,目前西方国家主导的数字贸易谈判,无论是引入 WTO 安全例外,还是规定专门的“合法公共政策”例外,都不足以作为基于国家安全对跨境数据实施普遍规制措施的正当依据。目前我国提出了重要数据出境管理制度,从全球范围来看极大发展了基于国家安全规制数据跨境流动的法治架构,但由于重要数据范围仍不清晰,不仅造成了不必要的误解,影响了我国数据流和贸易流,还阻碍了我国在国际上以重要数据为由主张国家安全关切。建议分国际和国内两个层面来完善重要数据出境管理制度。

在国际层面,应该将为了维护国家安全、公共利益管控重要数据作为独立议题提出,不再认为其仅属于“例外条款”。在数字贸易谈判中,可以借鉴欧盟将个人数据和隐私保护条款与数据跨境流动条款并列的做法,拟定并提出单独的“重要数据条款”,只要符合此条款规定的限制数据流动措施,无须再作为自由贸易例外情况对待,为我国和具有类似关切的国家留下足够的规制空间。考虑到制度体系性,可以提出《数据安全法》规定的“国家核心数据”适用 WTO 国家安全条款,从而与“重要数据条款”相区分。鉴于重要数据可能严重影响国家安全、公共利益,在规制手段上,应以事前监管为主,主要是依托目前规定的数据出境安全评估制度。由于重要数据关系国家安全,较难达成共识,可以允许各国自行确定重要数据的具体范围。

在国内层面,应该在总体国家安全观指导下尽快厘清重要数据的范围和出台重要数据出境安全评估制度,以明确我国数据出境的“负面清单”。建议从危害程度上进一步明确“重要”的内涵,将重要数据判断标准修改为“可能严重危害国家安全、公共利益”。考虑到不同行业不同领域的复杂性,立法不可能列举出重要数据的具体范围,但可以通过规定重要数据认定制度来代替直接列举重要数据的范围。根据《数据安全法》第 21 条,首先,应由国家数据安全工作协调机制统筹协调有关部门在国家层面制定重要数据目录;其次,由各地区、各部门据此制定本地区、本部门以及相关行业、领域的重要数据具体目录。具体而言,应该规定各行业或领域重要数据具体目录认定的负责部门、标准依据和相应程序。在主管部门组织认定重要数据具体目录的过程中,可以考虑以数据处理者根据相关标准先自主申报、主管部门再予以审核认定的方式为主,辅以主管部门对于重要主体的重要数据可依职权主动认定,对于应申报而未申报的主体应该规定相应的法律责任。

2. 保护个人信息权益:健全跨境问责制以缓和事前监管压力

目前,各国和地区大多已经建立了某种程度的个人信息保护制度。跨境个人信息保护的核心问题是个人信息在保护水平存在差异的国家或地区流动,应该如何促进不同水平保护制度的兼容。从目前实践来看,包括两种方式:一是通过事前监管机制,典型代表就是欧盟的"充分性认定"和"适当的保障措施";二是依靠事后问责机制,典型代表是美国推动的亚太经济合作组织(Asia – Pacific Economy Cooperation,APEC)的跨境隐私规则(Cross – border Privacy Rules,CBPR)体系。①

2011 年,APEC 基于其隐私框架通过了 CBPR 体系。该体系是一种自愿认证体系,加入该体系的数据跨境流动企业,必须实施一套符合 APEC 隐私框架的隐私政策,以满足问责制、通知、选择、安全保护、消费者权利等要求。该体系要求企业所在地至少有一个 APEC 认可的问责代理机构,按照 APEC 隐私保护标准对企业进行合规认证并负责调查消费者投诉等;至少有一个隐私执法机构加入 APEC 跨境隐私执法安排(CPEA),作为争端解决的后盾,并促进各经济体隐私执法机构的互操作性。②

对比 GDPR 和 CBPR 来看,二者在兼容保护水平差异方面存在较大不同:GDPR 实际是"就高不就低",如果达不到充分保护,有关国家或地区就得通过适当保障措施与欧盟保护水平"拉齐";CBPR 实际是"就低不就高",认可 APEC 隐私框架即可"入圈",这实际仅是维持各方共同遵守的最低标准。两种方案各有利弊:GDPR 兼容方式成本较高,但一旦通过充分性认定等,企业数据跨境流动会比较便利;CBPR 兼容门槛较低,企业容易达到,但主要基于自愿认证,规制力度有限。

我国《个人信息保护法》借鉴 GDPR 事前模式规定了经专业机构认证、订立标准合同等途径,但没有采用"充分性认定"机制,只要求个人信息处理

---

① 参见许多奇:《个人数据跨境流动规制的国际格局及中国应对》,载《法学论坛》2018 年第 3 期。

② See APEC, *APEC Cross – Border Privacy Rules System: Policies, Rules and Guidelines*, updated as of November 2019, http://cbprs.org/wp – content/uploads/2019/11/4. – CBPR – Policies – Rules – and – Guidelines – Revised – For – Posting – 3 – 16 – updated – 1709 – 2019.pdf.

者应当采取必要措施保障境外接收方保护水平达到该法保护标准,似乎在一定程度上采用了问责制的思路。就我国个人信息跨境规则与其他国家兼容而言,建议借鉴欧盟和美国的做法,兼采事前监管模式和事后问责模式,可以考虑在双边或者多边谈判中根据对等原则建立“白名单”制度;考虑到事前监管的压力、事中事后监管的需要以及经专业机构认证等事前途径的成本,也应该同步研究健全境外处理者问责机制,以避免过于依赖事前机制而对数据流动造成不当阻碍;应该将这种事后问责机制纳入我国与其他国家缔结的双边或者多边司法协助协定之中,以避免类似 CBPR 自愿认证体系规制力度不够的问题。此外,出于疫苗研究等科研需要,还应该考虑就科研领域的个人信息出境制定特殊规则。

3. 维护司法执法管辖:关注数据访问权而非依赖本地化存储

从一国司法执法管辖来看,数据调取存在两个面向:他国调取境内数据、本国调取境外数据。这两种面向都会存在主权管辖冲突,而且近年来随着大数据、云计算等技术的发展,数据跨境流动成为常态,管辖冲突日益频繁,出现了大量“阻断调取”“域外管辖”等现象;有些国家担心数据流向境外无法行使管辖权,还提出了“数据本地化存储”的要求。主权管辖之间的制度兼容,主要是在相互尊重主权的前提下缔结双边或者多边司法协助协定。但传统司法协助程序需要通过双方的专责机关沟通处理,往往复杂冗长且低效,已经越来越不适应数字经济全球化发展和争议快速解决的需要。

在这种情况下,出现了前述 CLOUD 法规定的从“数据掌控者”直接调取数据的模式;这种模式使司法执法效率有了极大提升。在 CLOUD 法之后,2018 年 4 月欧盟的《关于刑事案件中电子证据的欧洲提交和保全令条例的建议》①、2019 年 2 月英国的《犯罪(境外提交令)法》②都采用了类似的模式。虽然 CLOUD 法在给予外国政府调取美国“数据掌控者”数据方面存在诸多不合理限制而广受诟病,③但其适应时代要求关注数据访问权的立法思路值

① Proposal for a Regulation of the European Parliament and of the Council on European Production and Preservation Orders for Electronic Evidence in Criminal Matters, 17.4.2018, COM(2018) 225 final.

② Crime (Overseas Production Orders) Act 2019.

③ 参见孔庆江、于华溢:《数据立法域外适用现象及中国因应策略》,载《法学杂志》2020 年第 8 期。

得肯定。值得注意的是,美国在2019年达成的美墨加协定(The United States—Mexico—Canada Agreement,USMCA)中,也放弃了之前坚持的金融数据本地化存储的主张,转而强调确保监管机构对相关数据的访问权。该协定第17章"金融服务"第17.18条规定,缔约方的金融监管机构立即、直接、完整和持续地获取相关人员的信息,包括此类人员的交易和运营的基础信息,对于金融监管和监督至关重要,有必要消除对该访问的任何潜在限制。

实际上,如果两个国家在充分尊重主权的基础上达成了双边司法协助协定,相互承认对方的域外管辖,那么即使数据不存储在本国境内,只要能够确保及时、直接、完整地获取,并不会对司法执法造成影响。换言之,对于司法执法跨境调取数据,数据存储的位置不是关键,关键是确保数据的访问权。当然,为了保障这种数据访问权,可以规定义务主体不及时提供数据时应当承担的法律责任。如此,可以大大减少因司法执法管辖而要求的数据本地化存储。建议我国在与其他国家缔结的双边或者多边司法协助协定中探索建立这种数据访问权模式。

以伦理规范和法治保障共同推动科技向善治理*

李训刚**

摘　要

科技在推动人类社会发展过程中扮演着不可或缺的角色，带给人类福祉的同时也给世界带来隐忧，诸如人工智能、基因编辑、互联网大数据等革新技术兴起，越发明显地引发了道德冲击，科技向善成为极为重要的命题。本文阐释了科技向善的内涵、外延与表现，分析了科技向善的必要性和深刻意义，着重论述了从伦理规范和法治保障两个方面共同推动科技向善治理。伦理道德是规范科技活动内在的价值导向，法治则是科技向善的外在刚性约束，德法并行，缺一不可。最后本文结合新冠疫情的时代背景，引导人们既要看到科技在疫情防控中起到的"向善"作用，也要警惕科技治理疫情过程中可能出现的作恶风险，还需对个体权利让渡界限和社会公平等方面进行正视和思考。

关键词　科技向善　伦理规范　法治保障　疫情治理

引　言

1749年，法国第戎科学院举办征文活动，已年近40岁却仍然寂寂无名的

---

* 本文获第三十四届全国副省级城市法治论坛征文二等奖，收录于本书时文字略有改动。

** 李训刚，深圳市公安局龙岗分局民警。

卢梭以《论科学与艺术》投稿，一反当时主流的歌颂观点，论述了科学与艺术的发展有伤社会风化，指出了科学和艺术在进步的同时，使人类的灵魂反而日益腐败的现象，最终该文获一等奖，大哲学家、大思想家卢梭一举成名。众所周知，科技是第一生产力，但在推崇科技推动社会进步改变人类的同时，两百多年前法国启蒙思想家卢梭的论点依旧能引发我们对当前科技发展是否完全有益于人类的反思，当然，最重要的在于探索如何实现更善的科技。

一、关于科技向善概念的发展与内涵外延

（一）科技向善概念的产生背景

科技是一把“双刃剑”，造福人类的同时也有一定的副作用，越来越多的人意识到了这一点。科技向善，也可以说是技术向善，源于英文表达“technology for social good”，由英国投资家保罗·米勒于2013年首次正式提出。他管理着伦敦一家风投基金，主要投资一些在医疗健康、可持续发展等领域有积极影响的科技企业，倡导科技企业对社会积极有益的回馈。

随着技术进步，人们越来越认识到科技需要一定的规范和价值守则，科技行业的著名企业也纷纷以实际行动去践行他们认为的善举。2016年，美国联邦调查局（FBI）要求苹果构建一个绕过iOS安全系统的新版本以用来解锁一重大犯罪嫌疑人的手机，苹果公司强硬地拒绝了FBI，不惜与政府对簿公堂。苹果公司强调其并不是支持恐怖主义，其坚持的是捍卫数以亿计用户的数据安全和隐私，一旦存在绕过安全系统进入用户的手机的“后门”是极其可怕的，即使是苹果公司自身也不可以绕过用户密码访问手机数据。苹果公司最终胜诉，这场知名诉讼引发了大家对数据安全和信息保密的广泛思考。

2018年，数以千计的谷歌公司职员联名反对公司与美国国防部进行项目合作，这份百亿美元的大合同项目是利用人工智能（AI）技术分析判断视频与图像，能极大地提升无人飞机攻击目标对象的精准性。面对巨大的商业利益，谷歌公司最终还是选择恪守公司价值观，放弃了这一合同。

谷歌公司员工们反对人工智能等先进技术在武器开发中的滥用，因为早在1999年，“不作恶”就成了谷歌这家科技公司巨头的核心价值观。

2019年中国科技巨头腾讯公司首席执行官马化腾在世界人工智能大会上正式提出“科技向善”，强调用户的价值和社会责任，并倡导助力社会可持

续发展,以“科技向善”作为前沿技术治理的守则。

(二)科技向善的内涵外延

1. 科技向善的概念

科技是科学技术的简称,“科学”二字是外来词,由梁启超翻译自日语,而日文的“科学”二字来源于英语“science”,科技即是英语“science and technology”,科学是人类认识世界的知识与活动,是经过演绎推理或论证的发现,而技术则是人类改造世界的方法和手段,是一种可操作性经验和工艺以达到人类实践活动目的。可以笼统概述科学是一种世界观,技术是方法论,科学推动技术的发展,比如相对论是一个科学发现,揭示了原子具有巨大能量的奥秘,在相对论科学理论基础上诞生了原子弹制造技术,因此,科学和技术密不可分。

“善”的字面解释是善良、美好之意,传统文化中有“上善若水”的比喻,水具有形容善的美好品质,所谓“水利万物”,水能泽润万物。由此可见,科技向善作为人们从事科技活动时的价值选择必须要利于自然和社会,科技向善是指在科技的开发和运用过程中要有利于增进人类社会福利的价值理念,必须以人民为中心,遵循的是有利于社会大众普遍利益的原则。

2. 科技向善的两层标准

科技向善最低的标准是“不作恶”,要求技术不做坏事。技术一旦产生,就如同一把刀从熔炉锻造出来,这把刀最低限度的标准是不能用来危害社会伤害他人,这就是科技向善的最基本标准。谷歌公司很早就号召科技“不作恶”(Don’t be evil),这成了世人熟知的科技口号。科技创造物质财富,不可以创造危险。

科技向善的高阶标准是“要行善”,要求技术尽可能地造福大众,产品和服务在创造财富的同时也给大众福祉。把技术比作一把刀,把刀锻造出来最低要求是不能伤害他人,高阶要求是可以用刀来给社会和公众创造便利、增添好处,比如心外科医生利用手术刀开胸给患者做心脏外科手术,挽救生命,这就是高阶的善行。

3. 科技向善的内在要求

科技向善要求科技活动目的应该是解决实际问题。诸如汽车制造技术解决了人们的出行问题,互联网技术解决了人们的通信连接问题,科技向善的最基础要求在于科技本身的有用性，此种有用性能够为人们所用，发挥工具理性的效果。

科技向善要求最终服务的对象是社会大众，集体福利高于个体功利，所谓“上善若水”，是因为“水利万物”。科技作恶往往是少数个体或寡头集团用科技来牟利，导致公众利益受损害，不符合有益于可持续发展的社会价值。

4. 科技向善的责任主体

科技向善概念的最初提出主要是为了规范企业科技活动，避免企业作恶，企业是市场经济的主体，是世界经济活动的主要参加者，诸多科技巨头引领世界潮流；企业遵循科技向善理念至关重要。另外，作为科技的推动力量，科研院所、医疗卫生等机构也应该承担科技向善的责任。

二、科技向善的必要性与重要意义

（一）科技本身的“双刃剑”属性

科技在创造财富带给人们便利和享受的同时，也可能会带来风险，尤其是前沿科技的兴起，给人类社会生活以前所未有的冲击。英国哲学家培根的名言“知识就是力量”鼓励着人们求知，鼓励人们科技创新，但我们仍然要清醒，科技也存在破坏的力量，比如科幻片当中有很多对人工智能的哲学探索和思考，假设有一天人工智能发展到更高水平，获得了更高级的学习能力，机器人就会变成人类的敌人。当然这是科幻片给人们的警示，或许有些夸大，但终究不得不让我们思考这一逻辑，所以谷歌公司拒绝将人工智能技术用作武器开发，意识到人工智能的自我学习能力如果用于武器，将产生极大又难以控制的颠覆性影响。

（二）人性逐利的倾向

不可否认，人都有逐利的倾向，科技本身由人所掌握，人的趋利本性不可避免地让科技作恶。英国经济学家亚当·斯密指出经济人的理性是自私自利的，反而成就了社会财富的增长，贪婪的蜜蜂却激发了财富的创造是《国富论》的经典比喻，但不适用于科技。由于人性逐利，如果放任贪婪，就存在一些人甚至可以将原子弹技术售卖给恐怖分子的情形。因为科技的背后是人，人性自私倾向容易使科技不正当地被研发和运用。为避免这种错误倾向，就必须树立正向理念，因此科技向善是必要的价值导向。

（三）社会个体与强大科技集团悬殊的力量对比

最容易实现的公平是双方力量相当的公平，往大了讲，国家之间的竞争实质上是综合国力的竞争，国家之间的较量是综合国力的较量，弱国无外交，国际社会追求的是公平，但国际社会的现状是依然有不平等的存在，强国主导着国际秩序。同理，个体在强大集团面前，力量是弱小的，而且难以联合起来，在强大科技力量面前就会容易缺乏抗争的勇气和能力。比如，随着算法技术的发展，社会上出现了一些大数据杀熟的现象，同样的 App 网购软件，不同人的价格不一样，甚至不同手机订单的价格不一样，有时出现会员比非会员支付更高价钱的情况。一个人在凌晨下班打车回家时可以选择的办法并不多，面对强大的科技公司，很多时候只能忍气吞声，甚至都没发觉科技公司侵害了自身权益。通信技术的进步让我们进入 5G 时代，纷纷更新 5G 手机，也有人却没有感受到 5G 与 4G 的体验差别，究其缘由，有可能是基站建设原因，运营商为节约成本在 4G 基站上加装 5G 基站，客观上 5G 的网速就没有独立组网速度快，5G 被 4G 网络拖累，使有些用户可能没有真正享受到 5G 的真正飞速体验。综上，当个体在面对强大科技集团时，往往可选择的余地不多，在悬殊的力量对比下，科技巨头容易利用大数据、算法垄断、入侵客户隐私等方式侵害个体利益。因此在这种科技集团影响人们生活方方面面的时代背景下，坚持科技向善、倡导公平正义显得尤为重要；倡导科技向善具有实现社会公平的意义。

三、构建伦理规范治理体系支撑科技向善

（一）坚持以人民为中心的最高价值原则

2022 年 3 月，中共中央办公厅、国务院办公厅印发了《关于加强科技伦理治理的意见》，首次系统规划部署了科技伦理治理工作，提出了一系列具有纲领性指导性的意见和要求。促进科技进步和健康发展的重要保障在于科技伦理的支撑，国家层面已经意识到了科技伦理的重要导向作用，而科技伦理的理念体系中最高导向应该是坚持以人民为中心，为人民服务、对人民友善的科技才是真正的向善科技。人是科技的目的，科技只是手段，必须坚持把人民福利作为尺度，有利于人民福祉的科技就应毫不犹豫地支持，有损人民和集体利益的就该避免。

（二）构建完善的审查监管体系

1. 建立健全国家审查监管机构

国家每一项事业的健康发展，都离不开政府相关部门的管理和支持，比如电影事业健康的发展有国家广电总局指导。同样地，在科技伦理方面，就国家机关层面而言，政府应该履行好科技伦理审查和监管的职能，由于科技伦理治理此前还处于朦胧模糊阶段，国家机构的职能难免得不到全面发挥，各机构部门之间职责分工还不明确，因此有必要厘清关系，理顺思路，建立健全国家审查监管机构，完善国家机关职能，加强科技伦理的审查和监管，譬如，可以思考探索成立中央层面的科技审查监管局。

2. 完善科技伦理审查标准

关于如何提高科技活动的审查和监管效果，最重要的是完善科技伦理审查标准，明确什么情况下该审查，哪些领域应重点审查，哪些科技活动应重点监管，比如在数据安全、生物技术、人工智能等重点领域列出清单和指引，完善科技伦理审查标准，才能让人们在实施科技活动时看到清晰的审查要求。

3. 落实科技活动主体审查责任

高校、科研院所、医疗卫生机构和企业等科技主体，有义务担负起审查责任，成立相应的审查委员会。南方科大基因编辑婴儿事件暴露出来的一个问题就是作为科研单位主体审查责任的缺失，退一步讲至少存在审查不严、审查不实的问题，由此可见落实科技活动主体审查责任的重要意义。为了提高审查水平，还可以建立完善专业性的行业审查委员会，提升科技伦理审查效能。

（三）加强科技伦理宣传教育

我们从小就在学校教育和社会宣传中知道“科技是第一生产力”这一观点。诚然，科学技术在推动社会经济发展、推动国家富强过程中起到至关重要的作用。当下，随着前沿技术的革新，人工智能、大数据、基因工程等科技改变人们生活的同时也带来认知和道德冲击，毕竟大多数人听到换头手术都会吃惊。因此科技伦理的教育和宣传要跟上科技本身的发展节奏，在全社会营造科技向善的理念，倡导科技活动本身应该遵守的公平正义等价值原则。

（四）发挥传媒和舆论对科技伦理的监督作用

群众的眼睛是雪亮的，社会的监督是有力的。一项科技活动究竟是造福社会还是引发危险，归根结底在社会大众心目中自有反馈和评价。2021 年滴滴公司赴美上市事件在国内引发了巨大争议，这次事件的背后是对互联网巨头国际融资过程中可能存在的危害国民用户数据隐私、国家安全信息、网络主权的思考。充分发挥传媒和舆论的监督作用，有利于规范科技活动，让作恶者有所忌惮。

四、法治保障科技向善

（一）立法层面

1. 完善科技伦理法律法规体系

科技伦理道德能够促进科技向善，这是内在软性的力量，还需要外在刚性的法律法规去约束科技活动。科技伦理弥补法律法规的不足，科技法律法规为科技活动设立最低界限和尺度，伦理和法治二者缺一不可。

2022 年 3 月，中共中央办公厅、国务院办公厅印发的《关于加强科技伦理治理的意见》是国家在科技伦理治理领域首次提出的纲领性指导文件。同样地，关于科技伦理治理法律体系的建立也应摆上日程，填补相关法律空白。在建立法律法规体系时，一方面应当反映人民意志和利益，另一方面应当及时将一些普世且必要的科技伦理上升为法律法规，提高其刚性约束力。

2. 注重立法层面对科技的鼓励和规范的双向调节作用

每一次社会进步都离不开科技的推动，人类社会从游牧时代到种植时代，从农业发展到手工业再到现代工业，从蒸汽革命到电气革命再到以原子能和计算机为代表的第三次科技革命，进步至今已经进入了第四次科技革命时代，也就是工业 4.0 时代，进入以人工智能、万物互联的智能科技革命阶段，科技作为推动经济社会的第一生产力功不可没。因此，必须继续毫不动摇地推动科技进步和发展，坚持走科教兴国道路。

国家层面，2021 年修订的《科学技术进步法》在 2022 年 1 月开始正式施行。当然，地方也可积极探索，如广东省人大常委会在 2011 年就已经通过了《广东省自主创新促进条例》（现行版本为 2019 年修订版本），鼓励科技创新、自主创新的政策和态度绝不改变。连《刑法》都包含鼓励科技创新规定，《刑法》第 78 条规定有发明创造和重大技术革新的应当减刑，在法务实践中甚至也存在死刑犯因重大发明创造而免除执行死刑的案例。

为了促进科技创新和科技伦理健康发展，必须在立法层面进一步健全法律保障,从顶层设计上推动相关法律的完善:一方面是完善保护科技创新的诸如《专利法》《商标法》等知识产权法律,发挥鼓励作用;另一方面对违背科技伦理的立法处罚和制裁也需要填补和完善。例如,在贺某奎基因编辑婴儿事件中,最后的刑事处罚罪名是"非法行医罪"。当然不能说不可以定非法行医罪,判决的一个依据在于贺某奎作为大学科研工作者未取得医师执业资格而非法从事医疗行为,但贺某奎的目的不在于行医,他作为生物科学家本来也不需要医疗资格认定,事实上更多的动机可能来自某些集团和个人的经济利益等因素的驱动,国家应当在立法层面对类似情形设立完善且更为贴切的法律依据。

(二)司法层面

1. 继续创立和完善适应新兴技术的新型司法机构

随着新兴科技与社会生产生活深度融合,设立与时代相适应的司法机构是现实所需。比如,科技创新和竞争中不可避免地涉及知识产权的冲突,2014 年,我国在北京、上海、广州设立了知识产权法院,专门处理科技快速发展背景下知识侵权、专利纠纷等社会问题,在司法领域强化科技向善的治理;从 2017 年我国首家互联网法院杭州互联网法院的设立,到 2018 年北京、广州互联网法院增设,都是为了更好地履行司法审判职能,打击科技作恶,促进科技向善,互联网法院在保护个人隐私、打击数据侵权、防范平台恶意数据霸权上起着重要作用;2018 年以来,南昌、上海、北京金融法院的设立,继续推动司法领域与时俱进的创新。当前金融科技创新层出不穷,金融科技推动数字经济快速发展,但也引发了算法技术压榨、数字歧视、信息茧房等不良现象,金融法院应当发挥治理和裁判引领作用。

科技在日新月异地发展进步,与社会生产生活交融越来越深,也越来越复杂多样,我们应该审时度势设立和完善更多更广的司法审判治理机构。首先,当前的知识产权、互联网、金融法院设立地点还只停留在若干一线大城市,随着现实需要,我们应该在更多的城市和地区设立新型司法机构以满足实际发展要求,扩大延伸治理面;其次,要进一步厘清新型法院的职能分工,做到既不缺位也不冗余;最后,我们应以发展的眼光和更加前沿的心态做好设立其他领域新型司法机构的准备工作,以应对科技伦理面临的全新问题。比如,我们可以考虑设立关于管辖人工智能、大数据、生物医疗实验等科技活动的法院等司法机构。

2. 注重科技伦理的司法裁判与保护发展并重

司法是实现社会公平正义的重要途径,也是依法治国的重要体现。一方面,在处理新兴科技作恶情形时,司法应始终坚持裁判理性,治理互联网、人工智能、生物科技等领域产生的乱象。比如,通过对一些假刷流量、虚假点击率、虚假刷单、不经允许获取数据等不良行为引发的侵害用户隐私、引发不正当商业竞争、侵害人格权案件的裁判审理,保护社会和个人合法权益,制裁侵害行为,实现司法的治理职能。另一方面,司法也要发挥正确引导和保障作用,保护科技的健康发展,既要辨别筛查虚假创新,也要保护真正科技进步;不能因噎废食,也不能过多干涉阻碍新兴科技正常发展。法院可以判决互联网视频平台超前点播侵犯消费者权益,但也应保护互联网视频平台利用云计算、人工智能等手段创新为用户提供交互式全新的娱乐产品体验,保护人们可以利用科技公司提供的技术从事创作和生产。

(三)法律实施层面

1. 刑事手段

坚持从刑事角度处理科技伦理问题的底线思维,以刑事处罚来震慑挑战伦理底线的科技作恶活动,如对基因编辑婴儿的刑事方式处理,警示了世人应在正当合法轨道上进行科技创新。

在历史上不顾科技伦理和生命权进行所谓的科学实验已经发生过,有臭名昭著的反面教材,"二战"时期日本在中国进行惨绝人寰的人体实验,这些生化细菌实验不仅违背人类基本道德,也触犯了任何国家和地区的刑事法律和国际公法,因为此种罪恶实验伤害的是人类基本生存权利。

当然,除了影响巨大的生物医疗实验需要以刑法底线去刚性约束,日常生产生活中出现以科技工具触犯刑法的行为也应受到全面制裁。例如,不顾《网络安全法》《个人信息保护法》等侵害公民信息、隐私,贩卖数据,违反《专利法》等知识产权法律,侵害知识产权盗版假冒牟利,扰乱经济秩序。上述种种违法行为如超过了刑法限度,就必须制裁,以维护刑法权威。

另外,刑法本身也有相应的条款禁止科技作恶,如《刑法》第 285 条,明确了非法侵入计算机信息系统是犯罪行为,并规定了刑事处罚标准。利用黑客技术作恶并不只是道德问题,随着更多技术的盛行,我们应该加强刑事立法和严格刑事执法。

2. 民事手段

坚持民事权利思维，以民法作为维护社会和个体权益最广泛的手段。科技活动与人们生活密切相关，科技活动影响人们生活方方面面，因此私法领域对科技活动的规范约束才是更为直接、最为全面和有效的方式手段。2021年开始实施的《民法典》有专门的章节对物权、人格权的保护，也肯定了个人的创造权益。比如，在算法歧视方面，当面对科技巨头垄断和侵权时，用户则能以《民法典》《消费者权益保护法》等法律作维护权益的依据；当今备受关注的生物医药领域强调医学研究不得违反公序良俗和社会、个体利益，充分保障公民的人格权益；在信息与数据安全领域，《网络安全法》规定了用户的个人信息需要经个人允许才能被收集，《数据安全法》《个人信息保护法》着重保护信息权益。

当然，我们也应该认识到，《民法典》虽然有1000多条，但在科技向善利于民众方面仍然是不完善的保护，也无法确保力量弱小的个体在面对力量强大的科技集团时有足够的信心和底气，因此在民事权利保护上还需设立更多的便利方式和利于弱者维权的规则。

3. 行政手段

发挥行政手段的直接作用以达到规范指引警示的目的，这也是确保科技向善的重要方式。以2020年年底蚂蚁金服上市事件为例，万亿巨头蚂蚁金服作为超级独角兽曾经一段时间被当作民族金融科技创新之光备受推崇，在上海证券交易所创造了25天光速过会纪录，然而正当蚂蚁金服沉浸在欢欣鼓舞的气氛中时，其突遭官方宣布暂停上市，这背后有诸多深层次原因。金融科技的创新是需要行政监管的，为了维护金融安全，有时必须采取行政手段，国家市场监管总局还对巨头阿里巴巴集团进行反垄断立案调查并处以重罚。2022年5月，国家市场监管总局依法对知网进行反垄断立案调查。种种事例表明，在客观上已经不得不的情况下，必须发挥行政手段的强制作用，直接作用于科技主体，以达到制止和警示目的。

五、疫情背景下科技向善的思考探索

（一）科技向善推动疫情治理

大家必须承认的是，科技在疫情治理中发挥着至关重要的作用。首先，疫情的防控需要筛查是否感染，核酸检测技术，新型CT影像智能检测系统、抗原检测试剂帮助人们快速甄别患者；其次，人员行程轨迹密接判断等需要先进的通信技术、视频技术的支持；再次，防疫配套设施和物资的生产需要高新技术，全民见证了5G网络直播下“火神山”“雷神山”隔离医院建设，有些地方抗疫物资的配送甚至采用了区块链技术，详细将供应链每一环节和接触点作标记，科学调配；最后，对新冠病毒基因分析和疫苗的研发，对新冠患者的治疗药物的开发，都需要生物技术来实现。

总之，疫情治理离不开科技，疫情治理过程中极大地体现了科技向善的一面，启示我们应该坚持在科技中寻找终结新冠疫情的方法。

（二）警惕科技在疫情治理中被错误利用的风险

1. 警惕核酸检测机构牟利破坏防疫大局

2022年上半年，在北京、郑州、上海、合肥等城市不时爆出核酸检验“假阳性”，在谈阳性色变的防疫环境下，全民核酸几乎成了普遍做法。全民核酸所支付的代价是政府的宝贵财政收入流失，几例假阳性可能导致全民核酸费用上亿元的损失。这背后有巨大的利益动机。核酸检测科技是美好的，但人性趋利，有可能某些利益集团就以此手段牟利，破坏社会公众利益。

我们不得不考虑存在核酸检测牟利破坏抗疫大局的可能性，必须加强对核酸检测机构等疫情相关利益方的监管审查，警惕破坏抗疫造成疫情反复的现象。

2. 正视科技防疫过程中个人隐私保护、数据安全

当一个地方疫情来临时，全城如临大敌，官方也将防疫作为头等大事，这本是无可厚非的，然而在疫情防控过程中，公民个人信息数据、隐私安全的保障就往往被忽视，甚至村委会、居委会这样的基层群众组织就可以收集各种信息，也能看到核酸检测情况；小区也可以记录进出者信息，很多时候甚至将出生地、身份证号、工作单位、家庭成员等都详细列出；还有不少地方以先进的人脸识别技术设置小区门禁用以防疫。上述举措的出发点是为了防疫，但在这过程中稍不注意有可能就影响了公民的个人隐私保护和数据安全。也有媒体报道了2022年5月辽宁营口的某村委会妇女主任将包含居民身份证家庭居住信息等在内的疫情防控电子文档向社会面转发导致肆意传播的现象。这不得不让我们正视，毕竟个人数据信息甚至是简简单单一张人脸照

片，也可能被坏分子用来作恶。

（三）对疫情治理背后社会公平和个体权益的思考探索

1. 个体权利让渡的界限反思

防疫是民众的法律义务，在新冠疫情不时反复的情况下，公民必须遵守《传染病防治法》《突发事件应对法》等法律法规要求，配合好防疫工作。在配合的过程中实质上是将个体的部分权利让渡出来服从公众利益，因为隔离的要求让渡了人身自由权和个人隐私权，因为房屋场所消杀封控的需要让渡了财产权和经营权。

个体权利的让渡界限则成了一个重要的问题，防疫层层加码的现象屡见不鲜，国家有统一的防疫指引，但有些地方肆意加码明显超过合理的限度。除了防疫加码外，有些地方出现因核酸情况延误就医的事件；就医权实质上是生命健康权的体现，不是所有权利都可让渡。还有些地方出现滥用科技赋红码的情况，河南某市发生了人为地给村镇银行储户赋红码事件，对储户采取隔离措施以达到某种目的，健康码技术被滥用以达到其他非防疫目的。这是多么令人震惊，不得不引起我们的思考，衡量个人权利让渡界限，以及加强防疫数据安全的监管和审查。

2. 科技治理与社会公平友好

在疫情背景下，人们的社会生活被数据科技武装起来，仿佛科技成了个体的通行证和身份证明，做核酸需要出示核酸码，从家到商场购物需要扫场所码，坐公共交通工具需要扫码，从一座城市到另一城市需要出示行程码。人们生活场景离不开个人信息数据的展示，信息科技赋能抗疫，这是明显有利的一面；但我们也要想到另一面，有些老年人并不识字，也无青年子女陪伴，有些老年人并不会使用智能手机，老年群体在当下社会生活中却感受不到便利，这也是值得我们思考的问题，人们对美好生活的追求应该是公平的，人人都有权享有，包括社会各个群体，更应该包括老年人，这也是中华传统美德。

科技推动着社会的进步，人们拥抱科技日新月异发展的同时，也要意识到科技革新正在以前所未有的方式给人们带来挑战。科技向善是符合人类社会福利的价值选择，必须构建完善的科技伦理治理体系，并在立法、司法、法律实施等层面上全方位保障，内在的伦理规范与外在法治刚性约束并重，共同促进科技向善。科技向善在疫情的时代背景下发挥了重要作用,疫情的终结最终有赖于向善的科技。然而人们也应该正视疫情背景下科技对个体权利的冲击,警惕有可能发生的风险,并思考以更善的科技实现更普遍的公平正义。

司法实践

政务公开理念*

——以国家秘密豁免公开案件的司法审查为切入点

蔡　瑶**

摘　要

法治政府建设是全面依法治国的重点任务、主体工程，其中全面推行政务公开是建设法治政府的重要方面之一。在现行的政务公开和保密法律法规制度框架之下，国家秘密不予公开是维护国家安全和利益的重要规定，也是政府信息公开的豁免情形之一，亦导致了司法实践中公开价值与保密价值之间的紧张关系。本文结合近年来346个国家秘密豁免公开案件，对实践中国家秘密豁免案件的司法审查思路进行具体展现与细致剖析，对实践中法院的审查思路进行类型化处理和问题分析，尝试从思路选择、证据规则及价值理念三方面提出完善建议，为平衡政府信息公开与国家秘密安全、推进法治政府建设提供可行视角。

关键词　政务公开　国家秘密　司法审查

* 本文获第十七届泛珠三角合作与发展法治论坛征文一等奖，收录于本书时文字略有改动。

** 蔡瑶，中共深圳市南山区委政法委员会办公室副主任。

一、法治政府建设与政务公开

党的十九大报告提出，到2035年，法治国家、法治政府、法治社会基本建成。[①] 法治政府建设历来为习近平总书记所高度重视，习近平总书记曾强调，“法治政府建设是重点任务，对法治国家、法治社会建设具有示范带动作用”[②]。法治政府建设是依法治国的重点任务和主体工程，也是习近平法治思想的重要组成部分。在党的十八届四中全会上，法治政府建设的方向与任务得到进一步明确，会议明确提出了全面推进政务公开，坚持以公开为常态、不公开为例外原则。[③]

政务公开的价值理念是民主制度的基础，而该价值理念的实现离不开具体政府信息公开法律制度的保障。自2007年《政府信息公开条例》颁布以来，我国的政府信息公开法律制度日臻完善，逐步打破长久以来的行政权秘密主义壁垒，信息自由的理念与政务公开的行政理想逐步得到实现，公民获取政府信息的权利得到制度保障。自党的十七大报告明确要求“权力在阳光下运行”[④]，保障公民知情权以来，传统的“封闭型”行政文化逐步向“开放型”治理思维变革，在公众参与制度发展之际，公众获取政府信息的权利亦越发得到关注与尊重，但对该权利的保障仍任重而道远。[⑤]

政府信息亦非绝对公开，在公开信息可能损害国家安全与利益之时，公开价值理应让位于保密价值。由于国家秘密的特殊性及重要性，不少国家政

---

① 习近平：《决胜全面建成小康社会 夺取新时代中国特色社会主义伟大胜利——在中国共产党第十九次全国代表大会上的报告》，载新华网，http://www.xinhuanet.com/politics/19cpcnc/2017-10/27/c_1121867529.htm。

② 《习近平主持召开中央全面依法治国委员会第二次会议并发表重要讲话》，载中华人民共和国中央人民政府网，http://www.gov.cn/xinwen/2019-02/25/content_5368422.htm。

③ 《十八届中央委员会第四次全体会议公报(全文)》，载国际在线网2014年10月24日，http://news.cri.cn/2020-10-29/3dbfab2e-f1bb-5e53-b5ae-bc0cd6eaca89.html。

④ 胡锦涛：《高举中国特色社会主义伟大旗帜 为夺取全面建设小康社会新胜利而奋斗——在中国共产党第十七次全国代表大会上的报告》，载中广网，http://www.cnr.cn/2007zt/sqdjs/wj/200711/t20071102_504610399.html。

⑤ 参见冯之东、孙治强：《公民知情权的实现——以公众参与为视角》，载《甘肃行政学院学报》2009年第3期。吴育珊：《我国政府信息公开与公众参与行政关系的回顾与展望》，载《岭南学刊》2010年第1期。

务公开相关立法中均存在国家秘密豁免公开的规定。① 我国亦是如此,《政府信息公开条例》第 14 条规定,依法确定为国家秘密的政府信息不得公开。② 在我国现行保密法律制度之下,我国国家秘密存在定密范围过宽、密级偏高的问题。③ 一方面,过度保密可能会造成"一叶障目"的情形,政府很大可能无法识别出真正需要保密的信息,可能在保护真正具备保密价值的信息上能力不足,且受"镶嵌理论"(mosaic theory)的影响,④不少论者采用了极为简单的逻辑,即国家秘密越多,国家安全和国家利益越能得以保障,直接在国家安全与国家秘密之间画上等号,导致对国家安全、国家秘密概念的简单化理解;另一方面,过度保密不利于对公民知情权的保障,且对于民主的损害是显著的,公民在无法获知足够政府信息的情况下,将难以作出明智的判断与决定,进而可能会削弱公民对政府的信任程度,给法治政府建设工程带来不利影响。

二、政务公开与国家安全之角力:国家秘密豁免公开案件的整体图景

政府信息公开与国家秘密保护的角力在司法实践中体现得甚为明显,在近几年的诉讼实践中,申请人不服行政机关主张涉案信息属于豁免范围而提

---

① 参见李广宇:《政府信息公开诉讼:理念、方法与案例》,法律出版社 2009 年版,第 86 页。各国关于国家秘密豁免公开的具体规定可参见后向东:《信息公开的世界经验:十六国信息公开法译介与评析》,中国法制出版社 2016 年版。

② 《政府信息公开条例》第 14 条规定:"依法确定为国家秘密的政府信息,法律、行政法规禁止公开的政府信息,以及公开后可能危及国家安全、公共安全、经济安全、社会稳定的政府信息,不予公开。"

③ 参见王万华主编:《知情权与政府信息公开制度研究》,中国政法大学出版社 2013 年版,第 153 ~ 154 页;董妍:《政府信息公开例外规则及其司法审查》,经济日报出版社 2015 年版,第 81 页;郭杰:《我国政府保密工作的现状》,载《环球法律评论》2002 年第 3 期。

④ The mosaic theory or mosaic approach "rests on the concept that apparently harmless pieces of information, when assembled together, could reveal a damaging picture". See Robert P. Deylign, *Judicial Deference and De Novo Review in Litigation over National Security Information under the Freedom of Information Act*, Villanova Law Review, Vol. 37:1, p. 84(1992). 我国学界对"镶嵌理论"亦有所讨论,有学者将"镶嵌理论"的基本逻辑概括为"单独有限的、对其所有人无用的信息,当这些信息与其他信息结合时,可以变成有重要意义的信息"。参见杨建生:《政府信息公开中镶嵌理论的适用与国家安全信息保护》,载《社会科学家》2014 年第 1 期。镶嵌理论被广泛应用的核心在于该理论反映了国家安全领域的一大担忧,即分散的信息虽貌似"无害",但若被居心叵测之主体获取并与其他信息相结合,则可能对国家安全造成灾难性的后果。See Jason R. Arnold, *Secrecy in the Sunshine Era: The Promise and Failures of US Open Government Laws*, University Press of Kansas, 2014, p. 57 – 58.

起的诉讼并不在少数，其中国家秘密不予公开的豁免主张一直是备受关注争议的焦点。[①] 基于此，本文将国家秘密豁免公开案件作为切入点，通过对2015年《行政诉讼法》实施以来国家秘密豁免公开司法案例的全面整理，尝试窥见司法实践中公开与保密价值、行政权与司法权之角力。

（一）案例样本的交代

本文以“中国裁判文书网”“北大法宝—司法案例”“无讼案例”数据库为检索平台，以“国家秘密”为检索关键词，将诉讼类型限制为“行政案件”，限定审理程序为“二审、再审、其他”。基于上述检索条件，截至2021年3月1日，本文共获得初始检索结果2763项，检索结果的审结日期覆盖2015年5月1日至2020年12月31日。[②] 通过对初始检索结果的逐一审阅与分析，在剔除重复、雷同与不相关项后，共获得有效检索结果346项。

在裁判结果方面，本文的346个案例样本中，原告胜诉49起，原告胜诉率约为14.16%；被告胜诉297起，胜诉率约为85.84%。在被告败诉的49起案件中，46起为二审案件，3起为再审案件，被告再审胜诉率高达93.33%。[③] 案例样本中被告败诉情形可概括为五种事由，包括证据不足败诉、告知理由不正确败诉、告知不完整败诉、超期作出告知书败诉和超期作出复议决定败诉，[④]其中与本文讨论主题密切相关的是证据不足败诉及告知理由不正确败诉两种情形。

被告因证据不足败诉的案件共36件，占被告败诉案件总数的73.47%。在因证据不足败诉的案件中，被告作出政府信息公开申请答复可大致区分为以下三种情况：

---

① 参见杨伟东：《政府信息公开主要问题研究》，法律出版社2013年版，第110～113页。

② 本文将样本的裁判时间的起点设置为2015年5月1日，主要是考虑到2014年11月1日全国人民代表大会常务委员会《关于修改〈中华人民共和国行政诉讼法〉的决定》对我国的行政诉讼法制度进行了较大范围的修改，修正后的《行政诉讼法》自2015年5月1日起施行。

③ 再审被告败诉的两例案件为：孙某英诉郑州市管城区住房保障服务中心案，河南省高级人民法院（2018）豫行申929号行政裁定书；宋某明诉甘肃省兰州市住房保障和房产管理局案，最高人民法院（2018）最高法行申5844号行政裁定书。

④ 超期作出告知书与超期作出复议决定均属于程序层面的败诉事由，本文不予以讨论。此外，案例样本中唯一一起告知不完整败诉的案件涉及多项政府信息公开申请，被告错误以为提供图纸详细说明属于汇总、加工或重新制作信息的工作，故未完整告知。参见蔡某良诉惠安县农林局案，福建省泉州市中级人民法院（2018）闽05行终393号行政判决书。

其一,被告在缺少相关事实依据的情况下直接主张涉案政府信息为国家秘密。[①] 此类情况中,被告凭借其专业知识与处理经验对申请信息是否为国家秘密进行直接判断,并以申请信息属于国家秘密为由拒绝向申请人公开,在案件审理期间亦无法向法院提供涉案政府信息具有国家秘密属性的依据或证据。其二,被告仅凭相关文件、政策主张涉案政府信息为国家秘密而未依法履行保密审查程序。[②] 此类情况中,被告依据相关的文件对涉案政府信息的国家秘密属性进行判断,进而主张适用国家秘密豁免公开事由并在审理期间提交相关依据,但未能提供证据证明其已依法对涉案政府信息进行保密审查,遂被认定仅依据文件、证据主张涉案政府信息属于国家秘密证据不足。其三,被告主张涉案政府信息属于国家秘密并对之履行保密审查程序,但未能举证证明涉案政府信息确已定密。[③] 此类情况中,被告主张涉案政府信息属于国家秘密且已依法进行保密审查,但在案件审理过程中未能向法院提交涉案政府信息经过法定程序定密的相关程序证据,故其不予公开行为被认定缺乏事实依据。

上述三种情况集中反映了实践中行政机关处理国家秘密豁免公开申请的方式与诉讼策略。在本文研究的案例样本中,上述情况并不少见,然而最终判决行政机关败诉的案件却屈指可数,由此亦可看出实践中,对于事实类似的案件,不同司法机关之间存在尚未消弭的裁判分歧。

(二)国家秘密豁免公开案件之特殊性

国家秘密豁免公开案件作为实践中常见的政府信息公开案件,争议问题亦可归纳如下:针对申请人提起的政府信息公开申请,行政机关所作出的国家秘密豁免公开答复行为是否合法。以上述问题为起点,从逻辑上对国家秘密豁免公开案件进行剖析,亦可将此类案件待审查问题进一步划分为程序合法性问题与实体合法性问题。其中,实体合法性问题的司法审查是本文探究的重点,是对被诉政府信息公开申请答复行为实体内容合法性的考察。在豁

① 参见王某生诉中华人民共和国住房和城乡建设部案,北京市高级人民法院(2016)京行终1099号行政判决书。

② 参见赖某波、赖某冲与阳西县国土资源局政府信息公开案,广东省阳江市中级人民法院(2018)粤17行终47号行政判决书。

③ 参见陈某平等诉浙江省交通运输厅、中华人民共和国交通运输部案,北京市第二中级人民法院(2018)京02行终288号行政判决书。

免公开类型的案件中,审查的焦点通常是涉案政府信息是否属于法定豁免公开的范围,即对涉案政府信息性质的判定问题。① 同理,在国家秘密豁免公开案件中,实体合法性问题实际上可进一步具体化为涉案政府信息是否具有国家秘密属性的判断问题。

1."涉及"标准与"属于"标准

2007 年《政府信息公开条例》第 14 条第 4 款规定,"涉及国家秘密、商业秘密、个人隐私的政府信息"不予公开;2019 年《政府信息公开条例》第 14 条表述为"依法确定为国家秘密的政府信息",不得予以公开。根据上述表述,2019 年前的国家秘密豁免公开规定采用的是"涉及"标准,即根据申请信息是否涉及国家秘密对其性质进行判定,只要申请信息"涉及"国家秘密,就不应当予以公开;该标准之下并不严格要求申请信息本身具备国家秘密属性。② 2019 年后的规定采用"依法确定"标准,即直接判断涉案政府信息是否属于国家秘密。上述二标准存在明显差异,从理论上看,上述表述差异应当对国家秘密豁免公开案件的特性问题产生实质影响,即应当对得以适用国家秘密豁免公开事由的政府信息之范围产生影响,二者对比如图 1 所示:

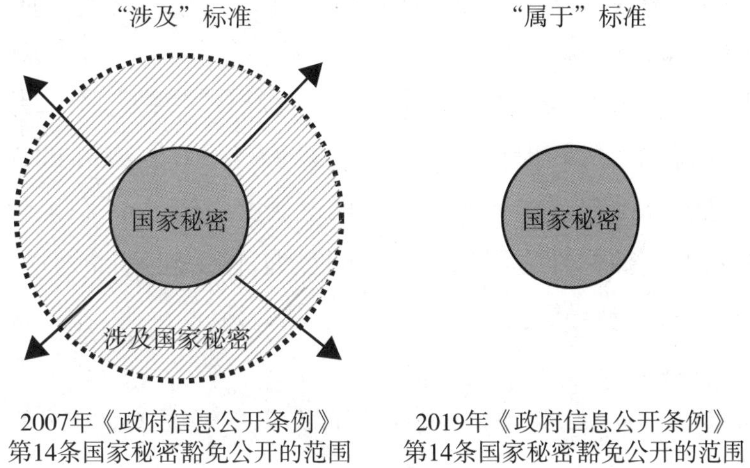

图 1　修订前后的《政府信息公开条例》国家秘密豁免公开事由适用范围之差异

① 参见刘颖:《挑战或机遇:政府信息公开诉讼对我国行政审判的理论及实践意义》,载《法律适用》2009 年第 4 期。

② 参见江必新主编:《最高人民法院关于审理政府信息公开行政案件若干问题的规定理解与适用》,中国法制出版社 2011 年版,第 137 页。

然而,上述标准之差异及其导致的豁免规定适用范围之差异仅是从理论层面进行的应然探讨。实际上,通过对案例样本的分析可知,实践中,在《政府信息公开条例》修订之前,无论是行政机关还是司法机关,在处理相关信息公开申请或审查国家秘密豁免公开案件时,均存在混用“涉及国家秘密的政府信息”和“依法确定为国家秘密的政府信息”的情形。换言之,上述二标准的界分在实践中并未得到遵循。

以最高人民法院审查的一起私房改造信息不予公开再审案件为例,在对申请信息进行审查后,最高人民法院认定申请信息是否属于国家秘密范畴尚不清晰明确。最高人民法院采取的表述为“属于”,即在判断涉案政府信息是否适用《政府信息公开条例》第 14 条的豁免公开事由时,其并非采用更为宽泛的“涉及”标准,而是对行政机关提交的《关于对浙江省建设厅报请明确有关事项的复函》(建办厅函〔2008〕741 号,以下简称 741 号复函)是否可以证明涉案政府信息是否“属于”国家秘密进行考察。① 在其他案件中亦是如此,大多数法院并未对“涉及”和“属于”二者进行刻意区分。②

上述混用情形实际上源于对“涉及”内涵的把握及对其外延之临界的判定问题。“涉及”标准本身存在模糊性,容易造成歧义且可操作性较差,司法机关对该标准的把握亦存在差异,而“依法确定”的“属于”标准则更为明晰,且理论上更狭窄的豁免公开范围亦更符合“以公开为常态,不公开为例外”③之原则。此外,若细察《政府信息公开条例》的立法目的,亦可知第 14 条的设立是为了在保障公民知情权和防止国家秘密泄密之间寻求平衡,④若按照“涉及”标准进行判断,该标准之下的裁量空间过大,国家秘密豁免公开的适用范围易被不当扩充,极易导致公开与保密天平之失衡。

---

① 参见宋某明与甘肃省兰州市住房保障和房产管理局案,最高人民法院(2018)最高法行申 5844 号行政裁定书。

② 存在混同情形的案件如:胡某江诉天津市国土资源局、中华人民共和国国土资源部案,北京市高级人民法院(2017)京行终 4328 号行政判决书;顾某明与上海市住房和城乡建设管理委员会、上海市人民政府案,上海市第三中级人民法院(2016)沪 03 行终 292 号行政判决书;利某新与广州市国土资源和规划委员会案,广州铁路运输中级法院(2016)粤 71 行终 173 号行政判决书。

③ 参见程琥:《新条例实施后政府信息公开行政诉讼若干问题探讨》,载《行政法学研究》2019 年第 4 期。

④ 参见曹康泰主编:《中华人民共和国政府信息公开条例读本》,人民出版社 2007 年版,第 81 页。

2. 特性问题之子问题

基于上述关于国家秘密属性判断标准之讨论，司法实践对于两种标准的处理存在混同情形，且鉴于《政府信息公开条例》已对判断标准进行了明晰，下文相关分析亦均建基于“属于”标准。由此，国家秘密豁免公开案件的特性问题“涉案政府信息是否应当不予公开”可以具体化为“涉案政府信息是否属于应当豁免公开的国家秘密”。

鉴于我国法律体系中存在专门的国家秘密法律制度及《政府信息公开条例》相关概念规定的缺位，对涉案政府信息是否具有国家秘密属性的判断需要溯源至《保守国家秘密法》等相关保密法律法规，对国家秘密的概念理解及属性判断应当援引《保守国家秘密法》的规定，[①]主要是该法的第 2 条及第 13 条。

通过对上述规定的提炼，可得出判断“国家秘密”属性的几个要件：一是“关系或涉及国家安全和利益”，二是“依照法定程序确定”，三是“泄露后可能损害国家在政治、经济、国防、外交等领域的安全和利益”。值得一提的是，在国家秘密概念构成中的“时空要件”[②]，即国家秘密是“在一定时间内只限一定范围的人员知悉的事项”在司法审查中不具备审查的必要性，因为时空要件所要求的信息之“非公开性”是行政机关在进行定密时应当考察的内容，该要件的效力不具备持续性，即便特定信息在定密程序完结后遭到泄密并实际上处于公开可知的状态，也不影响对该信息的判断，而是涉及是否存在泄密责任、如何采取补救措施以及是否应当启动解密程序的问题。[③] 因此，基于上述判断要件，本文将国家秘密豁免公开案件中的特性问题进一步分解为三个子问题进行考察：

---

① 参见李广宇：《政府信息公开司法解释读本》，法律出版社 2015 年版，第 245 页。

② “在一定时间内只限一定范围的人员知悉”被学界普遍视为国家秘密概念的构成要件之一。参见李飞、许安标主编：《中华人民共和国保守国家秘密法解读》，中国法制出版社 2010 年版，第 10 ~ 11 页；章剑生：《政府信息公开中的“国家秘密”——〈政府信息公开条例〉中的“国家秘密”之解释》，载《江苏大学学报（社会科学版）》2012 年第 6 期；梁凤云：《政府信息公开与法院审查范围》，载《人民司法》2007 年第 13 期；胡敏洁：《政府信息公开中的保密审查机制》，载余凌云主编：《开放政府的中国实践——〈政府信息公开条例〉实施的问题与出路》，清华大学出版社 2016 年版，第 71 ~ 88 页。侯晓丽、彭靖、赵需要：《政府数据开放中国家秘密的泄露风险与保护策略》，载《情报理论与实践》2018 年第 7 期。

③ 参见郑春燕：《政府信息公开与国家秘密保护》，载《中国法学》2014 年第 1 期。

其一,定密范围问题。判断涉案政府信息是否具有国家秘密属性时,应当考察涉案信息所涉及的事项是否落入国家秘密的保密事项范围之内,即所涉事项是否关系国家安全与利益,包括基本保密事项范围与具体保密事项范围。[①] 是否属于保密事项范围在一定程度上被视为判断涉案政府信息是否属于国家秘密的“起始点”,[②]换言之,属于保密事项范围的信息不一定属于国家秘密,还需要对是否满足定密程序和定密标准的要求进行判定。实践中保密事项范围被错误等同于国家秘密本身,这也是“通过定密依据证成豁免公开”审查思路的固有缺陷之一,下文将予以详述。其二,定密程序问题。除定密范围外,还应当检视该涉案信息是否经过法定程序,进而被确定为国家秘密,包括根据《保守国家秘密法》等法律法规中的法定程序进行定密或根据《政府信息公开条例》的保密审查程序得出保密“审定意见”[③]。其三,定密标准问题。即涉案政府信息是否符合国家秘密的“损害标准”[④]。“泄露后是否可能损害国家安全和利益”被视为国家秘密的特有属性;[⑤]并非所有关系“国家安全和利益”的信息均属于国家秘密,还需要满足“损害标准”。

(三)国家秘密豁免公开案件审查思路的类型化

实践中在国家秘密豁免公开案件中,司法机关在判断涉案政府信息是否属于应当豁免公开的国家秘密这一特性问题时,并未完全考察上文提及的三个层面,且不同法院考察的内容存在明显的差异。对于司法审查思路的类型化处理与优劣分析有助于深化对国家秘密豁免公开案件司法审查之认识,为完善此类案件司法审查提供实证基础。

1. 案例样本展现的二元思路

在本文统计分析的346起案件中,根据法院考察的层面之差异,可大致将案例样本所展现的司法审查思路划分为两类:一是“通过定密依据证成豁

---

① “基本保密事项范围”与“具体保密事项范围”相关规定可参见《保守国家秘密法》第13、15条。

② 孙宝云:《浅析普通定密程序的几个关键问题》,载《保密科学技术》2012年第4期。

③ 侯丹华:《政府信息公开行政诉讼有关问题研究》,载《行政法学研究》2010年第4期。

④ 我国《保守国家秘密法》采用的定密标准是“损害标准”,即“泄露后可能损害国家在政治、经济、国防、外交等领域的安全和利益的,应当确定为国家秘密”。参见《保守国家秘密法》第13条。对“损害标准”的解读可参见李飞、许安标主编:《中华人民共和国保守国家秘密法解读》,中国法制出版社2010年版,第42~43页。

⑤ 参见刘延东:《再议国家秘密的概念》,载《北京电子科技学院学报》2018年第2期。

免公开”，二是“通过定密程序证成豁免公开”。在案例样本中，共有116起案件采用“通过定密依据证成豁免公开”思路，占比约33.53%；采取“通过定密程序证成豁免公开”审查思路的案件占比较高，约为66.47%，共230起。①

在“通过定密依据证成豁免公开”的审查思路下，被告行政机关通常主张依据有关规范性文件、政策文件，涉案政府信息属于国家秘密且不予公开，此类案件中，法院审查的核心紧随行政机关的主张，集中考察是否确实存在“相关依据”，同时对行政机关主张的“相关依据”进行较浅层次的效力评价，如“相关依据”是否有效等。部分法院也会应原政府信息公开申请人的要求对相关行政规范性文件进行附带性审查，但也存在司法机关认为相关行政规范性文件并非行政机关作出被诉答复行为之依据而明确拒绝进行附带性审查的情形。②

在“通过定密程序证成豁免公开”的审查思路下，针对被告行政机关提出的涉案政府信息属于国家秘密豁免公开之主张，司法机关除了对行政机关提交的依据进行效力评价外，还会进一步要求行政机关提供涉案政府信息定密程序的相关证据，司法审查之核心集中于考察涉案政府信息是否经过法定程

① 此外，还有27起“其他”审查思路案件，占比约为8.13%。“其他”类案件主要为私房改造信息不予公开案件，虽然行政机关以国家秘密豁免公开为由拒绝向当事人公开涉案信息，但部分终审法院在审查中直接认定涉及私房改造信息的争议属于“历史遗留的落实政策性质的房地产纠纷”，进而主张根据最高人民法院《关于房地产案件受理问题的通知》第3条，此类案件并非法院主管工作范围，涉及的行政行为亦不属于行政诉讼受案范围，虽裁定驳回政府信息公开申请人的起诉。如荣某强与武汉市江汉区住房保障和房屋管理局案，湖北省武汉市中级人民法院(2015)鄂武汉中行终字第00333号行政裁定书；沈某丽与上海市杨浦区住房保障和房屋管理局案，上海市第二中级人民法院(2018)沪02行终382号行政判决书。此类思路被不少法院驳斥，如在孙某英案中，再审河南省高级人民法院明确区分私房改造案件与涉及私房改造信息的信息公开案件，提出“对私房改造的处理与本案对信息公开案件的审理是两个概念”。参见孙某英诉郑州市管城区住房保障服务中心案，河南省高级人民法院(2018)豫行申930号行政裁定书。亦有部分案件中，行政机关以申请信息属于国家秘密为由进行答复，但终审法院经审理认定涉案信息实质上不属于政府信息的范围。如郭某梅诉北京市公安局案，北京市第二中级人民法院(2019)京02行终577号行政裁定书；杨某芬诉河南省监狱管理局案，郑州铁路运输中级法院(2019)豫71行终32号行政判决书。亦有部分案件由于是驳回再审申请的案件，裁判文书所展现的审查思路并不如二审案件裁判文书完整清晰，在无法识别审查思路的情况下，本文将此类案件归于“其他”。如蔡某泉诉江苏省公安厅案，最高人民法院(2017)最高法行申2213号行政裁定书。

② 如张某琳诉上海市闵行区住房保障和房屋管理局案，上海市第一中级人民法院(2019)沪01行终283号行政判决书；杨某林与南通市住房保障和房产管理局、南通市人民政府案，江苏省南通市中级人民法院(2015)通中行终字第00539号行政判决书；邱某婉诉上海市住房和城乡建设管理委员会、中华人民共和国住房和城乡建设部案，上海市第三中级人民法院(2016)沪03行终51号行政判决书。

序确定为国家秘密。

2."通过定密依据证成豁免公开"的审查思路

在本文研究统计的346起案件中,共有116起案件采用的是"通过定密依据证成豁免公开"的审查思路。在这些案件中,法院关注"相关依据",实际上仅从定密范围这一层次对答复行为的实体合法性进行考察,即争议问题被限缩为判断涉案政府信息是否属于国家秘密的保密事项范围。

(1)围绕"相关依据"展开的审查

通过分析相关案例样本的裁判文书可知,识别法院是否采用了"定密依据证成豁免公开"并非难事,采取此种审查思路的法院在裁判理由部分的逻辑通常如下:对于涉案申请信息,根据"相关依据","能够证明"或"可以认定"涉案政府信息属于"相关依据"中规定的国家秘密,故不予公开符合法律规定,并无不当。

典型案例如蒋某松诉上海市教育考试院案中,该案所涉申请信息为高考试卷评分依据及分数等级划定原则,一审、二审法院以及再审的上海市高级人民法院均认定,根据教育部相关依据,涉案政府信息属于国家秘密,故上海市考试院不予公开的行为并无不当。① 再如栾某麟诉青岛市国土资源和房屋管理局案中,该案申请信息为"青岛市高苑路3号房屋由原所有人栾某运转到青岛市房产管理局的全部资料及出租给他人使用、全部收益的资料",青岛市国土资源局(以下简称青岛市国土局)答复称根据741号复函,涉案政府信息"属于国家私密",依法不予公开,一审、二审及再审法院均认定根据741号复函的规定,青岛市国土局答复行为并无不妥;②且值得注意的是,针对741号复函中使用的"国家私密"表述与《保守国家秘密法》和《政府信息公开条例》使用的"国家秘密"③表述之差异,再审的山东省高级人民法院认为虽然

① 参见蒋某松诉上海市教育考试院案,上海市高级人民法院(2019)沪行申573号行政裁定书。

② 参见栾某麟诉青岛市国土资源和房屋管理局案,青岛市市南区人民法院(2016)鲁0202行初147号行政判决书;栾某麟、青岛市国土资源和房屋管理局案,山东省青岛市中级人民法院(2017)鲁02行终99号行政判决书;栾某麟诉青岛市国土资源和房屋管理局案,山东省高级人民法院(2018)鲁行申1218号行政裁定书。

③ 根据《保守国家秘密法》第14条第1款的规定,我国国家秘密之密级分为三类:绝密、机密和秘密。栾某麟诉青岛市国土资源和房屋管理局案中741号复函使用的"国家私密"表述确与相关法律法规表述存在差异。

上述表述不同,但是“含义都是国家秘密”,遂驳回栾某麟的再审申请。①

此种司法审查思路是从涉案政府信息的内容出发,考察该信息是否落入“相关依据”规定的国家秘密事项范围之内。换言之,在“通过定密依据证成豁免公开”审查思路之下,司法审查聚焦的问题实际上为探求是否存在“相关依据”。②

(2)排除定密程序之考察的司法审查

在此类案件的裁判文书中,法院除了援引行政机关提供的“相关依据”外,还可能援引《政府信息公开条例》的其他条款,如政府信息发布保密审查机制条款等,从法规范援引看,似乎法院还对定密程序问题进行了审查,但细察裁判理由部分的论述以及证据依据清单,其实不然。

如在上述栾某麟案中,一审、二审法院均援引了《政府信息公开条例》第14条第2款涉及保密审查机制的规定,但从裁判文书看,法院并未结合该款论证青岛市国土局是否在作出被诉政府信息公开申请答复书之前对涉案政府信息进行了保密审查,而是紧接着认定,由于涉案政府信息牵涉私房改造档案,根据741号复函认定涉案政府信息属于国家秘密,故作出的不予公开行为并无不当。此外,从一审裁判文书可整理出青岛市国土局提交的相关证据材料:信息公开申请书及相关快递单据、租地等证明栾某麟身份及权利情况的证据、政府信息公开申请登记回执、延期答复告知书、被诉答复书,上述5项证据材料的证明目的均指向被诉答复书的程序合法性,③而并无任何涉及保密审查程序的证据材料,若法院确实依据《政府信息公开条例》对青岛市国土局是否进行了保密审查程序进行考察,则应当要求青岛市国土局提交或补充提交其依法进行了保密审查程序的相关证据,如保密审查审批单或保密审

① 参见栾某麟诉青岛市国土资源和房屋管理局案,山东省高级人民法院(2018)鲁行申1218号行政裁定书。

② 此外,法院亦会在明确存在相关依据的基础上,进一步考察相关依据的制定主体是否合法、相关依据是否有效等问题。

③ 参见栾某麟诉青岛市国土资源和房屋管理局案,青岛市市南区人民法院(2016)鲁0202行初147号行政判决书。

查结论等,[①]但无论一审还是二审法院均未作出此项要求。由此可以看出,在采用"通过定密依据证成豁免公开"审查思路的案件中,法院仅从定密范围对案件进行审查,而不涉及定密程序及定密标准问题,即便是援引定密程序相关法律规定,亦不一定切实对定密程序进行了审查。

由此,可对"通过定密依据证成豁免公开"审查思路之逻辑进行简单归纳:首先,根据对涉案政府信息的描述,对涉案政府信息进行大致定性,包括涉案政府信息所涉领域,如认定涉案政府信息为私房改造信息;其次,考察行政机关是否提供了"相关依据",如741号复函规定了私房改造相关信息依法不应予以公开;最后,认定根据"相关依据",涉案政府信息属于不予公开的国家秘密范围,如根据741号复函认定涉案私房改造信息属于国家秘密,不予公开符合法律规定。

可见,在上述逻辑中,关键一环在于"相关依据",其在法院的审查思路中串联起涉案政府信息与国家秘密,故有必要对此司法审查思路所围绕的"相关依据"进行进一步探究。

通过对案例样本的分析可知,"相关依据"通常为"规定"或"管理办法"等行政规范性文件,或是以"答复"或"复函"等形式出现;在部分案件中,亦有被告行政机关提交相关"目录"。这些"相关依据"主要规定了特定领域或行政机关主管工作中的国家秘密范围及密级,部分还附有目录,展示国家秘密范围所涵盖的具体事项名称。实践中行政机关还多以其他类型的文件或答复作为"相关依据",如上文提及的741号复函、《关于将本市公房资料列为保密资料的通知》(沪房地资公〔2006〕314号)、[②]《关于城市规划有关内容是

① 如司某清等诉内蒙古自治区人民政府案,内蒙古自治区高级人民法院(2018)内行终565号行政判决书;北京市誉都美心测控电器有限公司诉北京市石景山区人民政府案,北京市高级人民法院(2017)京行终4193号行政判决书。在上述案件中,在审查行政机关是否在作出被诉政府信息公开申请答复行为之前进行了保密审查,法院均对保密审查程序相关的证据进行了审查。

② 参见张某琳诉上海市闵行区住房保障和房屋管理局案,上海市第一中级人民法院(2019)沪01行终283号行政判决书;沈某丽诉上海市杨浦区住房保障和房屋管理局案,上海市第二中级人民法院(2018)沪02行终382号行政判决书;徐某溶诉上海市长宁区住房保障和房屋管理局案,上海市第一中级人民法院(2015)沪一中行终字第251号行政判决书;裴某林诉上海市普陀区住房保障和房屋管理局案,上海市第二中级人民法院(2015)沪二中行终字第184号行政判决书。

否应当保密的复函》(国保函〔2005〕215 号)、[1]《专业技术人员资格考试考务工作规程(试行)》(人办发〔2000〕71 号,已失效)、[2]《天津市高校招生考试信息公开暂行规定》(津政函〔2006〕62 号)[3]等。

可见,“通过定密依据证成豁免公开”审查思路所围绕的核心——“相关依据”并非直接规定某一特定的国家秘密,而是提供了国家秘密的定密范围;更准确地说,这些“相关依据”所规定的是保密法律制度中所谓的“保密事项范围”。

保密事项范围是对“定密范围”或“国家秘密及其密级范围”更为准确或简洁的表述,可见于《保守国家秘密法实施条例》。[4] 这一概念实际上包括了《保守国家秘密法》第 13 条规定的基本保密事项范围和该法第 15 条授权相关部门、机关制定的具体保密事项范围。[5] 基本保密事项范围、具体保密事项范围与“国家秘密”三者之间,存在链条般的生成关系:基本保密事项范围为国家秘密的确定划定外缘范围,以便有权机关在确定国家秘密时存在迂回裁量之空间;具体保密事项范围是相关行业、领域内的主管部门对基本保密事项范围的细化,同样为国家秘密的确定提供范围指引;国家秘密“是按照法定程序作出的一种认定”,其指向的是后果,而非内容。[6] 上述三概念之关系梳理如图 2 所示:

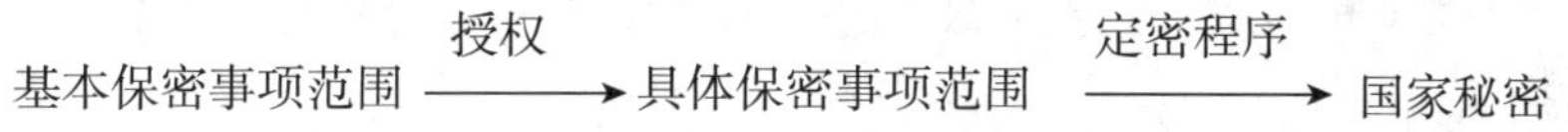

图 2　保密事项范围与国家秘密之关联

---

① 参见南京电机有限公司诉南京市规划局、江苏省住房和城乡建设厅案,南京市中级人民法院(2018)苏 01 行终 243 号行政判决书。被申请人南京市规划局以《关于城市规划有关内容是否应当保密的复函》(国保函〔2005〕215 号)作为主张涉案政府信息属于国家秘密的依据,而该函原是国家保密局及原住建部对太原市保密局提请内容的答复。

② 参见罗某明诉中华人民共和国人力资源和社会保障部案,北京市高级人民法院(2016)京行终 1217 号行政判决书。

③ 参见安某瑞诉天津市教育招生考试院案,天津市高级人民法院(2016)津行申 231 号行政裁定书。

④ 参见《保守国家秘密法实施条例》第 8 条。

⑤ 参见赵需要:《中国政府信息公开保密审查体系研究》,人民出版社 2017 年版,第 169 页;徐静圆:《论国家定密权的配置》,载王贵松主编:《宪政与行政法治评论》第 6 卷,中国人民大学出版社 2012 年版。

⑥ 参见后向东:《我国政府信息公开制度与实践中十大重要观点辨析》,载《中国法律评论》2018 年第 1 期。

3."通过定密程序证成豁免公开"的审查思路

在诸如蒋某松案、栾某麟案等案件中,司法机关采取了"通过定密依据证成豁免公开"的审查思路;实践中也有不少法院对之采排斥态度,明确要求被诉行政机关应当对涉案政府信息属于国家秘密的事实进行举证,否则可能被认定为"主要证据不足"。[①] 下文将对实践中出现的第二种思路——"通过定密程序证成豁免公开"审查思路进行实践考察与规范梳理。

(1)围绕"法定程序"展开的审查思路

采取"通过定密程序证成豁免公开"审查思路的案件聚焦于涉案政府信息是否经过法定程序定密。前述"通过定密依据证成豁免公开"思路的逻辑轴心是"相关依据"及其规定的保密事项范围,而"通过定密程序证成豁免公开"审查思路的关键则在于"法定程序"。

《政府信息公开条例》第 14 条并未对何为"国家秘密"进行界定;对于该问题的判断依赖更高位阶的保密法律。[②] 根据《保守国家秘密法》等法律法规,定密程序正是实现从保密事项范围向国家秘密之性质跨越不可或缺的条件。[③] 总体而言,综合《保守国家秘密法》、《保守国家秘密法实施条例》、《国家秘密定密管理暂行规定》(以下简称《定密管理暂行规定》)等规范,我国保密法律制度之下的定密程序主要包括三个步骤:定密程序的启动、"三要素"的拟定与定密审批,以及国家秘密的产生。

(2)司法实践中的"依照法定定密程序确认"

根据《保守国家秘密法》第 2 条的规定,国家秘密应当是"依照法定程序确定"的。"依照法定程序确定"是国家秘密的要件之一,[④]只有依照法定程

---

① 参见李某伟诉太和县人民政府案,安徽省高级人民法院(2018)皖行终 578 号行政判决书;陈某平等诉浙江省交通运输厅、中华人民共和国交通运输部案,北京市第二中级人民法院(2018)京 02 行终 288 号行政判决书;马某华、马某维与西安市住房保障和房屋管理局、西安市人民政府案,西安铁路运输中级法院(2017)陕 71 行终 437 号行政判决书;吕某强诉重庆市潼南区人民政府案,重庆市高级人民法院(2017)渝行终 189 号行政判决书。

② 参见周汉华主编:《政府信息公开条例专家建议稿——草案·说明·理由·立法例》,中国法制出版社 2003 年版,第 112 ~ 115 页。

③ 如上文所述,"依照法定程序确定"是国家秘密的条件之一。参见《保守国家秘密法》第 2 条。

④ 参见郑春燕:《政府信息公开与国家秘密保护》,载《中国法学》2014 年第 1 期;章剑生:《政府信息公开中的"国家秘密"——〈政府信息公开条例〉中的"国家秘密"之解释》,载《江苏大学学报(社会科学版)》2012 年第 6 期。

序，经有权主体定密的事项才得以被认定为国家秘密。[①] 在案例样本中，采用“通过定密程序证成豁免公开”审查思路中的不少案件通常呈现如下样态：涉案政府信息业已依据保密法律法规规定的定密程序，由有权主体定密，法院依据定密程序相关证据认定涉案政府信息属于国家秘密，即将国家秘密的“依照法定程序确定”要件进一步具体化为“依照法定定密程序确定”。

典型案例如北京市誉都美心测控电器有限公司（以下简称北京誉都美心公司）诉北京市石景山区人民政府（以下简称石景山政府）案。该案中，北京誉都美心公司向石景山政府申请公开“石景山区北辛安棚户区改造 A、B 区房屋征收项目之社会稳定性风险评估报告”，后经延期答复及补正申请信息，石景山政府向北京誉都美心公司答复称该申请信息已被确定为“秘密级”文件，根据《政府信息公开条例》第 14 条第 4 款以及《北京市政府信息公开规定》（已失效）第 8 条决定不予公开。针对石景山政府提出的涉案政府信息属于国家秘密的主张，一审法院对其提交的相关证据进行审查，包括申请信息文件载体的首页、《定密责任人授权书》、《国家秘密确定审批表》等，对涉案政府信息的定密权限、定密责任人、定密时间、密级以及保密期限进行审查，认定石景山政府是法定的具备定密权限的主体，且上述证据能够证明涉案信息确为“秘密级”国家秘密，不予公开具有事实依据，被诉政府信息公开申请答复书并无不妥，遂判决驳回北京誉都美心公司的诉讼请求。[②] 二审的北京市高级人民法院对上述裁判予以维持。[③]

武某珍诉北京市丰台区人民政府、北京市人民政府案亦是如此，法院同样是依据被告提交的涉案政府信息之定密程序相关证据肯定被告不予公开的主张。该案中，针对涉案政府信息属于国家秘密的主张，被告向司法机关提交了《定密责任人授权书》《国家秘密确定审批表》《无权定密事项定密申

① 参见刘延东：《再议国家秘密的概念》，载《北京电子科技学院学报》2018 年第 2 期；李飞、许安标主编：《中华人民共和国保守国家秘密法解读》，中国法制出版社 2010 年版，第 9～10 页。

② 参见北京市誉都美心测控电器有限公司与北京市石景山区人民政府案，北京市第四中级人民法院（2017）京 04 行初 69 号行政判决书。

③ 参见北京市誉都美心测控电器有限公司与北京市石景山区人民政府案，北京市高级人民法院（2017）京行终 4193 号行政判决书。

报表》等证据材料,[①]一审法院及二审的北京市高级人民法院均依法采信,并根据上述证据认定涉案政府信息确已经过法定定密程序,确定为国家秘密,因此不予公开具有事实依据。[②]

在与北京誉都美心公司案、武某珍案类似的其他案件中,[③]行政机关向法院主张涉案政府信息属于国家秘密,并提交证明法定定密程序的相关证据材料。基于上文对保密法律制度之下定密程序的梳理以及对案例样本的分析可知,能证明涉案政府信息确已定密的证据可能包括:其一,涉案政府信息的载体,常见如纸介质的封面或首页。[④] 其二,定密责任人授权书,基于实践中机关、单位负责人通常不会直接负责具体的定密工作,定密责任人授权书主要是为了证明定密主体的合法性。其三,国家秘密确定审批表或定密审批表,[⑤]定密审批表实际上是证明涉案政府信息确经法定程序定密的最直接的证据。

(3)补充路径:依照保密审查结论确认

基于对案例样本的分析可知,在诸多案件中,司法机关对于涉案政府信息是否具有国家秘密属性的认定,均秉持如下观点:行政机关应当证明涉案信息"已经依照法定程序定密",或者提供有效的"政府信息公开保密审查结

---

① 参见武某珍与北京市丰台区人民政府、北京市人民政府案,北京市第四中级人民法院(2018)京 04 行初 79 号行政判决书。

② 参见武某珍诉北京市丰台区人民政府、北京市人民政府案,北京市高级人民法院(2018)京行终 3339 号行政判决书。

③ 类似案件如张某安诉扬州市住房保障和房产管理局案,江苏省扬州市邗江区人民法院(2016)苏 1003 行初 0083 号行政判决书。

④ 《保守国家秘密法》第 22 条第 1 款规定,"机关、单位对承载国家秘密的纸介质、光介质、电磁介质等载体(以下简称国家秘密载体)以及属于国家秘密的设备、产品,应当作出国家秘密标志"。《保守国家秘密法实施条例》第 15 条第 1 款规定,"国家秘密载体以及属于国家秘密的设备、产品的明显部位应当标注国家秘密标志。国家秘密标志应当标注密级和保密期限。国家秘密的密级和保密期限发生变更的,应当及时对原国家秘密标志作出变更"。

⑤ 《保守国家秘密法》第 16 条第 2 款规定,"机关、单位确定、变更和解除本机关、本单位的国家秘密,应当由承办人提出具体意见,经定密责任人审核批准"。《保守国家秘密法实施条例》第 10 条第 1 项规定定密责任人的具体职责是"(一)审核批准本机关、本单位产生的国家秘密的密级、保密期限和知悉范围"。

论”。[①] 由此可知,除前文探讨的依照法定定密程序确认涉案政府信息具有国家秘密性质的路径外,实践中还存在依据保密审查结论认定涉案政府信息属于国家秘密的情形,即将国家秘密“依照法定程序确定”的要件具体化为“依照保密审查结论确定”。

从法规范层面进行考察可知,保密审查制度的源头可追溯至2007年《政府信息公开条例》第17条的规定。2019年《政府信息公开条例》将2007年的“政府信息发布保密审查机制”的表述修改为“政府信息公开审查机制”[②],除名称表述外的其他内容并未改动。除《政府信息公开条例》第17条外,国家层面的规范文件还有2010年国务院办公厅《关于进一步做好政府信息公开保密审查工作的通知》(以下简称《保密审查通知》),该文件可大致划分为三部分内容,分别就保密审查的重要性、程序规范和督促检查提供了较为原则性的规定。其中,在程序规范方面,《保密审查通知》规定了“先审查、后公开”和“一事一审”的原则,规定了保密审查具体意见的拟定及审批的一般流程。[③] 总体而言,《保密审查通知》作为国务院办公厅发布的文件,规定的程序仍较为概括与笼统,缺少可操作性。

保密审查制度缺乏具体的、可操作的程序规范,这一点是不少实证研究不约而同得出的结论。[④] 有学者对上海、四川等地的保密审查工作规范进行考察后指出,“缺乏明确的标准和具体的细则”[⑤],不存在能够与严格的保密

---

① 参见张某涛与陕西省西咸新区沣东新城管理委员会、陕西省西咸新区开发建设管理委员会案,西安铁路运输中级法院(2018)陕71行终679号行政判决书;名雅苑业主委员会与广州市国土资源和规划委员会案,广州市铁路运输中级法院(2017)粤71行终159号行政判决书。

② 《政府信息公开条例》第17条规定,“行政机关应当建立健全政府信息公开审查机制,明确审查的程序和责任。行政机关应当依照《中华人民共和国保守国家秘密法》以及其他法律、法规和国家有关规定对拟公开的政府信息进行审查。行政机关不能确定政府信息是否可以公开的,应当依照法律、法规和国家有关规定报有关主管部门或者保密行政管理部门确定”。

③ 《保密审查通知》规定,“要坚持‘先审查、后公开’和‘一事一审’原则。各机关、单位对拟公开政府信息进行保密审查,应由承办单位提出具体意见,经机关、单位指定的保密审查机构审查后,报机关、单位有关负责同志审批。未经审查和批准,不得对外公开发布政府信息”。

④ 参见王万华主编:《知情权与政府信息公开制度研究》,中国政法大学出版社2013年版,第157~158页。

⑤ 胡敏洁:《政府信息公开中的保密审查机制》,载余凌云主编:《开放政府的中国实践——〈政府信息公开条例〉实施的问题与出路》,清华大学出版社2016年版,第71~88页。

责任对应的具体操作流程。[①] 另一份取样更为广泛的研究显示,对全国各地不同行政机关制定的253份保密审查程序相关规定进行考察,当前保密审查程序存在四方面的主要问题:一是审查主体过于宽泛,二是审查对象范围不一致,三是审查标准分散且多依赖抽象规定,四是审查程序过于简单。[②]

案例样本中不乏法院依照保密审查结论认定涉案政府信息应当适用国家秘密豁免公开事由的情形,将保密审查结论作为决定涉案政府信息是否应当公开的关键和判断依据,典型案例如孙某英诉郑州市管城区住房保障服务中心(以下简称住房服务中心)案。该案中,孙某英向住房服务中心申请公开其父母房产档案资料,住房服务中心依据741号复函主张涉案政府信息属于国家秘密不应予以公开,但并未提交申请信息被依法定密的相关证据,一审、二审以及再审法院均认定在涉案政府信息确未定密的情况下,住房服务中心未能证明其已对该信息进行了保密审查,而仅依据741号复函主张豁免公开,主要证据不足。[③]

邹某义等诉南京市国土资源局溧水分局案亦是如此。行政机关主张涉案政府信息属于国家秘密,但该信息并未经法定程序定密,且被告并未提交相关证据,以证明涉案信息经过保密审查程序。二审法院认定行政机关在作出信息公开申请答复书之前,应当依法对涉案信息进行审查,且应当秉持"先审查、后公开"和"一事一审"的原则;若经保密审查程序,无法明确申请信息是否属于国家秘密,则应当采取先行保密措施并报有权机关、部门确定。[④]

司某清等诉内蒙古自治区人民政府案中的行政机关提交了有效的保密审查结论作为证据。该案中,内蒙古自治区人民政府依法对司某清申请公开的政府信息进行保密审查,后由内蒙古自治区国家保密局出具《保密审查批复》,认定涉案信息属于国家秘密,未经审批不得扩大其知悉范围。该保密审

① 参见王锡锌:《政府信息公开语境中的"国家秘密"探讨》,载《政治与法律》2009年第3期。

② 参见赵需要:《中国政府信息公开保密审查体系研究》,人民出版社2017年版,第67~72页。

③ 参见孙某英诉郑州市管城区住房保障服务中心案,河南省高级人民法院(2018)豫行申930号行政裁定书。

④ 参见邹某义等与南京市国土资源局溧水分局案,江苏省南京市中级人民法院(2018)苏01行终675号行政判决书。

查批复为法院所采纳，作为认定涉案政府信息属于国家秘密的证据。[①]

三、对国家秘密豁免公开案件审查思路的检讨

正如案例样本所示，司法机关对国家秘密豁免公开案件存在两种主要的审查思路，下文将具体分析这两种思路存在的问题。

（一）对“通过定密依据证成豁免公开”审查思路的检讨

“相关依据”中的“保密事项范围”是“通过定密依据证成豁免公开”审查思路的切入点，此种审查思路将“保密事项范围”等同于“国家秘密”，导致案件核心问题的转换；此外，过多关注“相关依据”，导致审查中低位阶文件相比《政府信息公开条例》得到更优先的适用。

1. 关键概念的混同

“属于国家秘密”和“属于保密事项范围”实际上是两个不同的概念，前者涉及国家秘密的定密问题，而后者则涉及保密事项范围问题。正如栾某麟案等案件所反映的，实践中不乏将保密事项范围与国家秘密混同的情形，错误地将保密事项范围等同于国家秘密本身。[②]

在少数案件中，也有法院对上述两个概念之界分进行了明确阐述。如在邹某义案中，一审法院明确提出被告南京市国土资源局溧水分局（以下简称溧水国土分局）存在概念的混同。该案中，邹某义等人向溧水国土分局申请公开卧龙湖五个村的航拍图，被告依据《江苏省测绘地理信息成果管理规定》（已被修改）认定申请信息属于“基础测绘航空摄影所获取的数据、影响等资料，以及获得基础地理信息的遥感资料”，[③]依据国家秘密豁免公开规定不予公开。该案原审法院在裁判理由部分对属于保密事项范围与属于国家秘密二者进行清晰界分，法院认为保密事项范围是“核定国家秘密的依据”，不等

---

① 参见司某清等诉内蒙古自治区人民政府案，内蒙古自治区高级人民法院（2018）内行终565号行政判决书。

② 参见张正平：《定密的主观性及其克服》，载《法商研究》2012年第2期。

③ 《江苏省测绘地理信息成果管理规定》第16条第1款第3项规定，“申请利用下列属于国家秘密的基础测绘成果的，由省测绘行政主管部门负责审批：……（三）基础测绘航空摄影所获取的数据、影像等资料，以及获取基础地理信息的遥感资料”。实际上，溧水国土分局对上述条文还存在理解偏差，上述条文规定的是“使用属于国家秘密的基础测绘成果的审批权限”，并非对保密事项范围的划定。

同于国家秘密本身，对于后者的判断取决于是否存在合法有效的定密审批决定。[①]

在“通过定密依据证成豁免公开”审查思路之下，法院确认行政机关所主张的“相关依据”并认定根据“相关依据”可判断涉案政府信息属于国家秘密。这种思路的基本逻辑是，只要“相关依据”显示涉案政府信息属于保密事项范围，便认定该信息属于国家秘密，适用豁免公开的情形。此种思路反映出部分行政机关和司法机关对于国家秘密概念的误读，以及对国家秘密与保密事项范围二者的混同。如上文所述，“属于国家秘密”的信息应当满足三个条件：属于保密事项范围、经过法定定密程序以及符合损害标准。“属于保密事项范围”仅是判断“属于国家秘密”的条件之一，是定密的“起始点”，是国家秘密的“必要非充分条件”[②]，而国家秘密的最终确定依赖定密程序，即需要法定定密责任人依照相关法律规定进行定密审批。

故“通过定密依据证成豁免公开”的司法审查思路实际上仅仅对涉案政府信息是否属于具体保密事项范围进行了判断，即在判断涉案政府信息是否属于国家秘密的问题上只完成了第一步。

2. 低位阶文件的“倒挂”适用

如上文所述，在“通过定密依据证成豁免公开”审查思路之下，法院对于涉案政府信息是否应当适用国家秘密豁免公开规定的审查主要集中于对保密事项范围的审查，而上文列举的较低位阶的规章、规范性文件、复函等“相关依据”成为行政机关“信手拈来”的法律依据，且即便是这些“下位法”与上位法存在冲突之时，[③]司法审查中法院仍对较低位阶的各类“相关依据”予以全盘接受。

正如有学者所指出的，《政府信息公开条例》在“例外信息”的规定上不

---

① 参见邹某义等与南京市国土资源局溧水分局案，南京铁路运输法院（2018）苏8602行初835号行政判决书。

② 孙宝云：《浅析普通定密程序的几个关键问题》，载《保密科学技术》2012年第4期。

③ 以考试信息公开为例，有学者发现《天津市高校招生考试信息公开暂行规定》与《教育工作中国家秘密及其密级具体范围的规定》存在冲突，后者不认定为国家秘密的信息依据前者则可能被认定为属于国家秘密。参见曹敏、刘学丰、郭飞：《公开与保密之间：论国家考试的司法认定路径重构——从高考答卷被保密谈起》，载贺荣主编：《深化司法改革与行政审判实践研究：全国法院第28届学术讨论会获奖论文集》（下），人民法院出版社2017年版，第1216～1226页。

够具体明确，缺乏可操作性，且保密法律制度的相关规定极大依赖较低位阶的文件予以细化，在实施层面弹性较大，[①]故在实践中若申请信息具备一定的敏感性，则极可能导致行政机关采取一种“不公开”的假定，扩张解释《政府信息公开条例》中的相关豁免规定，从而导致行政机关在对申请信息是否应当适用国家秘密豁免公开事由进行判断时，并没有遵循法理上“上位法优先于下位法”的判断规则，而是更倾向于不予公开的选择：即便是在保密规范、政策、文件等“相关依据”的效力低于《政府信息公开条例》时，行政机关仍倾向于适用较低位阶的前者以排除较高位阶的后者。故在国家秘密豁免公开案件中，采取“通过定密依据证成豁免公开”的司法审查思路可能在法律适用上出现了“倒挂”情形。[②]

（二）对“通过定密程序证成豁免公开”审查思路的检讨

相较于“通过定密依据证成豁免公开”，“通过定密程序证成豁免公开的”审查思路准确地识别出案件的核心——“国家秘密”，且司法机关不止于考察“相关依据”，而是进一步要求行政机关证明涉案政府信息确已经过法定程序定密。然而此种审查思路之下的法定定密程序证成路径与保密审查程序证成路径之关系仍悬而未决；实际审查过程中，举证与质证环节仍存在不尽如人意之处。

1. 保密审查的“事后定密”效果及两种程序路径之关系疑问

（1）“事后定密”之正当性考察

如案例样本所展示的，依照保密审查结论确认涉案政府信息的国家秘密属性通常适用于相关信息尚未定密但确有保密必要的情形，行政机关无法提交定密程序相关证据，但向法院提交保密审查程序相关证据，法院由此认定涉案政府信息应当适用国家秘密豁免公开的事由；此种情形实际上起着“事后定密”的效果。

不可否认，“事后定密”可能被用于规避政府信息公开的法定义务，造成国家秘密豁免公开理由的滥用。在实践中，存在行政机关拒绝公开政府信息且主张相关信息虽未定密但应“事后定密”的情形。保密审查制度往往只是

---

① 参见程琥：《〈政府信息公开条例〉的修改》，载《国家检察官学院学报》2016 年第 3 期。

② 参见程洁：《政府信息公开的法律适用问题研究》，载《政治与法律》2009 年第 3 期。

扩大了涉密信息的范围，使更多信息得以被认定为国家秘密而豁免公开。[①]因此保密审查程序所发挥的“事后定密”作用可能在一定程度上对保密法律制度之权威性与有效性造成损害。[②]

本文认为，保密审查程序在国家秘密豁免公开案件中所起的“事后定密”效果具备正当性。一方面，就法规范层面而言，《政府信息公开条例》第14条以及该行政法规的其他条文并未对国家秘密的确定时间作出明确要求。相反，从《政府信息公开条例》第17条关于政府信息公开审查机制的规定以及国务院办公厅发布的《保密审查通知》可知，保密审查的“事后定密”效果是该制度的应有之义。[③] 另一方面，保密审查程序所起的“事后定密”效果具备重要的现实意义，亦是保密审查程序制度定位之体现。从立法目的方面考察保密审查程序，其在理论上应当具备双重目的，扮演着公开与保密之“平衡阀”的角色，[④]不仅应当防止国家秘密豁免公开事由的滥用，同时亦应当保障政府信息公开程序中国家秘密的安全。[⑤] 由于国家秘密一旦泄露即可造成不可估量的后果，故虽然涉案政府信息并未经过保密程序，并未获得国家秘密的“身份”，为了保障国家秘密安全，即便是在后续行政程序或诉讼程序再完

① 参见胡敏洁：《政府信息公开中的保密审查机制》，载余凌云主编：《开放政府的中国实践——〈政府信息公开条例〉实施的问题与出路》，清华大学出版社2016年版，第71～88页。

② 参见刘延东：《〈政府信息公开条例〉对定密行为的调节作用》，载《中国行政管理》2020年第2期。

③ 《政府信息公开条例》第17条规定，“行政机关应当建立健全政府信息公开审查机制，明确审查的程序和责任。行政机关应当依照《中华人民共和国保守国家秘密法》以及其他法律、法规和国家有关规定对拟公开的政府信息进行审查。行政机关不能确定政府信息是否可以公开的，应当依照法律、法规和国家有关规定报有关主管部门或者保密行政管理部门确定”；《保密审查通知》规定，“在保密审查过程中，对是否属于国家秘密不明确的事项，应报有确定权限的保密行政管理部门确定；涉及业务工作的，要听取业务主管部门的意见。遇有可能涉及国家安全、公共安全、经济安全和社会稳定的重大拟公开事项，要与有关部门协调会商”。由此可知，保密审查程序所起到的“事后定密”效果是可预期的。相关分析亦可参见程琥：《新条例实施后政府信息公开行政诉讼若干问题探讨》，载《行政法学研究》2019年第4期。

④ 参见李淑华、杨洁：《政府信息公开保密审查制度的缺陷与完善》，载《安徽行政学院学报》2014年第5期。

⑤ 参见赵需要、周庆山：《政府信息公开保密审查研究综述》，载《档案学研究》2013年第6期；董妍：《政府信息公开例外规则及其司法审查》，经济日报出版社2015年版，第82～83页；莫于川、林鸿潮主编：《政府信息公开条例实施指南》，中国法制出版社2008年版，第76页。

成定密程序亦应是被允许的;这是政府信息公开审查机制的存在之义,[①]也是事后定密情形的正当性所在。

(2)两种路径之衔接问题

从当前我国保密法律制度及政府信息公开制度框架看,作为《政府信息公开条例》设立的保障国家秘密安全、平衡保密与公开需求的机制,保密审查制度与《保守国家秘密法》之下的保密法律法规存在衔接上的缺位。《保守国家秘密法》及《保守国家秘密法实施条例》中并不存在与保密审查相关的任何规定,而《政府信息公开条例》对于二者的衔接亦仅有应当依照《保守国家秘密法》进行审查之类的表述。保密法律制度之下的定密程序与政府信息公开制度之下的保密审查程序之间的关系亟待进一步明确。除了作为国家秘密安全的"防火墙"外,保密审查程序的依据及所考虑的因素是否要与法定定密程序相同?抑或说可更为宽松?两种程序路径之间是否存在前后的承接关系?[②] 还是其仅为定密程序的"确认"?[③]

虽然保密法律制度下的定密程序与政府信息公开制度下的保密审查程序在理论层面及法规范设计上存在诸多关系疑问及衔接缺陷,但基于对案例样本的爬梳,可以明确的是,国家秘密的程序要件在实践中存在两种满足路径[④]:一是保密法律制度之下的保密程序路径;二是政府信息公开制度之下的保密审查程序路径。采用"通过定密程序证成豁免公开"审查思路的司法机关普遍认可上述两种程序路径,要求行政机关需提交相应证据证明涉案政府信息确已定密或确已经过保密审查。[⑤]

---

① 参见曹康泰主编:《中华人民共和国政府信息公开条例读本》,人民出版社 2007 年版,第 86 ~ 87 页。

② 有学者认为,保密审查程序与定密程序存在一定的顺次承接关系,但"法律上尚缺乏这种衔接的明确规定"。参见冯子轩:《政府信息公开与保密立法的衔接问题探究》,载《西南民族大学学报(人文社会科学版)》2011 年第 2 期。

③ 崔晓东:《政府信息公开保密审查的功能、特点和范围》,载《保密工作》2018 年第 10 期。

④ 此种程序路径的划分亦在司法实践中得到确认,属于《政府信息公开条例》国家豁免公开范围的"国家秘密",可以是确经有效认定,也可以是在诉讼中"补定为国家秘密"。参见谭某忠、汤某萍诉远安县国土资源局案,湖北省宜昌市中级人民法院(2015)鄂宜昌中行终字第 00041 号行政判决书。

⑤ 参见张某涛与陕西省西咸新区沣东新城管理委员会、陕西省西咸新区开发建设管理委员会案,西安铁路运输中级法院(2018)陕 71 行终 679 号行政判决书;名雅苑业主委员会与广州市国土资源和规划委员会案,广州铁路运输中级法院(2017)粤 71 行终 159 号行政判决书。

2."通过定密程序证成豁免公开"审查思路之下的举证与质证

基于上文对两种程序路径的考察,为证明涉案政府信息业已经法定定密程序确定为国家秘密,一个完整的证明链条应当包括如下证据:机关、单位负责人身份证明或定密责任人授权书及被授权人身份证明、定密审批表、国家秘密载体首页或封面;为证明涉案政府信息虽未定密但经保密审查程序认定不予公开,则应当提交保密审查单、[①]报请主管部门或保密行政管理部门确定的复函[②]等。然而,实践中行政机关提交的证据可谓多种多样,除了上述证据材料外,不少法院亦采纳了行政机关所提交的各类办公纪要、[③]办公厅证明、[④]情况说明或情况报告、[⑤]技术说明[⑥]、办理意见[⑦]等。此外,此类案件还存在保障国家秘密安全与有效证据审查之间的矛盾,司法实践普遍采用"单方审查"模式,实际上排斥了政府信息公开申请人的参与。

(1)参差的举证内容与较低的举证责任

行政诉讼中,被告的举证责任围绕着被诉行政行为的合法性展开,故被告承担的证明责任不仅仅限于被诉行政行为认定的事实,还应当包括与被诉行政行为合法性相关的事实。[⑧] 在"通过定密程序证成豁免公开"思路之下,对于上述两种程序路径应当设置不同的举证要求。

反观司法实践中的举证实况,在不同案件中被告提交的证据材料存在明显的差异,大致可分为四类:

---

① 参见郁某与北京市公安局案,北京市第二中级人民法院(2017)京02行终348号行政判决书。

② 参见司某清等与内蒙古自治区人民政府案,内蒙古自治区高级人民法院(2018)内行终565号行政判决书;赵某碧与重庆市万州区国土资源和房屋管理局案,重庆市第二中级人民法院(2017)渝02行终47号行政判决书;张某然诉长春市经济技术开发区管理委员会案,吉林省高级人民法院(2017)吉行终201号行政判决书。

③ 参见杨某林与南通市住房保障和房产管理局、南通市人民政府案,江苏省南通市中级人民法院(2015)通中行终字第00539号行政判决书。

④ 参见杜某森诉天津市人民政府案,天津市高级人民法院(2018)津行终74号行政判决书。

⑤ 参见任某林诉淮安市人民政府案,江苏省高级人民法院(2018)苏行终977号行政判决书;朱某珍诉安徽省国土资源厅案,合肥市中级人民法院(2018)皖01行终415号行政判决书;杨某宝、黑龙江省国土资源厅案,黑龙江省哈尔滨市中级人民法院(2018)黑01行终549号行政判决书。

⑥ 参见贺某欢诉攀枝花市自然资源和规划局案,攀枝花市中级人民法院(2019)川04行终64号行政判决书。

⑦ 参见袁某义等诉北京市住房和城乡管理委员会、中华人民共和国住房和城乡建设部案,北京市第一中级人民法院(2019)京01行终133号行政判决书。

⑧ 参见蔡小雪、甘文:《行政诉讼实务指引》,人民法院出版社2014年版,第142~143页。

第一类举证情形较为规范。有学者将诸如保密审查单、定密审批单、保密局复函等可供法院对定密程序或保密审查程序进行审查的证据称为“外围证据”,认为被告通常仅需要向法院提交“外围证据”,而不需要提交涉案政府信息本身;[①]只有在外围证据不足以认定涉案政府信息属于国家秘密或者足以认定涉案政府信息属于国家秘密但存在区分处理涉密与非涉密部分的可能性,法院才会要求行政机关提供涉案政府信息本身以进一步审查认定其属性。[②] 张某涛诉陕西省西咸新区沣东新城管理委员会、陕西省西咸新区开发建设管理委员会案是此类举证情形的例证。[③]

第二类举证情形较不规范,实际上无法满足定密程序证成豁免公开下的举证责任。以各类说明为例,在部分案件中,被告提交此类证据,意图证明涉案信息属于国家秘密,但并未提交其他证明涉案政府信息经过法定程序定密或经过保密审查的证据,此种情形实际上十分类似于美国信息自由诉讼中行政机关提交的“宣誓陈述书”(affidavit)。实践中甚至存在行政机关说明或声称正在进行保密审查程序但当庭自认并未启动该程序、无法提交任何保密审查程序相关证据的情形。[④] 若仅凭行政机关单方声称的“定密说明”作为“公开为常态”的限制,而不外加考察其他合法性要素,如定密程序等,不仅无助于《政府信息公开条例》立法目的的实现,也会对国家秘密法律体系和保密制度权威性造成损害。[⑤]

第三类情形在实践中存在争议。在高某华与天津市蓟县人民政府政府信息公开案中,最高人民法院称由于此类诉讼的目的就是获取涉密的政府信息,若将涉案信息作为证据在审理中出示、宣读和质证,则可能会使诉讼丧失

① 参见董妍:《政府信息公开例外规则及其司法审查》,经济日报出版社 2015 年版,第 165 页。

② 参见江必新、李广宇:《政府信息公开行政诉讼若干问题探讨》,载《政治与法律》2009 年第 3 期。

③ 参见张某涛与陕西省西咸新区沣东新城管理委员会、陕西省西咸新区开发建设管理委员会案,西安铁路运输中级法院(2018)陕 71 行终 679 号行政判决书。

④ 参见名雅苑业主委员会与广州市国土资源和规划委员会案,广州铁路运输中级法院(2017)粤 71 行终 159 号行政判决书。

⑤ 参见刘延东:《〈政府信息公开条例〉对定密行为的调节作用》,载《中国行政管理》2020 年第 2 期。

意义，故“政府信息并非作为证据存在”①。然而，该观点存在商榷空间。考察政府信息公开诉讼特征可知，原告提起此类诉讼的目的是获取涉案信息，而行政机关是以涉案政府信息属于国家秘密为由拒绝公开，诉讼的核心争议是“涉案信息是否属于国家秘密不予公开的豁免范围”。对该问题的判断依赖涉案信息性质本身，即该信息是否属于国家秘密。因此，若缺失涉案信息本身作为证据，仅凭外围证据进行定性难免有“隔靴搔痒”之感，亦可能使原告难以服判息诉。从司法实践看，许多地方法院仍将涉案政府信息本身作为证据。②

第四类举证情形最不利于原告诉讼程序权利的保障，原告不仅无法了解涉案信息的相关内容，对于关键的证据也一无所知。如在郑某杰诉中华人民共和国工业和信息化部案中，原告仅能获知被告提交了“涉密证据”，而并不知道该证据之名称、性质及证明目的等。③ 仅在少数案件中，法院会对被告提交的涉密证据予以提示，如朱某祥诉北京市人民政府案中，裁判文书载明法院审查的涉密证据为带有定密标识的“北京市公安局主要职责内设机构和人员编制的相关文件”④。

根据《行政诉讼法》及相关司法解释的规定，被告负举证责任，应当提交

---

① 高某华与天津市蓟县人民政府案，最高人民法院（2016）最高法行申1352号行政裁定书。该案中，高某华向天津市蓟县人民政府申请公开其房屋所属地块上建设项目向天津市人民政府提交的复垦责任书，被告以申请信息涉及国家秘密为由不予公开，最高人民法院再审认定“政府信息公开诉讼的目的就是获悉政府信息的内容，因此，政府信息并非作为证据存在，无论是公开审理还是不公开审理，均不得在法庭上出示、宣读以及质证。否则，本不应公开的政府信息因出示、宣读、质证而事实上公开之后，诉讼也会变得毫无意义”。

② 参见闫某祥与西安市国土资源局案，西安铁路运输中级法院（2017）陕71行终662号行政判决书；蔡某昇诉天津市河北区人民政府案，天津市高级人民法院（2017）津行终16号行政判决书；顾某明与上海市住房和城乡建设管理委员会、上海市人民政府案，上海市第三中级人民法院（2016）沪03行终292号行政判决书。

③ 参见郑某杰诉中华人民共和国工业和信息化部案，北京市高级人民法院（2017）京行终3452号行政判决书；马某芬诉中华人民共和国自然资源部案，北京市高级人民法院（2018）京行终6156号行政判决书。

④ 朱某祥诉北京市人民政府案，北京市高级人民法院（2017）京行终3318号行政判决书。其他类似案件如阮某吉诉北镇市国土资源局案，锦州市中级人民法院（2015）锦行终字第00070号行政判决书。从该案裁判文书可知，被告提交的两份涉密证据为国家发展和改革委员会制作的文件和辽宁省省长办公会议纪要，两份文件均标有“机密”字样。

“作出该行政行为的证据和所依据的规范性文件”[①]。举证责任是被告承担的一种法定义务，由法律预先设定，举证责任的义务方若无法满足举证责任的要求，将承担败诉风险或其他不利的法律后果。[②] 我国国家秘密豁免公开案件在举证制度方面存在不完善之处，突出体现于对被告的举证要求过低，行政机关实际上拥有了对何为主要证据的判断权，无论是提交涉案政府信息本身，抑或是外围证据，甚至是简单的说明，均极大概率会被认定可证成豁免公开。

（2）质证的实质免除与诉讼对抗性的缺失

在质证规则方面，最高人民法院《关于行政诉讼证据若干问题的规定》第37条规定了涉密证据排除质证的规则。[③] 所谓“质证”，核心是质疑或质问，[④]是当事人在庭审过程中，对法庭上出示的证据材料的可采性或证据能力以及证明力进行质疑、询问、说明和辩驳等活动，[⑤]不仅是双方当事人反驳对方所提证据的重要方式，也是对法官内心确信产生影响的诉讼活动。[⑥] 行政诉讼的质证环节亦是如此，双方当事人在法官的主持下就证据的合法性、客观性、关联性以及证明力的有无和大小进行对质和辨认。[⑦] 基于国家秘密豁免公开案件的特殊性，为了保障涉密证据的安全，相关证据的开示环节必然受到限制，对于此类证据，不得适用公开质证规则。需要明确的是，最高人民法院《关于行政诉讼证据若干问题的规定》仅仅排除了涉密证据的“公开质证”，

---

① 《行政诉讼法》第34条规定，“被告对作出的行政行为负有举证责任，应当提供作出该行政行为的证据和所依据的规范性文件。被告不提供或者无正当理由逾期提供证据，视为没有相应证据。但是，被诉行政行为涉及第三人合法权益，第三人提供证据的除外”；第67条规定，“被告应当在收到起诉状副本之日起十五日内向人民法院提交作出行政行为的证据和所依据的规范性文件，并提出答辩状”。最高人民法院《关于适用〈中华人民共和国行政诉讼法〉的解释》（法释〔2018〕1号）第34、36条为申请延期提供证据及申请延长举证期限相关规定。举证制度相关规定还可参见最高人民法院《关于行政诉讼证据若干问题的规定》（法释〔2002〕21号）第1条。

② 参见梁凤云：《新行政诉讼法讲义》，人民法院出版社2015年版，第203～204页；姜明安主编：《行政法与行政诉讼法》（第6版），北京大学出版社、高等教育出版社2015年版，第460～462页。

③ 最高人民法院《关于行政诉讼证据若干问题的规定》第37条规定，“涉及国家秘密、商业秘密和个人隐私或者法律规定的其他应当保密的证据，不得在开庭时公开质证”。

④ 参见李文军：《法庭质证的内在结构与理论剖析——兼评“三项规程”的相关规定》，载《北方法学》2018年第5期。

⑤ 参见梁凤云：《新行政诉讼法讲义》，人民法院出版社2015年版，第240页。

⑥ 参见赵冬等：《中美涉密证据质证制度比较》，载《保密科学技术》2015年第10期。

⑦ 参见刘莘、金成波：《〈行政诉讼法〉修改后的证据规定评析》，载《南京社会科学》2015年第11期。

并未规定此类证据完全免于质证。由于涉密证据不可公开质证，且对其审查方式司法解释并未明确规定，许多法院在实践中采取的是“庭后审查”或“径行审查”的方式。虽表述不同，但无论是“庭后审查”还是“径行审查”，其特征均是法院在原告不参与的情况下，对被告所提交证据的关联性、客观性和合法性进行审查和认证，均是一种“单方审查”。此种方式虽保障了涉密信息的安全性，但原告作为质证主体，处于完全的“无知状态”，不仅不知道涉密证据的内容或性质，对于其他基础的、可能不具备保密需要的文件之名称、制作者、制作时间等信息等均无从知晓。如此特殊的规则设计实际上偏向的是行政机关，而不利于政府信息公开申请人。①

（三）不同审查思路中相同的司法“退守”姿态

权力分立的理念是行政诉讼的立身之本，②从行政诉讼程序设计到行政诉讼具体运作的全过程，无不凸显行政权与司法权的紧张关系，③在国家秘密豁免公开案件中更是如此。《政府信息公开条例》第 51 条明确了申请人在不服行政机关的政府信息公开答复行为时依法申请行政复议或提起行政诉讼的权利，为申请人提供了相关的救济途径。④ 在“通过定密依据证成豁免公开”审查思路之下，法院依据行政机关提交的低位阶规定认定国家秘密属性而拒绝考察涉案政府信息是否经过法定程序确定为国家秘密，而在“通过定密程序证成豁免公开”的审查思路下，法院虽对涉案政府信息是否经过法定程序确定为国家秘密进行审查，但在证据采纳方面采取较为宽松的态度，较大程度降低了被告的举证责任。无论是上述何种审查思路，均反映出司法权在面对行政权时秉持着较高程度的尊重，保有相对“退守”的姿态，在国家秘密的判断问题上，采取了较浅层次的审查，在保密思维定式化的情况下，⑤当

① 参见王万华主编：《知情权与政府信息公开制度研究》，中国政法大学出版社 2013 年版，第 151 页。

② 参见杨伟东：《行政行为司法审查强度研究——行政审判权纵向范围分析》，中国人民大学出版社 2003 年版，第 39 ~ 45 页。

③ 参见马怀德主编：《行政诉讼原理》，法律出版社 2009 年版，第 5 页。

④ 《政府信息公开条例》第 51 条规定，“公民、法人或者其他组织认为行政机关在政府信息公开工作中侵犯其合法权益的，可以向上一级行政机关或者政府信息公开工作主管部门投诉、举报，也可以依法申请行政复议或者提起行政诉讼”。

⑤ 参见余凌云：《行政法讲义》（第 3 版），清华大学出版社 2019 年版，第 448 页。

前的司法审查思路对保障公众知情权效果有限。

以"通过定密依据证成豁免公开"为例,此种司法审查思路与1974年前美国信息自由诉讼中美国法院所采取的司法审查思路存在较高的相似性与可比性。在信息自由诉讼的框架之下,行政机关通常会在诉讼前准备一份内容简要的宣誓陈述书,向法院说明涉案政府信息属于美国《信息自由法》所列举的豁免范围,同时会提交简易判决(summary judgment)的申请,主张在涉案政府信息性质的判断问题上并不存在争议。① 由于在诸多案件中涉案政府信息数量巨大,法院对其直接进行秘密审查的负担过于沉重,②法院通常会选择直接根据被诉行政机关提交的宣誓陈述书进行裁判。由于美国《信息自由法》在1974年修改之际保留了妥协立场,明确提出在司法审查中,司法机关应"承认行政机关在国防和外交事项上的专业性和独特见解",并要求法院对行政机关提交的宣誓陈述书予以"实质性考量"③,此类案件在实践中出现了"一边倒"的裁判结果。有学者对此进行统计,发现即便是在美国《信息自由法》的新审查标准之下,法院对行政机关不予公开涉案政府信息的行为维持率高达90%,远高于理论上适用更为宽松的专断和反复无常标准的维持率,④后者的维持率约为50%。⑤ 此种审查思路高度依赖行政机关提供的简要宣誓陈述书,由于宣誓陈述书通常仅会单纯提出豁免公开的主张并笼统说明豁免公开的行政命令依据,这也决定了对宣誓陈述书予以"实质性考量"的法院在进行司法审查时必然无法跳出宣誓陈述书的主张,无法审查涉案政府

---

① "简易判决"是指当事人认为案件事实不存在任何争议且其在法律上应当胜诉,从而向法院提出的一种申请(motion)。参见薛波主编:《元照英美法词典》(缩印版),北京大学出版社2013年版,第1309页。See also 28 U. S. C. A. F. R. C. P. Rule 56.

② 正如沃恩诉罗森案中法院所阐述的:"当争议的信息多至几百,甚至几千页时,我们很难要求一位初审法院的法官对争议信息的内容及其性质进行彻底的、全面的审查。"See Vaughn v. Rosen, 484 F. 2d 820, 826 (1973).

③ "[A]ccord substantial weight to an agency's affidavit concerning the details of the classified status of the disputed record". See H. R. CONF. REP. No. 1380, 93rd Cong., 2nd Sess. (1974).

④ 重新审查标准在理论上相较于实质性证据标准、专断和反复无常标准更为严格,因为重新审查标准之下,法院可以完全置行政机关的裁定于不顾,对事实问题进行独立裁定。参见王名扬:《美国行政法》(下),北京大学出版社2016年版,第516~517页。

⑤ See Paul R. Verkuil, *An Outcomes Analysis of Scope of Review Standards*, William & Mary Law Review, Vol. 44:2, p. 719(2002).

信息的相关内容、性质或定密程序。[①] 在涉及国家安全信息豁免的信息自由诉讼中，法院所奉行的此种高度遵从姿态饱受诟病，有学者认为司法机关在此类案件中过于胆怯，无助于保障传统的宪法权利或自由。[②]

虽然中美两国法律传统不同，政务公开制度的发展轨迹亦存在差异，但两国法院在面临国家秘密豁免公开案件时，均是在"司法审查的最边缘"[③]处徘徊。三权分立原则之下的美国与权力分工配合之下的我国均尊重不同国家权力的专用性，上述美国信息自由诉讼中的审查思路与我国的定密依据证成豁免公开思路亦体现了此类案件中司法权与行政权的权力配置的紧张关系。面对权力与权力的紧张关系，两国的司法机关均展现了过度谦卑的姿态，使上述审查思路之下的司法审查容易流于形式，无法破除国家秘密豁免公开事由这一行政秘密主义的"挡箭牌"，过于浅层次的审查使法院在一定程度上沦为"橡皮图章"。

四、国家秘密豁免公开案件司法审查的完善进路

上文对国家秘密豁免公开案件的实践面向进行了系统梳理，并对此类案件中法院裁判中所展现的审查思路进行了类型化分析。下文将在此基础上，探索国家秘密豁免公开案件司法审查之完善进路。

（一）思路选择：以"通过定密程序证成豁免公开"代"通过定密依据证成豁免公开"

如上文所述，当前我国国家秘密豁免公开案件司法审查存在二元化的审查思路，"通过定密程序证成豁免公开"之思路相较于"通过定密依据证成豁免公开"之思路更具优越性，且鉴于《政府信息公开条例》第14条对国家秘密豁免公开事由适用范围的进一步明确，"通过定密依据证成豁免公开"的审查思路将不具备适用空间，未来国家秘密豁免公开案件的司法审查均应回归"通过定密程序证成豁免公开"的思路。

---

① See Environmental Protection Agency v. Mink, 410 U. S. 73, 91 – 95 (1973).

② "[C]ourts may be approaching too timidly on the question of whether national security claims override traditional constitutional rights or liberties". See Patricia M. Ward, *Two Unsolved Constitutional Problems*, 49 University of Pittsburgh Law Review 764(1980).

③ 郑春燕：《政府信息公开与国家秘密保护》，载《中国法学》2014年第1期。

1. 第三种审查思路之可能性探讨

在探讨采取何种审查思路之前,应当明确的问题是:是否存在第三种审查思路,即除考察涉案政府信息是否经过法定程序定密外,是否可从定密标准入手,关注定密的准确性与适当性,进行更为深层次的审查。

在理论上,业已经法定程序定密的国家秘密,是否还具备定密准确性与适当性的审查空间?答案是肯定的。若将应当公开的信息与应当保密的信息进行状态上的关联,可得出如下三种可能情形:其一为"理想状态"。在该状态之下,应当公开的信息与应当保密的信息之间并行而不重合,保密不会入侵公开的范围,反之亦然。其二为"可接受状态"。在该状态下,由于定密主体所具备的裁量权及其作出错误决定的可能性,故在定密过程中存在一定的失误是预期可见的且应当是可接受的,因此在该状态之下,保密与公开存在较小范围的重合情形。其三为"现实状态"。在该状态下,保密大举入侵公开的范围,保密范围的扩张并非源于定密主体的偶然失误,而是基于行政主体遮掩错误和逃避责任的目的,故在该状态下,保密信息的实际范围不仅包括合法的秘密和偶然的可接受的错误定密,还包括不合法的定密。[①] 因此,就理论层面而言,即便是经过法定程序被认定为国家秘密的政府信息,亦可能存在不当定密的情形,应否认相关的豁免公开主张。实践中亦存在"现实状态"。以重庆市为例,2012 年重庆市保密局对该市下属区县及市级部门进行定密规范性问题的调研期间,对某单位的原始定密文件进行抽查,发现在抽查的 30 份国家秘密文件中,有近 20 份存在定密不准确、不适当的问题,将本不应当确定为国家秘密的事项进行定密。[②]

通过对案例样本的考察可知,即便是经过法定程序确定的国家秘密,由于定密主体的"自利性"问题,亦可能存在不准确、不适当定密的情形。[③] 原告或主张涉案政府信息不涉及国家安全与利益,不应当被确定为国家秘密;

---

① See Jason R. Arnold, *Secrecy in the Sunshine Era: The Promise and Failures of US Open Government Laws*, University of Kansas Press, 2014, p. 19 – 21.

② 参见重庆市保密宣传法规处:《关于规范定密的调研报告》,载《保密工作》2012 年第 12 期。

③ 有学者对某些地方的定密情况进行考察,发现定密准确率仅有 30%。参见董皞、王凌光:《试论定密争议之解决——从高考评分标准被定密谈起》,载《行政法学研究》2016 年第 3 期。

或主张涉案政府信息已可通过公开渠道获取,不应当继续被认定为国家秘密。[①] 从理论上说,应当允许政府信息公开申请人提起定密适当性质疑,并为之赋予解决渠道。对于定密争议解决权,司法实践及学界的主流观点普遍肯定在我国现行的法律制度之下,该权力属于省级以上保密部门,主要的依据是《保守国家秘密法》第 25 条,[②]上述规定设置的是对定密权的内部监督程序。根据立法者的解释,由于定密权的国家权力属性及国家秘密的保密性、专业性,定密行为本质上是机关的内部行为,故对其的监督只能限于机关内部;且该条仅仅赋予"机关、单位"提请解决定密争议的权利。[③] 在主流观点下,即便对定密之准确性与适当性存在异议,公民亦无法启动相关的行政监督程序、行政复议或行政诉讼程序,更遑论在国家秘密豁免公开案件中请求法院一并解决。

然而,上述观点存在待商榷之处:首先,定密行为并非单纯的内部行为,而是具备一定的"涉权性"[④],定密行为可能造成对公民权利的侵害,包括对公民知情权或获取政府信息的权利造成损害,且为了保障有效的定密监督,更应当扩大提起定密争议之主体范围,并构建可能的司法解决途径。[⑤] 其次,《保守国家秘密法》第 25 条构建的是内部性质的监督程序,该程序不仅在争议解决主体方面进行限制,还将公民、法人和其他组织排除出该程序的启动主体,即使不论定密争议解决的动力和责任分配设置,仅在"价值取向上也必然更倾向于'保密'"[⑥],此种制度设计之下的定密争议能否得到公正、有效的解决存在不确定性。此外,我国现行法律规范中并无公民提请解决定密争议

---

① 参见杨某林与南通市住房保障和房产管理局、南通市人民政府案,江苏省南通市中级人民法院(2015)通中行终字第 00539 号行政判决书;宋某江与北京市公安局丰台分局、北京市公安局案,北京市第二中级人民法院(2019)京 02 行终 504 号行政判决书。

② 《保守国家秘密法》第 25 条规定,"机关、单位对是否属于国家秘密或者属于何种密级不明确或者有争议的,由国家保密行政管理部门或者省、自治区、直辖市保密行政管理部门按照国家保密规定确定"。

③ 参见李飞、许安标主编:《中华人民共和国保守国家秘密法解读》,中国法制出版社 2010 年版,第 99 ~ 101 页。

④ 董皞、王凌光:《试论定密争议之解决——从高考评分标准被定密谈起》,载《行政法学研究》2016 年第 3 期;杨小军:《定密行为的法律性质与可诉性研究》,载《河南科技学院学报》2011 年第 7 期。

⑤ 参见程洁:《完善定密异议解决制度的法学思考》,载《保密工作》2011 年第 3 期。

⑥ 成协中:《信息公开理念下的定密异议与司法审查》,载《哈尔滨工业大学学报(社会科学版)》2013 年第 4 期。

的相关规定,但并不意味着该权利毫无存在基础,《宪法》第41条规定了公民的申诉权、控告权和检举权,若通过合宪性解释的方式,可将公民通过行政复议或行政诉讼启动定密争议解决程序的权利视为上述宪法规定权利的具体化。[①]

在明确经法定程序定密的政府信息之定密适当性与准确性问题具备审查空间的基础上,此类问题是否适宜在国家秘密豁免公开案件中一并解决?本文认为不适宜,即便是赋予政府信息公开申请人质疑的权利,此类争议不适宜通过国家秘密豁免公开案件一并解决。有学者指出,若不在国家秘密豁免公开案件中实现对定密争议的救济,将会导致"政府信息公开的行政救济制度在涉及国家秘密的情形下基本被架空"[②];亦有学者建议应当借鉴专利侵权诉讼中的无效宣告程序,若在政府信息公开诉讼中出现对定密合法性的质疑,应当中止案件审理,启动定密异议程序,将定密争议解决构建为此类案件诉讼程序不可或缺之部分。[③] 但从案例样本中可知,关于国家秘密豁免公开案件的审查对象,司法实践的观点较为统一,即此类案件解决的是涉案政府信息是否属于国家秘密、是否能予以公开的问题。[④] 这是《政府信息公开条例》之下的豁免公开范围问题,而非保密法律制度之下的定密问题,虽然公开制度与保密制度在国家秘密豁免公开规定上汇聚,二者存在关联,但鉴于豁免公开范围问题与定密问题的两分,在国家秘密豁免公开案件中对定密适当性与准确性相关的定密争议进行审查实际上逾越了政府信息公开案件的审查边界。

因此,在我国目前的法律制度之下,定密争议的提起主体和解决主体均具有专属性,且即便是构建定密争议的司法解决途径,[⑤]鉴于不同行政诉讼案件审查对象之差异,亦不适宜在国家秘密豁免公开案件中对业已合法定密的

---

① 参见郑磊:《论定密授权的规范内涵》,载《法学》2013年第10期。

② 郑磊:《论定密授权的规范内涵》,载《法学》2013年第10期。

③ 参见韦景竹、曹树金:《政府信息公开与保密的重要议题:定密异议权及定密异议机制研究》,载《档案学研究》2013年第2期。

④ 参见李广宇:《政府信息公开诉讼:理念、方法与案例》,法律出版社2009年版,第51页;江必新主编:《最高人民法院关于审理政府信息公开行政案件若干问题的规定理解与适用》,中国法制出版社2011年版,第80页。

⑤ 不少学者主张赋予公民、法人、其他组织提起定密争议诉讼的权利,构建定密异议的司法审查程序。参见成协中:《信息公开理念下的定密异议与司法审查》,载《哈尔滨工业大学学报(社会科学版)》2013年第4期;董皞、王凌光:《试论定密争议之解决——从高考评分标准被定密谈起》,载《行政法学研究》2016年第3期。

政府信息之准确性与适当性异议进行审查。

从案例样本看,针对政府信息公开申请人所提出的上述准确性及适当性异议,司法机关均采取明确的否定态度,即法院普遍认为国家秘密豁免公开案件考察的是涉案政府信息是否确已定密以及定密权限是否合法的问题,而对于业已合法定密的信息,对其定密准确性与适当性产生的争议之裁决具有专属性,应当依据《保守国家秘密法》第50条启动相关程序,对于上述问题进行的审查不属于人民法院的职权范围,亦不属于行政诉讼的审查范畴。[①] 如在刘某华案中,最高人民法院明确指出,"行政机关基于专业知识和专属业务的天然优势而具有的判断权和裁量权,只要是行政机关通过正式程序确立的国家秘密,人民法院应当予以尊重"。[②] 故从理论分析与司法实践看,对定密准确性与适当性的审查并非司法机关的审查范围,并没有第三种审查思路的空间。

2."通过定密程序证成豁免公开"审查思路之优越性

根据《保守国家秘密法》第2条及第13条第1款的规定,国家秘密概念应当包括如下要件:其一为内容要件,即"关系国家安全和利益",指向保密事项范围;其二为程序要件,即"依照法定程序确定",指向定密程序;其三为后果要件,即"泄露后可能损害国家在政治、经济、国防、外交等领域的安全和利益",指向国家秘密的密级;[③]其四为时空要件,即"一定时间内只限一定范围的人员知悉"。[④] 上述第四个要件仅在国家秘密定密阶段具备效力,而不具备

---

① 参见高某华与天津市蓟县人民政府案,最高人民法院(2016)最高法行申1352号行政裁定书;朱某珍诉安徽省国土资源厅案,合肥市中级人民法院(2018)皖01行终415号行政判决书;卞某诉中华人民共和国住房和城乡建设部案,北京市第一中级人民法院(2018)京01行终43号行政判决书;郑某诉上海市住房和城乡建设管理委员会案,上海市第一中级人民法院(2019)沪01行申51号行政判决书。

② 刘某华与中华人民共和国住房和城乡建设部案,最高人民法院(2017)最高法行申4100号行政裁定书。

③ 依据《保守国家秘密法》第14条第2款的规定,密级是后果要件的具体化,不同密级所反映的是国家秘密泄露后果的严重性差异:绝密级国家秘密是最重要的国家秘密,泄露会使国家安全和利益遭受特别严重的损害;机密级国家秘密是重要的国家秘密,泄露会使国家安全和利益遭受严重的损害;秘密级国家秘密是一般的国家秘密,泄露会使国家安全和利益遭受损害。

④ 学界对国家秘密的要件存在不同的表述,但实质上大同小异,均是参照《保守国家秘密法》第2条进行的划分。如章剑生教授将国家秘密划分为内容要素、程序要素和时空要素,参见章剑生:《政府信息公开中的"国家秘密"——〈政府信息公开条例〉中的"国家秘密"之解释》,载《江苏大学学报(社会科学版)》2012年第6期。郑春燕教授将国家秘密划分为形式要件(包括定密主体、定密依据、定密程序)和实质要件(包括保密必要性、非公开性、保密不可滥用性),参见郑春燕:《政府信息公开与国家秘密保护》,载《中国法学》2014年第1期。

持久性。如此，司法审查中对的"国家秘密"的判断要件仅包含前三项，即内容、程序和后果。

在"通过定密依据证成豁免公开"审查思路下，司法机关对案件核心的涉案政府信息国家秘密属性判断问题审查并不全面，该思路着眼于"相关依据"，考察涉案政府信息是否属于"相关依据"中规定的范围，即主要考察的是涉案政府信息是否属于保密事项范围。换言之，"通过定密依据证成豁免公开"审查思路仅对上述第一项要件——内容要件进行了审查，而不问涉案政府信息是否经过法定程序定密或泄露后果的严重性，将保密事项范围等同于国家秘密，存在核心概念的混同。

相较之下，鉴于"通过定密程序证成豁免公开"审查思路在国家秘密判断问题上进行了更为全面的考察，该审查思路更为妥当。乍看之，"通过定密程序证成豁免公开"审查思路似乎仅涵盖对定密程序的判断，其实不然。《定密管理暂行规定》第 18 条规定，定密"应当依据保密事项范围进行"；第 20 条第 1 款规定，定密程序中还"应当依法确定密级、保密期限和知悉范围"。由此可见，程序要件、内容要件以及后果要件在具体的定密流程中并非割裂存在，行政机关依照法定程序进行定密时，应当对特定事项或信息是否属于保密事项范围进行考察，还应当依据可能的泄露后果相应进行密级的确定。因此，在"通过定密程序证成豁免公开"审查思路下，依据定密相关程序证据，如国家秘密纸介质（首页）或定密审批表，司法机关除了可获知行政机关确已依照法定程序定密外，还可明确相关信息属于保密事项范围，且从密级亦可得出泄露后果及其严重程度，从而完成了对涉案政府信息是否属于国家秘密判断问题更为全面的审查。

3. 审查思路的归一

"通过定密依据证成豁免公开"与"通过定密程序证成豁免公开"司法审查思路的分野在一定程度上源于《政府信息公开条例》中国家秘密豁免公开标准之模糊性。其第 14 条所采取的"涉及"标准，导致实践中对于涉案政府信息是否应当适用国家秘密豁免公开事由这一问题出现了"严格"和"宽松"两种截然不同的审查标准：采取较严格标准的法院倾向于将"涉及"标准等同于"属于"标准，进而要求行政机关应当提交证据证明涉案政府信息确已定密，此即"通过定密程序证成豁免公开"；采取较宽松标准的法院虽换用"涉及”“属于”之表述，却在操作中严格遵循着“涉及”之文义，将国家秘密判断问题转换为保密事项范围判断问题，仅要求行政机关提交“相关依据”，混同保密事项范围与国家秘密概念，此即“通过定密依据证成豁免公开”。

随着2019年《政府信息公开条例》出台实施，国家秘密豁免公开规定进一步明确“属于”标准，国家秘密豁免公开规定适用之范围得到进一步限定，同时亦使国家秘密与保密事项范围二者之概念泾渭分明，国家秘密司法审查思路应当逐渐归一。在我国保密法律制度及政府信息公开制度之下，司法机关理应采取“通过定密程序证成豁免公开”的审查思路；“通过定密依据证成豁免公开”的审查思路将不再具备适用空间与存在基础。

（二）证据规则：沃恩索引制度之讨论

不少学者在论及国家秘密豁免公开案件司法审查完善之道时，均关注到美国信息自由诉讼中的特殊制度——沃恩索引，将之称为美国信息自由诉讼中的“主力军”①，并提出可适当引进该制度，以提高对国家秘密豁免公开案件中原告的权益保障。② 被告举证责任过低与诉讼对抗性缺失恰是沃恩索引制度直指的两大问题，亦是“通过定密程序证成豁免公开”审查思路下举证与证据审查方面的两大缺陷。此外，鉴于学界已有文献对该制度的关注，在探讨国家秘密豁免公开案件司法审查时，沃恩索引是无法回避之话题。

1974年美国《信息自由法》明确规定，对于涉案信息是否属于豁免范围，法院有权进行秘密审查，③但秘密审查耗费的司法成本巨大。④ 以美国国税局一起普通的信息自由诉讼为例，原告申请信息涉及5735页纸质文件和

---

① 许莲丽：《政府信息公开诉讼中的秘密审查制度：美国的实践》，载《环球法律评论》2011年第3期。

② 参见杨伟东：《政府信息公开主要问题研究》，法律出版社2013年版，第246～248页。

③ 在1974年美国《信息自由法》修改后，为推动透明公开的立法意图，美国国会在该法中明确列举九种具体情形以极大限缩豁免公开的政府信息范围，明确授权法院对豁免公开案件的事实和法律问题进行全面审查（de novo review），且赋予司法机关对涉案政府信息进行秘密审查的权力。See 5 U. S. C. §552（a）(3)（1966）. 5 U. S. C. §552(a)(4)(B)（1974）. 实际上，在1974年前，许多法院已经开始采用秘密审查的方式处理涉及豁免公开的案件。See Richard H. Walker, *Vaughn v. Rosen: New Meaning for the Freedom of Information Act*, 47 Temple Law Quarterly, 397(1974).

④ 正如沃恩诉罗森案中，法院所阐述的：“当争议的信息多至几百，甚至几千页时，我们很难要求一位初审法院的法官对争议信息的内容及其性质进行彻底的、全面的审查。”See Vaughn v. Rosen, 484 F. 2d 820, 826 (1973). *Comment: Vaughn v. Rosen: Toward True Freedom of Information*, 122 University of Pennsylvania Law Review 740(1974).

35.7兆电子文档，被告仅公开了其中的318页文件，对剩余的纸质文件和所有电子文档均声称豁免公开，[①]若要求法院对上述文件和文档进行全面审阅和准确定性，实则是对司法机关施加了不可承受之负担；此外，秘密审查实际上还扭曲了法院在诉讼中的地位，将本属于被告的举证责任实际上转嫁至中立的法院，使法院而非原告，成了信息自由诉讼中的对抗主体之一。然而，若法院不采取秘密审查而是延续长久以来的高度遵从态度，则必将继续饱受诟病。[②]

沃恩索引制度正是司法机关尝试解决高度遵从与秘密审查两难抉择的创举。沃恩诉罗森案中，[③]哥伦比亚特区巡回上诉法院明确声明法院不再接收笼统的和高度概括的豁免主张，要求行政机关重新提交对其拒绝公开行为正当性的详细说明，并制作信息的"分类和索引"[④]。沃恩索引是对传统宣誓陈述书制度的变革，对行政机关的举证提出了更高的要求。[⑤] 沃恩索引并没

---

① See Shannahan v. I. R. S., 672 F. 3d 1142, 1145 (9th Cir. 2012).

② 沃尔德法官认为，法院在此类案件中的表现过于胆怯。"Courts may be approaching too timidly on the question of whether national security claims override traditional constitutional rights or liberties." Patricia M. Ward, *Two Unsolved Constitutional Problems*, 49 University of Pittsburgh Law Review 764 (1980).

③ 该案中，沃恩向文官委员会申请公开人事管理报告等文件被拒，文官委员会向初审的地区法院提交了一份宣誓陈述书，概括性宣称涉案信息属于美国《信息自由法》规定的豁免公开范围，虽然文官委员会并未进一步提交任何补充证明材料，地区法院仍然依据宣誓陈述书的主张作出判决，维持了文官委员会不予公开的决定。案件上诉至哥伦比亚特区巡回上诉法院，法院指出该案的争议焦点为文官委员会通过提交宣誓陈述书是否完成了其举证责任，随后法院认定无法通过宣誓陈述书作出涉案信息是否属于豁免范围的判断，撤销了初审法院的判决并将案件发回。该案涉及三项豁免条款，包括第二豁免条款（涉及机关内部的规则和措施）、第五豁免条款（机关内部或者与其他机关之间的备忘录或信件）以及第六豁免条款（一旦公开会明显侵犯个人隐私的个人档案、医疗档案或者其他档案）。See Vaughn v. Rosen, 484 F. 2d 820 (D. C. Cir. 1973).

④ Vaughn v. Rosen, 484 F. 2d 820, 826-828 (D. C. Cir. 1973).

⑤ 实际上，沃恩诉罗森案并非直接涉及第一豁免条款，但该案所创设的沃恩索引制度被广泛应用于国家安全信息豁免公开的案件之中，其内涵亦得到不断发展与完善。See New York Times Co. v. United States Department of Justice, 762 F. 3d 233 (2nd Cir. 2014); Defenders of Wildlife v. United States Border Patrol, 623 F. Supp. 2d 83, 88-92 (D. D. C. 2009); Schoenman v. F. B. I., 604 F. Supp. 2d 174 (D. D. C. 2009); Judicial Watch, Inc. v. FDA, 449 F. 3d 141 (D. C. Cir. 2006); Gardels v. CIA, 689 F. 2d 1100 (D. C. Cir. 1982); Founding Church of Scientology v. Bell, 602 F. 2d 945 (D. C. Cir. 1979); Founding Church of Scientology of Washington, D. C., Inc. v. National Security Agency, 610 F. 2d 824 (D. C. Cir. 1979); Mead Data Central v. United States Department of the Air Force, 566 F. 2d 242 (D. C. Cir. 1977); Dellums v. Powell, 556 F. 2d 167 (D. C. Cir. 1977).

有固定的格式或样本，该制度的核心要求是“明确性”[①]，即行政机关应当尽可能多地披露涉案信息的内容，如信息的制作者、制作日期、接收者、主题等内容，[②]而不能仅仅照搬相关的法律规定或者提供结论性的说明。[③] 具体而言，沃恩索引制度可分为三个步骤，分别是“合理切分”“详细说明”“逐一对应”。对于每项豁免信息，行政机关均应首先将与信息相关的文件进行分割，将大量文件分为易处理、可操作的部分，随后应当对每部分文件的内容予以详细描述，并提供相关的背景，如制作主体等，最后应当逐一阐明不予公开该部分内容的豁免主张和具体理由。

引进沃恩索引根本的制度障碍源于我国法院不具备审查定密准确性与正当性的权力。在美国《信息自由法》豁免条款之下，无论是通过宣誓陈述书、秘密审查还是沃恩索引，司法机关所审查判断的问题不仅仅限于对定密形式要件的判断，即不局限于对涉案政府信息是否已在事实上被依法定密的判断，还需要对定密理由是否正当进行衡量。而在我国，最高人民法院早在高某华案、刘某华案等案件中明确表示，基于行政机关在定密问题上的专业性和权力的特殊性，只要其能够提供有效证据证明涉案政府信息已经法定程序定密或经过保密审查程序，司法机关应当尊重行政机关的定密决定，而不应当进一步对涉案政府信息定密的正当性和适当性进行审查。[④] 故在我国国家秘密豁免公开语境之下，僵硬照搬沃恩索引的“合理切分”“详细说明”“逐一对应”的三步要求并无效果，因为法院无权对行政机关的定密理由进行审查，更遑论要求行政机关将定密理由与涉案信息进行一一对应并予以详细说明。

那么沃恩索引是否仍具有借鉴意义？法律制度的借鉴并非仅指对于制度规范本身的学习，亦可指对“制度实践的经验”甚至是“精神要旨”的学

① “Specificity” is the defining requirement of Vaughn Index. King v. United States Department of Justice, 830 F.2d 210, 219 (D.C. Cir. 1987).

② See Defenders of Wildlife v. United States Border Patrol, 623 F. Supp. 2d 83, 88 – 92 (D.D.C. 2009).

③ See Judicial Watch, Inc. v. FDA, 449 F.3d 141 (D.C. Cir. 2006).

④ 参见高某华与天津市蓟县人民政府案，最高人民法院(2016)最高法行申 1352 号行政裁定书；刘某华与中华人民共和国住房和城乡建设部案，最高人民法院(2017)最高法行申 4100 号行政裁定书。

习。① 沃恩索引的核心在于对被告举证责任的进一步强化,而在我国国家秘密豁免公开案件中,我国司法机关亦可参照该核心机制,进一步明确行政机关的举证责任。其一,要求被告对涉案政府信息的定密过程或保密审查过程予以详细描述,并提供能够证明涉案信息经过上述程序的相关证据,如定密审批单、保密审查单等,对各类仅笼统声称涉案政府信息已定密而事实上无法证明定密程序的说明、证明等材料应当依法拒绝采信;其二,行政机关提供的定密过程描述及相关证据应当向原告出示,为原告组织反驳提供基础;其三,行政机关提供的证据若确实涉密无法直接向原告出示,法院应当对相关证据材料的名称、性质、制作者、生成日期向原告进行适当提示,并明确该涉密证据所欲证明的案件事实。

(三)紧张平衡:国家秘密豁免公开案件中的价值与权力

正如其他类型的行政诉讼,行政权与司法权的关系平衡问题是国家秘密豁免公开案件之"永恒旋律"。此外,鉴于国家秘密豁免公开案件所涉信息之保密需求,此类案件中还存在保密价值与公开价值的权衡问题。有效的司法审查不仅依赖完善的诉讼制度,相关的价值、理念亦起到重要的指引作用。因此如何权衡公开与保密、行政与司法两组关系,亦是完善国家秘密豁免公开案件司法审查不可回避之话题。

1.保密价值与公开价值

由于相关政府信息的国家秘密属性,公开价值与保密价值的紧张关系在国家秘密豁免事由的规范制定、实践适用和案件审查各阶段都有所体现。在规范制定阶段,公开与保密均是立法权行使的目的。一方面,立法机关承担着将政府信息公开向纵深推进的民意所向;另一方面,国家安全的需求亦要求立法权重视国家秘密的保护问题。在实践适用阶段,行政机关的行政秘密传统及公开所需的行政成本考虑与提升政府公信力、创建透明的服务型政府目标时刻处于角力状态。在案件审查阶段,正如案例样本所展现的,司法机关承担着保障公民获取政府信息权的责任,亦有义务保障诉讼过程中国家秘密的安全。

① 参见李晓辉:《中国式法律移植之反思》,载《国家检察官学院学报》2014 年第 1 期。

古代的行政权强调"不可使民知之"[①],奉行秘密原则。保密传统之于现代立法,可体现于对定密行为性质的认定之中,立法者言定密在本质上为"机关、单位内部的行为",定密权限的行使和监督亦均是机关、单位内部之事宜,不适宜赋予公民挑战定密正当性的权利,亦不适宜使定密权的行使受司法权监督。[②]

随着知情权理论的兴起,定密行为所涉及之公民权利亦逐步明晰,不当定密所隔绝的是公民本应有权知悉的政府信息,侵害的是公民了解行政机关工作的权利,进一步造成对公民表达自由的减损。[③] 知情权并非我国宪法明文规定的公民权利,在《政府信息公开条例》中亦无处可寻,但并不意味着知情权被"明确地排除了或者丢弃了"[④]。不少学者长久以来亦呼吁应尽快实现知情权的法定,使《政府信息公开条例》回归"权利法的法律属性"[⑤]。在知情权理念之下,国家秘密不予公开等豁免规定实质上是对"知情权的法律节制",是为了保障更为重大的利益,如国家安全等,而对公民知情权施加的限制。[⑥] 既是对公民权利的限制,则必然应具备正当理由。[⑦]

即便否认知情权是政府信息公开制度的理论基石而采取"优化治理观",政府信息公开体系仍指向的是阳光政府的构建,亦不应当奉行"保密优先于公开"的观念,只有保障行政权行使的公开与透明,接受外界监督,方可获取民众信赖,提升行政权权威性;行政权的神秘品格让步于公开理念亦可保障

---

① 《论语》第九章曰,"民可使由之,不可使知之"。张先志、耿忠群主编:《论语》,北京时代华文书局2019年版。

② 参见李飞、许安标主编:《中华人民共和国保守国家秘密法解读》,中国法制出版社2010年版,第101页。

③ 参见沈福俊:《建立与政府信息公开制度相适应的保密制度——以〈保守国家秘密法〉的修改为视角》,载《法学》2009年第9期;聂辰席:《公开与保密的平衡:美国政务公开立法及其对我国的启示》,载《北京行政学院学报》2005年第6期。

④ [日]盐野宏:《行政法Ⅰ 行政法总论》(第4版),杨建顺译,北京大学出版社2008年版,第220页。

⑤ 王万华:《开放政府与修改〈政府信息公开条例〉的内容定位》,载《北方法学》2016年第6期。

⑥ 参见常宏宇、张劲:《论政府信息公开的"例外"》,载《中国行政管理》2011年第8期。

⑦ 参见钟真:《在尊重与制衡之间——试论对定密行为的司法监控》,载贺荣主编:《深化司法改革与行政审判实践研究:全国法院第28届学术讨论会获奖论文集》(下),人民法院出版社2017年版,第1236~1244页。

信息的充分流动与自由利用，促进社会发展。①

因此，无论以知情权为基点抑或以政府治理为基点进行考察，②行政秘密主义在现代政府中均不具备生存土壤。保密优先的“保密—公开”观应变革为公开为主流的“公开—保密”观，保密不再是为了向民众隐匿信息以稳固统治根基，不再是“为保密而保密”，而是将之作为“公开的例外”，追随政务公开的潮流，在保障国家利益与安全的基础上，最小化保密范围，保障公民知情权的实现，优化阳光下的法治政府建设。

2. 行政权与司法权

在国家秘密豁免公开事由及相关案件中，隐含着立法权、行政权与司法权的配置关系，其中，立法权为国家秘密豁免公开提供了文本规范，行政权对该事由进行适用并进一步具体化，司法权则是对该事由产生的纠纷提供解决途径。

司法权与行政权关系的层面之一是监督关系，③作为被监督者的行政机关秉持保密优先的“保密—公开”观念时，则极可能导致定密泛滥和权力滥用等情形，此时政府信息公开的价值追求将会实质上被迫让位于保密需求。在此种“保密高于公开”的情形之下，作为监督者的司法权若发挥其应有的作用，仍可为行政相对人提供救济之途径。而当监督者本身亦保守着落后的“保密—公开”观之时，其监督力度与所展现的审查姿态将大有不同，因为作为监督者的司法机关更可能以更为宽容的态度审查不当定密行为，更可能维持行政机关所主张的国家秘密豁免公开事由，更可能催生“推定豁免”的前提

① 参见王万华主编：《知情权与政府信息公开制度研究》，中国政法大学出版社 2013 年版，第 149～150 页。

② 有学者将政府信息公开制度划分为两种不同的体系，分别是“以知情权为基础的公开制度体系”和“以优化政府治理为基础的公开制度体系”。参见程洁：《政府信息公开的法律适用问题研究》，载《政治与法律》2009 年第 3 期。

③ 参见杨伟东：《行政行为司法审查强度研究——行政审判权纵向范围分析》，中国人民大学出版社 2003 年版，第 5 页。

假设,与《政府信息公开条例》的"公开推定"[①]背道而驰,处于"信息劣势"的原告难以推翻此种假定,保密与公开的天平实然向前者倾斜,且怯于行政机关的专业性,司法权在定密问题上的尊让更进一步加剧此种倾斜。"保密—公开"观和司法谦抑态度主导下的国家秘密豁免公开诉讼中,司法机关无法有效审查和约束不当的豁免主张,导致实践中国家秘密豁免公开答复行为的维持率居高不下。

国家秘密豁免公开案件的核心争议是涉案政府信息是否属于国家秘密。对该问题的判断,实际上可能存在两种路径:一是通过立法路径进行法律解释,二是通过司法路径进行审查和判断。[②] 通过立法对国家秘密中涉及的"国家安全""国家利益"等不确定法律概念进行解释,不失为具备正当性之路径,然而基于立法权的特征,如缺乏足够的知识与能力制定细致的规则,或无法达成合意因而运用立法技术刻意"留白"等,[③]使人们通过立法完善国家秘密概念之判断实际上存在一定的可操作性疑问。[④] 对于路径二,从本文研究的案例样本可看出,无论是第一种审查思路之下面对"相关依据"的法院,还是第二种审查思路之下面对各式各样证据的法院,均保持着过于"退守"的姿态,国家秘密豁免公开案件若要实现真正有效的司法审查,仍道阻且长。无论是立法路径,抑或是司法路径,都隐含着对国家秘密的"极度敬畏"[⑤]。

故基于实现国家秘密豁免公开案件有效司法审查的现实需求,除了应当

---

① 2019年《政府信息公开条例》第5条规定,"行政机关公开政府信息,应当坚持以公开为常态、不公开为例外,遵循公正、公平、合法、便民的原则"。即便是2007年《政府信息公开条例》未明确规定以公开为原则,学界及实务界主流意见均认为《政府信息公开条例》实质上确立了"公开的假定"。参见莫于川、林鸿潮主编:《政府信息公开条例实施指南》,中国法制出版社2008年版,第226~227页;江必新主编:《最高人民法院关于审理政府信息公开行政案件若干问题的规定理解与适用》,中国法制出版社2011年版,第110~111页;杨伟东:《政府信息公开主要问题研究》,法律出版社2013年版,第127页;李广宇:《政府信息公开诉讼:理念、方法与案例》,法律出版社2009年版,第82页。

② 参见余凌云:《政府信息公开的若干问题　基于315起案件的分析》,载《中外法学》2014年第4期。

③ 参见[美]理查德·B.斯图尔特:《美国行政法的重构》,沈岿译,商务印书馆2016年版,第40~43页。

④ 在我国《保守国家秘密法》制定过程中也存在类似情形,如对于"关系国家安全和利益"的理解,立法者无法达成共识,认为仍待进一步分析研究,"为此本法未作具体规定"。参见李飞、许安标主编:《中华人民共和国保守国家秘密法解读》,中国法制出版社2010年版,第46页。

⑤ 余凌云:《行政法讲义》(第3版),清华大学出版社2019年版,第445页。

在保密与公开价值之间寻求平衡,还应当考虑从如下方面进行完善:其一,通过立法路径进一步明确国家秘密的内涵、细化其范围,将国家秘密与保密事项范围进行明确的区分。其二,在司法审查中,除了秉持对定密专业问题的司法谦抑外,还应当明确司法谦抑并不意味着司法机关毫无作为,而是应当在“通过定密程序证成豁免公开”的思路之下,强化被告的举证责任,修复诉讼对抗性,增强司法审查的有效性,发挥司法机关作为获取政府信息权“最后一道防线”的作用。其三,进一步细化保密相关规范,以定密权力清单取代各领域、各行业纷杂的保密规范,实现定密与保密的精细化管理,进一步保障司法审查中对于涉案政府信息国家秘密属性的判断,有利于保障相对人的合法权益,有助于其针对行政机关的国家秘密豁免主张组织更有力、有依据的反驳。[①]

五、结论

不可否认,政府信息公开是一个不同主体进行平衡与博弈的过程,[②]各国的政府信息公开相关法律均承认公众在享有获取政府信息权利的同时,亦应当与其他合法权利或公共利益进行平衡。[③] 国家秘密豁免公开案件的核心问题在于,涉案政府信息是否应当适用《政府信息公开条例》第 14 条规定的国家秘密豁免公开事由。这一核心问题所牵涉的是公民知情权与国家安全利益之紧张关系。鉴于后者的强势地位,此类案件中并不存在诸如知情权与个人隐私或知情权与商业秘密的多元利益平衡过程,取而代之的是对国家安全、国家利益等保密相关价值的明显偏斜,行政机关不予公开涉案政府信息的行为之维持率在 85% 以上。

在肯定国家安全与利益之绝对地位时,不可忽视的是“国家安全与利益”

---

① 参见李淮、蔡瑶:《美国国家安全信息豁免公开的双重路径》,载《河南财经政法大学学报》2020 年第 5 期。有学者主张,鉴于立法与司法途径限制国家秘密豁免公开事由收效甚微,可以考虑将定密权进一步上收至省级,且建立“相对独立的信息公开委员会”。参见余凌云:《行政法讲义》(第 3 版),清华大学出版社 2019 年版,第 445 页。

② 参见刘萍、陈雅芝:《政府环境信息公开和保密的利益限制与平衡》,载《理论导刊》2011 年第 8 期。

③ 参见贺诗礼:《关于政府信息免予公开典型条款的几点思考》,载《政治与法律》2009 年第 3 期。

之概念实则存在难以把握、内涵模糊等问题,极易成为行政秘密主义潜伏的土壤。从案例样本看,这一担忧并非空穴来风,而是实实在在反映于司法实践之中。

案例样本所展现的是法院在审理国家秘密豁免公开案件时的两难境地:一方面,国家秘密豁免公开案件本身具备高度的政治敏感性,关涉的利益重大,行政机关拥有对此类问题的判断与裁量权,法院囿于自身有限的专业知识与政治能力,不便对行政机关之豁免主张发起挑战;且国家秘密一旦泄露的严重后果迫使公开价值让位,使后者在司法审查中处于"绝对的"次要位阶。另一方面,法院作为政府信息公开的"最后一道防线",承担着实现有效司法审查、维护公民权利的压力,其理应识别并拒绝不合法的豁免公开主张,以保障知情权这一现实权利。总体而言,司法权与行政权之间的权力配置要求司法权对行政权保有尊重,允许行政自治空间的存在,但亦需要实现司法审查的有效性,实现对行政权运行的有力监督。[①]

面对强势的保密价值与专业的行政机关,不少法院采取极度温和的"通过定密依据证成豁免公开"的审查思路。在该审查思路之下,法院对行政机关秉持着高度的司法尊重,将行政机关提交的保密事项范围规定采纳为认定涉案政府信息国家秘密属性的依据,无论该涉案信息是否已经经过法定程序定密。在此种审查思路之下,法院显得"谨小慎微""消极保守",使司法审查流于形式;对于明显存在差异的关键概念不作区分,反映出了法院在保密价值与公开价值之间的明显偏移,亦展现了司法权在与行政权的紧张关系之中过于谦卑的姿态。

司法实践中的第二种审查思路——"通过定密程序证成豁免公开"的思路相对更为可取。虽然从证据采信方面已可看出法院的"退守"姿态,但该思路是平衡保密与公开、行政权与司法权两对关系的较优选择。从"听信"行政机关的国家秘密豁免公开主张到要求行政机关举证证明国家秘密豁免公开事由、从考察涉案政府信息是否落入保密事项范围之范畴到考察涉案政府信息是否经过法定程序确定为国家秘密,此种司法审查思路更清晰地反映出法院在国家秘密豁免公开问题上的立场,即承认行政机关对于国家秘密问题的

① 参见马怀德主编:《行政诉讼原理》(第2版),法律出版社2009年版,第325~327页。

专业判断，认可其提出的相关政府信息适用国家秘密豁免公开事由的主张，但要求行政机关必须具备切实的豁免事由并承担相应的举证责任。

中共中央、国务院印发的《法治政府建设实施纲要（2021—2025 年）》提出，要全面主动落实政务公开，强调要"坚持以公开为常态、不公开为例外，用政府更加公开透明赢得人民群众更多理解、信任和支持"。[①] 对于国家秘密豁免公开案件，司法审查应当聚焦于国家秘密是否经过法定程序确定为国家秘密这一核心问题，摒弃保密绝对优先的理念，避免"退守"姿态，完善举证与质证规则，强化行政机关的举证责任，保障原告获知诉讼证据及涉案信息"外围"内容的权利，修复诉讼对抗性的缺失，实现有效的司法审查，从而更能在政务公开与国家秘密之间寻求平衡，促进透明公开的法治政府之建设。

① 《中共中央、国务院印发〈法治政府建设实施纲要（2021—2025 年）〉》，载中华人民共和国中央人民政府网，http://www.gov.cn/zhengce/2021-08/11/content_5630802.htm。

司法大数据背景下人民法院智慧审判管理系统研究*

龙海燕　李桂红　阳　文**

摘　要

树立司法大数据思维，突破当前审判管理司法数据统计的精细化程度低、逻辑汇聚功能弱、智慧分析功能不足、反哺审判执行工作能力不足、难以适应改革创新实践需要等困境，需要深入调研审判管理司法大数据管理的服务科学决策、服务法院发展、开展审判质效评估、进行业绩评价等多维应用需求。在此基础之上，系统研发能满足人民法院科学发展需要的司法大数据汇聚、研究、分析、应用平台，有助于提升人民法院审判体系和审判能力现代化建设水平。

关键字　智慧法院　司法大数据　审判管理　审判数据分析系统

引　言

2013年，时任最高人民法院院长周强在全国法院第四次司法统计工作会议上提出要树立司法统计新理念，树立“大数据”统计理念、树立“大格局”统计理念、树立“大服务”统计理念，要不断拓展司法统计职能，使司法统计成为

---

* 本文获第三十四届全国副省级城市法治论坛征文一等奖，收录于本书时文字略有改动。

** 龙海燕，广东省深圳市南山区人民法院研究室四级法官助理；李桂红，广东省深圳市中级人民法院审管办一级法官助理；阳文，广东省深圳市福田区人民法院速裁庭二级法官。

人民法院的信息咨询中心、决策辅助中心、管理服务中心和信息集散中心。近年来，最高人民法院以智慧法院建设为契机，积极运用大数据、人工智能、互联网等前沿技术，积极研发司法统计软件，不断优化司法统计职能，切实发挥司法统计工作服务经济社会大局、服务审判执行工作、服务司法体制改革、服务审判事业发展的功能作用，并取得显著成效。但因各级各地法院智慧法院建设水平的差异，当前人民法院在大数据背景下发挥司法统计的职能作用效果还存在差异、不尽理想。在社会治理体系和治理能力现代化背景下，积极研发司法大数据汇聚、研究、分析、应用平台，研发人民法院智慧审判管理系统，有助于提升人民法院审判体系和审判能力现代化建设水平。

一、当前人民法院审判管理数据统计面临的主要困境

随着互联网技术、信息化技术的深入运用和智慧建设的深入推进，人民法院的司法统计工作虽然已经迈入智慧化阶段，但当前的智慧化水平还处于一个较低层次，人民法院司法统计的智慧化建设仍然面临着很多痛点和难点。整体上看，当前人民法院司法统计工作主要面临着精细化程度低、逻辑汇聚功能弱、智慧分析功能不足、反哺审判执行工作能力不强、不能有效满足审判监督管理的新形势新要求等问题。

（一）司法统计工作精细化程度低

虽然从技术层面来讲，人民法院的司法统计工作基本走出了靠各种纸质指标、各种软件统计汇总的阶段，进入了大数据自动汇聚、自动生成的智慧阶段，但当前的司法统计工作仍然面临精细化程度较低的问题，对司法统计的数据节点信息仍主要停留在收结案、审判运行态势、案件类别、案由等主要数据上。

通过查询人民法院大数据管理和服务平台，我们发现，当前人民法院的大数据分析主要停留在案件旧存、新收、已结、未结、热点案件案由，以及过去一段时间收结案的审判运行态势上。虽然也有专门针对一定案由的大数据研究报告，但还缺乏精细化的大数据统计功能。当前的人民法院大数据平台的“大”主要体现在实现了全国范围内所有主要司法数据的统计，诸如，能够通过大数据平台查询到已经汇聚了2.22亿案件，5.91亿份法律文书，卷宗1.23亿件，信访451.48条，司法公开1.63亿条，限高信息2169.18万条，被执

行人信息1.06亿条,司法拍卖70.30万条,也有全国3502家法院,33.32万条人事信息等大数据信息。[①]

但这些信息都过于宏观,对精细化司法管理并无多大用处。比如,当需要从优化营商环境角度、提审司法审判效率角度,加强审判流程监督管理时,要查询一个法院立案的周期、分案的周期、法律文书送达的周期、排期的周期、开庭后判决的周期、第一次休庭后再次开庭的周期等具体审判流程节点信息时,大数据平台还不能够提供精细化的数据信息,只能简单查询到从立案到结案的审判周期,或者从立案到开庭的准备周期。当前,司法大数据平台发展的精细化程度还不够深入,这在一定程度上制约了智慧司法的快速发展。

(二)司法统计工作逻辑汇聚功能弱

基于审判质量评估、审判效率管理、法官业绩评价、审判运行态势分析等需求的司法统计工作,需要涉及大量的数据逻辑算法问题。但当前司法统计工作的逻辑汇聚功能较弱,大部分司法大数据仍停留在简单的数据加减上,少部分数据涉及乘除或者同比、环比分析,但涉及审判质量评估、审判效率管理、法官业绩评价等司法统计深层次的逻辑算法问题时,当前的司法统计工作就面临逻辑算法汇聚功能弱的问题。

在当前的司法统计工作中,能够通过系统软件或大数据平台,轻易获得一个法院的案件受理数、结案数、存案数、结案率、调撤率、结案方式、诉讼标的金额等基础数据,但涉及审判质量评估的长期未结案件指标、季度月度结案均衡率指标、一审案件发改率指标、生效案件发改率指标、裁定再审率指标、首次执行到位率指标、法定正常审限内结案率指标、平均审理周期指标、平均裁判周期指标、评价移送周期指标、一审服判息诉率指标、信访投诉率指标、再审申请率指标等具体司法大数据指标时,一般的系统软件或大数据平台并不能为我们提供直接的数据,还需要通过人工统计、计算的方式获得。

(三)司法统计工作智慧分析功能不足

当前,虽然在最高人民法院层面建立了人民法院大数据管理和服务平台,能够实时汇聚全国法院审判执行的各类信息,也有中国司法大数据研究

---

① 查询时间:2020年11月18日。

院能够对全国法院的司法大数据进行专题研究,形成研究报告供领导决策参考。但在地方各级法院层面,特别是中级、基层法院的层面,司法统计工作的智能分析功能还有待加强。当前,中级法院以及部分中西部地区的高级法院,在司法统计工作的智能分析研究方面,还处于起步阶段,大部分司法数据仍停留在审判质效通报层面,主要发挥的作用是督促法官、法院加快结案效率、提升审判质效。目前实践也缺乏对一些新类型的司法案件的大数据统计分析,不能通过司法统计的智能分析,有效服务和指导审判实践。

(四)司法统计工作反哺审判执行工作的能力不足

通过中国司法大数据研究院的人民法院大数据管理和服务平台,可以查询到涉及司法案例的信息 5.36 万条,其同时会实时更新最高人民法院的指导性案例。数据服务系统的质效服务栏目中的专题报告成果共计收录了 880 篇调研专题,但专题调研报告主要集中在北京,或者说是最高人民法院层面;在地方法院层面,除浙江、江苏等地的调研报告数量较多以外,其他地区如广东、福建等地的调研报告相对较少,这充分反映出,在地方法院层面,司法统计工作反哺审判执行工作的能力不足。

此外,涉及一些与司法改革密切相关的新事物、新问题,需要统计司法数据时,更面临着统计切口缺乏、统计渠道狭窄的问题,比如要统计司法救助金发放、社区矫正情况、涉及港澳台的司法协助、妇女及未成年人犯罪、小额诉讼适用、案件繁简分流、在线司法确认、知识产权纠纷、在线庭审等数据时,通常没有统计切口,也没有惯常的逻辑算法,一些数据不够完整,无法精准反映司法实践运行情况。

(五)难以满足审判监督管理的新形势新要求

近年来,人民法院积极推进司法责任制改革和与之相配套的综合配套改革。司法责任制改革以来,人民法院的审判监督管理面临着很多新情况、新问题,如广东的广州、深圳两地,从 2020 年 2 月开始试点探索民事诉讼程序繁简分流改革,进一步扩大小额诉讼、简易程序、司法确认等审理程序的适用范围,这些新情况、新问题带来的审判监督管理问题,都需要司法统计及时跟进,并有效解决。同时,近几年,人民法院承担了大量的涉及营商环境优化的法治保障工作,特别是涉及“执行合同”“办理破产”“保护中小投资者”等指标的工作任务,都需要从全新的角度开展审判监督管理。例如涉及“执行合同”指标的诉讼费收取、立案时间、送达时间、开庭时间、裁判时间，涉及的延期开庭时间间隔的执行费用、执行时间等统计项目，都需要从全新的角度开展司法统计，且需要通过司法统计的技术手段，进一步改进人民法院的审判监督管理方式，切实提升商事纠纷的解决效率，降低商事纠纷的解决成本，有效服务和保障营商环境法治化工作。

二、审判管理中智慧司法统计的实践应用需求

研究司法大数据背景下人民法院智慧审判管理系统的建设问题，首先需要研究的是在司法改革、审判执行、法院建设等方面工作当中，各个领域对智慧司法统计的应用需求。类似于当需要研发一项产品时，应该做市场需求调研一样，只有深入市场调研，了解市场需要什么样的产品，才能够有针对性地研究出受市场欢迎的产品，而不是研究出产品后，再到市场上进行推销。因此，有必要对司法大数据背景下智慧审判管理的应用需求进行深入的研究。

（一）服务科学决策的应用需求

开展智慧司法统计研究，既能有效服务人民法院的司法决策，又能有效服务党和国家的重大方针、政策的决策，也能服务立法机关的立法决策。例如中国司法大数据研究院发布的《司法大数据专题报告　离婚纠纷（2016—2017）》反映出，2016 年至 2017 年，全国法院审理的一审离婚案件数有一定幅度上升，2017 年达到 140 万件。在全国离婚纠纷一审审结案件中，73. 40%的案件原告性别为女性；婚后 2 年至 7 年为婚姻破裂的高发期；夫妻双方只有一方想离婚，另外一方不同意离婚的案件占比为 91. 09%；65. 81% 案件的判决结果为当事人双方维持婚姻关系；77. 51% 的夫妻因感情不和向法院申请解除婚姻关系。

通过这些大数据，我们可以得知，婚姻的初期（婚后 2 年至 7 年）是一个离婚高峰期，且通常由女方提起离婚，离婚的主要原因是感情不和，且 65. 81% 的案件判决结果为当事人双方维持婚姻关系。运用这些大数据进行深入的分析，我们可以将其运用在立法、司法科学决策领域。随着结婚年限的延长，婚姻关系当事人提出离婚的概率会下降。因此，在制定《民法典》时，立法机关规定了离婚冷静期；离婚冷静期制度的出台，在一定程度上就是司法大数据服务科学决策的结果。因为确实也有很多离婚案例，当事人到法院

起诉后，没过多久又撤诉了，或者法院判决不离婚后，双方就和好了，或者过了“三年之痒、七年之痛”后，婚姻的磨合期过了，婚姻关系也稳定了。

（二）服务法院发展的应用需求

人民法院推进具有中国特色社会主义特征的审判事业发展，推进司法体制改革，加强队伍革命化、专业化、正规化、职业化建设等工作，都离不开司法统计工作的调研、分析、研究功能。例如，人民法院要积极推进知识产权审判建设，构建知识产权审判专门化组织体系，需要对全国各级法院知识产权审判案件的类型、数量等进行大数据统计，在大数据统计之后，首先考虑在北京、上海、广州等地成立了知识产权法院。考虑到上海作为我国的经济中心，金融纠纷数量多的实际特点，在上海成立了上海金融法院；考虑到杭州互联网产业发达，在杭州成立了杭州互联网法院，之后又相继在北京、广州等地成立了互联网法院。

又如，近年来推进以法官员额制改革为核心的法院人员分类管理。全国法院约 33 万人，经过遴选，全国法院目前约有 12 万名员额法官。相比改革之前，法官人数下降了 9 万人；虽然法官人数下降了，但人民法院近几年受理的案件数量持续大幅度增长。为了有效缓解各级人民法院日益突出的人案矛盾，最高人民法院积极推动人民陪审员倍增计划，积极推进案件繁简分流改革，积极推进诉源治理和矛盾纠纷多元化解，通过一系列的配套改革措施，推进人民法院审判事业的科学发展。

（三）审判质量评估的应用需求

审判质量是人民法院司法公信力的生命线，如何衡量人民法院的审判质量一直是各级法院重点关注的问题。2008 年，最高人民法院为了对各级法院审判质量进行评价，建立了人民法院案件质量评估指数，人民法院案件质量评估指数包括 1 个一级指标、3 个二级指标和 33 个三级指标。二级指标分别是审判公正指标、审判效率指标和审判效果指标。三级指标包括一审上诉改判率、生效案件改判率、法定期限内立案率，法官人均结案数、上诉率、撤诉率、信访投诉率等指标。一段时间内，人民法院案件质量评估指数成为全国各级法院工作业绩衡量的风向标和指挥棒，也成为各级法院开展工作的主要努力方向。但经过一段时间的运行，我们案件质量评估指数存在一定的异化风险，最高人民法院也因此在 2014 年取消了审判质效的指标排名，仅保留部分指标作为工作参考。①

司法大数据对人民法院的审判质量评估是人民法院掌握审判质量的有效手段。人民法院案件质量评估指数运行一段时间后，取消了指标排名，但这并不代表对审判质量进行评估没有意义和价值。我们应该思考的重点是案件质量评估指数的科学性、合理性，以及对质量评估结果的运用结果的科学性和合理性。如果我们能够设计一套科学、合理的案件质量评估指标体系，能够科学地运用案件质量评估的指数，而不仅仅是把它作为工作业绩进行简单排名，则应该能够有效发挥案件质量评估的积极作用。

(四)审判效率管理的应用需求

公正与效率是人民法院审判工作的两大永恒主题，法谚有云“迟来的正义即非正义”。人民法院开展审判执行工作既要确保案件的实体公正，也要保证案件的程序公正，同时还要追求案件的审判执行效率，为人民群众提供高效、便捷的司法服务。近年来，人民群众对人民法院审判效率的要求越来越高。同时，优化营商环境“执行合同”指标水平也对人民法院的审判效率提出了更高水平的要求。为有效提升人民法院的审判效率，加强人民法院内部审判效率的监督管理，成为摆在人民法院面前的重要工作。

在以往的审判效率管理工作中，通常衡量的是结案率、审限内结案率等较为粗放的指标。但这些粗放的统计指标并不能从实质上提升人民法院的审判效率。为有效提升人民法院的审判执行效率，应该从更为精细化的角度、从审判执行的各个流程节点出发，设计每个流程节点的时限节点，以精细化的审判监督管理，提升案件的审判效率。例如，深圳市中级人民法院于2020年5月印发了《深圳市中级人民法院审判工作流程监督管理指引》，对案件从立案、分案、签收、排期、送达、开庭、合议、裁判文书撰写、裁判文书审签、裁判文书校对、裁判文书印制、裁判文书送达、裁判文书上网、案件归档、案件上诉信息填写、上诉案件卷宗移送、诉讼费退费等每一个流程节点都规定了具体时限，还规定了常态运行、预警提醒、超期监督等工作时限，从工作流程精细化的角度提升了审判效率(见表1)。

① 参见张青：《人民法院案件质量指标体系及其功能之异化》，载《甘肃政法学院学报》2017年第1期。

表1　各流程期限汇总

立案期限		
常态运行	预警提醒	超期监督
5日	6日	7日
分案期限		
常态运行	预警提醒	超期监督
1日	2日	3日
签收案件期限		
常态运行	预警提醒	超期监督
1日	2日	3日
裁判文书校印期限		
常态运行	预警提醒	超期监督
5日	7日	9日
裁判文书上网期限		
常态运行	预警提醒	超期监督
5日	7日	9日

注:速裁案件原则上5个工作日内完成案件筛选和退案工作。

(五)审判态势分析的应用需求

2017年,最高人民法院印发《关于加快建设智慧法院的意见》提出:"运用大数据为司法决策服务,结合审判动态分析和司法统计智能分析,科学研判审判运行态势,科学调配司法资源,提高司法决策的时效性和针对性。"人民法院的审判态势分析是人民法院内部进行审判监督管理和服务司法决策的基础性工作,充分运用司法大数据,对司法大数据进行智能统计分析,发现司法大数据背后司法实践隐藏的审判规律和社会规律,有利于提升人民法院内部监督管理的科学性,有利于进一步提升人民法院司法决策的科学性。

(六)服务审判执行的应用需求

2017年,最高人民法院印发《关于加快建设智慧法院的意见》提出:"深挖法律知识资源潜力,提高海量案件案情理解深度学习能力,基于案件事实、争议焦点、法律适用类脑智能推理,满足办案人员对法律、案例、专业知识的精准化需求，促进法官类案同判和量刑规范化。”“运用海量司法案例资源，针对刑事、民事和行政等案件，探寻新形势下司法规律，提高司法预测预判和应急响应能力。”充分运用司法大数据的智慧统计功能，对海量司法案件进行智能的梳理分析，提炼司法裁判的标准化尺度，有利于促进法官类案同判和量刑规范化，也有利于提高司法预测研判和应急响应能力。

（七）人员业绩评价的应用需求

改变传统的公务员评价模式，构建符合司法审判规律的法院人员业绩评价体系，也需要通过司法大数据的有效运用，对法院人员的业绩进行科学精准的统计计算。在人员分类管理以前，法院人员的业绩评价通常采取公务员业绩评价的方式，混合进行业绩评价；在人员分类管理以后，司法工作人员包括法官、法官助理、书记员等人员的业绩评价，需要区别开来，同时也需要通过司法大数据予以精准的统计计算。对法官的业绩评价侧重于案件审理数量、案件裁判质量等维度，对法官助理的业绩评价侧重于辅助法官草拟裁判文书、主持调解、主持证据交换等工作，对书记员的业绩评价侧重于庭审记录、文书送达、卷宗整理等事务性工作。对每一类人员的业绩统计、换算都需要司法大数据的深度参与和运用。

三、司法大数据背景下智慧审判管理的微观切入

为加强司法大数据的应用管理，提升司法大数据的汇聚、分析及应用能力，为人民法院科学决策、服务执法办案、服务司法改革等工作提供数据支撑，深圳法院在对审判监督管理数据进行逻辑梳理的基础之上，研发了深圳智慧法院一体化平台应用系统。该应用系统下包括深圳法院审判数据分析系统，审判数据分析系统实现了审判质量评估、审判效率管理、法官业绩量化计算、审判态势分析、专题研究等多项数据的汇聚、分析、应用功能。笔者将以深圳法院审判数据分析系统为研究样本，系统介绍其功能作用，为人民法院构建智慧审判管理系统提供参考。

（一）开展审判质效评估

在审判质效评估模块，深圳法院审判数据分析系统可实现对审判数据、审判质量、审判效率、审判效果等审判质效核心指标的实时评估，便于院庭长随时开展审判监督管理。

1. 进行审判数量评估

通过审判数据分析系统，深圳法院可以实现对全市所有法院的审判数量进行系统评估，审判数量评估模块的主要指标包括法官人均结案数、结收比、结案率、长期未结诉讼案件数、月度结案均衡度、季度结案均衡度等。

2. 进行审判质量评估

通过审判数据分析系统，深圳法院可以实现对全市所有法院的审判质量进行系统评估，案件质量评估的主要指标包括生效案件发改率、裁定再审率、一审案件被发改率等。为此，深圳法院 2019 年开始在全市法院开展“审判质量提升年”活动，通过开展审判质量评估、加强审判监督管理、完善法律统一适用、深化办案机制改革等措施，深圳法院 2019 年在“审判质量提升年”确定的 15 项量化指标中，4 项指标同比优化，2 项指标同比持平，9 项指标在年初目标值范围内，达到了预期目标，司法透明度、品牌性司法成果等公信指标在数量、影响力上取得较大进步。

3. 进行审判效率评估

通过审判数据分析系统，深圳法院可以实现对全市所有法院的审判效率进行系统评估，审判效率评估主要指标包括平均裁判周期、平均审理周期、平均移送周期、审限内结案率等。

4. 进行审判效果评估

通过审判数据分析系统，深圳法院可以实现对全市所有法院的审判效果进行系统评估，审判效果评估模块主要指标包括申请再审率、服判息诉率等。

（二）开展审判效率管理

在审判效率管理模块，审判数据分析系统可以对全市法院的审判效率进行系统管理，可以有效监控全市法院的平均办案周期，包括平均立案周期、平均分案周期、平均排期周期、平均庭前准备周期、平均裁判周期、平均庭后送达周期、平均归档周期等数据。

（三）开展法官工作业绩量化计算

在法官工作业绩量化计算模块，审判数据分析系统可以对全市法院法官的工作业绩进行量化计算。法官工作业绩量化计算模块可以实现对法官的绩效量化、数量量化、结案量化、质量量化、收案量化、存案量化，实现法官业绩考评智能化。

（四）开展审判态势分析

在审判态势分析模块，审判数据分析系统可以对全市法院审判态势进行智能分析，该模块包括审判执行态势概览、案件结构态势分析、案件类型态势分析、审判质量态势分析、审判效率态势分析、审判效果态势分析栏目。

1. 审判执行态势概览栏目

审判执行态势概览栏目包括案件数量同比情况、案件数量月环比情况、案件数量年环比情况、结收比同比情况、结收比月环比情况、结收比年环比情况、结案率同比情况、结案率月环比情况、结案率年环比情况、法官人均结案数同比情况、法官人均结案数月环比情况、法官人均结案数年环比情况、长期未结案件同比情况、长期未结超审限案件同比情况等数据。

2. 案件结构态势分析栏目

案件结构态势分析栏目包括基本案件同比情况、基本案件占比情况、基本案件月环比情况、基本案件年环比情况、系列案件同比情况、系列案件占比情况、系列案件月环比情况、系列案件年环比情况、程序性案件同比情况、程序性案件占比情况、程序性案件月环比情况、程序性案件年环比情况等数据。

3. 案件类型态势分析栏目

案件类型态势分析栏目包括民商事案件同比情况、民商事案件月环比情况、行政案件同比情况、行政案件月环比情况、行政案件年环比情况、刑事案件同比情况、刑事案件月环比情况、刑事案件年环比情况等数据。

4. 审判质量态势分析栏目

审判质量态势分析栏目包括一审案件被发改同比情况、一审案件被发改月环比情况、一审案件被发改率同比情况、一审案件被发改率月环比情况、一审案件被发改率年环比情况、生效案件被发改数同比情况、生效案件被发改数月环比情况、生效案件被发改率同比情况、生效案件被发改率月环比情况、生效案件被发改率年环比情况、裁定再审案件同比情况、裁定再审案件月环比情况、裁定再审率同比情况、裁定再审率月环比情况、裁定再审率年环比情况、再审启动率同比情况、再审启动率月环比情况、再审启动率年环比情况等数据。

5. 审判效率态势分析栏目

审判效率态势分析栏目包括平均审理周期同比情况、平均审理周期月环比情况、平均审理周期年环比情况、平均裁判周期同比情况、平均裁判周期月环比情况、平均裁判周期年环比情况、平均移送周期同比情况、平均移送周期月环比情况、平均移送周期年环比情况、超审限案件数月环比情况、超审限案件数同比情况、超审限案件月环比情况、审限内结案率同比情况、审限内结案率月环比情况、简易程序适用率同比情况、简易程序适用率月环比情况、简易程序适用率年环比情况等数据。

6. 审判效果态势分析栏目

审判效果态势分析栏目包括上诉案件数同比情况、上诉案件数月环比情况、上诉率同比情况、上诉率月环比情况、上诉率年环比情况、民商事案件调撤数同比情况、民商事案件调撤数月环比情况、民商事案件调撤率同比情况、民商事案件调撤率月环比情况、民商事案件调撤率年环比情况、服判息诉率同比情况、服判息诉率月环比情况、服判息诉率年环比情况、信访投诉率同比情况、信访投诉率月环比情况、信访投诉率年环比情况等数据。

（五）开展专题审判研究

在专题审判研究模块，审判数据分析系统可以对全市法院的审判执行工作进行专题研究。以办理案件高发案由为例，审判数据分析系统可以对民商事一审前五的二级案由、民商事一审前五的二级案由增长情况、民商事一审前五的二级案由的平均审理周期（天）、民商事一审前五的二级案由的平均裁判周期（天）、民商事一审系列案前五的二级案由、民商事一审系列案前五的二级案由增长情况、民商事一审系列案前五的二级案由的平均审理周期（天）、民商事一审系列案前五的二级案由的平均裁判周期（天）、民商事一审前十的三级案由、民商事一审前十的三级案由增长情况、民商事一审系列案前十的三级案由、民商事一审系列案前十的三级案由增长情况进行分析。

结 语

深圳法院研发的审判数据分析系统基本实现了对审判管理各项数据的智能汇聚、分析和应用，很多指标还可以通过指标数据下沉的方式具体到审判部门、法官个人。利用深圳法院审判数据分析系统，深圳市中级人民法院审管办形成了多项服务院党组决策的调研报告，包括《关于中院审判法庭配置使用情况的调研报告》《全市法院审判质量提升年 2019 年度审判质效数据指标分析报告》《全市法院审判质量提升年2020年度审判质效数据指标分析报告》，为法院党组向市委报告全市法院案件增长情况提供了决策依据并形成了《中共深圳市中级人民法院党组关于全市法院案件增长情况的报告》等调研报告，有效服务了人民法院科学决策和党委政府科学决策，取得了良好效果。

文后附“深圳法院审判数据分析系统司法大数据的算法逻辑”。

附件：

深圳法院审判数据分析系统司法大数据的算法逻辑

（一）审判数量数据模块统计逻辑算法

1. 案件数量情况

（1）案件数量情况包含内容

受理案件数、新收案件数、已结案件数和未结案件数。

（2）案件数量情况计算方法

受理案件数等于选中时间段内的已结案件数与未结案件数相加之和。

新收案件数统计立案时间在统计时间段内的案件总数。

已结案件数统计结案时间在统计时间段内的案件总数。

未结案件数统计在统计时间段内未结的案件总数。

（3）案件数量情况反映内容

案件数量情况从受理、新收、已结和未结四个维度对法院的案件总体情况进行统计。受理案件数反映一个法院在筛选期间的总体案件情况；新收案件数反映的是案件的新增情况；已结案件数反映的是已完成工作量情况；未结案件数反映的是待完成的工作量情况。案件数量情况对调配办案人力资源具有重要的参考作用。

2. 基本案件数量情况

（1）基本案件数量情况包含内容

受理基本案件数、新收基本案件数、已结基本案件数和未结基本案件数。

(2)基本案件数量情况计算方法

基本案件数等于案件数减去程序性案件数和系列案案件数再加上五宗以上的系列案案件数。一件五宗以上的系列案算一宗基本案件。

受理基本案件数等于统计时间段内的已结基本案件数与未结基本案件数之和。

新收基本案件数统计立案时间在统计时间段内的基本案件总数。

已结基本案件数统计结案时间在统计时间段内的基本案件总数。

未结基本案件数统计在统计时间段内未结的基本案件总数。

(3)基本案件数量情况反映内容

基本案件数量情况从受理、新收、已结和未结四个维度对法院的基本案件情况进行统计。基本案件的多少对衡量一个法院的办案成绩和办案压力具有重要的参考价值。基本案件结案越多,且占总体结案案件的比例较高,该法院的办案业绩就越突出。基本案件受理案件越多,且占总体受理案件的比例较高,该法院的办案压力就越大。

3. 系列案案件数量情况

(1)系列案案件数量情况包含内容

受理系列案案件数、新收系列案案件数、已结系列案案件数和未结系列案案件数。

(2)系列案案件数量情况计算方法

系列案是指五宗以上(含本数)的一、二审民商事系列案。

受理系列案案件数等于统计时间段内的已结系列案案件数与未结系列案案件数之和。

新收系列案案件数统计立案时间在统计时间段内的系列案案件总数。

已结系列案案件数统计结案时间在统计时间段内的系列案案件总数。

未结系列案案件数统计在统计时间段内未结的系列案案件总数。

(3)系列案案件数量情况反映内容

系列案案件数量情况从受理、新收、已结和未结四个维度对法院的系列案案件数量情况进行统计,可以明晰系列案案件在案件总体情况中的占比。

4. 程序性案件数量情况

(1)程序性案件数量情况包含内容

受理程序性案件数、新收程序性案件数、已结程序性案件数和未结程序性案件数。

(2)程序性案件数量情况计算方法

受理程序性案件数等于统计时间段内的已结程序性案件数与未结程序性案件数之和。

新收程序性案件数统计立案时间在统计时间段内的程序性案件总数。

已结程序性案件数统计结案时间在统计时间段内的程序性案件总数。

未结程序性案件数统计在统计时间段内未结的程序性案件总数。

(3)程序性案件数量反映内容

程序性案件数量从受理、新收、已结和未结四个维度对法院的程序性案件数量进行统计,可以明晰程序性案件在案件总体情况中的占比。

5. 法官人均已结案件数

(1)法官人均已结案件数计算方法

法官人均已结案件数等于法院结案总数除以法官人数。

(2)法官人均已结案件数反映内容

法官人均已结案件数反映一个法院的法官人均办案数量情况,主要用于衡量一个法院办案工作量情况,可用于测算法官工作饱和度、反映法院人案矛盾等情况。

(3)法官人均已结案件数指标值比较(见附表1)

附表1　2016年至2020年深圳法院法官人均已结案件数情况

年份	2016	2017	2018	2019	2020
法官人均办案数/件	283	408	452	492	542

6. 法官人均已结基本案件数

(1)法官人均已结基本案件数计算方法

法官人均已结基本案件数等于法院已结基本案件总数除以法官人数。

(2)法官人均已结基本案件数反映内容

法官人均已结基本案件数反映一个法院或辖区法院法官人均办理的基本案件数量情况,主要用于更加细化地衡量一个法院的办案工作量情况,也可用于测算法官工作饱和度、反映法院人案矛盾等情况。

7. 法官人均收案及未结案数量

(1)法官人均收案及未结案数量包含内容

法官人均新收案件数和法官人均未结案件数。

(2)法官人均收案及未结案数量计算方法

法官人均收案数等于法官人均新收案件数除以法官人数;法官人均未结案数等于法官人均未结案件数除以法官人数。

(3)法官人均收案及未结案数量反映内容

从人均收案和未结案的角度去衡量一个法院法官的工作压力。

8. 法官人均基本案件收案及未结案数量

(1)法官人均基本案件收案及未结案数量包含内容

法官人均基本案件收案和法官人均基本案件未结案数。

(2)法官人均基本案件收案及未结案数量计算方法

法官人均收案数等于法官人均新收案件数除以法官人数;法官人均未结案数等于法官人均未结案件数除以法官人数。

(3)法官人均基本案件收案及未结案数量反映内容

从人均基本案件收案和人均基本案件未结案的角度去衡量一个法院法官的工作压力。

9. 结案率

(1)结案率计算方法

结案率等于已结案总数除以受理案件数。

(2)结案率反映内容

结案率反映一个法院已结案总数占受理案件数的比例,主要用于衡量一个法院的工作业绩,可用于测算法官工作饱和度、反映法院人案矛盾等情况。

10. 案件结收比

(1)案件结收比计算方法

案件结收比等于法院结案总数/新收案件总数。

(2)案件结收比反映内容

案件结收比反映一个法院已结案总数与新收案件总数的比值,主要用于衡量一个法院的工作业绩。

11. 基本案件结收比

(1)基本案件结收比计算方法

基本案件结收比等于基本案件已结案数/基本案件新收案数。

(2)基本案件结收比反映内容

基本案件结收比反映一个法院或辖区法院已结基本案件总数与新收基本案件总数的比值,主要用于衡量一个法院的工作业绩。

12. 季度结案均衡度

(1)季度结案均衡度计算方法

季度结案均衡度等于各季度结案数中最大值除以各季度结案数中最小值。

(2)季度结案均衡度反映内容

案件结收比反映一个法院不同季度结案是否均衡。

13. 月度结案均衡度

(1)月度结案均衡度计算方法

月度均衡度等于各月度结案数中最大值除以各月度结案数中最小值。

(2)月度结案均衡度反映内容

月度结案均衡度反映一个法院或辖区法院不同月份结案是否均衡。

14. 一年半以上三年以下长期未结诉讼案件数

(1)一年半以上三年以下长期未结诉讼案件数计算方法

截至统计截止时间结案日期为空,截止日期减去立案日期大于一年半且小于三年。

(2)一年半以上三年以下长期未结诉讼案件数反映内容

一个法院一年半以上三年以下长期未结诉讼案件数反映该法院的办案效率。

15. 三年以上长期未结诉讼案件数

(1)三年以上长期未结诉讼案件数计算方法

截至统计截止时间结案日期为空,截止日期减去立案日期大于三年。

(2)三年以上长期未结诉讼案件数反映内容

一个法院三年以上长期未结诉讼案件数的数量。

(二)审判质量评估数据统计的逻辑算法

1. 一审案件被发改率

(1)一审案件被发改率计算方法

一审案件被发改率等于一审案件被二审法院发改数除以一审结案数。

(2)一审案件被发改率反映内容

一审案件被发改率反映一个法院结案的结案质量,一审案件被发改率越低则该法院的办案质量越高。

2. 一审案件被发改数

(1)一审案件被发改数计算方法

统计一审案件被二审法院发改的案件数。

(2)一审案件被发改数反映内容

一审案件被发改数反映一个法院结案的结案质量,一审案件被发改数越少则该法院的办案质量越高。

3. 一审案件被改判数

(1)一审案件被改判数计算方法

统计一审案件被二审法院改判的案件数。

(2)一审案件被改判数反映内容

一审案件被改判数反映一个法院结案的结案质量,一审案件被改判数越少则该法院的办案质量越高。

4. 一审案件被改判率

(1)一审案件被改判率计算方法

一审案件被改判率等于一审案件被二审法院改判的案件数除以一审法院一审结案数。

(2)一审案件被改判数反映内容

一审案件被改判率反映一个法院结案的结案质量,一审案件被改判率越低则该法院的办案质量越高。

5. 一审案件被发回重审数

(1)一审案件被发回重审数计算方法

统计一审案件被二审法院发回重审的案件数。

(2)一审案件被发回重审数反映内容

一审案件被发回重审数反映一个法院结案的结案质量,一审案件被发回重审数越少则该法院的办案质量越高。

6. 一审案件被发回重审率

(1)一审案件被发回重审率计算方法

一审案件被发回重审率等于一审案件被二审法院发回重审的案件数除以一审法院一审结案数。

(2)一审案件被发回重审率反映内容

一审案件被发回重审率反映一个法院结案的结案质量,一审案件被发回重审率越低则该法院的办案质量越高。

7. 裁定再审案件数

(1)裁定再审案件数计算方法

统计结案方式为提起、指令或决定再审的再审审查案件数。

(2)裁定再审案件数反映内容

裁定再审案件数反映一个法院结案的办案质量,裁定再审案件数越少则该法院的办案质量越高。

8. 裁定再审率

(1)裁定再审率计算方法

裁定再审率等于决定、提起和指令再审案件总数除以生效案件数。

(2)裁定再审率反映内容

裁定再审率反映一个法院结案的办案质量,裁定再审率越低则该法院的办案质量越高。

9. 再审启动率

(1)再审启动率计算方法

统计结案方式为提起、指令或决定再审的再审审查案件数除以再审审查已结案件数。

(2)再审启动率反映内容

再审启动率反映一个法院结案的办案质量和该院的再审审查工作情况。

10. 生效案件发改数

(1)生效案件发改数计算方法

统计生效案件被本院或者上级法院发改数。

(2)生效案件发改数反映内容

生效案件发改数反映一个法院结案的办案质量,生效案件发改数越小则该法院的办案质量越高。

11. 生效案件发改率

(1)生效案件发改率计算方法

生效案件发改率等于生效案件被本院或者上级法院发改数除以生效案件数。

(2)生效案件发改率反映内容

生效案件发改率反映一个法院或辖区法院结案的办案质量,生效案件发改率越低则该法院的办案质量越高。

12. 生效案件被本院发改数

(1)生效案件被本院再审发改数计算方法

统计生效案件被本院发改的案件总数。

(2)生效案件被本院发改数反映内容

生效案件被本院发改数反映一个法院结案的办案质量,生效案件被本院发改数越小则该法院的办案质量越高。

13. 生效案件被上级发改数

(1)生效案件被上级发改数计算方法

统计生效案件被上级再审发改的案件总数。

(2)生效案件被上级发改数反映内容

生效案件被上级发改数反映一个法院结案的办案质量,生效案件被上级发改数越小则该法院的办案质量越高。

14. 生效案件被上级再审发改率

(1)生效案件被上级再审发改率计算方法

生效案件被上级再审发改率等于生效案件被上级再审发改的案件数除以生效案件被上级再审数。

(2)生效案件被上级再审发改率反映内容

生效案件被上级再审发改率反映一个法院结案的办案质量，生效案件被上级再审发改率越低则该法院的办案质量越高。

15. 发改一审案件率

(1)发改一审案件率计算方法

发改一审案件率等于二审法院发回、改判下级法院判决的案件数除以终字号结案数。

(2)发改一审案件率反映内容

发改一审案件率反映二审法院通过二审程序纠正一审法院裁判的工作情况。

(三)审判效率管理数据统计的逻辑算法

1. 平均审理周期

(1)平均审理周期计算方法

平均审理周期等于统计区间内所有已结案件数的结案日期减去立案日期的总和除以上述已结案件数，限制案号为初、撤、终、再、特字号，不含辖终字号。

(2)平均审理周期反映的内容

从案件办理周期的角度反映一个法院办案的效率，平均审理周期较短则该法院的结案效率就较高。

2. 平均立案周期

(1)平均立案周期计算方法

平均立案周期等于统计区间内所有已结案件数的发送排期法官日期减去收案日期的总和除以上述已结案件数，限制案号为初、撤、终、再、特字号，且不含辖终字号。

(2)平均立案周期反映的内容

从案件立案周期的角度反映一个法院立案的效率，平均立案周期较短则该法院的立案效率就较高。

3. 平均分案周期

(1)平均分案周期计算方法

平均分案周期等于统计区间内所有已结案件数的发送承办法官日期减

去发送排期法官日期的总和除以上述已结案件数，限制案号为初、撤、终、再、特字号，且不含辖终字号。

(2)平均分案周期反映的内容

从案件分案周期的角度反映一个法院分案的效率，平均分案周期较短则该法院的分案效率就较高。

4. 平均排期周期

(1)平均排期周期计算方法

平均排期周期等于统计区间内所有开庭的已结案件数的预定法庭日期减去发送承办法官日期的总和除以上述已结案件数。

(2)平均排期周期反映的内容

从案件排期的角度反映一个法院排期的效率，平均排期周期较短则该法院的排期效率就较高。

5. 平均庭前准备周期

(1)平均庭前准备周期计算方法

平均庭前准备周期等于统计区间内所有开庭的已结案件数的预定法庭日期减去发送承办法官日期的总和除以上述已结案件数。

(2)平均庭前准备周期反映的内容

从案件排期的角度反映一个法院排期的效率，平均排期周期较短则该法院的排期效率就较高。

6. 平均庭后送达周期

(1)平均庭后送达周期计算方法

平均庭后送达周期等于统计区间内已结案件数的结案日期减去案件签发日期的总和除以上述已结案件数。

(2)平均庭后送达周期反映的内容

从案件庭后送达的角度反映一个法院庭后送达的效率，平均庭后送达周期较短则该法院的庭后送达效率就较高。

7. 平均归档周期

(1)平均归档周期计算方法

平均归档周期等于统计区间内已结案件数的归档日期减去案件结案日期的总和除以上述已结案件数。

(2)平均归档周期反映的内容

从案件归档的角度反映一个法院案件归档的效率,平均归档周期较短则该法院的归档效率就较高。

8. 法定审限内结案率

(1)法定审限内结案率计算方法

法定审限内结案率等于统计区间内未超审限结案数除以结案总数。

(2)法定审限内结案率反映的内容

法定审限内结案率反映一个法院未超审限结案数占结案总数的比例,占比较高则表示该院的结案效率较高。

9. 法定正常审限内结案率

(1)法定正常审限内结案率计算方法

法定正常审限内结案率等于统计区间内未超审限且未延长审限结案数除以结案总数。

(2)法定正常审限内结案率反映的内容

法定正常审限内结案率反映一个法院无延长审限且未超审限案件数占结案总数的比例,占比较高则表示该院的结案效率较高。

10. 当庭宣判数

(1)当庭宣判数计算方法

当庭宣判数等于最后一次开庭时间减去案件签发时间小于10日的已结案数,限制案号为含初、终、再、特、撤字号,且案件有开庭记录。

(2)当庭宣判数反映的内容

当庭宣判数反映一个法院当庭宣判情况。

11. 当庭宣判率

(1)当庭宣判率计算方法

当庭宣判率等于当庭宣判数除以案号含初、终、再、特、撤字且有开庭记录的结案数。

(2)当庭宣判率反映的内容

当庭宣判率反映一个法院当庭宣判案件占开庭结案案件的比例,当庭宣判率较高则该院的当庭宣判工作表现较好。

12. 超审限结案数

(1)超审限结案数计算方法

统计结案日期大于审限到期日的结案数。

(2)超审限结案数反映的内容

超审限结案数反映一个法院超审限结案的情况。

13. 超审限结案率

(1)超审限结案率计算方法

超审限结案率等于超审限结案数除以已结案件数。

(2)超审限结案率反映的内容

超审限结案率反映一个法院超审限结案案件占结案案件的比例,超审限结案率高则该院的审限内结案情况较差。

14. 平均超审限天数

(1)平均超审限天数计算方法

平均超审限天数等于超审限结案数的超审限天数相加除以超审限结案数。

(2)平均超审限天数反映的内容

平均超审限天数反映一个法院超审限情况,平均超审限天数越大,则案件超审限情况越严重。

15. 长期未结案件数

(1)长期未结案件数计算方法

长期未结案件数等于统计截止日期的案件数减去未结案件的立案时间大于一年半的案件数。

(2)长期未结案件数反映的内容

长期未结案件数反映一个法院长期未结案件情况。

16. 长期未结超审限案件数

(1)长期未结超审限案件数计算方法

长期未结超审限案件数等于统计截止日期的案件数减去未结案件的立案时间大于一年半,且审限到期日小于统计截止日期的案件数。

(2)长期未结超审限案件数反映的内容

长期未结超审限案件数反映一个法院长期未结超审限案件情况。

17. 长期未结未超审限案件数

(1) 长期未结未超审限案件数计算方法

长期未结未超审限案件数等于统计截止日期的案件数减去未结案件的立案时间大于一年半,且审限到期日大于统计截止日期的案件数。

(2) 长期未结未超审限案件数反映的内容

长期未结未超审限案件数反映一个法院长期未结未超审限案件情况。

18. 扣除审限结案数

(1) 扣除审限结案数计算方法

统计有法定审限要求的案件进行过扣除审限操作的已结案件数。

(2) 扣除审限结案数反映的内容

扣除审限结案数反映一个法院案件扣除审限情况。

19. 延长审限结案数

(1) 延长审限结案数计算方法

统计有法定审限要求的案件进行过延长审限操作的已结案件数。

(2) 延长审限结案数反映的内容

延长审限结案数反映一个法院案件延长审限情况。

20. 预计存案清结周期

(1) 预计存案清结周期计算方法

预计存案清结周期等于未结案件数除以统计区间内月均结案数。

(2) 预计存案清结周期反映的内容

预计存案清结周期反映一个法院现有存案情况和人案压力。

(四) 审判效果评估数据统计的逻辑算法

1. 提起上诉案件数

(1) 提起上诉案件数计算方法

统计期间内提起上诉的一审案件数。

(2) 提起上诉案件数反映的内容

提起上诉案件数反映一个法院一审结案提起上诉的情况。

2. 提起上诉率

(1) 提起上诉率计算方法

提起上诉率等于统计期间内提起上诉的一审案件数除以一审结案数。

(2)提起上诉率反映的内容

提起上诉率反映一个法院一审提起上诉案件占一审结案的占比。

3. 一审服判息诉率

(1)一审服判息诉率计算方法

一审服判息诉率等于统计期间内未提起上诉的一审案件数除以一审结案数。

(2)一审服判息诉率反映的内容

一审服判息诉率反映一个法院一审未提起上诉案件占一审结案的比例。

4. 上诉到二审案件数

(1)上诉到二审案件数计算方法

统计期间内终字号案件的立案数,且不包含辖终字号案件。

(2)上诉到二审案件数反映的内容

上诉到二审案件数反映一个法院一审案件上诉到二审法院的情况。

5. 申诉案件数

(1)申诉案件数计算方法

统计期间内民申字、刑申字、行申字案件的立案数。

(2)申诉案件数反映的内容

申诉案件数反映一个法院生效案件被申诉的情况。

6. 申请再审率

(1)申请再审率计算方法

申请再审率等于统计期间内再审审查案件数除以生效案件数。

(2)申请再审率反映的内容

申请再审率反映一个法院生效案件被申请再审的情况。

7. 民商事调撤案件数

(1)民商事调撤案件数计算方法

统计期间内民初或民终字已结案件,结案方式为调解或撤诉的案件总数。

(2)民商事调撤案件数反映的内容

民商事调撤案件数反映一个法院民商事调撤案件情况。

8. 民商事案件调撤率

(1) 民商事案件调撤率计算方法

民商事案件调撤率等于民商事调撤案件数除以民初字和民终字已结案件数。

(2) 民商事案件调撤率反映的内容

民商事案件调撤率反映一个法院民商事案件调撤结案占总体结案的比例。

9. 一审案件陪审率

(1) 一审案件陪审率计算方法

一审案件陪审率等于统计期间内陪审结案的一审案件数除以一审结案数。

(2) 一审案件陪审率反映的内容

一审案件陪审率反映一个法院一审案件办理的陪审情况。

10. 访审案件数

(1) 访审案件数计算方法

统计期间内访审字案件立案数。

(2) 访审案件数反映的内容

访审案件数反映一个法院访审情况。

(五) 审执办案人员业绩评价数据统计维度

法官业绩评价分两大模块,数量量化和质量量化。

数量量化包括原始结案总数、标准结案总数、审核工作量、专业法官会议加分和审委会加分。原始结案总数即审执办案人员在考核年度内结案归档的案件数。标准结案总数是上述结案归档案件数乘以不同案件类比的案件权重系数之和。考核时段内结案归档的案件数乘以相应案件类别的权重系数即可将案件数转化为标准结案数,可以解决不同案件工作量的横向对比问题。审核工作量即非领导职务审执办案人员在非自身承办案件中以审判长身份签发案件文书,该办案人员可以获得该案件标准案件数百分之十的加分,上述案件百分之十的工作量加分不影响案件承办人的标准结案数获得。专业法官会议反映承办人案件经法官会议讨论的工作量。审委会加分反映承办人案件经审委会讨论的工作量。

质量量化包括办案效率扣分项、审级监督扣分项、案件评查扣分项、司法公开扣分项、优秀裁判文书数、优秀庭审数、优秀案例数、优秀案件数。办案效率扣分项包括承办人、审判长的超审限已结案件和案件承办人的一年半以上长期未结超审限案件等扣分项。审级监督扣分项包括上级法院、本院二审改判及发回重审案件和被上级法院再审改判及发回重审案件等扣分项。案件评查扣分项包含瑕疵案件和问题案件等扣分项。司法公开扣分项即裁判文书上网扣分项。优秀裁判文书数包含全国、本省、本市、本院的优秀裁判文书数。优秀庭审数包含全国、本省、本市、本院的优秀庭审数。优秀案例包括最高人民法院指导性案例、国家级典型案例、全国法院优秀案例、省级典型案例、全省法院优秀案例、全市法院年度精品案例、本院年度精品案例、本院编发精品案例、本院编发裁判要旨等。优秀案件数包含全国、本省、本市、本院的优秀案件数。

涉众型金融犯罪被害人及集资参与人的权利保障问题研究*

——以南山区人民检察院2016年以来所处理的信访事项为视角

杨云峰　李书勤　何晓萍　彭靖雯**

摘　要

涉众型金融犯罪成为棘手问题的原因是其涉及人数众多，财产损失大，案件侦查难度大，追赃挽损困难，网络舆情炒作风险高，而实践中涉众型金融犯罪被害人及集资参与人的权利保护容易被忽视。信访工作是检察工作的“晴雨表”，本文将以深圳市南山区人民检察院2016年至2021年上半年期间所处理的与非法吸收公众存款罪和集资诈骗罪这两种非法集资犯罪有关的信访事项为视角，通过分析信访事项的具体内容，明确相关被害人及集资参与人向检察机关来访所反映的主要问题，由此总结归纳出涉众型金融犯罪被害人及集资参与人的权利保障工作中存在的问题，结合工作实际提出有针对性的解决思

* 本文获第十八届泛珠三角合作与发展法治论坛征文二等奖，收录于本书时文字略有改动。

** 杨云峰，深圳市南山区人民检察院政治部二级高级检察官；李书勤，深圳市南山区人民检察院办公室主任；何晓萍，深圳市南山区人民检察院第三检察部副主任；彭靖雯，深圳市南山区人民检察院第三检察部五级检察官助理。

路，力争在全社会范围内建立一个全方位保护涉众型金融犯罪被害人及集资参与人权利的机制和涉众型金融犯罪的防范、处置体系。

关键词 涉众型金融犯罪 非法集资 权利保障 防范处置 信访

涉众型金融犯罪并不是一个刑法学术上的规范罪名，而是一类罪名的统称。最高人民检察院、公安部2017年11月24日发布的《关于公安机关办理经济犯罪案件的若干规定》第78条对“涉众型经济犯罪”作出了释义。[①] 涉众型金融犯罪是涉众型经济犯罪的重要组成部分，在此基础上可以得出涉众型金融犯罪的概念，主要指的是在金融领域发生的违反金融法律法规和刑法规定、严重危害金融秩序、侵犯数量众多的被害人的权益、应受刑法处罚的行为，具体罪名主要包括非法吸收公众存款罪，集资诈骗罪，擅自发行股票、公司、企业债权罪等。[②] 结合当前司法实践中出现的涉众型金融犯罪的类型，可以把涉众型金融犯罪分为传销类涉众型金融犯罪、非法集资类涉众型金融犯罪及证券期货类涉众型金融犯罪三类。因南山区人民检察院自2016年以来处理的涉众型金融犯罪主要为非法集资类涉众型金融犯罪，从实证研究角度出发，本文题目所指的涉众型金融犯罪主要是非法吸收公众存款罪和集资诈骗罪两种犯罪。另根据2019年1月30日最高人民法院、最高人民检察院与公安部联合印发的《关于办理非法集资刑事案件若干问题的意见》的规定，在非法集资案中只有集资诈骗罪的投资人才能被称为被害人，非法吸收公众存款罪的投资人应被称为集资参与人，因此，本文既研究集资诈骗罪被害人的权利保障，也研究非法吸收公众存款罪的集资参与人的权利保障情况，特此说明。

---

① 最高人民检察院、公安部《关于公安机关办理经济犯罪案件的若干规定》第78条规定：“本规定所称的‘涉众型经济犯罪案件’，是指基于同一法律事实、利益受损人数众多、可能影响社会秩序稳定的经济犯罪案件，包括但不限于非法吸收公众存款，集资诈骗，组织、领导传销活动，擅自设立金融机构，擅自发行股票、公司企业债券等犯罪。”

② 参见北京市朝阳区人民检察院课题组：《检察视角下的涉众型金融犯罪预防体系研究》，载《北京政法职业学院学报》2021年第1期。

一、涉众型金融犯罪被害人及集资参与人权利保障的现状

近年来,随着信息技术的快速发展,借力"互联网+",金融创新日趋活跃,金融产品层出不穷,金融犯罪尤其是涉众型金融犯罪案件高发频发。

(一)有关被害人及集资参与人权利保障的研究成果

作为理论界和实务界的讨论热点,专家和学者以及实务界人士在讨论涉众型金融犯罪时比较倾向于分析如何定性、量刑,而对被害人的权利保障问题鲜有讨论。然而涉众型金融犯罪因"涉众"而特殊,也因"涉众"而面临诸多困境,可以说涉众型金融犯罪难治理、难解决,最大的难题和症结就在众多被害人及集资参与人的权利保护及该犯罪的防范和处置上。尽管不少学者对于涉众型金融犯罪被害人权利的保障问题都提出了一些值得深思的制度和手段,然而面对该犯罪高发的态势,目前国内仍未形成一个对被害人权利保障以及犯罪防范和处置的完整有效的体系。

(二)南山区人民检察院打击涉众型金融犯罪的情况

涉众型金融犯罪案发后投资人因权益难以保障,为挽回损失、扩大影响、引起关注从而向办案机关施加压力,往往会多次信访。随着发案数量的上升,与之相伴的是被害人数量及涉案金额的不断增加,这使涉众金融犯罪办理过程中附带迎来了艰巨繁重的维稳任务。①

1.2016年至2021年上半年南山区人民检察院办理的涉众型金融犯罪的情况如表1所示。

表1　2016年至2021年上半年南山区人民检察院办理的涉众型金融犯罪的情况

年份	非法吸收公众存款罪	集资诈骗罪	合计
2016	29件95人	5件13人	34件108人
2017	19件56人	13件35人	32件91人
2018	27件52人	22件63人	49件115人
2019	44件120人	14件70人	58件190人

① 参见杨璎、尹舒逸、浦雪章:《涉众型金融犯罪的维稳:困境、成因及出路》,载《法制与社会》2019年第33期。

续表

年份	非法吸收公众存款罪	集资诈骗罪	合计
2020	37 件 97 人	4 件 5 人	41 件 102 人
2021[1]	21 件 49 人	0 件 0 人	21 件 49 人
合计	177 件 469 人	58 件 186 人	235 件 655 人

[1]2021 年仅统计了上半年数据。

南山区人民检察院 2016 年至 2021 年上半年处理的涉众型金融犯罪主要为非法吸收公众存款罪和集资诈骗罪等非法集资犯罪。其中,非法吸收公众存款罪案件占比大,件数占比 75.32%。案件呈现以下特点。

一是外衣包装合法化,迷惑性高。犯罪分子通过设立公司等合法形式来实施非法集资犯罪行为,打着电子商务、IT 新技术等新兴产业和技术的旗号迷惑、吸引投资者,甚至利用政府资源"挂羊头、卖狗肉"。

二是名目层出不穷,诱惑力加大。网络化已成为非法集资活动的主要形式,实现操作流程的全网络化,犯罪手段更具隐蔽性,且投资者遍布全国,增加了查处的难度。

三是组织结构严密,涉案金额大。犯罪分子一般都有明确的分工、相对稳定的层级管理。利用网络进行非法集资,可以不受地域限制,迅速扩大传播、影响范围,短时间内吸收大量资金。

南山区人民检察院立足法律监督职能,始终坚持"严"字当头,加强审查批捕、审查起诉和出庭公诉工作,强化刑事诉讼法律监督,始终保持对涉众型金融犯罪打击的高压态势。那么,如果通过检视自身工作,寻找合适的切入点,检察机关发现自身乃至全社会在对涉众型金融犯罪被害人及集资参与人进行保护时存在的问题,如何不断提升工作质效,满足人民群众对新时期检察工作的新期待、新要求,是值得检察机关深思的问题。信访工作是检察工作的"晴雨表",检察机关通过信访工作,可以及时把握时代脉搏,准确统观检察工作大局,切实了解人民群众对检察工作的真实需求,因此,本文选择 2016 年至 2021 年上半年南山区人民检察院处理的非法集资犯罪信访事项作为切入点,以期通过分析信访事项的具体内容,明确被害人、集资参与人等信访人所反映的主要问题,了解人民群众对检察工作的真实需求,由此总结归纳出非法集资犯罪被害人及集资参与人的权利保障工作和涉众型金融犯罪防范、处置工作所存在的问题和困难。

2. 2016 年至 2021 年上半年南山区人民检察院所处理的涉众型金融信访事项的情况。

2016 年至 2021 年上半年，南山区人民检察院共处理非法集资犯罪被害人、集资参与人作为信访人的信访件 1109 件。其中 2016 年 56 件；2017 年 18 件；2018 年 9 件；2019 年 116 件；2020 年 737 件；2021 年上半年 173 件。具体如图 1 所示。

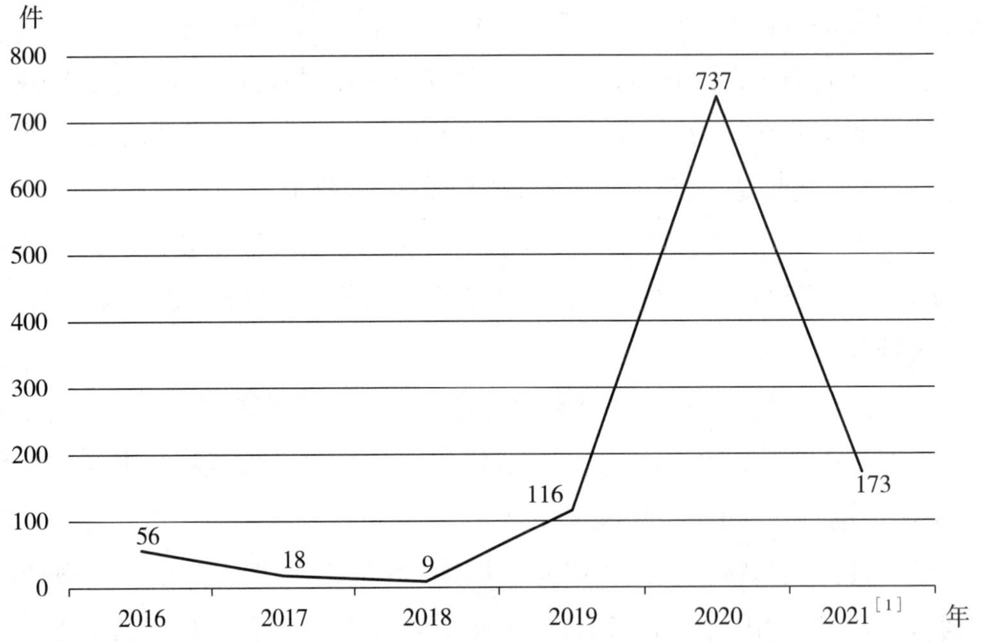

[1] 2021年仅统计了上半年数据。

图 1　2016 年至 2021 年上半年南山区人民检察院处理涉众型金融犯罪信访件数

通过逐件梳理上述 1109 件信访件的内容，笔者发现信访事由主要为以下类别：一是陈述报案无门；二是陈述公安机关久未立案；三是陈述公安机关立案后久拖不决；四是反映案件定性错误，将集资诈骗罪、合同诈骗罪定性为非法吸收公众存款罪；五是反映侦查阶段追赃挽损力度不够，刑事判决追赃挽损效果差；六是因不是刑事被害人，无法对非法吸收公众存款罪刑事判决提出抗诉请求和申诉请求；七是请求面见检察长、办案检察官和提交材料。

在上述事项中，占比超过一半的为请求面见检察长、办案检察官和提交材料，其余部分里占比较高的为反映案件定性错误和追赃挽损力度不够。近期上级检察机关要求各基层检察院对全国政法干警违法违纪举报平台上与本院有关的涉法涉诉信访案件进行评查化解，南山区人民检察院相关涉法涉诉信访案件为10件，其中7件为涉及非法集资类涉众型金融犯罪的信访案件。同时，南山区人民检察院近期在完成信访部门转办的中央第二批交办治重化积信访事项的过程中，发现该院需处理的9件信访件均为涉非法集资类涉众型金融犯罪信访件。经过一系列信访化解工作，检察机关办案检察官、控申部门花费大量时间接见了信访人，但由于收回本息等核心诉求客观上难以解决，目前上述案件息诉息访难度大，信访群众满意率极低。涉众金融信访问题已成为困扰南山区人民检察院信访工作的顽症痼疾，维稳形势更加复杂。

二、涉众型金融犯罪被害人及集资参与人权利保障存在的问题

从南山区人民检察院2016年至2021年上半年所处理的涉非法集资犯罪信访件来看，信访人反映的更改起诉罪名、收回本息等核心诉求无法在检察阶段化解到位，但其折射出的正是相关职能部门在打击、处置非法集资犯罪时存在的难点，以及对被害人、集资参与人进行权利保障、构建涉众型金融犯罪防范、处置体系存在的薄弱点。具体体现在以下几方面。

（一）非法集资犯罪的侦查困局

证据的收集与固定是刑事案件侦查的关键，影响案件的侦破以及定罪量刑。涉众型金融犯罪的侦查取证工作难度大，主要表现在以下几个方面。首先，立案时机难以把握。若过早介入，由于犯罪行为尚未充分暴露，可能难以认定为犯罪；若太迟介入，又可能使犯罪嫌疑人潜逃，甚至有加大受害群众损失的风险。其次，取证工作难度大。涉众型金融犯罪涉案面广，证据复杂，资金去向难以掌握，导致书证难以收集。非法集资团伙内部层级多，占绝对数量的投资者均处于底层，与后台操作人员、上层管理人员等鲜有接触，甚至从未接触过。故发案后，一方面，投资者地域分布广泛，侦查难度较大，难以收集齐被害人陈述；另一方面，投资者不能对行为人进行指认，无法有力指控犯罪。与此同时，部分主犯在实施犯罪之前即已谋划退路，隐藏在幕后操控公

司运营，案发时则逃之夭夭或撇清关系。此外，互联网平台非法集资活动因其网络化的特性，很大一部分证据均属电子证据，当有人为因素或技术因素介入时，电子证据极容易被篡改、伪造、破坏或毁灭，且被破坏后不易恢复，难以查清和进行判断。最后，协作配合难度大。涉众型金融犯罪的侦查工作需要其他行政执法机关的配合，涉及行政执法和刑事司法的衔接，要考虑如何在证据的收集和固定过程中将行政执法机关收集的证据转化为刑事案件的证据加以固定。在非法集资犯罪侦查困局这一命题下，检察机关该担当何种角色和如何充分履职，才能充分强化部门联动的系统性，凝聚打击合力，共同破解侦查困局，值得深思。

（二）非法集资犯罪案件的认定问题

案件定性难，表现在罪与非罪的界限难以把握、犯罪的主观故意难以确认。在金融活动中，有的金融创新活动的实质并不是犯罪，但是在后期行为人的行为性质逐渐发生改变，其行为演变成涉众型金融犯罪，不易判断其是经济纠纷还是刑事犯罪。[①] “非法占有目的”是行为人的主观心理状态，在缺乏直接证据时，对此进行认定颇有难度。如何根据犯罪分子的具体行为认定其是否成立犯罪以及成立何种罪名成为司法实践中的一大难点。司法实践中，非法吸收公众存款罪比集资诈骗罪的数量更多，主要原因在于集资诈骗罪的主观要件包括具备“非法占有”的故意，但在具体案件的侦查、审理过程中，对该“非法占有”的证据取证较难，导致最终以非法吸收公众存款罪进行定罪处罚。这也是众多集资参与人向检察机关信访的原因之一，他们认为司法机关打击不力，打击不够精准。

（三）集资参与人的法律地位的定位问题

非法集资犯罪的集资参与人因经济利益的差异而形成了多元化的利益诉求，甚至会出现截然相反的诉求，比如一部分集资参与人要求释放犯罪嫌疑人、被告人，恢复对投资平台的经营活动，而另一部分集资参与人则要求严惩犯罪嫌疑人、被告人。因此，如何正确定位集资参与人的法律地位并赋予其相应的诉讼权利成为司法机关办理案件的一大难点。2019 年最高人民法院、最高人民检察院与公安部联合印发的《关于办理非法集资刑事案件若干

① 参见陈易璨、柯泰先:《论涉众型金融犯罪的侦查》，载《云南警官学院学报》2019 年第 6 期。

问题的意见》明确在非法集资案中,只有集资诈骗罪的投资人才能被称为被害人,非法吸收公众存款罪的投资人应被称为集资参与人。尽管该意见对“集资参与人”进行了定义,但未对“集资参与人”的法律地位进一步予以明确。就法律地位而言,集资参与人既不是证人,也不是被害人,但对其究竟是何种法律地位,法律并未进一步予以明确。[①] 这不仅影响了其诉讼权利的行使和实体权利的实现,也严重影响了诉讼效率,明显例证便是目前存在的大量重复信访件。

(四)集资参与人的诉讼权利行使问题

为切实保障集资参与人诉讼权利的实现,《关于办理非法集资刑事案件若干问题的意见》第10条明确了人民法院、人民检察院、公安机关应当通过及时公布案件进展、涉案资产处置情况等方式,依法保障集资参与人的合法权利;同时规定了可产生集资参与人代表,但该条对于代表人的功能和产生过程等表述较为笼统,实操性不强。在保障集资参与人参与诉讼的程序机制设计上,司法机关需要不断摸索,尤其是检察机关,需从自身实际出发,出台切实有效的工作操作指引,让集资参与人更加直接有效地参与刑事诉讼程序,有效保障其各项合法权益,减少信访矛盾的堆积,从而适应新形势下人民群众日益增长的司法需求。

(五)追赃挽损工作的难度问题

要坚持把追赃挽损工作贯穿立案、侦查、移送起诉各个环节,最大限度地减少被害人的实际损失。赃款赃物的追缴是处理涉众型经济犯罪案件工作的重心,对弥补集资参与人的经济损失具有决定性的作用。追回赃款、赃物的情况在很大程度上关系集资参与人对案件最终处理结果的满意程度,亦是解决信访矛盾的重要突破口。但实践中,追赃情况却不尽如人意,多数非法集资案件的返还比例在10%以下,依托互联网的非法集资犯罪案件涉及资金更多,给集资参与人造成的损失动辄几十亿元,有的甚至高达百亿元,追赃挽损率低是非法集资类案件的最大难题。

---

① 参见吴春妹、李长林、晏行健:《涉众型非法集资犯罪疑难问题研究——以北京市朝阳区人民检察院办案实务为例》,载《刑事法判解》2020年第2辑。

三、构建涉众型金融犯罪被害人及集资参与人权利保障和防范、处置体系

如前所述,“非法集资犯罪的侦查困局”“非法集资犯罪案件的认定问题”“集资参与人的法律地位的定位问题”“集资参与人的诉讼权利行使问题”“追赃挽损工作的难度问题”五方面问题和困难,正是目前打击、处置非法集资犯罪时所存在的难点问题,也是对被害人、集资参与人进行权利保障,构建涉众型金融犯罪防范、处置体系的薄弱点。因此,本文意图构建涉众型金融犯罪被害人权利保障和涉众型金融犯罪防范、处置体系,一方面着眼于解决司法实践中呈现的上述五方面问题和困难,另一方面着力于从事前的防范预警机制,到诉讼阶段强化案件办理的精准性、加强诉讼权利保护、建立有效的追赃挽损机制和大力破解涉众金融信访难题等多方面予以相应的制度和工作保障,同时强调和注重检察机关与侦查机关、审判机关、行政职能部门等多部门协作配合,形成保护合力。

(一)建立健全犯罪风险防范预警机制

建立健全涉众型金融犯罪风险防范预警机制,是从事前对犯罪进行预防,有效保护人民群众的财产,同时对金融行业的企业和平台也能够起到规范和警示的作用,从源头上减少涉众型金融犯罪的发生。

1. 加强宣传有效控制新发案件

检察机关以及街道、基层派出所等应当持续开展防范和处置非法集资集中宣传活动,向公众科普金融投资知识,切实提高广大群众防范非法集资的意识。针对涉众型金融犯罪案件的犯罪分子的宣传渠道多样化的情况,司法机关、行政机关等更要与时俱进,借助网络、电视等媒体平台,结合实践案例,运用线上线下多渠道多手段开展涉众型金融犯罪风险防范宣传和宣讲,保护更多人的钱袋子,针对不同层次人群开展金融知识教育,培养其风险防范意识,树立正确的投资理财观念。同时,也要对公司、企业加强普法宣传,严格区分正常经营和涉嫌犯罪的行为,切勿触碰法律红线。

2. 依托大数据主动监测、预警

对检察院、公安以及银监部门在办案以及线索核查等阶段掌握到的数据应当加强分析研判,依托大数据进行涉众型金融犯罪风险的监测和预警。由

于企业注册登记、商务备案登记等的前置程序大部分是在网上完成的，因此其可能成为非法集资犯罪专营的漏洞。工商行政管理部门应利用已有的信息数据，建立全方位的商事主体信息与监管平台，并与其他职能部门，特别是公安机关联网配合，共同加强监管，严查问题企业并及时在信息平台公布，同时就问题企业向公安机关预警。可在公安、网监、央行、银监等机构的网站，设立举报、查询窗口并向公众开放，社会公众可就网站、投资项目是否合法等进行核实，举报非法集资活动，使相关部门及时掌握动态。创新公安、金融部门战略合作机制，依托“网格 + 大数据”手段，加强警金合作、警监共建、网监协同，整治存在金融犯罪趋向和隐患的类金融高风险企业，构筑金融风险“防火墙”，以做到打早打小，把犯罪的苗头扼杀在摇篮中，保护已经受骗和极有可能受骗的群众，把群众的利益放在首位。

3. 加强敏感度及时移交线索

当地金融监管部门针对要求立案的诉求，应当积极加强与公安部门的沟通协作，推动公开立案。检察院内部应当加强信息交流和沟通。刑检部门在办理案件过程中发现有关涉众型金融犯罪案件的，对可能影响稳定的因素应当提高警惕，提前与控申部门沟通，移交部分案件信息，帮助尽早化解矛盾冲突。控申部门在接访过程中，应当将可能涉及涉众型金融犯罪案件的线索提取出来，如果是在办案件的新线索应当及时交给刑检部门；如果尚未立案，必要时可以移交公安作为立案线索。

4. 多部门合力构建防范平台

对涉众型金融犯罪的防范预警是多部门的共同责任，检察院可与基层派出所、街道办、社区以及银监部门合作，加强信息互通和交流，形成合力，构建防范涉众型金融犯罪的联合平台。对个案信息应当及时相互通报。例如银监部门在履行监管职能时发现涉众型金融犯罪线索，在向公安机关移送相关线索之后也应当及时通报检察机关和相关社区，尤其是对于可能影响稳定的信息，应当及时与相关派出所、社区、街道办沟通，提早做出预案。检察机关在办案过程中发现影响金融秩序稳定的线索，也应当向银监部门通报，如果发现违规行为和银监部门的监管漏洞等，应当及时提出整改建议。紧密的合作需要建立在一定的相互了解的基础之上。为了更好地合作，银监部门作为金融领域的监管职能部门应当对其他部门进行金融知识的讲授，帮助公安机关和检察机关积累足够的金融知识以应对变化多端的新型涉众型金融犯罪，也帮助街道办和社区工作人员提高对金融犯罪防范的敏感度，方便工作开展。另外，检察机关也应当对银监部门、街道办和社区工作人员进行一定的法律培训，提高他们的法律意识，帮助他们在工作中甄别正常经营行为和违法犯罪行为，从金融角度和法律角度给出更加专业、全面的指导。通过交互培训，共同提高打击涉众型金融犯罪的能力，同时促进检察机关和银监部门工作人员个人的全面发展。①

（二）强化案件办理的精准性

1. 成立专业办案团队

因非法集资犯罪往往同时涉及网络、金融、证券、法律等多方面知识，犯罪手段更加多样化，犯罪分子反侦查意识强，所以公、检、法办案机关应积极推动专业平台、专业工具和专业素质建设，成立专业化办案机构和办案组织，强调办理类型案件的专业化、精细化和优质化。定期举办金融犯罪专题研修班，对“非法性”和“非法性认识”的认定、非法占有目的的认定、共同犯罪的认定、单位犯罪的认定等问题统一认识，保证案件办理标准的统一。在工作实践中，深圳市检察机关注重加强数据分析，完善证据体系，积极与平安集团合作，开发金融犯罪办案智能辅助系统，通过建立经济模型，对涉案账户经济活动开展大数据分析，通过客观全面地对经济活动本身进行描绘、分析，探索建立客观化、系统化的金融犯罪证据体系，通过经济活动本身来证明主观故意和犯罪行为。

2. 检察机关精准打击、充分履职

一是对重大疑难非法集资案提前介入、引导侦查，向公安机关提出侦查取证、事实认定、法律适用等方面的建议，做好抓捕涉案人员工作，查封、冻结涉案款物，固定相关证据材料，做好会计鉴定、审计工作，对投资人人数、涉案款物提前登记备案。二是在审查起诉环节，结合认罪认罚机制、敦促被告人在判决之前积极退赃，落实宽严相济刑事政策的同时，最大限度地挽回被害人、集资参与人的财产损失。完善类案证据标准，提高取证意识，对类案的办

---

① 参见田鹤城、惠怡：《涉众型金融犯罪中检察、银监部门合作模式探析》，载《西部金融》2012 年第 2 期。

理进行分析、总结，围绕犯罪构成要件，梳理证据脉络及取证重点，有效打击犯罪。三是加强对法院判决书执行的监督力度。主要是对法院判决书中责令退赔赃款的监督，通过检察建议等方式，督促法院执行，加大执行力度，保障被害人合法权益。

3. 建立跨部门跨区域合作机制

一是专业化办案部门需注重与其他部门的合作。公、检、法三家应建立联席会议机制，公安机关内部各部门应建立协调会议机制，实现跨部门配合协作、跨业务交流协作。二是案件办理需强化区域间司法合作。非法集资犯罪的特点之一就是所涉地域广，犯罪的行为地和结果发生地可能不在同一地域，甚至是多个行为地、多个结果地。此时需要公安机关加强区域间警务合作，采取集群战役模式，不同区域警力密切配合，共同侦破案件。检察机关和人民法院亦应在案件办理经验交流上形成信息共享交流机制，共同应对日益复杂的犯罪态势。

（三）加强诉讼权利保护

1. 加强登记公告

在实践中经常有被害人因为消息闭塞或路途遥远而错过公告，在案件起诉到法院后又陆陆续续前来报案、要求在诉讼文书中或相关附件中加入自己的情况，导致诉讼效率大大降低，也导致了涉案资金退还的拖延。因此，建立被害人公告登记制度以及被害人诉讼代表人制度显得尤为必要。

2. 积极推动集资参与人代表形成

在涉众型金融犯罪案件中，被害人人数过多，要求所有被害人都参与诉讼并不现实，且被害人被骗过程大致相似，因此采取被害人诉讼代表人制度有其合理性。① 被害人可以自己选出代表人，选不出时也可以由检察机关指定，代表人可以收集被代表的被害人的意见，帮助被害人达成统一意见并发送给检察机关和法院，代表被害人接受询问。运用被害人公告登记制度和被害人诉讼代表人制度，在保护被害人的权利的同时保障诉讼程序有序有效推进，减少因被害人人数众多而导致的诉讼拖延的情况。由于集资参与人就法

---

① 参见杨璎、尹舒逸、浦雪章：《涉众型金融犯罪的维稳：困境、成因及出路》，载《法制与社会》2019 年第 33 期。

律地位而言，既不是证人，也不是被害人，所以在保障集资参与人参与诉讼的程序机制设计上，可以参考北京市朝阳区人民检察院的做法，充分借鉴民事诉讼中的诉讼代表人制度，指导推动集资参与人通过选举或者书面授权的方式形成集资参与人代表，代表一般不超过五人。同时，司法机关应鼓励支持集资参与人委托律师表达诉求，探索适用值班律师化解矛盾的方法提升信访化解效果。

3. 健全、畅通及时有效的沟通机制

执行落实好《深圳市检察机关关于规范非法集资犯罪案件权利义务告知和案件办理情况通报的通知》，从“分类处理”“受理告知”“改罪名不改管辖告知”“改变管辖告知”“同案犯受理告知”等方面对权利义务告知和案件通报工作进行规范，保障集资参与人的合法权利，加强释法说理，维护社会稳定。一是充分保障集资参与人的知情权。定期向集资参与人代表告知案件的诉讼时间节点、案件办理进展以及追赃挽损情况，尤其是在提起公诉前、开庭审理前等重要诉讼节点主动约谈集资参与人代表。二是充分保障集资参与人的参与权。认真审查所接收到的案件材料，全面审查案情，针对材料反映的情况做好案件补充侦查工作。三是加强释法说理。依托控告申诉部门做好每一次接访，在认真听取诉求的同时，要强化释法说理工作，维护社会稳定。

（四）建立有效的追赃挽损机制

确保建立有效的追赃挽损机制，是构建涉众型金融犯罪被害人保护体系最为重要的一环，这一机制的实际效果直接决定了是否能挽回损失、能挽回多少损失，而这一结果相对于能否逮捕犯罪嫌疑人、能否对犯罪嫌疑人判刑这样的结果而言，是众多集资参与人在案件办理过程中更关注的。具体可以从以下几方面构建追赃挽损机制。

1. 对影响重大的涉众型金融犯罪提前介入，及时查封扣押涉案资金

对于公安机关通报的重大复杂案件，或公安机关邀请检察机关介入的案件，检察机关应当提前介入。其主要职责有：审查案件事实及在案证据，对案件定性、法律适用等重点问题提出意见建议；梳理犯罪嫌疑人的层级和作用，坚持分类处理，针对在案刑拘人员做好捕前分流工作；对证据的收集、固定及侦查方向提出建议；督促公安机关依法开展侦查活动，及时发现和纠正侦查

活动中的违法违规行为。

在侦查阶段合适的时机，检察机关应当及时提出查封、扣押涉案资金的意见，配合公安机关作出查封、扣押的决定，防止涉案资金流失、导致后续无法有效弥补被害人损失的情况出现。在查封、扣押制度上，可以有所突破，例如，在犯罪事实清楚，证据确凿的情况下，可以在检察院的监督下，将犯罪嫌疑人所有可以查封、扣押、冻结的财产纳入查封、扣押、冻结的范围，根据案件情况考虑查封、扣押、冻结的具体金额。对于不属于涉案财产，但是可能与犯罪有关的财产，都可以考虑在查封、扣押金额明显不足的情况下进行保全，防止犯罪嫌疑人转移犯罪所得，保障后续的退赃挽损顺利进行。在时机上也可以稍微提前，例如，可以赋予侦查机关在刑事侦查启动之初就采取查封涉案账户、扣押涉案财产的措施。① 在有了更多证据、掌握更清晰的犯罪事实之后，再根据案件事实情况改为冻结或者解除查封、解除扣押。

2. 对认罪认罚且有意愿和能力退还资金的嫌疑人作出相对不捕决定，鼓励退赃并将其作为酌定量刑情节

在实践中的涉众型金融犯罪案件当中，有部分被害人留存的涉案财产无法弥补广大被害人的巨额损失，可能导致涉案企业、平台被调查后停止运营，犯罪嫌疑人被逮捕之后无法主持企业或平台的经营，导致涉案财产的损失或者无法进行挽损。甚至在很多案件中出现受害群体集体要求公安机关释放犯罪嫌疑人，通过恢复犯罪嫌疑人的经营活动，从而从经营利润中获取更多赔偿的例子。② 对于认罪认罚且社会危害性不大、没有再犯危险性的犯罪嫌疑人可以作出相对不捕的决定，鼓励其进行退赔，也可以激发犯罪嫌疑人弥补过错、挽回损失的动力和决心。当然，无论在何种诉讼阶段，适用认罪认罚从宽制度都必须以坚持“疑罪从无”和“无罪推定”原则为前提，防止通过“认罚”实现“认罪”这一倒挂现象的发生。目前，深圳市检察机关积极与市公安局沟通协作，针对传统“一刀切”式办案存在的相关问题，研究试行“治疗式”办案方式，即对涉案平台存在可清退资产、涉案人员具备一定偿还能力且自

① 参见单鲲：《犯罪所得保全扣押制度之借鉴——以涉众型经济犯罪中被害人权益保护为视角》，载《人民检察》2019 年第 2 期。

② 参见张秀林：《涉众型经济犯罪案件中被害人权利的救济》，载《四川警察学院学报》2020 年第 4 期。

身有清退意愿的,可在立案后对涉案人员采取非羁押强制措施,督促其积极清退集资款,并依法从轻处罚,提升了追赃挽损工作实效。

(五)大力破解涉检涉众金融信访难题

习近平总书记2020年6月在宁夏考察时强调,要坚持以人民为中心的发展思想,切实解决好群众的操心事、烦心事、揪心事。涉检信访工作是检察机关履行法律监督职能、化解社会矛盾和维护社会稳定的重要手段和途径。2021年以来,南山区人民检察院涉众型金融犯罪集体访数量下降明显,共接待处理集体访1件9人,2020年同期接待5件42人,但涉众型金融犯罪信访问题另一不容忽视的演变趋势是由初访成为重复访的概率极高,导致治理难度加大。近期南山区人民检察院在完成信访部门转办的中央第二批交办治重化积信访事项过程中,发现本院需处理的9件信访件均为涉非法集资类涉众型金融犯罪。因上述信访件无法依法导入流转处理,控申部门只能在省信访系统做不予受理处理,再在检察机关信访2.0系统进行7日内结果性答复,最后将信访材料转交办案检察官知悉,同时配合办案检察官做好释法说理工作,通过温暖的话语、实在的行动,把以人民为中心的真情实意送达每位信访人。

在开展上述工作的过程中,应严格贯彻落实多年来提倡并坚持的"大控申"工作理念和模式。"大控申"工作理念和模式主旨是建立涉检信访案件由控申部门联合相关办案部门同步接访的工作机制,包括三方面的工作内容。一是部门内注重分工协作。对于重大信访事项,由控申部门人员先行了解问题,再行分流;遇到如集体访等重大、敏感事项,控申部门便各司其职全员上阵:稳控来访者情绪、来访登记、联系办案部门并与法警等协调处置……担负起窗口部门应尽的职责。二是院内注重协调统筹。相关部门需充分树立起全院信访工作一盘棋的意识,并努力发挥各自的业务特长和能力优势,使涉检信访矛盾尽可能早地受到关注,尽可能好地得到处理。[①] 在信访处置中,借鉴《突发事件总体应急预案》,通过制定预案等措施,将其他相关职能部门尤其是办案部门囊括进来,实现有司法警察保障、技术力量支持、办案人员

---

① 参见龚卫清、罗造祉:《对涉检信访工作联动机制的几点思考》,载《法制博览》(中旬刊)2012年第10期。

支持的立体、有效的调处配置。三是对外注重联合力量。涉检信访基本涉及刑事案件的办理,因而在调处过程中,南山区人民检察院注意与相关办案单位如公安、法院方面的沟通协调;在信访处置中,重视与相关部门的联系与协同,如在处理人数众多的集体访时,南山区人民检察院第一时间取得公安警力的配合,及时向上级人民检察院、所属区信访部门进行口头和书面汇报,以稳定秩序、防控局面。以"大控申"为主线和脉络,努力构建资源整合的立体化解体系,形成"大控申"格局,实现"大维稳"目标,是积极化解信访压力的有效途径。

四、结语

涉众型金融犯罪的高发态势不容小觑,应当得到更多的关注和重视。从南山区人民检察院 2016 年至 2021 年上半年的办理案件数据中可以看到,涉众型金融犯罪不仅案件数量多,而且最终退赔率低,信访案件在整体中占比较大,被害人及集资参与人诉求难以解决、对回复满意度低,信访工作人员很难劝说其息诉罢访,导致该类案件的信访维稳风险增大,案件办理效果大打折扣。在涉众型金融犯罪的治理中,不仅要做到事前的监测预警,还应当在整个立案、侦查、审查起诉、审判和执行过程中形成完整的被害人及集资参与人权利保护体系和犯罪防范、处置体系。要借鉴境内外的现有制度、其他领域的现有制度,综合建立被害人及集资参与人权利保护机制体系,不仅要帮助其参加诉讼、提交证据和意见,及时了解案件进程,还要帮助其追赃挽损,弥补损失,回到正常生活轨道当中,减少上访、申诉的情况,为其提供合法合规的诉求解决方式和渠道。

社会主义核心价值观在家事调解话语中的叙事逻辑[*]

——以关怀与正义的整合为视角

张艳红　朱　琳[**]

摘　要

我国现阶段的家事调解以问题解决型调解为主，针对问题解决型调解面临的在不同类型家事纠纷领域适用上的错位与杂糅，结果导向有违公平正义，话语千篇一律、简单机械等困境，笔者从关怀与正义的关系出发，提出“经济—文化—心理”全方位平等保护家庭领域的关怀正义这一理论命题，并将社会主义核心价值观与家事调解话语融合，构建以实现关怀正义为目标，通过建立关系、解构冲突、重写故事，完成从事实描述、证据采集、要素归纳、逻辑推演、心理解构、价值重构到人生意义的诠释和建构的关怀型家事调解的方法论，基本轨迹为建立关系—解构冲突—重写故事，具体包括横向的类型化叙事逻辑和纵向的阶段化话语逻辑。

关键词　家事调解　核心价值观　关怀伦理　家事司法正义

---

* 本文获第十七届泛珠三角合作与发展法治论坛征文二等奖，收录于本书时文字略有改动。

** 张艳红，深圳市宝安区人民法院党组成员、副院长、审判委员会委员；朱琳，深圳市宝安区人民法院审判员、三级法官。

法官要找到一把既解“法结”又解“心结”的钥匙。既要有对公正司法的执着追求，也要有尊重生命与人格、情法交融的人文情怀。

——邹碧华

引　言

中国的司法制度必须回应当代中国社会面临的基本问题，任何国家的司法机关在严格依法审判履行司法职能的同时都必须承担一定的治理国家和社会的政治责任。我国正处于社会转型变革的重大历史时期，面对资本主义和现代社会的冲击，如何通过司法职能与社会职能的有效运行，建立应对现代社会的组织和团体，将彼此差异的多民族地区融汇为具有统一语言、文化和政治结构的民族国家，在内在精神和伦理实体层面完成国家的内在统一是当代中国司法必须回答的法治之问。

将社会主义核心价值观融入家事司法具体制度构建，可以从法律和伦理层面塑造个体伦理人格和品质，进而形塑中华民族家庭伦理话语体系规范建构。笔者拟通过研究家事调解话语模式，折射社会主义核心价值观在家事司法领域的运行样态。本文所研究的家事调解模式是人民法院以及人民调解组织的工作人员根据职业训练、价值取向、当事人的特性以及纠纷的性质等因素进行家事纠纷调解的方法论。①

一、现状考察：我国问题解决型家事调解模式的运行样态

家事调解是在人民法院、人民调解委员会等中立机构的组织和见证下，当事各方通过协商、交涉、斡旋、谈判等方式达成调解或和解协议的替代性家事纠纷解决方式。作为一种柔性化、个性化、弹性化的纠纷解决方式，家事调解充分发挥了契约自由和意思自治的裁量空间和适用范围，减少或压缩了国家制定法的强制性，在缓和严格依法审判与社会法律道德共识的紧张关系的同时实现了家庭社会的和谐稳定。② 本文通过收集国家统计局相关数据并选

① 参见来文彬：《家事调解：理论与实务》，群众出版社 2017 年版，第 44 页。

② 参见苏力：《关于能动司法与大调解》，载《中国法学》2010 年第 1 期。

取了 119 份典型家事调解案件作为样本①,分别从宏观层面的调解模式、微观层面的调解策略以及调解话语展现当代中国问题解决型家事调解模式的运行样态。

由图 1 可知,人民法院(一审)家事调解案件数量呈现持续高位运行态势,而人民调解委员会家事调解案件数量降幅可谓十分明显。实证研究表明,全国范围内通过人民调解委员会处理的纠纷对比人民法院(一审)案件数量,两者呈现明显的此消彼长趋势。② 假定全国范围内家事调解案件数量总体保持不变,人民调解委员会家事调解案件数量的下降或许与人民法院的强制性诉前调解制度改革有关。

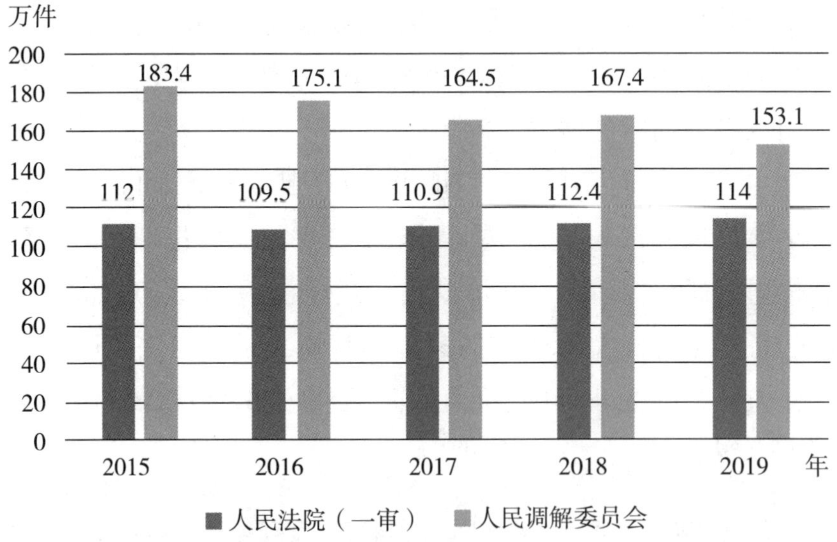

图 1　2015~2019 年全国婚姻家庭继承纠纷调解数据

资料来源:以上数据来自国家统计局 2016~2020 年《中国统计年鉴》。

(一)问题解决型家事调解的具体样态③

纠纷解决过程的类型化可以考虑按照"合意性—决定性"和"状况性—

① 笔者在《人民法院报》、法制网、民主与法制网、中国法院网、《人民日报》等主流新闻媒体以及各级人民法院的官方网站、官方微博、微信公众号上检索 2015 年至 2020 年的家事调解案件,得到 119 份典型家事调解案例作为研究样本,其中人民调解组织样本 17 份、人民法院样本 102 份。

② 参见兰荣杰:《人民调解:复兴还是转型?》,载《清华法学》2018 年第 4 期。

③ 参见[日]棚濑孝雄原著:《纠纷的解决与审判制度》,王亚新译,中国政法大学出版社 1994 年版,第 52~69 页;来文彬:《家事调解:理论与实务》,群众出版社 2017 年版,第 47~54、65 页。

规范性”两个独立的类型轴组合后进行表现和推演。家事调解模式按照功能定位可以划分为交涉型调解、判断型调解、教化型调解、治疗型调解四种基本形态(见图2)。

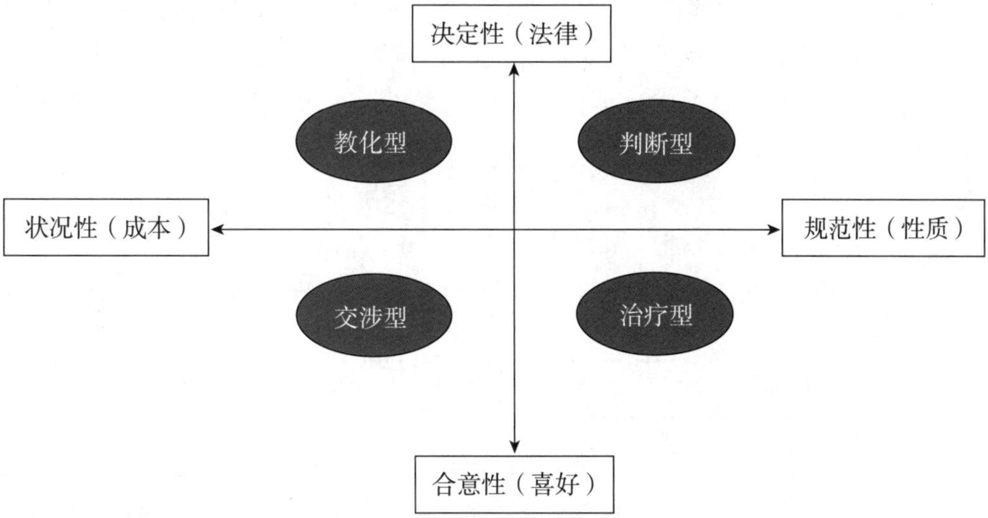

图2 家事调解模式的四种基本形态

我国现阶段诉讼外部(人民调解组织)的家事调解以交涉型调解为基本形态,诉讼内部(人民法院)的家事调解以判断型调解、教化型调解为主,治疗型调解在诉讼内外均有适用。判断型调解以发现法律上的正确解决方案为目标,以降低成本、提升效率为功能,是替代诉讼实现实质正义和纠纷解决的理想路径,但由于坚守结果的法律正义而易陷入“强制与自愿”“公平与效率”的两难境地,使调解成为一种“强制性裁判”。与此相反,交涉型调解则完全从坚守正义的阵地撤退,而将过程和结果的裁决权交由纠纷当事人自主抉择其所认同的理想结果,这使调解因缺乏结果可预测性与合理决策依据而有违公平正义。教化型调解可谓两者的折中状态,旨在衡平、合作、连带地解决纠纷,以道德为基准、法律为辅助,通过说服教育、理性对话、自主决策等实现社会整体效果和秩序的恢复。治疗型调解则从纠纷深层次的根源入手,把家事纠纷视为人际关系的病理现象,将家庭治疗的背景和训练、临床心理治疗理论与技巧应用于人际关系调整。以上几种家事调解模式均以解决纠纷当事人的个人、家庭乃至社会问题为终极目标,因而统称为问题解决型家事调解模式(见表1)。

表1　问题解决型家事调解的基本样态

内容	交涉型调解	判断型调解	教化型调解	治疗型调解
基本定义	基于利益衡量的问题解决型的理性分析调解	以法律为准绳的减少对抗、增强合作的中立性调解	寓教育于化解的情理法相融型调解	治疗阻碍纠纷有效解决的心理因素和情感问题的人际关系调整方法
主要目标	节约成本、迅速解决纠纷	节约成本、缓和对抗、理性合作	化解纠纷、恢复秩序，实现人情义理普及、宣传和强化	化解纠纷，实现当事人精神和心灵的净化
理论假设	功利主义	严格法定主义	折中主义	治疗法学
纠纷界定	依据当事人实质性、程序性、心理性的需求和利益	依据法定权利义务或社会标准	依据情理法相融的社会伦理义务	依据行为、情感、心理和关系因素
调解者类型	人民调解员、社区工作者、律师	法官、特邀调解员（附设调解）、专职调解员	法官、特邀调解员（附设调解）、专职调解员	心理咨询师、家庭治疗师
调解者作用	指导性、鼓励双方让步、评估协议成本及收益	中立性、主持谈判协商、评估协议的公平性、合法性、合理性	中立性、主持谈判协商、评估协议的公平性、合法性、合理性	指导性、情感干预的指导师、心理疾病的治疗者、纠纷解决的协调者
适用范围	家事纠纷、民商事纠纷	财产性家事纠纷	家事纠纷、邻里纠纷	人身关系纠纷
调解依据	成本与收益	法律规则	情理与法理	心理、情感、关系
优势	效率高、由当事人主导和控制、实现结果双赢	符合法律规定和公平正义的要求	刚柔并济，能实现案结事了，法律效果和社会效果统一	能实现当事人心理问题的治疗和纠纷实质性化解

续表

内容	交涉型调解	判断型调解	教化型调解	治疗型调解
不足	刚性不足,缺乏结果可预测性与合理依据	柔性不足,忽视当事人意愿和规则的灵活性	调解员选任要求高,自身封闭性导致制度日益僵化	可能出现程序拖延或无果而终,社会成本高
其他特征	低限度干预,鼓励当事人形成创造性双赢结局	高度干预,当事人不能自行控制结果的“准裁判”方式	调解员具有社会权威性和广泛的社会认同感	处理当事人的心理、行为、关系问题后作出决定

(二)问题解决型家事调解的困境

在不同社会条件和制度功能背景下,解决纷争的方法不同,身为准裁判制度的调解亦是如此。随着各种调解理念与方法被提出并归纳成为具体的家事调解模式,对各种调解模式的运用以及话语逻辑上常有无法准确使用以致成效不彰的现象;社会条件与制度功能之间的不协调导致调解过程和结果的司法不公更是极易引发社会的连锁反应,成为司法公信力和社会和谐稳定的阻却性因素。

1. 家事调解模式在不同类型家事纠纷领域的错位与杂糅

家事纠纷所指向的诉讼主体多为亲属,夹杂着彼此复杂的感情、心理、非经济性因素,财产关系与人身关系交织重叠,法律关系错综复杂,而纠纷当事人要么将人身关系作为财产关系的谈判筹码,要么将财产关系作为人身关系的前提条件(见表2案例1),因而在家事调解模式上也表现为不同调解模式在各类型纠纷领域的错位与杂糅,即在财产关系型家事纠纷中适用交涉型调解模式(见表2案例2),而在人身关系型家事纠纷中适用判断型调解模式(见表2案例3),或者在人身关系与财产关系复合型家事纠纷中适用教化型调解模式将人身关系与财产关系一并处理(见表2案例4)。这与我国人事诉讼与民事诉讼不分,适用民事诉讼法的一般规定与程序规则指导不同类型的家事诉讼程序不无关联。

表2　各调解模式在家事纠纷领域的实践样态

样本	案情简介	纠纷类型	调解难点	调解模式
案例1　山东省菏泽市巨野县人民法院,“家事调解‘三部曲’二婚夫妻再团圆”(2020年1月8日发布)	刘某(男)和王某(女)均是二婚,两人重新组合并生育一子,由于刘某不仅需要赡养父母,还要抚养与前妻的儿子,家庭经济压力大。后刘某意外发现王某银行卡上有一笔“巨款”,便要求王某拿出来补贴家用,王某考虑到刘某酗酒,工作不尽力以及孩子教育等问题拒绝了刘某的要求。刘某便向法院起诉离婚,要求分割该笔财产。法官站在旁观者的角度,给夫妻双方开出了一份“婚姻处方”,最终双方和好,刘某当场撤诉	表面人身关系型家事纠纷,实质财产关系型家事纠纷	王某是否愿意分担家庭经济压力与双方是否离婚之间的关系	治疗型调解模式
案例2　陕西省安康市紫阳县人民法院,“法院里的这群人”(2020年11月11日发布)	王某(男)与余某(女)于2015年经人介绍相识,不久后便举行了订婚认亲仪式,王某向余某父母交付了彩礼8.62万元。此后,余某便外出打工,不再与王某联系。王某便将余某及其父母诉至法院,要求返还订婚认亲的彩礼。经调解,双方达成调解协议,余某返还王某彩礼5万元	财产关系型家事纠纷	余某是否应当全额返还订婚彩礼	交涉型调解模式
案例3　宁夏回族自治区固原市中级人民法院,“穷养富养不如用爱养”(2017年2月24日发布)	张某(女)与李某(男)于2002年结婚,2004年生育女儿小小,因双方家庭条件优越,互不忍让,家庭矛盾不断。2015年张某起诉离婚,李某不同意,法院判决不准离婚。2016年张某再次起诉离婚,经调解双方离婚。女儿小小由张某抚养。然而小小从此变成“问题少女”,喝酒抽烟打架斗殴问题不断,还屡次以“你不是要和我爸离婚吗,现在我成了一个被人抛弃的孩子”诘问张某,张某为离婚决定后悔不已	人身关系型家事纠纷	当事双方感情是否破裂,有无和好可能性	判断型调解模式

续表

样本	案情简介	纠纷类型	调解难点	调解模式
案例 4 广东省广州市中南公证处,“少年家事无小事 倾心调解展温情”(2021 年 6 月 3 日发布)	小明现年 10 岁,父母于 9 年前离婚,其与妈妈一起生活。妈妈希望爸爸增加抚养费,爸爸则希望增加探望频率和时间,双方为此发生争执,妈妈不让爸爸探视小明,爸爸拒绝支付抚养费。小明向法院起诉爸爸支付抚养费并增加数额。受法院委托,调解员来回沟通,居间提出方案作为调解参考,双方在抚养费、探视权等问题上初步达成一致意见	人身关系与财产关系复合型家事纠纷	支付抚养费与探望权行使之间的关系	教化型调解模式

2. 结果导向型家事调解策略在法律的边缘徘徊试探

问题解决型家事调解模式以家庭问题的高效快捷解决为目的,心理性调整、社会性调整、经验性调整仅仅作为法律关系调整和利害关系调整的补充,因而在家事调解过程中可能出现部分调解不论情绪,不讲过程,只重视结果,以致纠纷处理有违公平正义的现象。司法实践中,在情、理、法冲突的场合下,法官往往倾向于适用调解以解决严格适用法律与“案结事了”之间的紧张关系。家事调解本质上是契约自由和意思自治的法律原则在家事纠纷解决机制上的实践延伸,其中必然涉及诸多的利益交换,利害关系交换可能更为复杂,法官若严格依据法律规则来判定注定会发现其中有太多的“违法”之处。[①] 而社会条件与制度功能之间不协调等状况因素导致的模糊避错型调解、现实妥协型调解更是将作为裁判基础和前提的法律规范及案件事实最大限度地模糊和淡化,从而出现生产并确认“潜规则”的土壤。[②]

3. 千篇一律的调解话语程式化地分割生活问题和人物关系

家事调解作为程序保障而非实体审判制度,在当前调审分离改革的大背景下,始终处于法院工作的边缘地带,大部分的家事调解工作是由审判辅助人员以及家事调解员承担的,千篇一律、简单机械的粗疏调解不知凡几。受

① 参见苏力:《关于能动司法与大调解》,载《中国法学》2010 年第 1 期。

② 参见张卫平:《诉讼调解:时下势态的分析与思考》,载《法学》2007 年第 5 期。

制于制度的局限性以及资源分配不均衡的现实问题:部分交涉型家事调解(见表3访谈1)不注重查明案件事实、厘清法律关系,而是重复性生硬地询问,不善于发现并处理家事案件隐含的情感牵绊,只关注如何讨价还价式地促成“交易”;部分判断型调解(见表3访谈2)面对复杂家事纠纷中多元化的当事人机械地运用同一套法律话语体系,导致调解话语无法在调解者与当事人之间建立理解和认同的桥梁,甚至引起当事人之间的对立;教化型家事调解(见表3访谈3)由调解者主导和掌控,纠纷当事人被动地接受法律和道德规范的教化,主观能动性发挥受限,当事人是否接受教化则取决于调解者的司法权威性、话语认同感以及自身利弊的权衡;治疗型调解(见表3访谈4)的适用因社会条件和调解制度的差异而呈现不同的解决过程及结果,心理治疗能否取得既定成效有赖于当事人接受心理治疗的意愿以及治疗者的专业技术和服务时间,在许多涉及深层次人际关系的病理性问题上也是无能为力的。

表3　部分家事调解者访谈情况

访谈对象	身份背景	访谈时间	访谈地点	访谈方式	访谈内容提炼
访谈1 D调解员	S市B区婚姻家庭纠纷人民调解委员会某家事调解员,女,54岁,从事家事调解工作5年	2021年6月11日	S市B区矛盾纠纷多元化解综合法律服务中心	无结构访谈、个别访谈、直接访谈、一次性访谈	调解家事案件是一项技巧性和经验性很强的工作,最重要的是要有耐心和毅力,倾听当事人的倾诉,了解双方的真实意图和底线,不断地来回沟通交涉
访谈2 H法官	S市B区人民法院某家事法官,女,39岁,从事民商事审判工作8年,其中家事审判工作5年	2021年6月28日	S市B区人民法院	无结构访谈、个别访谈、直接访谈、深度访谈	调解家事纠纷有时候让我觉得自己在自说自话,你不懂我、我不懂你,言不由衷,如果一方或双方固执己见,调解过程就会非常冗长且困难

续表

访谈对象	身份背景	访谈时间	访谈地点	访谈方式	访谈内容提炼
访谈 3 L 调解员	S 市 B 区人民法院某特邀家事调解员,女,61 岁,从事民商事调解工作 9 年,其中家事调解工作 4 年	2021 年 6 月 21 日	S 市 B 区人民法院	结构访谈、个别访谈、直接访谈、深度访谈	在调解家事案件的过程中,如果双方一直无法自行达成协议,我会提出一个折中的调解方案,经过教育、说服当事人有时就接受了,或者权衡利弊得失后就同意了
访谈 4 S 调解员	S 市 B 区人民法院某专职家事调解员(心理咨询师),女,46 岁,从事家事调解工作 15 年,其中婚姻家庭心理咨询 12 年	2021 年 6 月 22 日	S 市 B 区人民法院	结构访谈、个别访谈、直接访谈、深度访谈	调解家事纠纷是一个漫长而持久的过程,有些离婚案件不是调下来的,而是熬下来的,一段婚姻关系结束后双方都身心俱疲

二、理念转型:关怀型家事调解理念的提出

家事纠纷因关涉人际关系与情感利益的多重交织而呈现所谓的复杂型争议,需要引入融合心理学、社会学、伦理学等基础学科的多重形态调解技巧,如心理治疗、认知框架重构、叙事治疗以及关怀伦理与哲学等。关怀型家事调解理念应运而生。

(一)认知转型:从司法温情到关怀实践

中国传统社会是典型的"熟人"社会,以血缘为纽带,聚族而居,家庭成员发生纠纷时往往采取以民间调解为主的家事纠纷解决方式,以调解这种温和的方式解决纠纷可以缓和当事人的矛盾,也有利于今后的人情交往。我国传统的家事调解强调深入基层、调查研究,实事求是地了解案情;依靠群众,教

育群众，尊重群众意见；方便群众诉讼，不拘于形式。[①] 一方面，家事法官（调解员）坚持实事求是了解案情，提倡深入田间地头去调查研究，查明案件事实，厘清家庭关系，了解群众基本诉求和矛盾焦点；另一方面，开展方便群众的生活化调解方式，家事法官（调解员）通过上门走访的方式与群众拉家常，同时邀请综治办、司法所、妇联、社区（村委）等参与调解，动之以情、晓之以理、明之以法。由家事调解的关怀实践样本（见表4）可知，家事法官传递的是人与人之间朴素的关怀与正义，一种对家庭成员理解、共情、关怀、帮助的司法温情。

表4　部分家事调解的关怀实践

样本	案情简介	调解难点	调解策略	调解结果	司法感受
河南省濮阳市清丰县人民法院，“网格助力调解赡养案件巡回审判弘扬孝道新风”，2021年4月29日发布	老人付某已85岁高龄，有5个儿子，老伴已于多年前病逝，今年付某将儿子们诉至法院要求支付赡养费	如何使骨肉亲情之间尽弃前嫌，化解纠葛、误解，再修母子情、父女爱	（1）查清事实（走访付某住处，联系付某儿子）；（2）就地调解（约当事人、村干部、网格员，到付某家中进行调解）；（3）共情教化（情理法结合引导当事人换位思考，体会彼此难处）	各方达成调解协议，并表示互相之间会积极沟通，让老人安度晚年	村民们纷纷拍手称快，并表示现场受到了深刻的法治教育
湖北省武汉市江夏区人民法院，“以案说法：家事审判的江夏经验”，2018年9月29日发布	程某（男）和宋某（女）于2014年因家庭琐事协议离婚，婚生子小程由程某抚养，后宋某起诉要求变更抚养关系	如何通过当事双方的话语了解真实诉求，从家庭整体角度出发化解抚养权纠纷	（1）查明事实（通过“单面镜”观察发现双方虽离婚3年，但依然各自单身，有和好可能性）；（2）了解双方真实意图（表面诉求是变更抚养权，实际诉求是与对方复合）；（3）推波助澜（搭建沟通桥梁）	双方在法官的撮合下向对方表明心意，最终复婚，小程一家终团圆	法官在处理抚养权纠纷时促成了一个破碎家庭的修复

① 参见郑重：《在新时代继承和发展“马锡五审判方式”》，载《人民法院报》2020年1月10日，第5版。

续表

样本	案情简介	调解难点	调解策略	调解结果	司法感受
河北省张家口市康保县人民法院，“家事法官调解一起婆媳祖孙矛盾纠纷案”，2021年5月14日发布	七旬老太邓某的儿子因工死亡，获偿工伤保险款80余万元，邓某与儿媳、孙子就赔偿款分割协商不成，诉至法院请求依法分配	如何在化解邓某与儿媳、孙子纠纷的同时缓解各方丧子、丧夫、丧父的痛苦	(1)查明案情(上门走访了解案情的真实原委);(2)化解在基层(在村委会就地开展调解工作);(3)情理权衡(就赔偿款分割方式等内容进行释法明理在情与法的权衡之间进行调解)	各方放下心结，达成了调解协议	家庭纠纷圆满化解，法院调解工作受到村民和村委会的高度评价
黑龙江省齐齐哈尔市甘南县人民法院，“用爱心传播司法正能量”，2019年8月29日发布	离婚纠纷案件，男方脚踝粉碎性骨折，女方脚面红肿痛痒需长期治疗，夫妻双方均表示不想抚养孩子	如何照顾和关爱婚姻危机中夹缝求生、孤苦无依的少年儿童	(1)了解案情(双方都不是真心不想要孩子，只是家庭困难抚养能力有限);(2)挽救家庭(尽力挽救这对夫妻的婚姻，还孩子一个美满的家庭);(3)关爱他人(父母离婚后继续帮助、关爱未成年子女)	尊重双方意愿进行调解离婚，后照顾、帮助、关怀未成年子女	传递了爱心和司法正能量，让人们看到司法的温情所在

(二)理论转型:从正义伦理到关怀伦理

自近代以来，以契约与义务为主导的社会规范成为正义伦理的核心，无论是康德的理性人假设，抑或是罗尔斯的无知之幕的普遍设定，都将个体视为独立的理性个体，注重的是公平的对等关系，“作为公平的正义”意味着正义原则是一种公平的原始状态被一致同意的或社会合作是在公平的条件下一致同意的公平契约的结果。① 关怀伦理则从社会关系的情境中界定自我，强调特殊情境中的关系，力图从人与人之间的交流互动、接纳承诺、关怀与被

① 参见[美]约翰·罗尔斯:《正义论》，何怀宏、何包钢、廖申白译，中国社会科学出版社2014年版，第5~9页。

关怀出发，建构一种重视具体情境和人际关系的伦理理论。[①] 这两种不同的伦理思考路径及其内在固有的“平等—差异”之间的张力使我们在认真审视二者对立的同时探索其融通互补的可能性（见表5）。正义保护平等和自由，而关怀则培育社会凝聚力和协作。[②] 关怀理论定义了正义的核心，需要正义来构建关爱关系和照顾他人是公平中隐含的价值，关怀是所有正义理论的基础，正义是一种关怀的关联。[③] 家事司法改革的终极价值目标是实现家事司法正义，家事司法正义不等同于普通民事司法正义。[④] 司法正义的视角应当进一步深入家庭，从公共领域扩展至私人领域，追求家庭领域的正义，追求家庭成员在经济、社会、文化、心理等方面的平等自由。

表5　正义伦理与关怀伦理的比较

比较项目	正义伦理	关怀伦理
代表人物	亚里士多德、洛克、康德、罗尔斯、科尔伯格	吉利根、诺丁斯、特朗托、赫尔德
性别立场	男性立场	女性主义
适用领域	公共领域	私人领域
前提假设	无知之幕、公平契约	具体情境、特殊关系
正义表达	形式正义、普遍正义、抽象的正义	实质正义、差异正义、具体的正义
平等追求	机会平等、形式平等	结果平等、实质平等
价值目标	工具理性、技术控制	价值理性、和平保护
个体形象	理性人、利己主义、自我责任、独立的个体	感性人、利他主义、自我牺牲、关联的个体
话语逻辑	“我虽不同意你，但我捍卫你说话的权利”	“我了解你的处境，因而我支持你”

---

① 参见宋建丽：《正义与关怀：女性主义的视角》，厦门大学出版社2018年版，第160~165页。

② 参见［美］弗吉尼亚·赫尔德：《关怀伦理学》，苑莉均译，商务印书馆2014年版，第20~21、212页。

③ See Daniel Engster, *The Heart of Justice: Care Ethics and Political Theory*, Oxford University Press, 2007, p. 5.

④ 参见刘敏：《论家事司法正义——以家事司法实体正义为视角》，载《江苏社会科学》2021年第4期。

（三）价值转型：从普遍原则到关怀关系

现代婚姻家庭法律制度具有保护家庭成员免受现在和未来在身体、情感以及经济上的损害（保护功能），帮助濒临破碎的家庭修复创伤、弥合分歧（修复功能），为婚姻解体后的家庭成员适应分开的新生活提供必要的鼓励和支持（支持功能）等功能。在此基础上构建的家事司法正义，致力于调节正义与关怀之间的紧张关系。与寻求抽象、普遍、理性的正义伦理不同，关怀伦理认为正义不是根据权利、责任等普遍原则，而是依据关怀关系来确定的，向他人提供关怀的基础在于人与人之间的关系，关怀构建了法律正义意义的核心。① 关怀正义成为家庭正义的具体表现形式之一。

（四）文化转型：从"天下大同"到"和而不同"

家国同构、家庭本位的法律文化是我国家事司法制度的历史传承和文化基因，家事调解模式构建应当从中国本土环境中通过历史遗传、文化积淀的固有法文化、法传统、法习俗、法秩序汲取智慧和力量。② "天下大同"是中国儒家文化追求的最高境界，也是平等自由、公平正义的理想社会模型。"和而不同"则是社会的本来面貌和状态，也是处理人与人之间的关系，不同国家、民族、文化之间关系的基本原则。③ 关怀型调解理念应当遵循"和而不同"的中国哲学智慧，容纳不同主体、不同对象之间多元文化、价值、利益的共存融合，尊重彼此、求同存异、沟通对话，这也是构建社会主义和谐社会的哲学根据和应有之义。

三、价值探寻：社会主义核心价值观与家事调解话语模式的融合

中国社会的现代化进程正经历从集体化到个体化再到家庭化的转型，社会主义核心价值观与家事调解话语模式的融合是中国现代化进程家庭化重构的重要路径，其重视个体与他人之间的家庭社会性、身份性和伦理性，构建

---

① See Barbara A. Babb & Judith D. Moran, *Caring for Families in Court: An Essential Approach to Family Justice*, Routledge, 2019, p. 42 – 50.

② 参见夏吟兰、龙翼飞主编：《家事法研究》（2013 年卷），社会科学文献出版社 2013 年版，第 21 页。

③ 参见方克立：《费孝通与"和而不同"文化观》，载《中国社会科学院研究生院学报》2006 年第 6 期。

主体间的认识关系及关系效应，符合中国社会的基本国情，具有理论以及实践基础。

（一）理论基础

1. 关怀正义与叙事实践

关怀正义解构"平等—差异"的二元对立，将正义所指向的关心、照料与关怀所指向的关怀和被关怀纳入社会实践，在承认个体独立自主性的同时强调个体的相互依存性，将社会利益联结为更广阔的文化关切、心理需求、价值认同等，使个体、家庭、社会群体获得"经济—文化—心理"全方位的尊重与照顾，以实现社会公平正义的政治理想。家事司法的关怀正义实践包括四个方面的要素，即注意（出于关心）、责任（出于照料）、能力（出于关怀）以及响应（出于受关怀者对需要的承认）。① 关怀取决于叙事——关怀正义是以一种情境为导向预先假设一个叙述或故事，并以此为基础为家庭决策提供一个既关心又公正的立场——关怀正义本身就是一种叙事实践。将叙事理论与实践运用于法律的基本原理是法律是一种文化方式的构建，是社会成员之间传播故事的产物，而这又反过来促进法律实践本身的发展与社会问题的解决。②

2. 价值观的公正性和合理性认同

当今世界是主体多元化和价值多元化的时代，价值多元化是主体多元化的必然结果，各种价值观在竞争角逐的过程中寻求对话认同的"重叠共识"。社会主义核心价值观为世界价值体系构建，以及人类命运共同体建设贡献"中国智慧"和"中国经验"，具有国家、社会、个人三个维度，"富强、民主、文明、和谐"指向国家层面，"自由、平等、公正、法治"指向社会层面，"爱国、敬业、诚信、友善"指向个人层面，三个层面的价值要求共同构建了一个不可分割的有机整体，统一于中国特色社会主义建设实践。③ 价值观的公正性和合理性认同就是要在社会实践中通过融入社会公众的个人价值观，在个体与国家、社会之间互动的比较选择中不断得到检验，最终形成一种既体现社会价

---

① 参见宋建丽：《正义与关怀：女性主义的视角》，厦门大学出版社 2018 年版，第 172 ~ 177 页。

② See Barbara A. Babb & Judith D. Moran, *Caring for Families in Court: An Essential Approach to Family Justice*, Routledge, 2019, p. 62 – 64.

③ 参见于洋：《论社会主义核心价值观的司法适用》，载《法学》2019 年第 5 期。

值导向和国家规范要求,又体现个人价值目标和人格品质具有广泛社会认同的核心价值观。[①] 社会主义核心价值观的家庭叙事逻辑如表6所示。

表6　社会主义核心价值观的家庭叙事逻辑

价值层面	规范语词	内涵解读	功能定位	家庭语境的叙事逻辑
国家层面	富强	社会主义现代化国家经济建设的应然状态	物质基础	"人既尽其才,则百事俱举;百事举矣,则富强不足谋也"
	民主	人民民主,其实质和核心是人民当家作主	政治保障	"己所不欲,勿施于人"
	文明	社会主义现代化国家文化建设的应有状态	重要支撑	"一家仁,一国兴仁;一家让,一国兴让"
	和谐	中国传统文化的基本理念	价值诉求	"使老有所终,壮有所用,幼有所长,矜、寡、孤、独、废疾者皆有所养"
社会层面	自由	人的意志自由、存在和发展的自由	价值目标	"从心所欲,不逾矩"
	平等	公民在法律面前的一律平等	权利保障	"举案齐眉、相敬如宾"
	公正	社会公平和正义,以人的解放、自由平等为前提	价值理念	"正直者,顺道而行,顺理而言,公平无私"
	法治	依法治国,治国理政的基本方式	制度保证	"法令既行,纪律自正,则无不治之国,无不化之民"

① 参见江畅:《核心价值观的合理性与道义性社会认同》,载《中国社会科学》2018年第4期。

续表

价值层面	规范语词	内涵解读	功能定位	家庭语境的叙事逻辑
个人层面	爱国	以振兴中华为己任，促进民族团结、维护祖国统一、自觉报效祖国	国家与个人关系行为准则	“先天下之忧而忧，后天下之乐而乐”
	敬业	忠于职守，克己奉公，服务人民，服务社会	职业行为准则	“功崇惟志，业广惟勤”
	诚信	诚实劳动、信守承诺、诚恳待人	道德行为准则	“人无信不立，业无信不兴，国无信则衰”
	友善	公民之间应互相尊重、互相关心、互相帮助，和睦友好	人际关系行为准则	“爱人者，人恒爱之；敬人者，人恒敬之”

（二）实践基础

社会主义核心价值观关乎国家建设、社会发展和公民培育，弘扬的关键在于个体通过生活叙事重塑内心世界与主体之间的共同情感。在司法实务层面，家事调解的基本形态、合意的过程成为核心价值观与家事调解模式融合的必要条件。

1. 家事调解具有天然的话语叙事实践素材

家事纠纷是典型的复杂型纠纷，牵涉多重因素、价值与关系，无法以单一的评价模式予以完整解决，而需要采取心理性、社会性、经验性以及法律关系等多种调整模式予以评价和指引。[①] 在关怀的家庭叙事实践中，这些事实构成了家庭叙事的人物、观点、背景、情节，家事司法的参与者，包括法官、律师、司法辅助人员以及社会组织机构的决策者和服务的提供者，他们需融入每个家庭的叙事实践，为法律和非法律问题形成有效的应对方案。家事调解通过语言连接构建人的主观世界并映射社会现实，以对话、支持与关怀的方式承

① 参见张晓茹：《家事裁判制度研究》，法律出版社 2011 年版，第 77 ~ 78 页。

载家事司法的价值引领功能,成为最直接有效的价值引导和凝聚共识的方式。①

2. 援引社会主义核心价值观可以实现关怀正义

家事调解通过法律规范和社会价值体系来制约人们的纠纷解决行为,其本质是一种合意,合意过程不仅消极地确认规范,还可能积极地生产规范。②在家事调解话语逻辑中扩展援引社会主义核心价值观作为法律渊源,不仅可以提高家事调解结果的可接受性和可预测性,而且可以发挥社会主义核心价值观的指引、评价和预测功能,实现家庭领域的关怀正义。通过过程分析方法考察家事调解过程(见图 3)可知:一方面,家事调解因具有社会主义核心价值观规范体系的支持而有效达成合意;另一方面,家事调解过程的作用又不断使规范体系本身得到维护、强化和再生产。在司法实践中,当事人、社会成员以及调解者之间进行着频繁的相互作用,中立的调解者从关怀正义的立场出发积极介入当事双方的争议过程可以向社会成员传递符合社会公平正义的价值导向。

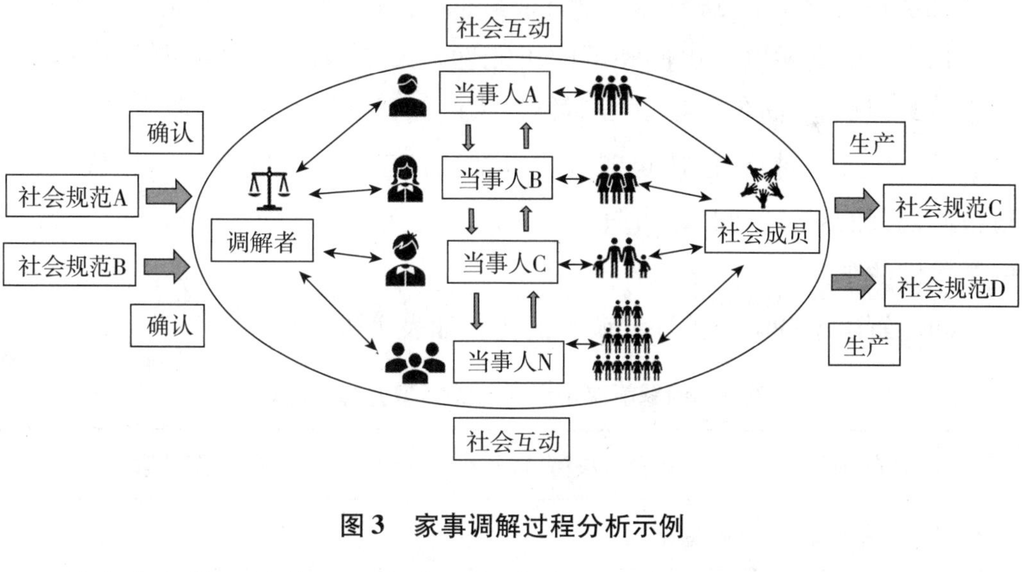

图 3 家事调解过程分析示例

社会主义核心价值观与家事调解模式的融合就是在调解过程中运用社

① 参见祖鹏、李冬冬:《社会主义核心价值观融入司法裁判的机制研究》,载《法律适用》2021 年第 2 期。

② 参见[日]棚濑孝雄原著:《纠纷的解决与审判制度》,王亚新译,中国政法大学出版社 1994 年版,第 32 ~ 36 页。

会主义核心价值观进行叙事实践以实现关怀正义。在法律和道德层面对个体的心理状态、行为模式、家庭关系进行指引、评价,纠正违法失德行为,提升合法性和合理性的社会认同,使个体在日常生活中自觉践行道德伦理与社会公正,与社会主义核心价值观保持高度一致。

四、模式建构:关怀型家事调解话语中的叙事逻辑

中国的家事司法可以描述为以关怀正义为价值目标的“民主和谐的家庭模式”。关怀型家事调解是关怀正义与家庭叙事在家事调解领域的具体应用,是在我国问题解决型家事调解基础上的发展和创新。本部分所构建的关怀型家事调解仅限于法院内部的调解模式。

(一)关怀型家事调解模式初构①

关怀型家事调解模式通过语言记忆、叙事话语、价值评判解构个体的主观世界,以对互相关联的客观世界进行改写和重构,基本轨迹为:建立关系—解构冲突—重写故事。第一步在于建立各方正向以及信任关系,调解者在对家庭背景和纠纷发生过程深入了解的基础上主动倾听,从纠纷当事人的话语中寻找事实的真相以及迈向和解的可能性。第二步通过找出纠纷各方叙述的重叠共识部分,向各方提供重新检视家庭问题的机会,放弃原有冲突的权利假设,将方向转换到创造正向替代方案。第三步破除既有的思维假设,通过彼此公开的对话空间,让纠纷当事人共同建立一个不同于既有观点和事实的替代性故事。

问题解决型调解与关怀型调解的比较如表7所示。

表7　问题解决型调解与关怀型调解的比较

序号	比较项目	问题解决型调解	关怀型调解
1	价值理念	公平高效	关怀正义
2	诉讼理论	纠纷解决说	权利保障说
3	伦理基础	正义伦理	关怀伦理

① 参见李诗应:《叙事与叙事调解》,载《月旦医事法报告》第18期(2018年)。

续表

序号	比较项目	问题解决型调解	关怀型调解
4	目标导向	强调解决问题的结果	强调人文关怀的过程
5	人物立场	中立者与对立者	关怀者与被关怀者
6	调解关键	运用普遍理性原则，寻找纠纷各方争议焦点	破除二元对立，重视具体情境，寻找纠纷各方重叠共识
7	调解策略	建立关系—寻找争点—解决问题	建立关系—解构冲突—重写故事
8	调解技巧	倾听、沟通、促成、转介	察觉力、转换力、支援力
9	调解要素	主体、对象、问题、原因、结果	背景、人物、关系、观点、情节
10	调解重点	解决法律、利益、心理问题，减少对抗、理性合作	破除认识定式、主动叙事、解构冲突、建立共识
11	话语逻辑	“让我们一起解决个人和家庭问题。”	“让我们一起重写生命故事，体验人生价值。”

(二)社会主义核心价值观的家事调解话语叙事逻辑结构

家事纠纷的请求权基础包括身份权请求权、债权请求权、物权请求权、侵权请求权等，纠纷的请求权基础通常并不唯一，且经常出现请求权竞合的情形。家事调解首先应主动倾听确定请求权基础，并通过证据交换、调查走访等形式确定事实争点和法律争点，再结合具体情境找到可能的法律要素进行逻辑推演，然后以此为基础改变各方二元对立分歧的权利假设，寻找各方法律和价值立场的契合点，进而嵌入社会主义核心价值观进行价值要素涵摄，最后经过法律、事实以及价值观的评判和检视过程，重述一个“和而不同”的全新家庭故事。家事调解话语叙事逻辑结构应如图 4 所示。

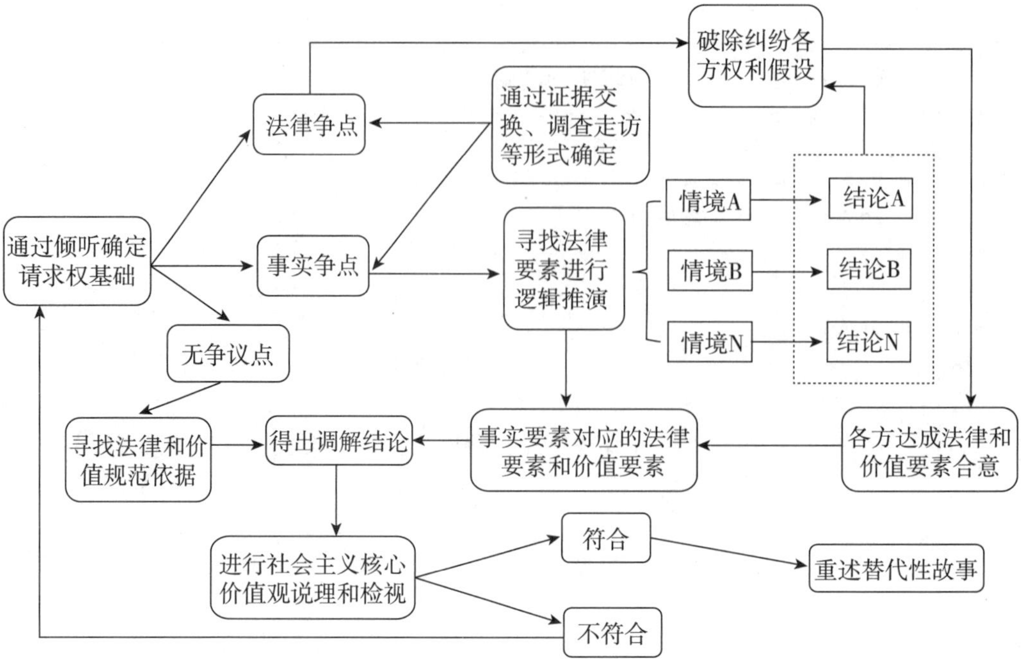

图 4　社会主义核心价值观的家事调解话语叙事逻辑示意

（三）关怀型家事调解模式的类型化和阶段化建构

家事调解的适用范围为当事人可处分诉讼请求的家事纠纷，依据“程序二元分离适用论”应分别适用家事诉讼程序和家事非讼程序，其中婚姻关系、继承关系、家事财产关系、抚养费、赡养费等纠纷适用家事诉讼程序，抚养权、探望权等纠纷适用家事非讼程序。[①] 为使当事人之间基于同一身份关系的家事纠纷一次性解决，不同类型的家事纠纷在不同的调解阶段依据具体情境交错适用诉讼程序和非讼程序不仅是可行的，而且是必要的。[②] 关怀型家事调解模式具体包括横向的类型化叙事逻辑和纵向的阶段化话语逻辑。

1. 横向结构：以关怀正义为核心的类型化叙事逻辑

家事纠纷是具体的人之间的关系，而不是抽象的财产价值关系，故而家事调解应按照个人的个性作具体的、个别的处理[③]，关怀型家事调解依纠纷性质、当事人处分权的强弱可以大致划分为诉讼裁量型调解、非讼裁量型调解、

---

① 参见刘敏、陈爱武：《〈中华人民共和国家事诉讼法〉建议稿及立法理由书》，法律出版社 2018 年版，第 33、41 页。

② 参见张晓茹：《家事裁判制度研究》，法律出版社 2011 年版，第 176 ~ 182 页。

③ 参见陈爱武：《家事调解：比较借鉴与制度重构》，载《法学》2007 年第 6 期。

诉讼处分型调解和非讼处分型调解四种类型，其纠纷类别如图5所示。

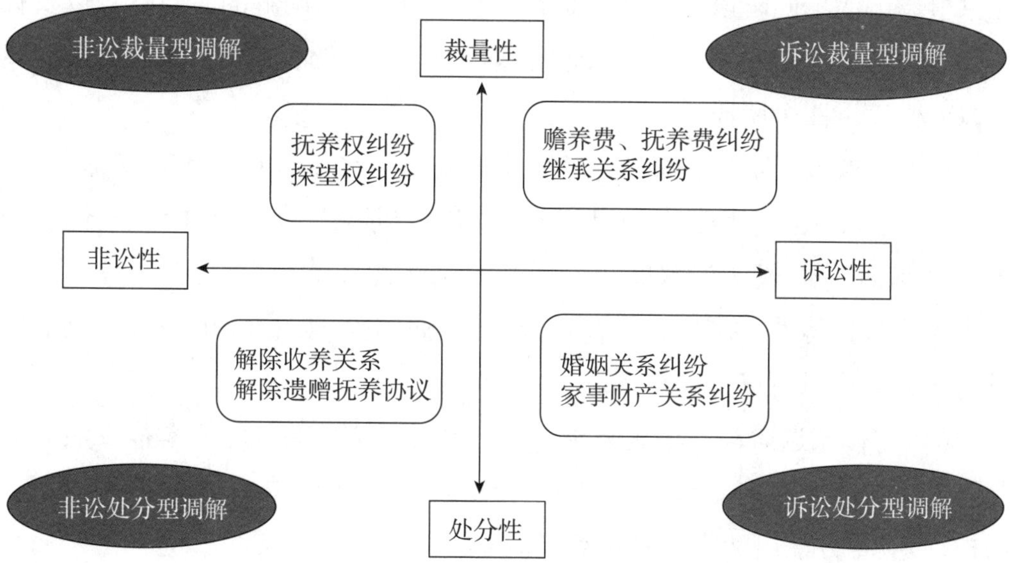

图5　关怀型家事调解的四种类型

诉讼裁量型调解叙事以家庭弱势群体权利保护为核心，调解者运用家事调查进行职权探知，以平衡纠纷各方的权利关系和资源地位；诉讼处分型调解叙事实行片面的职权探知主义原则，探知或调查的事项仅在有利于维持家庭和睦、社会稳定的情况下予以采用，家事财产关系准用民事诉讼法律规范，但损害家庭弱势群体权益的内容除外；非讼裁量型调解叙事以未成年人利益最大化为原则，运用心理咨询、引入儿童权益代表人以听取未成年人的意见或陈述，在未成年人意思自治和权利表达的基础上处理纠纷；非讼处分型调解叙事强调当事双方对争议关系积极沟通，基于未成年人和老年人最大利益的考量在权利范围内适当处分权利。上述调解叙事类型与纠纷类别的对应关系并非一成不变，同一身份关系的家事案件可以根据纠纷当事人的不同需求、纠纷的性质、家庭弱势群体的利益调配不同的程序要素和叙事结构，实现以关怀正义为核心的家事调解叙事逻辑结构。

2. 纵向结构：潜移默化式的阶段化话语逻辑

家事调解贯穿诉讼整个过程，包括庭前调解、庭中调解、庭后调解，法官可以视具体情境变化随时进行调解,调解可以与诉讼交替进行、连续运作。[①]在家事调解的不同阶段可以依据是否存在争议事项、调解的时间背景以及社会公益性考量适用不同的叙事结构和话语模式。关怀型家事调解话语逻辑可以分为以下四个阶段。

(1)个体觉醒阶段。调解者应当设身处地与当事人进行沟通交流,真正把当事人当家人,把当事人的事当家事,鼓励当事人通过家庭叙事、性别叙事、生命叙事等方式认识家庭纠纷展开的时间性和情节性,把握和评价个体的主体性和独特性,并融入调解者自身的生活体验、人生阅历、伦理人格聆听讲述并进行反思性审视和理解。

(2)主体相遇阶段。调解者通过关注当事人的价值尊严、幸福发展和心灵需求在个体之间构建起由话语引发的具有转化功能的主体间联系,尊重、保护、回应各方话语文本的真正意义。

(3)价值重塑阶段。调解者融入独特性和渗透性的家庭叙事语境再现特定事件、人物立场,运用归谬法推导出当事各方权利假设、语言逻辑的错误,揭示社会价值和伦理道德的指向和评价,以弥合法律语言与现实生活之间的鸿沟。

(4)共同成长阶段。调解者通过语言、表情、动作等向当事人传递善良、温和、宽容的信息、情感和心境,鼓励个体之间进行共识性的对话和建设性的行动,并在此过程中与个体共同成长,重写生命的价值和意义。

结　语

家事审判固然要以法律理论和法律规范为基础,运用法律逻辑和法律语言进行分析和判断,但这并不意味着家事审判是完全靠理性和逻辑来进行裁判的技术行为,其中还包含法官的意识、情感、行为等关怀要素,凝结着社会成员普遍认同的社会主义核心价值观和家庭正义观。在家事调解的关怀实践中,每一段艰难跋涉的路途,每一次四处碰壁的经历,每一场似曾相识的对话,都将变成一个温暖的眼神、一抹真诚的微笑、一颗勇敢的心。

---

① 参见汤鸣:《家事纠纷法院调解实证研究》,载《当代法学》2016 年第 1 期。

规范性文件司法审查模式研究*

李明超　赖楚琳**

摘　要

规范性文件的合法性审查是规范性文件一并审查制度的核心内容。通过对70个案件的详细解读,以法院是否有明确的审查内容、是否有多样化的审查标准、是否进行详细的说理论证等为考量因素,可将法院对规范性文件司法审查的模式大致划分为"模糊审"和"明确审"两类。虽然法院在司法审查中完善和发展了规范性文件一并审查制度,但现有司法审查模式还属于较浅层次的审查,无法充分发挥该制度的功能。法院应当进一步提升规范性文件司法审查的精细度,建立"精确审"模式,在明确涉案规范性文件是否属于一并审查范围的基础上,再对规范性文件的合法性进行"程序审"与"实体审",并遵循"程序在先,实体在后"的审查规则。

关键词　规范性文件　合法性审查　运行模式　审查规则

2014年《行政诉讼法》修正后,正式确立了规范性文件一并审查制度,可以概括为规范性文件"能否一并审查"、"如何审查"以及"审查后如何处理"

---

* 本文系司法部法治建设与法学理论研究项目"风险预防视角下突发公共卫生事件应急管理行为规制研究"(项目编号:20SFB4019)和广东省科技创新战略专项资金重点项目"规范性文件一并审查的司法裁判规则研究"(项目编号:pdjh2020a0500)的阶段性研究成果。

** 李明超,深圳大学法学院助理教授,硕士生导师;赖楚琳,华东政法大学硕士研究生。

三方面的制度内容。[1] 其中,规范性文件“如何审查”是该制度的核心内容。然而,相关制度规定较为简单,仅有最高人民法院《关于适用〈中华人民共和国行政诉讼法〉的解释》(以下简称《行政诉讼法解释》)第 147 条和第 148 条的规定,主要涉及法院听取规范性文件制定机关意见的程序性规定和规范性文件不合法的情形列举,对于法院审查规范性文件的方式、标准和强度等问题都未作明确规定。[2] 当前,学界对于规范性文件司法审查的研究较多,主要涉及规范性文件一并审查程序规则的设计[3]、规范性文件作为行政行为依据的识别基准[4]、规范性文件的司法审查方式[5]、规范性文件的司法审查标准[6],以及规范性文件的司法审查强度[7]等问题。总体来说,现有研究主要聚焦于规范性文件司法审查的微观技术性问题,较少考察规范性文件司法审查的运行模式问题。基于此,笔者从较为中立的视角切入,在案例梳理的基础上,归纳分析法院审查规范性文件的运行模式及其存在的问题,进而提出较为合理的改进意见,以期对相关制度完善和司法审查实践有所裨益。

一、规范性文件司法审查的主要模式:“模糊审”和“明确审”

笔者分别以“规范性文件附带审查”和“规范性文件一并审查”为关键词,在“中国裁判文书网”中进行检索,搜集到的案件共计 788 个。[8] 经过逐一分析和筛选,在剔除了重复、检索错误、多人共同诉讼的案件后,最终获得 382 个有效样本。其中,法院对于规范性文件一并审查的请求作出不予审查

---

① 参见李明超:《论规范性文件不予一并审查:判断要素及其认定规则——基于 1799 份裁判文书的分析》,载《政治与法律》2021 年第 4 期。

② 参见孙海涛、张志祥:《行政规范性文件司法审查的适应性变革》,载《行政与法》2020 年第 1 期。

③ 参见耿玉娟:《规范性文件附带审查规则的程序设计》,载《法学评论》2017 年第 5 期。

④ 参见周乐军、周佑勇:《规范性文件作为行政行为“依据”的识别基准——以〈行政诉讼法〉第 53 条为中心》,载《江苏社会科学》2019 年第 4 期。

⑤ 参见朱芒:《规范性文件的合法性要件——首例附带性司法审查判决书评析》,载《法学》2016 年第 11 期。

⑥ 参见袁勇:《行政规范性文件的司法审查标准:梳理、评析及改进》,载《法制与社会发展》2019 年第 5 期。

⑦ 参见杨士林:《试论行政诉讼中规范性文件合法性审查的限度》,载《法学论坛》2015 年第 5 期。

⑧ 案例检索日期截至 2020 年 11 月 22 日。

决定的案件有312个，仅有70个案件中原告的规范性文件一并审查请求得到了法院的支持。而且，在为数不多的70个案件中，仅有8个案件中的被诉规范性文件经法院审查后被认定为不合法。通过对这70个案件的细致解读，以法院是否有明确的审查内容、是否有多样化的审查标准、是否进行详细的说理论证等为考量因素，可将当前法院对规范性文件审查的模式大致划分为“模糊审”和“明确审”两类。

（一）“模糊审”

“模糊审”是指法院仅在裁判文书中宣告规范性文件条款的合法性，而对审查标准和说理等内容一笔带过，或是未明确说明理由而直接在裁判文书中陈述审查结果。“模糊审”属于较浅层次的审查，在这70个案件中，共有34个案件的审理属于此种类型，其主要包括以下四种情形。

1. 审查思路模糊。这主要表现为法院对于规范性文件审查与否的表述不清晰。例如，在“陆某法诉上海市浦东新区规划和土地管理局责令交地决定案”①中，法院认为，“被诉决定依据的相关规定均属现行有效，相关延期通知及重新发布均系文件制定主体在职权范围内作出，并不存在原告所称的不合法情形”。但随后又表示，被诉文件不属于人民法院审查范围，原告提出的审查要求不符合法律规定。前面的“不存在不合法情形”说明法院已经进行了合法性审查，但是后面又表示对诉请不予支持，显得前后矛盾，审查思路模糊。

2. 说理论证模糊。这主要表现为法院对规范性文件合法性审查的理由不够充分，甚至在一些案件的裁判文书中，法院的说理看起来前后矛盾。例如，在“郑某琴诉温岭市人民政府行政批准案”②中，一审法院在裁判文书中对规范性文件合法性的认定为被诉文件对本案原告不适用，并未阐明被审查的规范性文件是否合法；而在二审中，法院认定“一审法院认为该两份文件的相关规定对上诉人郑某琴不适用，在表述上有所不当，本院予以指正”，但是，具体如何指正，二审法院的裁判文书也没有体现。又如，在“黄某州诉苍南县

① 参见上海市浦东新区人民法院行政判决书，(2017)沪0115行初743号。

② 参见浙江省台州市中级人民法院行政判决书，(2015)浙台行终字第186号。

公安局宜山派出所民政行政管理案”[①]中,法院在裁判文书中的法院查明部分引用了制定机关对规范性文件合法性的答复,但是,法院却在事实查明中表示“国务院于2016年6月25日发布了《国务院关于宣布失效一批国务院文件的决定》,宣布自本决定印发之日起停止执行《国务院关于农民进入集镇落户问题的通知》,不再作为行政管理的依据”。已失效的上位法当然无法成为规范性文件合法性审查的依据,且《国务院关于农民进入集镇落户问题的通知》是原告的“自理口粮户属于非农户口”的前提,浙江省公安厅《关于进一步解决有关户口问题的通知》(浙公办〔2000〕46号)的条款仅对非农户口适用。若该国务院通知失效即无法论证此前提,也就无法适用浙江省公安厅《关于进一步解决有关户口问题的通知》的相关条款。因此,只有在两个上位法依据同时有效的基础上,案涉规范性文件才能适用于被诉行政行为。但法院却认为,尽管国务院的通知已经失效但制定案涉规范性文件的依据之一的浙江省公安厅《关于进一步解决有关户口问题的通知》仍然有效,则案涉规范性文件并不违反法律、法规等上位法规定,且案涉规范性文件中有关清理自理口粮户口的基本原则符合浙江省公安厅《关于进一步解决有关户口问题的通知》第5点的规定精神。总体来看,法院的说理只从不违反上位法规定和符合上位法精神展开,这一解释差强人意,实际并不具有充分的说服力,且前后矛盾,论述焦点模糊不清。

3.说理论证简略。这一类案件的裁判文书中,法院通常审查被诉规范性文件与上位法的关系,主要从被诉文件所依据的上位法是否现行有效、提请审查的规范性文件是否违反上位法精神、是否与上位法相抵触、被诉条款是否有上位法依据等方面进行审查;但在裁判文书中表述简单,基本没有进行说理,只是简要评述并给出结论。[②] 此外,在部分案件中,法院还会从规范性文件的制定主体的法定权限、制定程序和内容的合法性(主要是审查与上位法的关系)的角度进行审查;但是,法院通常径直给出结论,没有说理分析,这

---

① 参见浙江省苍南县人民法院行政判决书,(2017)浙0327行初11号。

② 参见广东省珠海市中级人民法院行政判决书,(2016)粤04行终6号;上海市浦东新区人民法院行政判决书,(2018)沪0115行初149号。

样自然无法呈现完整的审查思路,所得出的结论显然欠缺说服力。[①]

4. 审查结论不明确。这主要表现为法院对规范性文件的合法性审查未作出清晰明确的审查结论。例如,在"陈某珍诉曲阜市社会医疗保险处案"[②]中,法院主要从该规范性文件的制定机关权限和上位法依据的角度进行评述,认为"原济宁市劳动和社会保障局有权对……制定具体步骤和实施办法;曲阜市人民政府有权对……制定实施细则;且……具体规定不得与所依据的规定相抵触"。但是并未就文件的合法性审查作出结论,而是认定原告为非城镇个体工商户的雇工,因此不属于规范性文件规定的适用主体,故该文件不能作为被诉行政行为的依据。此案中,法院的说理模糊,结论不清,将规范性文件的一并审查与对被诉行为的审查杂糅在一起,没有把被诉文件的合法性审查单独作为案件争议焦点进行说理论证并作出明确判断。

(二)"明确审"

"明确审"是指法院对规范性文件的审查有明确的审查标准和清晰的审查思路,在判决文书中进行较为充分的说理阐释,并对原告诉求和质疑予以回应,从而作出明确的审查结论。"明确审"属于较深层次的审查,在上述70个案件中,共有36个案件的审理属于此种类型,其主要包括以下两种情形。

1. 单一标准审查。这主要表现为法院在对规范性文件的合法性进行审查的过程中,采用单一的审查标准进行说理论证并得出结论。采用此标准的法院,大多考虑的是规范性文件内容和上位法的关系,在说理部分侧重于结合案情论证规范性文件在内容上是否有法律依据,并以此作为规范性文件合法性审查结论的主要支撑。例如,在"符某永诉海南大学行政确认案"[③]中,法院在说理部分明确表示,"海南大学制定的《海南大学学士学位授予工作实施办法》及《海南大学关于全国大学英语考试成绩与学士学位挂钩的规定》,与上述规定不相抵触……属于学术自治的范畴,并没有违反……原则性规定",并依此对被诉文件的合法性作出认可。此外,在"单一标准审查"中,还有一种审查标准也被法院所采用,即考察规范性文件对相对人合法权益所产

① 参见陕西省商洛市中级人民法院行政判决书,(2018)陕10行终29号;北京市密云区人民法院行政判决书,(2018)京0118行初36号。

② 参见山东省邹城市人民法院行政判决书,(2018)鲁0883行初71号。

③ 参见海南省海口市中级人民法院行政判决书,(2018)琼01行终96号。

生的影响。例如,在“李某会诉盐津县人力资源和社会保障局劳动和社会保障行政管理案”①中,一审法院和二审法院分别从被诉文件制定的宗旨和是否与上位法相抵触的角度进行说理和评述,认定该规范性文件具有合法性,不违背相关法律法规的规定。而再审法院则结合案情进行深入分析,认为当事人在申请支付工伤保险费用时,“县人社局审核认定其工伤保险待遇只能由工伤保险基金承担30%,并在未引用法律、行政法规及规章作为依据的前提下,直接将116号通知作为不予全额支付李某会工伤保险待遇的依据予以适用……该通知相关内容已经对李某会的合法权益产生了直接、现实的影响”。随后,法院从工伤保险基金管理的专业性和政策性角度出发,分析被诉文件应有的立法目的和立法精神,以其减损当事人的合法权益为由认定被诉行政规范性文件违法。

2. 多种标准审查。这主要表现为法院对规范性文件的审查思路在裁判文书里呈现得更为清晰,论述重点也不仅局限于一个审查指标,而是从多个角度对规范性文件的合法性进行更为全面的审查,使说理部分内容更加丰富而翔实,所得结论也更具有说服力。当前,大部分法院判断规范性文件是否合法主要是以《行政诉讼法解释》第148条的规定为依据,具体包括“行政规范性文件的制定机关是否越权”、“内容与上位法是否相抵触”、“是否无依据增加当事人义务或减损其合法权益”以及“制定和发布程序是否合法”四种标准。在36个案件中,同时采取这四种标准审查规范性文件合法性的案件共有10个。例如,在“广东国兴农业高新技术开发有限公司诉佛山市顺德区地方税务局稽查局、佛山市顺德区地方税务局税务行政管理案”②中,法院认为“行政机关有权制定相关的规范性文件,且未有任何证据显示该规范性文件与任何上位法不一致,至于原告提出……故财税〔2006〕186号通知不存在违反上位法的规定……那么财税〔2006〕186号通知规定……并不存在增加公民、法人和其他组织义务或减损公民、法人和其他组织合法权益。最后,未有证据显示……未履行法定审批程序、公开发布程序等。综上,财税〔2006〕186号通知合法有效,可作为行政行为合法的依据”。此外,部分法院在审查

① 参见云南省高级人民法院行政判决书,(2018)云行再4号。

② 参见广东省佛山市顺德区人民法院行政判决书,(2018)粤0606行初251号。

规范性文件是否合法之前，会先行对被诉规范性文件应否进行附带审查进行评述和说明，然后再按照各项审查标准对规范性文件的合法性进行审查和说理，这样在裁判文书中呈现的审查思路也显得更为合理和严谨，更能为当事人所信服。例如，在“周某超诉国家税务总局宜兴市税务局税务管理案”①中，二审法院将合法性审查内容分为两点，包括“1.《国家税务总局关于未申报税款追缴期限问题的批复》是否应附带审查……2.《国家税务总局关于未申报税款追缴期限问题的批复》经附带审查是否合法……”在论证了批复是被诉行政行为所依据的规范性文件后，再对其合法性进行深层次审查，最后总结并阐明结论。

二、规范性文件司法审查模式现状评析

规范性文件一并审查制度的建立，旨在通过“下游”阶段的司法审查规制手段，有效遏制“红头文件”侵犯公民合法权益的乱象，以此提高政府行政行为的合法性和权威性。所以，该项制度本身就被学界寄予很多期待，更被“视为社会进步的标志”②。通过上述对规范性文件一并审查制度运行的实证考察，可以发现法院在裁判过程中，整体表现出审慎的审查态度和保守的审查倾向，在面对规范性文件一并审查问题时，反射出“谦抑有余而能动不足”的司法立场。③

（一）司法实践完善和发展了现有制度规定

第一，通过司法规制手段对行政规范性文件进行监督，本就是设立规范性文件一并审查制度的意旨所在。但在制度运行之初，面对行政层级较高的被告或规范性文件制定机关时，法院在规范性文件一并审查问题上常常表现得保守而踟蹰。尽管现阶段只有少数法院在审查规范性文件时敢于作出负面评价，但这已是在司法监督行政的道路上向前迈进了一大步。例如，个别法院在再审程序中，在纠正一审和二审法院判决对规范性文件的错误认定的基础上，对不合法的涉案文件进行了详细论述和深入说明，充分实现了司法

---

① 参见江苏省无锡市中级人民法院行政判决书，(2019)苏02行终18号。

② 信春鹰主编：《中华人民共和国行政诉讼法释义》，法律出版社2014年版，第221页。

③ 参见程琥等：《新行政诉讼法疑难问题解析与实务指引》，中国法制出版社2019年版，第295页。

对行政的监督功能。[①]

第二,虽然法院对待规范性文件一并审查问题大都囿于《行政诉讼法》和司法解释所规定的制度框架内,采用常见的四项标准对规范性文件的合法性进行审查,但也有一些法院在裁判说理部分的审查思路跳出了固有框架,运用行政法基本原则的理论对被诉文件的合法性进行审查。例如,在"吉姆西客车制造公司诉财政部案"[②]中,法院认为审查涉案文件合法性的前提是厘清该文件规定的行为(新能源汽车补贴行为)的性质,经过行为特征的分析,界定该行为属于行政允诺行为,是授益性行政行为的一种。随后,法院分别从法律优先和法律保留两个角度对涉案文件的合法性进行审查,并从制定程序、文件内容等角度展开说理。可见,随着规范性文件一并审查制度的运行和发展,法院能够渐次突破传统审查思路的限制,从法理层面着手审查被诉文件的合法性,这对规范性文件一并审查制度而言具有重大的突破意义。

第三,各级法院在司法审查中,除了对规范性文件的合法性进行说理阐述外,也有部分法院对原告的诉讼请求和合法权益给予了重点关注,并对其异议进行了一定程度的回应。这既体现了行政诉讼法保障行政相对人合法权益的立法精神,又强化了裁判文书的说服力和可接受性。例如,在"陈某双诉南部县自然资源和规划局资源行政管理案"[③]中,法院在审查规范性文件的合法性之后,还从原告的角度出发,为后续的处理提出意见和指导,"如果原告对32号文件的附件《实施方案》不服,应当……由县级以上地方人民政府协调;协调不成的,由批准征收土地的人民政府裁决",这使得规范性文件一并审查制度更能够发挥实际效用,以充分保障当事人的合法权益,实质性地化解行政矛盾纠纷。

(二)现有司法审查模式之不足

第一,法院审查规范性文件合法性的标准不统一。根据上述分析可知,无论是"模糊审"还是"明确审",不同的法院在规范性文件一并审查问题上有着不同的审查模式和认定标准,这使得现有的审查标准多元且分散,围绕

---

① 参见云南省高级人民法院行政判决书,(2018)云行再4号。

② 参见北京市第一中级人民法院行政判决书,(2016)京01行初1321号。

③ 参见四川省西充县人民法院行政判决书,(2019)川1325行初44号。

着《行政诉讼法解释》第148条规定的制定主体、文件内容、制定程序等相关认定规则,呈现各种不同的审查标准组合。虽然部分法院的审查思路较为明晰,但是其对规范性文件审查标准的适用无序,往往仅是简单地罗列了相关标准,而并未进行详细说理论述,这不利于维护司法裁判的严谨性和统一性。尽管学界对此问题的研究较多,并提出了各种审查规范性文件合法性的参考性标准,但是,现有的司法审查模式还未达到理论标准的要求也是不争的事实,规范性文件一并审查制度的完善和发展依然任重而道远。

第二,法院对规范性文件合理性的审查缺乏关注。当前法院对规范性文件审查的注意力主要集中于对规范性文件合法性的审查上,而对规范性文件的合理性缺乏关注。在仅有的几个对规范性文件合理性有所涉及的案件中,法院的审查标准也过于单一。例如,在"徐某珠诉杭州市国土资源局、杭州市人民政府行政复议案"①中,法院仅以一句"……没有不适当之处"对被诉文件的合理性一笔带过,没有详细释明。这里需要考量的是,在对规范性文件的合法性进行审查时,对其"合法性"应作广义还是狭义的解释?是包括规范性文件的合法性和合理性,还是仅指狭义上的规范性文件的合法性?《行政诉讼法解释》第148条仅规定了认定规范性文件不合法的情形,司法实践据此主要考察狭义上的规范性文件的合法性,而忽视对规范性文件的合理性审查。是否审查以及如何审查规范性文件的合理性是今后司法实践需要面对的重要问题。

第三,民事法律规范在规范性文件司法审查中的适用问题亟待解决。《民法典》中有诸多条款都与行政机关的行政管理活动直接相关,渗透在行政管理领域的方方面面。在规范性文件司法审查中,判断规范性文件合法性的上位法依据的范围是仅局限于行政法等公法领域,还是应包括民法等私法领域的法律规范?就民事法律规范在行政诉讼中的适用问题而言,有学者认为,《民法典》中行政法规范的存在,是私法公法化的一种表征,使《民法典》具有相应的"溢出效应",理应成为行政执法和行政审判活动的直接依据。②但在规范性文件一并审查的司法实践中,各级法院并未就民事法律规范的适

① 参见杭州铁路运输法院行政判决书,(2016)浙8601行初46号。

② 参见章志远:《行政法治视野中的民法典》,载《行政法学研究》2021年第1期。

用形成统一的规则。例如,在“鲁某花、宋某豪诉绍兴市越城区皋埠镇人民政府乡政府案”[①]中,法院在论证规范性文件的合法性时,援引了《物权法》(已失效)的规定作为上位法依据,从民法领域中的个体权益保障方面认可了规范性文件的合法性。但是,在“杨某东诉上海市静安区人民政府案”[②]中,原告在申请规范性文件一并审查时提出“被诉规范性文件与物权法相抵触而违法”的诉求,法院却并未在裁判文书的说理论述中对此予以回应,而是援引了其他的行政法律规范作为被诉文件的上位法依据进行解释说明,回避了对民事法律规范的适用。可见,不同的法院对民事法律规范在规范性文件合法性审查中的适用持有不同态度,是当前司法实践中重要问题。

三、规范性文件司法审查的理想模式:“精确审”

为了充分发挥规范性文件一并审查的制度功能,形成有效的司法监督机制,法院应当在现有的审查模式的基础上进一步提升规范性文件司法审查的精细度,建立“精确审”的运行模式。在“精确审”模式中,法院对规范性文件的审查可以分两步走:首先,要明确涉案规范性文件是否属于一并审查范围内的规范性文件类型;其次,将规范性文件的合法性审查分为程序审和实体审两部分,审查顺序以“程序在先,实体在后”为准则。在实体审部分,还需结合案情考量是否需要对规范性文件的合理性进行审查,从而对规范性文件的合法性作出更为全面的评价。

(一)规范性文件一并审查范围的界定

1. 规范性文件的类型识别。根据《行政诉讼法》第 53 条的规定,仅国务院部门和地方人民政府及其部门制定的规范性文件可以纳入一并审查范围。对被诉规范性文件的类型进行识别是开启规范性文件审查程序的前提和基础,但在司法实践中,法院常常略去这一步骤而直接对规范性文件进行合法性审查,或是仅认定被诉文件属于规范性文件范畴,而不是“可以一并审查的规范性文件”的范围;这种认定是不准确的。例如,在“郦某诉义乌市教育局、

① 参见浙江省绍兴市上虞区人民法院行政判决书,(2019)浙 0604 行初 53 号。
② 参见上海市高级人民法院行政判决书,(2017)沪行终 140 号。

金华市教育局教育行政管理案”[①]中,法院认为,“该复函对浙江省各县市教育行政主管部门的教师资格认定具有普遍约束力,属于规范性文件范畴”,这显然只是从抽象行政行为的角度认定规范性文件的属性,而不是以规范性文件一并审查制度为前提,对被诉文件制定主体进行识别。作为规范性文件一并审查制度的起点,规范性文件类型的识别应该以识别该文件的制定机关为主要标准,形成符合规范性文件一并审查制度特色的识别机制。同时,合署办公是中国混合宪制的主要表征[②],关于党政联合发文是否当然不属于规范性文件的范畴,一直以来也都存在争议。例如,在“陈某桃诉景宁畲族自治县鹤溪街道办事处、景宁畲族自治县人民政府农民异地搬迁案”[③]中,涉案规范性文件系“中共景宁畲族自治县委办公室和景宁畲族自治县人民政府根据《浙江省农民异地搬迁项目和资金管理办法》,依程序联合制定……”,属于党政联合发文,而该案的二审法院在纠正一审法院将党政联合发文排除在审查范围外的基础上,将其认定为属于一并审查范围内的规范性文件。可见,法院不应仅采用形式审查标准将所有联合发文排除在一并审查范围外,而应当在形式审查的基础上引入实质性判断标准,针对联合发文的制定目的和内容,全面考虑联合发文是否涉及行政管理事项,是否对公民、法人或者其他组织的合法权益产生了实际影响,是否具有普遍约束力等要素,将对公民、法人或者其他组织的合法权益产生实际影响的具有普遍约束力的联合发文纳入一并审查的范围。

2. 规范性文件与被诉行政行为的关联性认定。在确认被诉文件属于一并审查的规范性文件类型后,还需认定该文件与被诉行政行为之间的关联性。司法实践中,部分法院对规范性文件与行政行为“关联性”的认定标准采取的是“直接适用说”,即只有行政机关在作出行政行为时直接予以适用的规范性文件,才能够被纳入一并审查范围。然而实践中,一个行政行为的作出有时会牵涉多方行政相对人的利益,所适用的规范性文件也不止一个,“直接适用说”将关联性的认定标准固化,不利于保障行政相对人的合法权益。对

---

① 参见浙江省金华市婺城区人民法院行政判决书,(2018)浙0702行初357号。

② 参见欧爱民:《合署办公的宪法学思考——以国家监察委员会的创制为样本》,载《广西大学学报(哲学社会科学版)》2019年第6期。

③ 参见浙江省丽水市中级人民法院行政判决书,(2018)浙11行终13号。

此,法院在认定规范性文件与被诉行政行为之间的关联性时,应当查明行政机关作出行政行为时所依据的全部规范性文件,包括被告在答辩状和庭审调查中所陈述的作出被诉行政行为职权、程序、裁量等各方面所依据的规范性文件的相关规定。对于可能间接影响当事人权益、增加当事人不必要的义务或限缩当事人合法权利的规范性文件,也应当认可其关联性,并予以审查。此外,规范性文件的司法审查是针对规范性文件的整体还是个别条文进行审查,这在《行政诉讼法》及其司法解释中都未作出明确规定。规范性文件一并审查制度的功能定位,决定了司法审查应当以被诉行为的个案争议为中心展开,而行政行为所依据的规范性文件条款就属于争议的核心问题,且涉案规范性文件的其他条款不会对原告产生诉的利益。① 因此,出于确定司法审查重心的需要和节约司法资源的考虑,应当确立法院对规范性文件具体条款进行审查的规则。如果原告提起诉讼请求时没有说明需要予以审查的具体条款,则法院应当在审查规范性文件之前要求原告明确其具体诉求,再展开规范性文件具体条款的合法性审查工作。

(二)规范性文件合法性审查的内容

规范性文件的审查难点就在于如何判定规范性文件的合法性问题。"精确审"模式将规范性文件的合法性审查分为程序审和实体审两步。从横向的审查顺序来看,程序审居于优先地位;从纵向的审查强度角度来看,实体审既包括规范性文件的合法性审查,也应包括合理性审查。

1. 程序审。程序决定了法治与恣意的人治之间的基本区别。② 在我国的司法实践中,法院在对规范性文件进行审查时,常常是以实体内容审查为主的。对于规范性文件的制定程序问题,法院大多数时候是在对规范性文件的实体内容进行审查后,再对其程序问题予以简单审查,并在判决书中一笔带过,并不十分重视程序问题对规范性文件合法性的影响。根据《行政诉讼法解释》第 148 条第 2 款第 4 项的规定:"未履行法定批准程序、公开发布程序,严重违反制定程序的",该规范性文件不合法。可见,违反法定程序或正当程

---

① 参见黄学贤:《行政诉讼中行政规范性文件的审查范围探讨》,载《南京社会科学》2019 年第 5 期。

② 参见雷磊:《法律程序为什么重要? 反思现代社会中程序与法治的关系》,载《中外法学》2014 年第 2 期。

序制定的规范性文件显然不具备合法性。法院在审查规范性文件合法性时，应当重视对规范性文件制定程序的审查，并应当对其程序问题予以优先审查。这主要是因为经过程序审被认定为违法的规范性文件，即可被认定为不具有合法性，法院就不必再进行实体审查。尽管现阶段我国尚未出台统一、明确的行政规范性文件制定程序，对程序性审查标准的确存在一定程度的认定困难，但是，“在现行法律体系中，《规章制定程序条例》应该说可以作为对规范性文件程序合法审查的依据”[①]。根据《规章制定程序条例》第36条的规定：“依法不具有规章制定权的县级以上地方人民政府制定、发布具有普遍约束力的决定、命令，参照本条例规定的程序执行。”换言之，法院可以在行政诉讼中参照《规章制定程序条例》对规范性文件制定程序是否合法进行审查。同时，法院在审查规范性文件的制定程序问题时，还可以以国务院部门或地方人民政府所发布的关于规范性文件制定程序的相关规定为判断标准，如商务部发布的《商务部规范性文件制定和管理办法》、江苏省人民政府颁发的《江苏省规范性文件制定和备案规定》（已失效）以及深圳市人民政府发布的《深圳市行政机关规范性文件管理规定》等。此外，面对具体个案时，如果对于被审查的规范性文件缺乏具体的管理规定予以参照，法院也可以适用行政法中的正当法律程序原则的内容来审查规范性文件的制定、发布程序是否合法和合理，以满足最低限度的程序保障要求。

2. 实体审。实体审是规范性文件的最终审查环节，其审查的重点在于规范性文件制定主体的职权以及具体条款内容的合法性，同时要结合行政法的基本原则对有关要素进行审查。职权法定是依法行政的首要原则，要求行政机关的职权来源、存在依据以及权力范围都具有法定性。但法院在审查规范性文件的合法性时，主要关注的是规范性文件的内容是否合法，在裁判文书的说理部分对规范性文件的制定主体的权限审查则简略说理。关于规范性文件的制定机关是否超越法定职权或法律、法规授权的范围，法院应当运用职权法定原则的原理，结合法律法规对制定主体的职权的规定进行充分的说理论证，以加强法院说理的全面性和说服力。另外，由于行政管理活动的复杂性和专业性，实务中规范性文件的类型多样，没有明确上位法依据的规范

---

① 章剑生：《论行政诉讼中规范性文件的合法性审查》，载《福建行政学院学报》2016年第3期。

性文件并不意味着当然无效。例如,在“内蒙古秋实房地产开发有限责任公司诉呼和浩特市人民防空办公室人防行政征收案”①中,被诉行政行为所依据的规范性文件系国家国防动员委员会、国家发展计划委员会、建设部、财政部联合发布的《人民防空工程建设管理规定》。但是,这一联合发布的规范性文件不存在上位法依据,法院在没有上位法依据的情况下,也认可了涉案规范性文件的合法性。此时,就需要结合法律优先原则和法律保留原则进行合法性分析,而不应狭隘地只考虑其是否与上位法相抵触。此外,法院还可以在规范性文件合法性审查的基础上引入合理性审查的标准,对被诉文件的内容展开更深层次的实质合法性审查。规范性文件的合理性审查标准同样应具有多样性,包括对不确定法律概念的解释是否合理、是否符合比例原则、是否符合信赖保护原则等内容。②

综上所述,在规范性文件合法性审查的实体审部分,应当结合案情区分规范性文件的审查层次和审查强度。对于有明确上位法依据的规范性文件,由于其专业性较强,裁量余地较小,法院可以采取较低程度的审查,即只审查其合法性;对于没有上位法依据,可能涉及当事人合法权益的规范性文件,法院应当在审查其合法性的基础上审慎地审查其合理性,对其进行较深程度的实质性审查。

① 参见内蒙古自治区呼和浩特市中级人民法院行政判决书,(2010)呼行终字第16号(最高人民法院指导案例21号)。

② 参见周游、张涤:《规范性文件的司法审查》,载《人民司法(应用)》2017年第31期。